省级精品课程教材
省级成人高等教育（继续教育）数字化课程教材
高等职业教育财务会计类富媒体智能型·工学结合系列教材

审计实务（第四版）

AUDITING PRACTICE

杨华　赖金明　主编

东北财经大学出版社
Dongbei University of Finance & Economics Press
大连

图书在版编目（CIP）数据

审计实务 / 杨华，赖金明主编．—4版．—大连：东北财经大学出版社，2024.5

（高等职业教育财务会计类富媒体智能型·工学结合系列教材）

ISBN 978-7-5654-5208-6

Ⅰ.审… Ⅱ.①杨… ②赖… Ⅲ.审计学-高等职业教育-教材 Ⅳ.F239.0

中国国家版本馆CIP数据核字（2024）第062508号

东北财经大学出版社出版

（大连市黑石礁尖山街217号 邮政编码 116025）

网 址：http://www.dufep.cn

读者信箱：dufep@dufe.edu.cn

大连天骄彩色印刷有限公司印刷 东北财经大学出版社发行

幅面尺寸：185mm×260mm 字数：532千字 印张：22.5

2024年5月第4版 2024年5月第1次印刷

责任编辑：王天华 周 慧 责任校对：一 心

封面设计：原 皓 版式设计：原 皓

定价：56.00元

教学支持 售后服务 联系电话：（0411）84710309

版权所有 侵权必究 举报电话：（0411）84710523

如有印装质量问题，请联系营销部：（0411）84710711

第四版前言

第三版教材出版后，我们秉持一如既往地用心做好教材和课程的原则，于2022年4月上线智慧职教MOOC学院（https：//mooc. icve. com. cn/cms/courseDetails/index. htm?cid=sjszbz037yh555），现已经开设四期，并接入国家职业教育智慧教育平台（https：//vocational. smartedu. cn/details/index. html? courseId=117799ec32cc4b16ae2980ed9ce7d2de），且于2023年12月通过学校继续教育网络课程验收，服务于高职教学和继续教育学习，效果显著。

第四版教材的修订主要体现在以下几个方面：

1. 根据财政部《中国注册会计师审计准则第1211号——重大错报风险的识别和评估》（2022）、《中国注册会计师审计准则第1231号——针对评估的重大错报风险采取的应对措施》（2022）对风险评估和风险识别进行了修改。

2. 根据财政部2022年修订的《中国注册会计师审计准则第1101号——注册会计师的总体目标和审计工作的基本要求》等23项审计准则，对教材内容进行了优化。

3. 根据大数据技术、人工智能技术、区块链技术在审计实务中的应用情况，在教材中融入金审三期、银行存款电子函证等案例。

4. 根据《中华人民共和国民法典》《中华人民共和国注册会计师法》《中华人民共和国证券法》《中华人民共和国公司法》的相关规定对注册会计师审计责任进行修订，并融入审计失败案例，以增强学生的守法意识。

5. 在课程思政中，有机融入党的二十大精神，并以“学思践悟”和“课程思政园地”等小栏目呈现。

6. 进一步查缺补漏，对教材的内容补充完善，满足高素质技能型高职学生的培养需求。

本次修订由淄博职业学院杨华教授和广东私立华联学院赖金明副教授任主编，淄博职业学院陈亮讲师、张英副教授任副主编。山东金富矿业有限公司于晓兵注册会计师参与编写，并对教材提供了指导意见。具体编写分工如下：杨华、赖金明编写项目一，陈亮编写项目二、三，杨华编写项目四，张英和于晓兵编写项目五，最后由杨华负责总纂。

为方便教学，本教材还配有课程标准、电子课件、电子教案等教学资源，任课教师可登录东北财经大学出版社网站（www.dufep.cn）免费下载。

本教材参考和引用了国内许多学者的观点和有关资料，在此谨向相关学者表示深深的谢意。因作者水平有限，书中疏漏之处在所难免，恳请广大读者指正。

编　者

2024年5月

第三版前言

2017年，在东北财经大学出版社的支持下，我们出版了按照工作流程编写的《审计实务》教材，突破了传统《审计实务》教材的编写模式，也做了其他一些创新性编写。作为编者，我们一直很忐忑。四年过去了，收到东北财经大学出版社第三版的编写通知，说明我们这本教材获得了不少用书学校和学生的认可，我们怀着感恩的心继续将这本教材充实和完善下去。

4年来，我们以这本教材为基础，在课程建设、教学模式改革和课程思政建设上不断作出新成绩。2018年，“审计实务”课程被评为学校精品资源共享课程，进行了混合式教学模式改革，匹配了项目贯领、十环循进、理实融嵌的“线上+线下”的教学资源，并被推荐参加2019年山东省省级精品资源共享课程评选（结果未出），课程资源开放网址为：https：//xdjy.zbvc.cn/meol/jpk/course/layout/newpage/index.jsp?courseId=35953。除满足在校学生的学习外，“审计实务”课程长期以来也服务于成人高等教育数字化教学的需求，2019年被评为学校成人高等教育数字化课程，2020年被评为山东省省级成人高等教育（继续教育）数字化课程，开放网址为：http：//jpkc.sdcen.cn/portal/CourseInfo.aspx? CourseID=c31b2c00-c4ef-4169-9c48-db80a2aa132f。2019年，“审计实务”课程完成了课程思政建设探索，将社会主义核心价值观、红色经济、优秀传统文化等自然地、契合地融入课堂教学中。在建设过程中，我们还自主开发了《我是审计人——〈审计实务〉虚拟仿真实训软件》，由华夏沃米（北京）教育科技有限公司录制完成全部授课微课，支持教材的资源日益丰富。

在本教材第三版的修订过程中，一是增加了课程思政内容，将我们近3年编写的23个课程思政小案例编入教材，以发挥“审计实务”课程的育人作用；二是进一步查缺补漏，对教材的内容补充完善，满足高素质技能型高职学生的培养需求。

本教材是校校合作、校企合作的结晶。本次修订由淄博职业学院杨华副教授和广东私立华联学院赖金明副教授担任主编，淄博职业学院梅研副教授和徐哲副研究馆员担任副主编。淄博职业学院张英副教授、宋志强讲师、陈亮讲师，山东金富矿业有限公司总经理、高级会计师于晓兵参与编写。具体编写分工如下：杨华、赖金明编写项目一，宋志强、陈亮编写项目二，梅研编写项目三，杨华、徐哲编写项目四，张英、于晓兵编写项目五，最后由杨华负责总纂。课程思政案例主要由陈亮、张英和徐哲编写。山东理工职业学院、山东畜牧职业学院和山东商务职业学院的多位老师，以及山东鲁信税务师事务所所长林洪为本教材提出了宝贵的修改意见。

为方便教学，我们编写了与本教材配套的《审计实务习题与实训》供读者巩固练习。同时，本教材还配有课程标准、电子课件、电子教案等教学资源，任课教师可登录东北财经大学出版社网站（www.dufep.cn）免费下载。此外，我们还针对本教材的重点难点制作了53个微课，以二维码的形式呈现，用手机扫描可以直接观看。

本书参考和引用了国内许多学者的观点和有关资料，在此谨向相关学者表示深深的谢意。因作者水平有限，书中疏漏之处在所难免，恳请广大读者指正。

编　者

2021年11月

第二版前言

自我们编写的《审计实务》教材出版以来，已经过去两年多的时间。通过两年多的市场检验，读者普遍反映对审计学科体系的了解更为清晰，达到了我们预期的目标。

此次修订主要是依据2019年财政部发布的《关于印发〈中国注册会计师审计准则第1101号——注册会计师的总体目标和审计工作的基本要求〉等18项审计准则的通知》，以及中国注册会计师协会发布的《关于印发〈《中国注册会计师审计准则第1101号——注册会计师的总体目标和审计工作的基本要求》应用指南〉等24项应用指南的通知》，该批审计准则和应用指南于2019年7月1日起开始施行。此外，还对本教材的不足之处进行了完善和改进。

第二版修订的内容主要包括以下几个方面：

(1) 管理层认定部分。将认定类别整合，原来审计准则中认定的第三大类“与列报和披露相关的认定”整合到“各类交易和事项相关的认定”和“期末账户余额相关的认定”中；与认定类别对应的具体审计目标也进行了对应整合。重新编排了案例、例题。

(2) 风险识别和评估部分。根据《中国注册会计师审计准则第1211号——通过了解被审计单位及其环境识别和评估重大错报风险》(2019) 和《中国注册会计师审计准则第1231号——针对评估的重大错报风险采取的应对措施》(2019) 进行了修改。

(3) 审计报告部分。根据《中国注册会计师审计准则第1501号——对财务报表形成审计意见和出具审计报告》(2019)、《中国注册会计师审计准则第1502号——在审计报告中发表非无保留意见》(2019) 和《中国注册会计师审计准则第1503号——在审计报告中增加强调事项段和其他事项段》(2019) 进行了修改。

本次重印，我们根据最新审计准则对项目四和项目五做了较大幅度的调整。

本次修订由淄博职业学院杨华副教授和广东私立华联学院赖金明任主编，淄博职业学院曹志华、康娜任副主编。淄博职业学院张英、宋志强、陈亮，淄博宏达矿业有限公司财务总监于晓兵，山东鲁信税务师事务所所长林洪参与编写。具体编写分工如下：杨华、赖金明编写项目一，宋志强和陈亮编写项目二，曹志华和林洪编写项目三，杨华和康娜编写项目四，张英和于晓兵编写项目五，最后由杨华负责总纂。

为方便教学，我们编写了与本教材配套的《审计实务习题与实训》供读者巩固练习。同时，本教材还配有课程标准、电子课件、电子教案等教学资源，任课教师可登录东北财经大学出版社网站（www.dufep.cn）免费下载。此外，我们还针对本教材的重点难点制作了53个微课，以二维码的形式呈现，用手机扫描可以直接观看。

本书参考和引用了国内许多学者的观点和有关资料，在此谨向相关学者表示深深的谢意。因作者水平有限，书中疏漏之处在所难免，恳请广大读者指正。

编　者

2020年8月

第一版前言

自姜大源教授提出“工作过程系统化课程”理念以来，高职高专课程改革出现了新景象。为了解决“审计实务”课程授课教师长期以来面临教学内容抽象、学生学习难度大的烦恼，近年来，本教材的创作团队在“审计实务”省级精品课程建设过程中进行了一次次的尝试和探索，经过多年努力，终于编写出了基于审计岗位的系统化教材。

本教材以财政部《关于印发〈中国注册会计师审计准则第1504号——在审计报告中沟通关键审计事项〉等12项准则的通知》（财会〔2016〕24号），以及财会〔2006〕4号、财会〔2010〕21号文发布和修订的52项执业准则为依据编写，主要具有以下特点：

（1）结构创新。本教材的体例摒弃了适应传统知识体系的章节结构形式，改按适应工作体系的项目、模块结构形式。教材中的项目是根据注册会计师审计岗位工作任务分析确定的工作项目设计的，教材中的模块来源于完成工作项目的工作过程。按照本教材组织教学，能够实现按照工作过程的逻辑来组织教学进程，达到教、学、做一体化。

（2）内容实用。本教材的内容不再依据审计学科的理论知识体系，而是来源于注册会计师审计岗位的工作内容。教学内容的选取依据完成注册会计师审计岗位工作任务对知识和技能的要求，建立在行业专家对相应岗位工作任务分析和专业教师深入行业进行岗位调研结果的基础上。通过将注册会计师审计岗位涉及的新业务、新方法和新工具及时地纳入教材，贴近了注册会计师行业发展实际，充分体现了职业教育的职业性、实践性和开放性的要求。

（3）可操作性。本教材不再停留在对课程内容的直接描述，而是十分注重对教学过程的设计，注重学生对教学过程的参与。在本教材的各个项目之前，一般都提出了该项目应该完成的工作任务，该任务可能是学习性的工作任务，也可能是真实的工作任务，较好地模拟了岗位业务活动，具有较强的可操作性。

本教材由淄博职业学院省级精品课程负责人杨华和广东私立华联学院赖金明任主编，宋志强、张英、曹志华任副主编。具体编写分工如下：杨华、赖金明编写项目一和项目四，宋志强编写项目二，曹志华编写项目三，张英和于晓兵编写项目五，最后由杨华负责总纂。

为方便教学，本教材配有课程标准、电子课件、电子教案、题库和微课等教学资源，任课教师可登录东北财经大学出版社网站（www.dufep.cn）免费下载。

本书参考和引用了国内许多作者的观点和有关资料，在此谨向相关作者表示深深的谢意。因作者水平有限，书中疏漏之处在所难免，恳请广大读者指正。

编　者
2017年6月

目　录

项目一　接受业务委托的前期准备 / 1

学习目标 / 1
工作情境与工作任务 / 2
任务一　选择会计师事务所的组织形式和业务范围 / 2
任务二　关注注册会计师的职业道德和审计责任 / 13
任务三　明确注册会计师的审计目标和审计过程 / 25
任务四　掌握注册会计师的主要审计工具和手段 / 36
项目小结 / 71
阅读篇目 / 73

项目二　接受业务委托 / 74

学习目标 / 74
工作情境与工作任务 / 75
任务一　拟接受业务委托 / 75
任务二　开展初步业务活动和确定审计的前提条件 / 91
任务三　签订审计业务约定书 / 102
任务四　成立审计项目组 / 110
项目小结 / 114
阅读篇目 / 115

项目三　计划审计 / 116

学习目标 / 116
工作情境与工作任务 / 117
任务一　执行初步分析程序和初步确定重要性水平 / 117
任务二　认识审计风险 / 127
任务三　制定总体审计策略 / 131
任务四　编制具体审计计划 / 135
项目小结 / 141
阅读篇目 / 142

项目四 实施审计 / 143

学习目标 / 143
工作情境与工作任务 / 144
任务一 审计测试流程——风险评估和风险应对 / 144
任务二 销售与收款循环的审计 / 185
任务三 采购与付款循环的审计 / 226
任务四 生产与存货循环的审计 / 250
任务五 货币资金循环的审计 / 279
项目小结 / 301
阅读篇目 / 303

项目五 终结审计 / 304

学习目标 / 304
工作情境与工作任务 / 305
任务一 完成审计工作 / 305
任务二 编写审计报告 / 324
项目小结 / 344
阅读篇目 / 344

参考文献 / 345

微课索引 / 346

项目一

接受业务委托的前期准备

学习目标

【知识目标】

1. 了解注册会计师审计的发展历程和概念；
2. 熟悉会计师事务所的概念、组织形式、业务范围、组织机构和设立、终止；
3. 掌握注册会计师职业道德基本原则；
4. 熟悉注册会计师审计责任的认定、类型以及两者之间的关系；
5. 掌握注册会计师审计总目标和具体审计目标；
6. 掌握注册会计师审计的基本方法和技术方法；
7. 熟悉注册会计师获取审计证据的方法；
8. 熟悉注册会计师审计工作底稿的编制和复核。

【技能目标】

1. 能对影响注册会计师职业道德基本原则的情形进行正确判断；
2. 能正确认定注册会计师的审计责任；
3. 能根据审计资料正确判断注册会计师的具体审计目标和可采用的审计程序；
4. 能熟练运用注册会计师审计的各种方法；
5. 能熟练运用获取审计证据的方法；
6. 能编制各种类型的审计工作底稿。

【态度目标】

1. 培养良好的审计职业素质；
2. 强化审计责任意识；
3. 建立职业怀疑态度，保持应有的职业谨慎。

工作情境与工作任务

会计师事务所为注册会计师提供了工作环境，注册会计师必须加入会计师事务所才能接受委托承办业务。会计师事务所是哪种形态的组织机构？设置了哪些岗位？可以承接哪些类型的业务？

人们从事注册会计师这一职业，应遵循该职业的业务标准和行为准则，并对工作后果承担相应的法律责任。注册会计师的职业道德基本原则有哪些？如果注册会计师要承担审计责任，那么如何认定审计责任？

注册会计师从事被审计单位的审计工作，首先要有一个明确的目标。注册会计师的审计目标有哪些？如何通过审计过程实现注册会计师的审计目标？

注册会计师从事审计工作，需要掌握一定的审计工具和手段，如灵活运用审计方法、取得充分且适当的审计证据、编制和复核审计工作底稿等。在财务报表审计中，注册会计师运用的审计方法有哪些？如何获取审计证据？怎么采用各种类型的审计工作底稿记录审计工作？本项目的主要内容如图1-1所示。

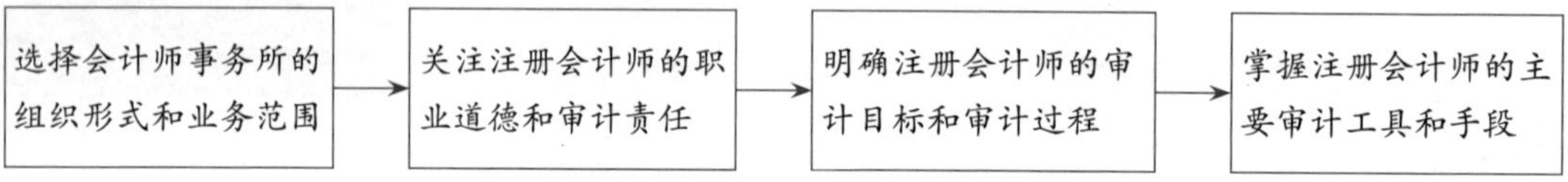

图1-1　本项目的主要内容

任务一　选择会计师事务所的组织形式和业务范围

一、注册会计师审计

（一）注册会计师审计的发展历程

公司制度产生于19世纪中期，相应地，注册会计师制度也是在这一时期产生的。注册会计师审计起源于企业所有权与经营权的分离（特别是股份有限公司的出现），是市场经济发展到一定阶段的产物。从发展历程来看，注册会计师审计起源于意大利的合伙企业，形成于英国的股份公司，发展和完善于美国发达的资本市场。

1.注册会计师审计的起源

注册会计师审计起源于16世纪的意大利。当时，地中海沿岸的商业城市已经比较繁荣，由于单个业主难以向企业投入巨额的资金，为适应筹集所需大量资金的需要，合伙制企业应运而生。尽管当时合伙制企业的合伙人都是出资者，但是并不是所有的合伙人都参与企业的经营管理，由此企业的所有权与经营权开始分离。那些参与经营管理的合伙人有责任向不参与经营管理的合伙人证明他们认真履行了合伙契约，正确计算和分配了利润，以保障全体合伙人的权利，进而保证合伙制企业有足够的资金来源得以持续经营发展下去。这在客观上产生了一个与任何一方均无利害关系的第三者能对合伙制企业进行监督、检查的需求。于是，一批具有良好的会计知识、专门从事查账和公证工作的专业人员被聘任开始从事这一职业，注册会计师审计由此起源。这一时期，审计报告的使用人主要是不参与合伙制企业经营管理的那些合伙人。

2. 注册会计师审计的形成

虽然注册会计师审计起源于意大利，但是在创立和传播注册会计师审计职业的过程中，英国发挥了重要作用。1844年到20世纪初，是注册会计师审计的形成时期。

注册会计师审计形成的“催化剂”是1721年英国的“南海公司事件”。会计师查尔斯·斯耐尔对南海公司出具的“查账报告书”宣告了注册会计师的诞生。18世纪下半叶，英国的资本主义经济得到了迅速发展，生产的社会化程度大大提高，企业的所有权与经营权进一步分离。企业主希望由外部的会计师来检查他们所雇用的管理人员是否存在贪污、盗窃和其他舞弊行为，第一批以查账为职业的注册会计师在英国出现。

这一时期英国注册会计师审计的主要特点有：（1）1862年，英国《公司法》确定注册会计师为法定的破产清算人，注册会计师审计的法律地位得到了确认；（2）审计的目的是查错防弊，保护企业资产的安全和完整；（3）审计的方法是对会计账目进行详细审计，即围绕会计凭证、会计账簿和财务报表的编制过程来进行审计；（4）审计报告的使用人主要为企业股东等。

微课

注册会计师审计

3. 注册会计师审计的发展

从20世纪初开始，全球经济发展重心逐步由欧洲转向美国，因此，美国的注册会计师审计得到了迅速发展，进而推动了全球注册会计师职业的发展（如图1-2所示）。

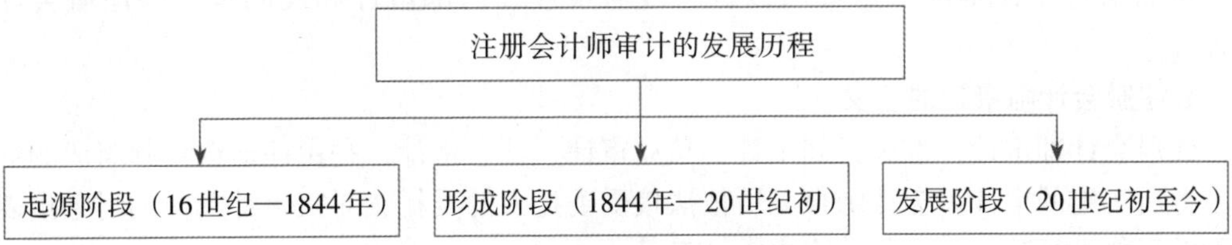

图1-2　注册会计师审计的发展历程

20世纪早期，美国经济形势发生了很大变化。随着金融资本对产业资本更为广泛的渗透，企业同银行的利益关系更加紧密，银行逐渐把资产负债表作为了解企业信用的主要依据，于是产生了帮助贷款人及其他债权人了解企业信用的资产负债表审计，审计方法也逐步从单纯的详细审计过渡到初期的抽样审计。

1929年到1933年，资本主义世界经历了历史上最严重的经济危机，大批企业倒闭，投资者和债权人蒙受了巨大的经济损失。这在客观上促使企业利益相关者（投资者、债权人等）从只关心企业的财务状况转变为更加关心企业的盈利水平，产生了对利润表进行审计的客观要求。因此，美国注册会计师审计的重点从以保护债权人为目的的资产负债表审计，转向以保护投资者为目的的利润表审计，相应地，审计报告的使用人由债权人扩大到广大投资者。

第二次世界大战以后，美、英等经济发达国家通过各种渠道推动本国的企业向海外拓展，跨国公司得到空前发展。国际资本的流动带动了注册会计师职业的跨国界发展，形成了一批国际会计师事务所。与此同时，审计技术也在不断发展：抽样审计方法得到普遍运用，风险导向审计方法得到推广，计算机辅助审计技术得到广泛采用。

我国注册会计师制度出现于20世纪初，伴随着民族资本工商业的发展而产生。中华人民共和国成立初期，随着对资本主义工商业社会主义改造的完成，建立起高度集中的计划经济体制，注册会计师制度一度中断。1978年，我国实行“对外开放、对内搞活”改革开放政策，外国投资者大量涌入。为保护投资者利益，迫切需要恢复注册会计师制度。1980年12月，我国开始重建注册会计师制度，并取得了较快的发展。随着我国以建立社会主义市场经济体制为导向的改革不断深入，注册会计师发挥的作用越来越大，服务领域遍布经济生活的各个方面，涉及公司设立验资、变更登记验资、国有企业改组上市和上市公司年度财务报表审计等诸多领域。注册会计师除提供审计服务外，还为企业提供管理咨询、会计服务、代理纳税等服务。

课程思政园地

注册会计师也是“工匠精神”的传承者

注册会计师审计的发展离不开“工匠精神”。工匠精神要求严谨，一丝不苟，对职业敬畏，对工作执着。在审计过程中，注册会计师们面对被审计单位繁多的业务数据，抽丝剥茧，从中发现疑点，用科学手段证实真伪，确保国家财经法纪的遵守，企业财产的安全，投资者合法权益的保障。

请思考：作为一名即将毕业的财经专业的大学生，你如何在以后的工作中践行“工匠精神”？

（二）注册会计师审计、政府审计、内部审计

按照执行主体不同，审计可以分为政府审计、内部审计和民间审计（注册会计师审计）。

1. 注册会计师审计的含义

注册会计师审计，也称民间审计、独立审计、社会审计，是由注册会计师组成的会计师事务所实施的审计。会计师事务所依法接受委托人的委托，对被审计单位的财务报表及其相关资料进行独立审查，并提出审计意见。

对于注册会计师审计而言，审计主体是会计师事务所及其注册会计师；审计客体（审计对象）是被审计单位的财务报表及其相关资料；审计目标是通过对被审计单位财务报表及其相关资料的独立审查，就被审计单位的审计对象提出审计意见。

2. 注册会计师审计的三要素

注册会计师审计包括三要素：审计委托人（如依法授权或委托审计人实施审计活动的财产所有者）、被审计人（如接受财产所有者委托的经营管理者）和审计人（会计师事务所及其注册会计师）。其中，审计委托人与被审计人是委托与受托经营管理的关系，审计委托人委托被审计人经营管理其财产，被审计人接受委托经营管理财产并向审计委托人报告经济责任履行情况；审计委托人与审计人是委托与受托审计的关系，审计委托人委托审计人对被审计人进行审计，审计人受托对被审计人实施审计，向审计委托人报告审计结果；审计人与被审计人是审计与被审计的关系，审计人受托对被审计人进行审计，被审计人接受并配合审计（如图1-3所示）。

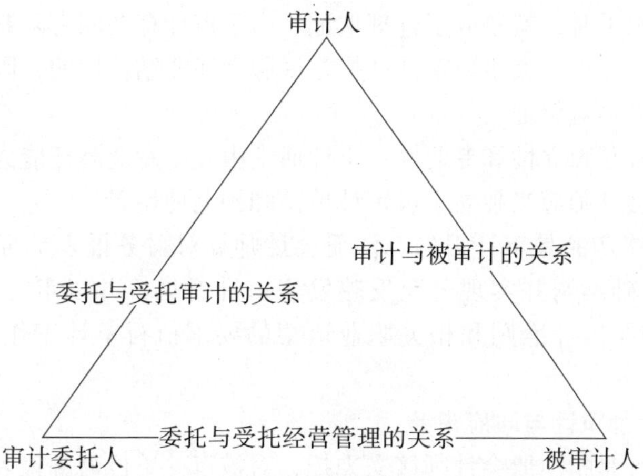

图1-3　注册会计师审计的三要素及其之间的关系

【做中学1-1】（案例题）天诚正信会计师事务所接受清丰股份有限公司委托（以下简称清丰公司），对清丰公司按照企业会计准则编制的2023年12月31日的资产负债表，2023年度的利润表、所有者权益变动表和现金流量表以及财务报表附注（以下统称财务报表）进行审计。天诚正信会计师事务所通过执行审计工作，对财务报表的下列方面发表审计意见：财务报表是否按照企业会计准则的规定编制；财务报表是否在所有重大方面公允反映清丰公司的财务状况、经营成果和现金流量。

要求：请指明以下内容：（1）审计主体（审计人）；（2）审计客体；（3）审计目标；（4）被审计人；（5）审计委托人。

答案：

（1）审计主体（审计人）：天诚正信会计师事务所及负责该项目的注册会计师。

（2）审计客体：清丰公司的财务报表及其相关资料。

（3）审计目标：通过对清丰公司财务报表及其相关资料的独立审查，对"财务报表是否按照企业会计准则的规定编制和财务报表是否在所有重大方面公允反映清丰公司的财务状况、经营成果和现金流量"提出审计意见。

（4）被审计人：清丰公司管理层。

（5）审计委托人：清丰公司全体股东。

（三）注册会计师审计的核心业务

财务报表审计是注册会计师审计的核心业务。财务报表审计是指注册会计师对财务报表是否不存在重大错报提供合理保证，以积极方式提出意见，增强除管理层之外的预期使用者对财务报表信赖的程度。

上述定义可以从以下几个方面加以理解：

（1）审计的用户是财务报表的预期使用者，即审计可以用来有效满足财务报表预期使用者的需求。

（2）审计的目的是改善财务报表的质量或内涵，增强预期使用者对财务报表的信赖程度，即以合理保证的方式提高财务报表的可信度，而不涉及为如何利用信息提供建议。

（3）合理保证是一种高水平保证。当注册会计师获取充分、适当的审计证据将审计风险降至可接受的低水平时，就获取了合理保证。由于审计存在固有限制，注册会计师据以得出结论和形成审计意见的大多数审计证据是说服性而非结论性的，因此，审计只能提供合理保证，不能提供绝对保证。

（4）审计的基础是独立性和专业性。审计通常由具备专业胜任能力和独立性的注册会计师来执行，注册会计师应当独立于被审计单位和预期使用者。

（5）审计的最终产品是审计报告。注册会计师针对财务报表是否在所有重大方面按照财务报告编制基础编制并实现公允反映发表审计意见，并以审计报告的形式予以传达。注册会计师按照审计准则和相关职业道德的要求执行审计工作，能够形成这样的意见。

（四）注册会计师审计与政府审计

注册会计师审计是指注册会计师接受委托，对被审计单位财务报表、内部控制的有效性等进行独立检查并发表意见。政府审计主要是指政府审计机关，包括审计署和地方审计厅局，依法对国务院各部门和地方各级人民政府及其各部门的财政收支，国有的金融机构和企业事业组织的财务收支，以及其他应当接受审计的财政收支、财务收支的真实、合法和效益进行审计监督。注册会计师审计和政府审计共同发挥作用，是维护市场经济秩序，强化经济监督的有效手段，两者都是国家治理体系及治理能力现代化建设的重要方面，但也存在一些区别。注册会计师审计与政府审计的区别见表1-1。

表1-1 注册会计师审计与政府审计的区别

项 目	注册会计师审计	政府审计
审计对象	财务报表中的财务状况、经营成果和现金流量	财政收支或财务收支
审计目的	确定是否符合会计准则和相关会计制度、是否公允反映	确定是否真实、合法和有效
审计依据	《中华人民共和国注册会计师法》和财政部批准发布的注册会计师审计准则	《中华人民共和国审计法》和国家审计准则
经费或收入来源	注册会计师审计是市场行为，是有偿服务，费用由注册会计师和审计客户协商确定，但是注册会计师在发表审计意见时，独立性不能受到干扰	政府审计是行政行为，政府审计机关履行职责所必需的经费，列入同级财政预算，由同级人民政府予以保证
取证权限	注册会计师审计受限于市场行为，在获取审计证据时，在很大程度上有赖于企业及相关单位的配合和协助，对企业及相关单位没有行政强制力	政府审计具有更大的行政强制力，各有关单位和个人应当支持、协助审计机关的工作，如实向审计机关反映情况，提供有关证明材料
对发现问题的处理方式	注册会计师对审计过程中发现的问题只能提请企业调整有关数据或进行披露，没有行政强制力；如果企业拒绝调整和披露，注册会计师需根据具体情况予以反映，具体表现为出具保留意见或否定意见的审计报告	审计机关对违反国家规定的财政收支、财务收支行为可在职权范围内作出审计决定或者向有关主管机关提出处理、处罚意见（即政府审计具有行政强制力）

课程思政园地

中国特色的政府审计

我国政府审计的发展可以分为以下三个历程：

1. 古代政府审计

我国古代历朝统治者为维护自己的统治地位，都设立了十分严密的组织机构。最早产生于西周的“宰夫”一职就是当时政府主管审计的机构。秦朝在皇帝之下设置了御史，掌管全国政治经济的监察事务，包括审计事务。这一机构始于战国，定型于秦汉，完善于唐代，在我国封建社会经济、政治监督上有着非凡的贡献。

2. 近代政府审计

1912年，“北洋政府”在国务院下设审计处，隶属于总理，先后颁布了《审计处暂行章程》、《审计院编制法》和《审计法》等。1925年，国民政府成立监察院，下设审计科，颁布了《审计法》和《审计法施行细则》等。

3. 中华人民共和国成立后的政府审计

1983年之前，我国一直没有设立独立的政府审计机构。1983年9月，审计署正式成立，隶属国务院管理，同时在县以上各级人民政府下设立审计机关，这样，就形成了统一领导、分级审计的行政型审计体制。

新时代，中国特色社会主义审计继续服务于全面建成小康社会、全面深化改革、全面依法治国、全面从严治党、构建人类命运共同体、维护国家安全、建设现代化经济体系和实现新时代强军目标等多个方面。

请思考：为什么政府审计与我们的日常生活紧密相关？

（五）注册会计师审计与内部审计

内部审计是一种独立、客观的鉴证和咨询活动，它通过运用系统、规范的方法，审查和评价组织的业务活动、内部控制和风险管理的适当性和有效性，以促进组织完善治理、增加价值和实现目标。注册会计师审计与内部审计之间的联系主要体现在，前者在执行业务时可以利用被审计单位的内部审计工作，内部审计应当做好与注册会计师审计的沟通和合作等协调工作，以提高审计效率和效果。内部审计与注册会计师审计的主要区别有：

表1-2 注册会计师审计与内部审计的区别

项目	内部审计	注册会计师审计
定义	是一种独立、客观的鉴证和咨询活动，它通过运用系统、规范的方法，审查和评价组织的业务活动、内部控制和风险管理的适当性和有效性，以促进组织完善治理、增加价值和实现目标	是指注册会计师接受委托，对被审计单位财务报表、内部控制的有效性等进行独立检查并发表意见
独立性	内审机构受所在单位的直接领导，独立性受到一定的限制，其独立性只是相对于本单位其他职能部门而言的	独立于被审计单位和预期使用者
审计方式	根据自身经营管理的需要安排进行	接受委托进行
审计程序	可以根据所执行业务的目的和需要选择并实施必要的程序	需要严格按照执业准则的规定程序进行
审计职责	只对本单位负责，其审计工作主要服务于单位内部管控的需要	不仅对被审计单位负责，而且对社会负责，其审计质量对广大财务信息使用者作出相关决策有直接影响

二、会计师事务所

（一）会计师事务所的含义和组织形式

1. 会计师事务所的含义

会计师事务所，是指依法设立、独立承担注册会计师业务的中介服务机构。会计师事务所受理业务，不受行政区域、行业的限制；但是，法律、行政法规另有规定的除外。委托人委托会计师事务所办理业务，任何单位和个人不得干预。

2. 会计师事务所的组织形式

纵观世界各国，会计师事务所的组织形式主要包括独资、普通合伙制、有限责任制、有限责任合伙制四种（如图1-4所示）。

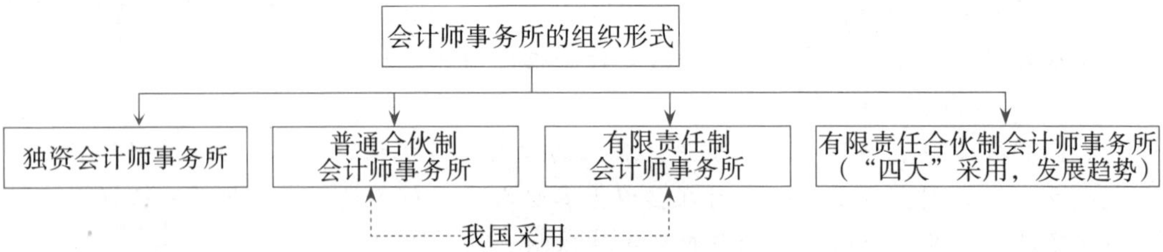

图1-4 会计师事务所的组织形式

（1）独资会计师事务所。独资会计师事务所，是由具有注册会计师执业资格的个人独立开业，并承担无限责任。它的优点是：容易设立、执业灵活、对执业人员的需求不多，能够在代理记账、代理纳税等方面很好地满足小型企业对注册会计师服务的需求。虽然其承担无限责任，但实际发生风险的程度相对较低。独资会计师事务所的缺点是难以承办大型审计业务，缺乏发展后劲。

（2）普通合伙制会计师事务所。普通合伙制会计师事务所，是由两位或两位以上注册会计师作为合伙人而组成的合伙组织。合伙人以各自的财产对事务所的债务承担无限连带责任。它的优点是能够在风险的制约和共同利益的驱动下，促使会计师事务所提高执业质量，提高控制风险的能力。缺点是不利于会计师事务所扩张；同时，任何一个合伙人执业中的过失或欺诈行为都可能给整个会计师事务所带来灭顶之灾。

（3）有限责任制会计师事务所。有限责任制会计师事务所，是由注册会计师认购会计师事务所股份，并以其所认购股份对事务所承担有限责任，会计师事务所以其全部资产对其债务承担有限责任。它的优点是，可以通过公司制形式迅速聚集一批注册会计师，组成大型会计师事务所承办大型业务。其缺点是，降低了风险责任对职业行为的高度约束，弱化了注册会计师的个人责任，对注册会计师的不谨慎执业行为缺乏威慑力。

微课

会计师事务所

（4）有限责任合伙制会计师事务所。有限责任合伙制会计师事务所，是指会计师事务所以全部资产对其债务承担有限责任，各合伙人对个人执业行为承担无限责任，无过失的合伙人对其他合伙人的过失或不当执业行为承担有限责任，不承担无限责任。它的最大特点是，既吸收了合伙制和有限责任制事务所的优点，又摒弃了它们的不足。

【提示】我国会计师事务所只有合伙和有限责任两种组织形式。（1）会计师事务所可以由注册会计师合伙设立。合伙设立的会计师事务所的债务，由合伙人按照出资比例或者协议的约定，以各自的财产承担责任。合伙人对会计师事务所的债务承担连带责任。

（2）会计师事务所至少符合下列两个主要条件的，可以是负有限责任的法人：不少于30万元的注册资本和有一定数量的专职从业人员（其中至少有5名注册会计师）。有限责任会计师事务所以其全部资产对其债务承担责任。

【提示】特殊普通合伙制会计师事务所是以专门知识和技能为客户提供有偿服务的专业服务机构，在名称中标明“特殊普通合伙”字样，以区别于普通合伙制会计师事务所。

（二）会计师事务所的业务范围

会计师事务所的业务范围，也就是注册会计师的业务范围。根据《中华人民共和国注册会计师法》第十四条、第十五条的规定及其他法律、行政法规的规定，我国会计师事务所可以办理以下三方面的业务：审计业务、审阅业务和其他业务（如图1-5所示）。

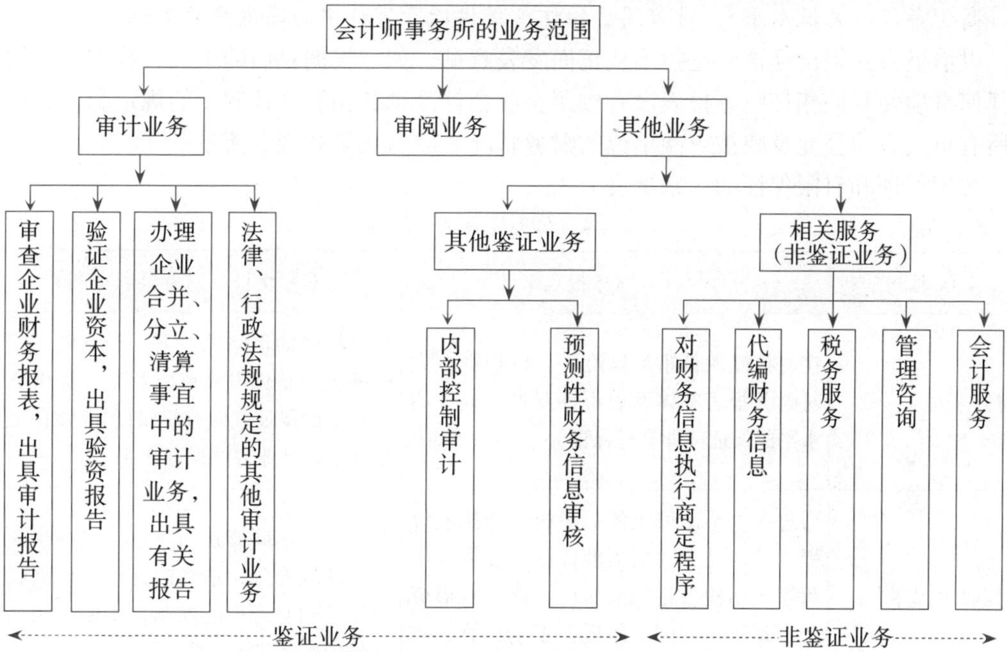

图1-5　会计师事务所的业务范围

1.审计业务

审计业务，是指注册会计师综合运用审计方法，对所审计的历史财务信息是否不存在重大错报提供合理保证，并以积极方式提出结论。

【提示】历史财务信息，是指以财务术语表述的某一企业的信息，这些信息主要来自该企业的会计系统，反映了过去一段时间内发生的经济事项，或者过去某一时点的经济状况或情况。

错报，是指某一财务报表项目的金额、分类或列报，与按照适用的财务报告编制基础应当列示的金额、分类或列报之间存在的差异。错报可能是由于错误或舞弊导致的。

合理保证，是指注册会计师将审计风险降至该业务环境下可接受的低水平，并对审计后的信息提供高水平的保证。

以积极方式提出结论，就是从正面发表审计意见，如“我们认为，清丰公司财务报表在所有重大方面按照企业会计准则的规定编制，公允反映了清丰公司2023年12月31日的财务状况，以及2023年度的经营成果和现金流量”。

审计业务是注册会计师的法定业务，其他组织和个人不得承办注册会计师的法定审计业务。审计业务的具体类型有：（1）审查企业财务报表，出具审计报告；（2）验证企业资本，出具验资报告；（3）办理企业合并、分立、清算事宜中的审计业务，出具有关报告；（4）法律、行政法规规定的其他审计业务。

2. 审阅业务

审阅业务，是指注册会计师主要利用询问和分析程序，对所审阅的历史财务信息是否不存在重大错报提供有限保证，并以消极方式提出结论。

【提示】有限保证，是指注册会计师将审阅业务的风险降至该业务环境下可接受的水平（高于审计中的低水平），对审阅后的信息提供低于审计中的高水平的保证。

以消极方式提出结论，是指不从正面发表意见，如“根据我们的审阅，我们没有注意到任何事项使我们相信财务报表没有按照企业会计准则和相关会计制度的规定编制，未能在所有重大方面公允反映被审阅单位的财务状况、经营成果和现金流量”。

合理保证和有限保证的区别见表1-3。

表1-3 合理保证和有限保证的区别

区别	合理保证（财务报表审计）	有限保证（财务报表审阅）
目标	在可接受的低审计风险下，以积极方式对财务报表整体发表审计意见，提供高水平的保证（即合理保证）	在可接受的审阅风险下，以消极方式对财务报表整体发表审阅意见，提供有意义水平的保证（即有限保证）。该保证水平低于审计业务的保证水平
证据收集程序	通过一个不断修正的、系统化的执业过程，获取充分、适当的证据，证据收集程序包括检查记录或文件、检查有形资产、观察、询问、函证、重新计算、重新执行、分析程序等	通过一个不断修正的、系统化的执业过程，获取充分、适当的证据，证据收集程序受到有意识的限制，主要采用询问和分析程序获取证据
所需证据数量	较多	较少
检查风险	较低	较高
财务报表的可信性	较高	较低
提出结论的方式	以积极方式提出结论。如“我们认为，清丰公司财务报表在所有重大方面按照企业会计准则的规定编制，公允反映了清丰公司2023年12月31日的财务状况，以及2023年度的经营成果和现金流量”	以消极方式提出结论。如“根据我们的审阅，我们没有注意到任何事项使我们相信，清丰公司财务报表没有按照企业会计准则的规定编制，未能在所有重大方面公允反映被审阅单位的财务状况、经营成果和现金流量”

3.其他业务

其他业务包括其他鉴证业务和相关服务。

其他鉴证业务，是指注册会计师执行的除了审计业务和审阅业务以外的鉴证业务，如内部控制审核、预测性财务信息审核等。

【提示】鉴证业务，是指注册会计师对鉴证对象信息提出结论，以增强除责任方（如被审计单位管理层）之外的预期使用者对鉴证对象信息信任程度的业务。鉴证对象信息是指按照标准对鉴证对象进行评价和计量的结果。注册会计师从事的鉴证业务包括审计业务、审阅业务和其他鉴证业务（见表1-4）。通俗地讲，鉴证对象是一个客观事实，而鉴证对象信息是以人类能理解的形式对鉴证对象某方面性质所做的描述。比如某个人的人品就可能成为一个鉴证对象，而大家对其人品的评价就是鉴证对象信息。在财务报表审计业务中，被审计单位的财务状况、经营情况、现金流量是鉴证对象，而被审计单位的财务报表就是鉴证对象信息。

表1-4　鉴证业务的基本分类及特点

鉴证业务种类	鉴证对象	结论类型	提出结论方式
审计业务	历史财务信息	合理保证	积极方式
审阅业务	历史财务信息	有限保证	消极方式
其他鉴证业务	非历史财务信息	保证程度受准则、与客户约定的不同而不同	依保证程度的不同而不同

相关服务，是指非鉴证业务，如对财务信息执行商定程序、代编财务信息、税务服务、管理咨询、会计服务等。

（三）会计师事务所的组织机构

结合人员规模、技术结构及业务范围，会计师事务所可以设审计部、资产评估部、工程咨询部、管理咨询部、税务服务部、法律服务部和办公室等部门（如图1-6所示）。

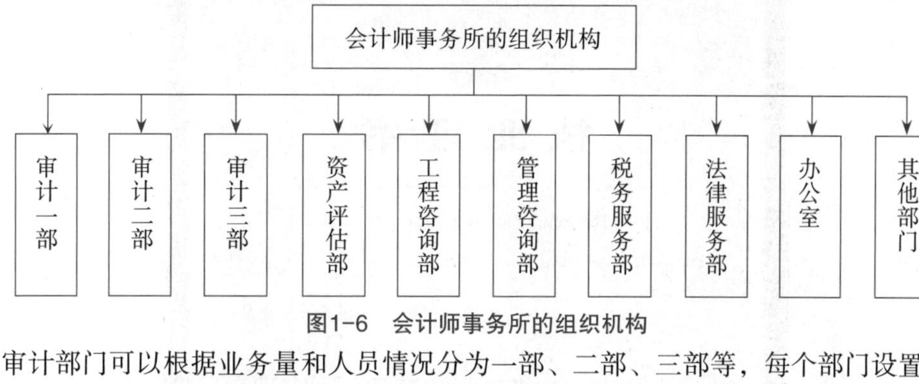

图1-6　会计师事务所的组织机构

审计部门可以根据业务量和人员情况分为一部、二部、三部等，每个部门设置部门经理、高级经理、经理、项目经理、审计员和助理审计员（审计助理）等岗位（如图1-7所示）。

会计师事务所的组织机构实行主任会计师负责制。《会计师事务所审批和监督暂行办法》（2017年修订）规定，普通合伙会计师事务所和特殊普通合伙会计师事务所应当设立首席合伙人，由执行合伙事务的合伙人担任。有限责任会计师事务所应当设立主任会计师，由法定代表人担任，法定代表人应当是有限责任会计师事务所的股东。

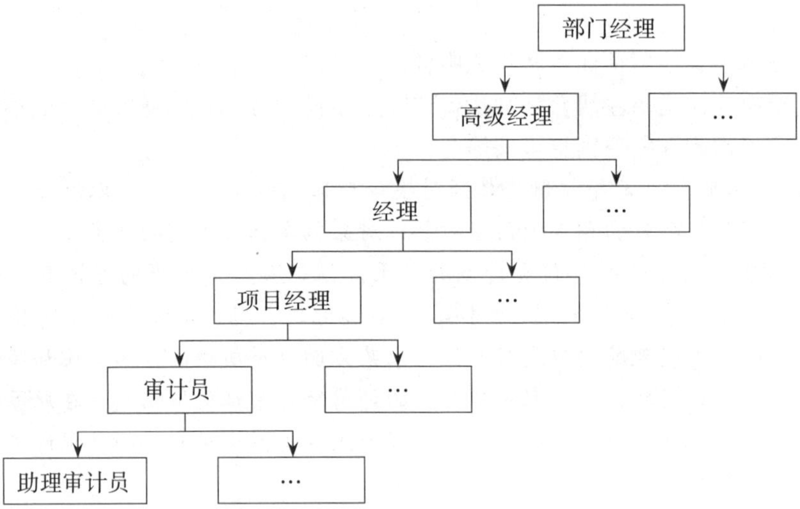

图1-7 会计师事务所审计部门的岗位级别

（四）会计师事务所的设立和终止

1. 会计师事务所的设立

设立会计师事务所，由国务院财政部门或者省、自治区、直辖市人民政府财政部门批准。

申请设立会计师事务所，申请者应当向审批机关报送下列文件：（1）申请书；（2）会计师事务所的名称、组织机构和业务场所；（3）会计师事务所章程，有合伙协议的还应报送合伙协议；（4）注册会计师名单、简历及有关证明文件；（5）会计师事务所主要负责人、合伙人的姓名，简历及有关证明文件；（6）负有限责任的会计师事务所的出资证明；（7）审批机关要求的其他文件。会计师事务所执业证书如图1-8所示。

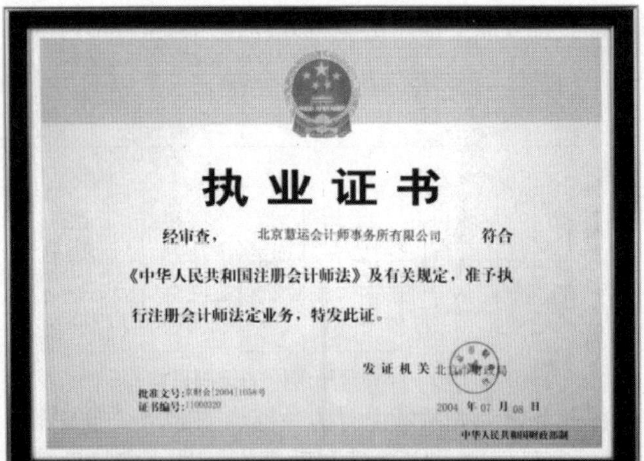

图1-8 会计师事务所执业证书

2. 会计师事务所的终止

会计师事务所有下列情形之一的，应当终止：（1）合伙协议或者章程规定的解散事由出现，自愿解散；（2）全体合伙人或者股东会决议解散；（3）因合并或者分立解散；（4）被依法宣告破产；（5）被依法注销、撤销或者吊销营业执照；（6）被依法撤销或者撤回会计师事务所执业证书；（7）法律、行政法规规定的其他终止情形。

会计师事务所发生应当终止的情形时，应当向会计师事务所所在地的省级财政部门备案，报送会计师事务所终止情况表，同时交回会计师事务所执业证书。会计师事务所终止，应当按照有关法律、行政法规的规定进行清算。

任务二　关注注册会计师的职业道德和审计责任

一、注册会计师的职业道德

（一）注册会计师的含义和执业资格

注册会计师，是指取得注册会计师资格并在会计师事务所执业的人员。注册会计师资格的获取必须通过注册会计师全国统一考试。执业的注册会计师必须具有两年以上在会计师事务所从事审计业务的经验，当然，注册会计师必须加入会计师事务所才能接受委托承办业务。注册会计师证书如图1–9所示。

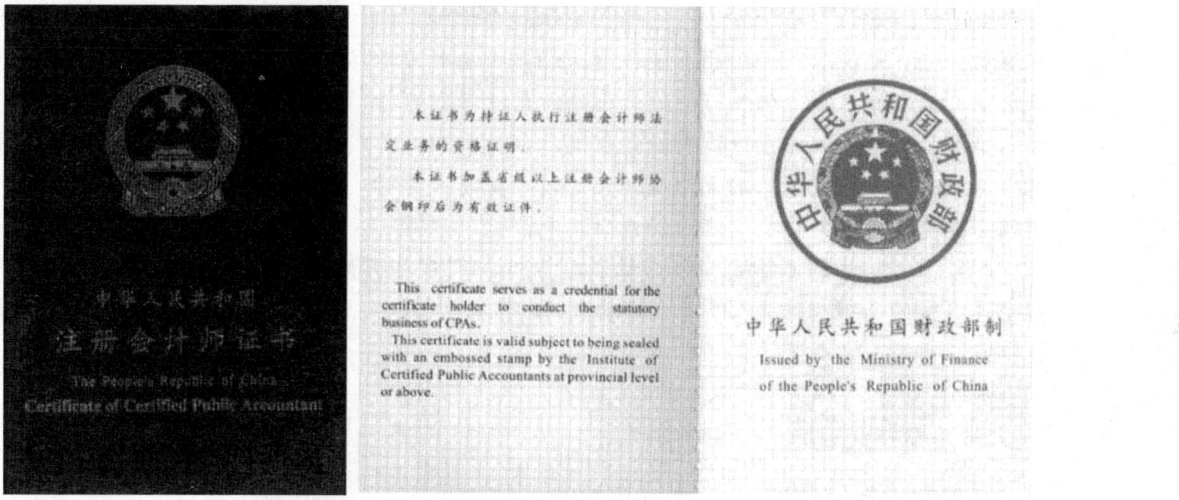

图1–9　注册会计师证书

通常情况下，注册会计师是指项目合伙人或项目组其他成员，有时也指所在的会计师事务所。

【提示】审计项目组，是指会计师事务所为执行审计业务成立的项目组。合伙人，是指在执行审计业务方面有权代表会计师事务所的个人。项目合伙人，是指会计师事务所中负责某项审计业务及其执行，并代表会计师事务所在审计报告上签字的合伙人，如有限责任会计师事务所的主任会计师。项目经理，是具体负责某一审计项目的注册会计师，不一定是合伙人，也属于签字注册会计师。

在注册会计师审计的实际业务中，只有取得注册会计师资格并加入会计师事务所的人才能独立执行审计业务、签署审计报告。会计师事务所中未取得注册会计师资格的人员（如审计助理），只能在注册会计师的监督指导下开展工作，不能独立执行审计业务。

【提示】审计助理，是在会计师事务所中辅助注册会计师完成审计工作的人员。审计助理不能出具审计报告。审计助理的岗位职责主要包括：（1）服从工作安排、调度；（2）按注册会计师审计准则的要求开设工作底稿，完成分配的工作；（3）整理业务档案；（4）完成部门经理、项目经理交办的其他工作。

（二）注册会计师的职业道德基本原则

微课

注册会计师的职业道德

为了推进社会主义核心价值体系建设，特别是社会诚信建设，更加深入地加强行业诚信建设，规范中国注册会计师协会会员职业行为，提高职业道德水准，维护职业形象，中国注册会计师协会制定了《中国注册会计师职业道德守则》和《中国注册会计师协会非执业会员职业道德守则》。《中国注册会计师职业道德守则》规定了执业会员职业道德基本原则和职业道德概念框架，会员应当遵守职业道德基本原则，并能够运用职业道德概念框架解决职业道德问题。

【提示】实务中，注册会计师会遇到的许多情形（如职业活动、利益和关系）都可能对遵循职业道德基本原则产生不利影响。在职业道德守则中，不可能对各式各样的情形予以逐一界定并给出相应的应对措施。因此，职业道德守则提出职业道德概念框架，以指导注册会计师遵循职业道德基本原则，履行维护公众利益的职责。职业道德概念框架是指解决职业道德问题的思路和方法，用以指导注册会计师：（1）识别对职业道德基本原则的不利影响；（2）评价不利影响的严重程度；（3）必要时采取防范措施消除不利影响，或将其降低至可接受的水平。职业道德概念框架适用于各种可能对职业道德基本原则产生不利影响的情形。当运用职业道德概念框架识别、评价和应对各种可能产生的不利影响时，不能想当然地认为职业道德守则未明确禁止的情形就是允许的。在实务中，注册会计师应当利用职业道德概念框架识别、评价和应对不利影响。

职业道德基本原则主要包括诚信、独立性、客观和公正、专业胜任能力和勤勉尽责、保密、良好职业行为等六个方面（如图1-10所示）。其中，独立性、客观和公正是注册会计师职业道德基本原则中最重要的三个概念。

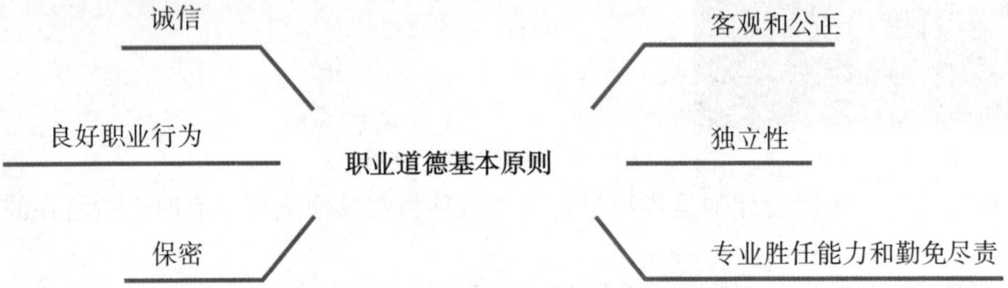

图1-10　注册会计师的职业道德基本原则

1. 诚信原则

诚信指诚实、守信，也就是说一个人的言行与内心思想一致，不虚假；能够履行与别人的约定而取得对方的信任。

注册会计师如果认为业务报告、申报资料、沟通函件或其他信息存在下列问题，不得与这些有问题的信息发生关联：（1）含有虚假或误导性陈述；（2）含有缺乏充分根据的陈述或信息；（3）存在遗漏或含糊其词的信息。注册会计师如果注意到已与有问题的信息发生关联，应当采取措施消除关联。

课程思政园地

潘序伦与“诚信立人”

潘序伦（1893—1985），江苏宜兴人，是发展我国会计事业和培养我国会计人才的先驱，主张“没有信用，也就没有会计”，将“诚信”这一传统道德规范，引入会计职业道德建设中，将自己所开创的会计事业，命名为“立信”，如图1-11所示。这也深刻体现了社会主义核心价值观中“诚信”的追求。

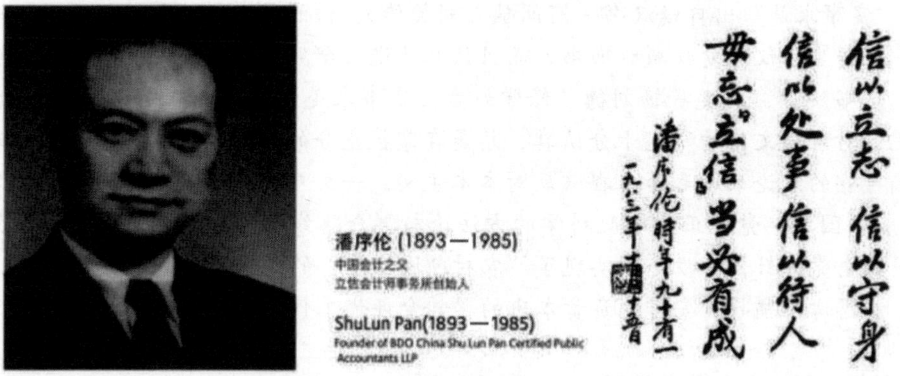

图1-11　潘序伦与“诚信立人”

请思考：在新时代，大学生如何践行社会主义核心价值观？

2.独立性原则

独立性是指不受外来力量控制、支配，按照一定之规行事。在执行鉴证业务时，注册会计师必须保持独立性。

如果注册会计师不能与客户保持独立性，而是存在经济利益、密切关系，或屈从于外在压力，就很难取信于社会公众。

会计师事务所在承接审计和审阅业务、其他鉴证业务时，应当从会计师事务所整体层面和具体业务层面采取措施，以保持会计师事务所和项目团队的独立性。

【提示】独立性包括实质上的独立和形式上的独立。实质上的独立是一种内心状态，注册会计师与被审计单位之间必须实实在在地毫无利害关系；而形式上的独立是一种外在表现，注册会计师必须在第三者面前呈现一种独立于被审计单位的身份，即在第三者看来是独立的。但是实质上的独立很难界定，通常将形式上的独立作为独立性原则的评价标准(见表1-5)。

表1-5　实质上的独立和形式上的独立

实质 形式	独立	不独立
独立	无人受到伤害，社会公众信赖注册会计师的审计报告，此为最理想的状态	注册会计师受到伤害，且其报告不被社会公众信赖，其形象受到损害
不独立	社会公众受到伤害，因其不恰当地信赖了注册会计师的审计报告。形式上的独立并不能解决此问题，唯一的解决办法是对实质上的独立加以规范	注册会计师受到伤害，其形象受到损害。但社会公众没有受到伤害，因其并未信赖注册会计师的审计报告

3. 客观和公正原则

客观，是指按照事物的本来面目去考察，不添加个人的偏见；公正，是指公平、正直、不偏袒。客观公正要求注册会计师公正处事、实事求是，不得由于偏见、利益冲突或他人的不当影响而损害自己的职业判断。

课程思政园地

实事求是与“没有调查，没有发言权”

“实事求是”出自《汉书·河间献王刘德传》，讲的是汉景帝刘启的儿子——刘德。他一生不仅酷爱收藏古旧书，而且认真地进行研究整理。东汉史学家班固在编撰《汉书》时，高度赞扬刘德“修学好古，实事求是”，意思是说，刘德爱好古代文化，对古代文化的研究十分认真，总是在掌握充分的事实根据以后，才从中求得正确可靠的结论来。毛泽东在《反对本本主义》一文中提出“没有调查，没有发言权”。中国共产党也正是以此科学的方法论与群众路线为原则，在理论的高度提升和统摄全党方针，一步一步实现了“农村包围城市”的中国革命的伟大胜利。

请思考：辅导员安排你负责本班的奖学金评优工作，你该如何开展工作呢？

4. 专业胜任能力和勤勉尽责

专业胜任能力要求注册会计师通过教育、培训和执业实践获取和保持专业胜任能力。注册会计师应当持续了解和掌握相关的专业技术和业务的发展，以保持专业胜任能力。持续职业发展能够使注册会计师发展和保持专业胜任能力，使其能够胜任特定业务环境中的工作。

勤勉尽责要求注册会计师遵守法律法规、相关职业准则的要求并保持应有的职业怀疑，认真、全面、及时地完成工作任务；注册会计师应当采取适当措施以确保在其授权下从事专业服务的人员得到应有的培训和督导；在适当时，注册会计师应当使客户、工作单位和专业服务的其他使用者了解专业服务的固有局限。

5. 保密原则

保密原则要求注册会计师对职业活动中获知的涉密信息保密。注册会计师应当遵循下列要求：

（1）警觉无意中泄密的可能性，包括在社会交往中无意中泄密的可能性，特别要警觉无意中向关系密切的商业伙伴或近亲属泄密的可能性；

（2）对所在会计师事务所、工作单位内部的涉密信息保密；

（3）对职业活动中获知的涉及国家安全的信息保密；

（4）对拟承接的客户、拟受雇的工作单位向其披露的涉密信息保密；

（5）在未经客户、工作单位授权的情况下，不得向会计师事务所、工作单位以外的第三方披露其所获知的涉密信息；

（6）不得利用因职业关系而获知的涉密信息为自己或第三方谋取利益；

（7）不得在职业关系结束后利用或披露因该职业关系获知的涉密信息；

（8）采取适当措施，确保下级员工以及为注册会计师提供建议和帮助的人员履行保密义务。

【提示】近亲属是指本人的配偶、父母、子女、兄弟姐妹、祖父母、外祖父母、孙子女、外孙子女。其中：配偶、父母、子女是主要近亲属；兄弟姐妹、祖父母、外祖父母、孙子女、外孙子女是其他近亲属。

保密原则也有例外情形。例外情形下披露涉密信息不视为违反保密原则。例外情形如下：

（1）法律法规允许披露，并且取得客户或工作单位的授权；

（2）根据法律法规的要求，为法律诉讼、仲裁准备文件或提供证据，以及向有关监管机构报告发现的违法行为；

（3）在法律法规允许的情况下，在法律诉讼、仲裁中维护自己的合法权益；

（4）接受注册会计师协会或监管机构的执业质量检查，答复其询问和调查；

（5）法律法规、执业准则和职业道德规范规定的其他情形。

6.良好职业行为原则

良好职业行为要求注册会计师遵守相关法律法规，避免发生任何损害职业声誉的行为。注册会计师不得夸大宣传提供的服务、拥有的资质或获得的经验；不得贬低或无根据地比较他人的工作。

【提示】注册会计师应当诚实、实事求是，不得有下列行为：（1）夸大宣传提供的服务、拥有的资质或获得的经验；（2）贬低或无根据地比较其他注册会计师的工作。

【做中学1-2】（单选题）以下事项中，注册会计师违背了诚信原则的是（　　）。

A.得知被审计单位财务报表含有严重虚假或误导性的陈述，注册会计师拒绝承接业务

B.被审计单位财务报表包含的信息缺乏充分依据，注册会计师未能出具恰当的审计报告

C.未经客户授权或法律法规允许，向第三方披露其所获知的涉密信息

D.被审计单位财务报告存在重大遗漏，注册会计师出具了恰当的审计报告

答案：B。选项A和D遵守了诚信原则；选项C违反的是保密原则。

【做中学1-3】（单选题）以下关于保密原则的表述中，不恰当的是（　　）。

A.注册会计师在执行审计业务时要对涉密信息保密

B.在终止审计服务起10年以后可以不再对涉密信息保密

C.注册会计师应当警惕向近亲属或关系密切的人员无意泄密的可能性

D.注册会计师应当明确在会计师事务所内部保密的必要性

答案：B。在终止与客户或工作单位的关系之后，注册会计师仍然应当对在职业关系和商业关系中获知的信息保密，所以选项B错误。

（三）职业道德概念框架

1.职业道德概念框架的内涵

实务中，注册会计师会遇到的许多情形（如职业活动、利益和关系）都可能对遵循职业道德基本原则产生不利影响。在职业道德守则中，不可能对各式各样的情形予以逐一界定并给出相应的应对措施。因此，职业道德守则提出职业道德概念框架，以指导注册会计师遵循职业道德基本原则，履行维护公众利益的职责。职业道德概念框架是指解决职业道德问题的思路和方法，用以指导注册会计师：（1）识别对职业道德基本原则的不利影响；（2）评价不利影响的严重程度；（3）必要时采取防范措施消除不利影响或将其降低至可接

受的水平。职业道德概念框架适用于各种可能对职业道德基本原则产生不利影响的情形。由于实务中的情形多种多样且层出不穷，职业道德守则不可能对所有情形都作出明确规定，注册会计师如果遇到职业道德守则未作出明确规定的情形，应当运用职业道德概念框架识别、评价和应对各种可能产生的不利影响，而不能想当然地认为职业道德守则未明确禁止的情形就是允许的。职业道德概念框架如图1-12所示。

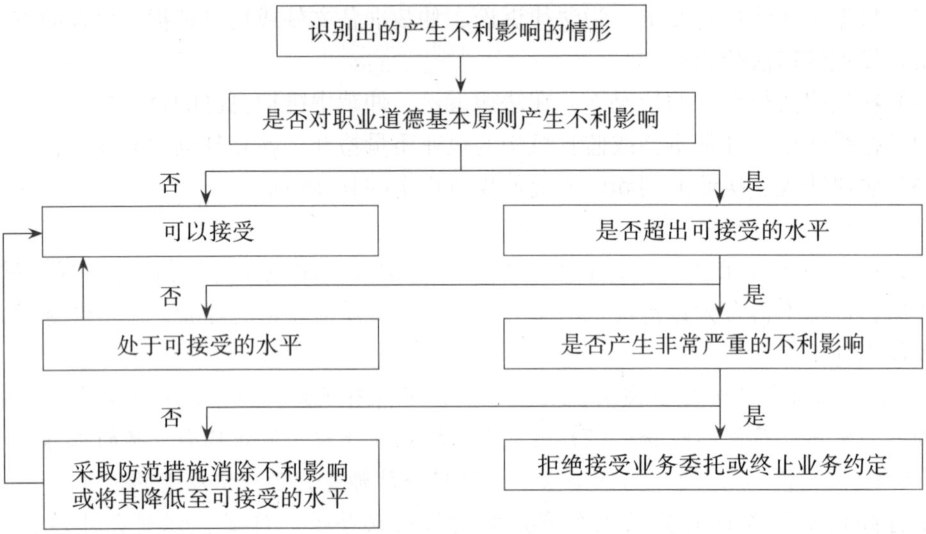

图1-12 职业道德概念框架

2.识别、评价和应对不利影响

注册会计师应当运用职业道德概念框架来识别、评价和应对对职业道德基本原则的不利影响。

（1）识别对职业道德基本原则的不利影响

注册会计师应当识别对职业道德基本原则的不利影响。通常来说，一种情形可能产生多种不利影响，一种不利影响也可能影响多项职业道德基本原则。注册会计师识别不利影响的前提是了解相关事实和情况，包括了解可能损害职业道德基本原则的职业活动、利益和关系。对职业道德基本原则的不利影响可能产生于多种事实和情况，并且，因业务的性质和工作任务不同，产生的不利影响的类型也可能不同。可能对职业道德基本原则产生不利影响的因素包括自身利益、自我评价、过度推介、密切关系和外在压力。产生不利影响的因素详见“对职业道德基本原则产生不利影响的因素”这一部分内容。

①因自身利益产生的不利影响，是指由于某项经济利益或其他利益可能不当影响注册会计师的判断或行为，而对职业道德基本原则产生的不利影响；

②因自我评价产生的不利影响，是指注册会计师在执行当前业务的过程中，其判断需依据其本人（或所在会计师事务所或工作单位的其他人员）以往执行业务时作出的判断或得出的结论，而该注册会计师可能不恰当地评价这些以往的判断或结论，从而对职业道德基本原则产生的不利影响；

③因过度推介产生的不利影响，是指注册会计师倾向客户或工作单位的立场，导致该注册会计师的客观公正原则受到损害而产生的不利影响；

④因密切关系产生的不利影响，是指注册会计师由于与客户或工作单位存在长期或密

切的关系，导致过于偏向他们的利益或过于认可他们的工作，从而对职业道德基本原则产生的不利影响；

⑤因外在压力产生的不利影响，是指注册会计师迫于实际存在的或可感知到的压力，导致无法客观行事而对职业道德基本原则产生的不利影响。

（2）评价不利影响的严重程度

如果识别出对职业道德基本原则的不利影响，注册会计师应当评价该不利影响的严重程度是否处于可接受的水平。可接受的水平，是指注册会计师针对识别出的不利影响实施理性且掌握充分信息的第三方测试之后，很可能得出其行为并未违反职业道德基本原则的结论时，该不利影响的严重程度所处的水平。在评价不利影响的严重程度时，注册会计师应当从性质和数量两个方面予以考虑，如果存在多项不利影响，应当将多项不利影响组合起来一并考虑。注册会计师对不利影响严重程度的评价还受到专业服务性质和范围的影响。

（3）应对不利影响

如果注册会计师确定识别出的不利影响超出可接受的水平，应当通过消除该不利影响或将其降低至可接受的水平来予以应对。注册会计师应当通过采取下列措施应对不利影响：

①消除产生不利影响的情形，包括利益或关系；

②采取可行并有能力采取的防范措施将不利影响降低至可接受的水平；

③拒绝或终止特定的职业活动。

防范措施是指注册会计师为了将对职业道德基本原则的不利影响有效降低至可接受的水平而采取的行动，该行动可能是单项行动，也可能是一系列行动。防范措施随事实和情况的不同而有所不同。根据具体事实和情况，某些不利影响可能能够通过消除产生该不利影响的情形予以应对。然而，在某些情况下，产生不利影响的情形无法被消除，并且注册会计师也无法通过采取防范措施将不利影响降低至可接受的水平，此时，不利影响仅能够通过拒绝、终止特定的职业活动或向工作单位提出辞职予以应对。

（四）对职业道德基本原则产生不利影响的因素

注册会计师对职业道德基本原则的遵循可能受到多种因素的不利影响。不利影响的性质和严重程度因注册会计师提供服务类型的不同而不同。可能对注册会计师遵循职业道德基本原则产生不利影响的因素包括自身利益、自我评价、过度推介、密切关系和外在压力。

1.因自身利益产生不利影响的情形

（1）注册会计师在审计客户中拥有直接经济利益；

（2）与客户之间存在密切的商业关系；

（3）能接触到涉密信息，而涉密信息可能被用于谋取个人私利；

（4）会计师事务所的收入过分依赖某一客户；

（5）以较低的报价获得新业务，而该报价过低，可能导致注册会计师难以按照适用的职业准则要求执行业务；

（6）注册会计师在评价所在会计师事务所以往提供的专业服务时，发现了重大错误。

2.因自我评价产生不利影响的情形

(1) 对客户提供财务系统的设计或实施服务后，又对系统的运行有效性出具鉴证报告；

(2) 为客户编制用于生成记录的原始数据，而这些记录是鉴证业务的对象。

3.因过度推介产生不利影响的情形

(1) 在审计客户与第三方发生诉讼或纠纷时，注册会计师担任该客户的辩护人；

(2) 推介审计客户的产品、股票或其他利益；

(3) 站在客户的立场上影响某项法律法规的制定。

4.因密切关系产生不利影响的情形

(1) 项目组成员的近亲属担任审计客户的董事或高级管理人员；

(2) 客户的董事、高级管理人员或所处职位能够对业务对象施加重大影响的员工（简称“董、高、特”），最近曾担任会计师事务所的项目合伙人；

(3) 审计项目团队成员与审计客户存在长期业务关系。

5.因外在压力产生不利影响的情形

(1) 因对专业事项持有不同意见而受到客户解除业务关系或被会计师事务所解雇的威胁：

(2) 注册会计师被告知，除非其同意审计客户某项不恰当的会计处理，否则计划中的晋升将受到影响；

(3) 由于客户员工对所讨论的事项更具有专长，注册会计师面临服从其判断的压力；

(4) 接受了客户赠予的重要礼品，并被威胁将公开其收受礼品的事情。

二、注册会计师的审计责任

（一）注册会计师审计责任的含义及其承担依据

1.注册会计师审计责任的含义

审计责任，是指注册会计师在开展审计工作中应履行的职责和因工作失误而承担的法律责任。

近年来，注册会计师涉及法律诉讼的数量和金额都呈上升趋势，除了法律因素外，还有以下原因：(1) 财务报表使用者对注册会计师的责任日趋了解；(2) 政府监督管理部门保护投资者的意识日益加强，监管措施日益完善，处罚力度日益增大；(3) 审计环境发生很大变化，企业规模扩大，业务全球化以及企业经营的错综复杂性，使会计业务更加复杂，注册会计师的审计风险变大。

2.注册会计师审计责任的承担依据

从理论上讲，注册会计师是否承担审计责任最终取决于注册会计师是否保持了应有的职业谨慎（自身是否有过错）。

注册会计师承担法律责任，通常是由被审计单位经营失败所引发的。在被审计单位经营失败的情况下，如果注册会计师审计失败，就应承担审计责任；如果没有审计失败，也可能要承担审计责任，这就是审计风险。

【提示】经营失败，是指企业由于经济或经营条件的变化，如经济衰退、不当的管理决策或出现意料之外的行业竞争等，而无法满足投资者的预期。经营失败的极端情况是申请破产。被审计单位在经营失败时，也可能会连累注册会计师。

审计失败，是指注册会计师由于没有遵守审计准则的要求而发表了错误的审计意见。

审计风险，是指财务报表中存在重大错报，而注册会计师发表不恰当审计意见的可能性。由于审计中的固有限制影响注册会计师发现重大错报的能力，注册会计师不能对财务报表整体不存在重大错报获取绝对保证。

经营失败、审计失败、审计风险和审计责任的关系如图1-13所示。

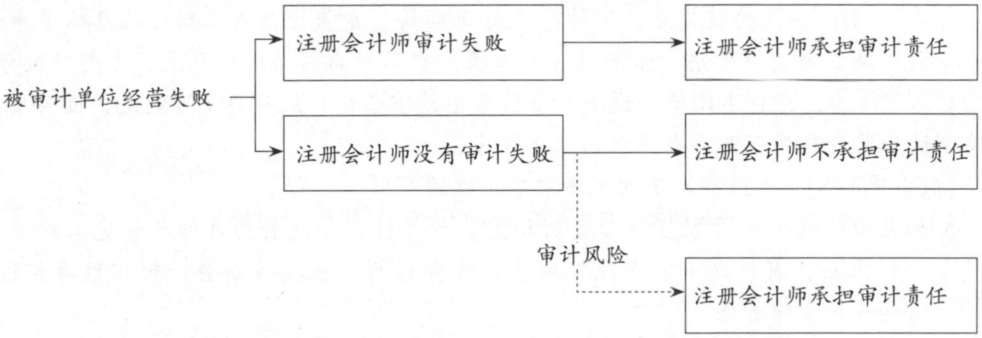

图1-13　经营失败、审计失败、审计风险和审计责任的关系

（二）注册会计师审计责任的认定

1.违约

微课

注册会计师的审计责任

违约，是指合同的一方或多方未能达到合同条款的要求。当违约给他人造成损失时，注册会计师应负违约责任。例如，注册会计师在商定的期间内未能提交纳税申报表，或违反了与被审计单位订立的保密协议等。

2.过失

过失，是指在一定条件下，注册会计师缺少应有的合理的谨慎。评价注册会计师的过失，是以其他合格注册会计师在相同条件下可做到的谨慎为标准的。当过失给他人造成损失时，注册会计师应负过失责任。通常将过失按其程度不同分为普通过失和重大过失。

（1）普通过失，是指注册会计师没有保持职业上应有的合理的谨慎或没有完全遵循执业准则的要求。例如，注册会计师未对特定审计项目取得必要和充分的审计证据，可视为一般过失。

（2）重大过失，是指注册会计师连起码的职业谨慎都没有保持，或根本没有遵循执业准则或没有按执业准则的基本要求执行审计。例如，注册会计师在审计过程中不以审计准则为依据，则可视为重大过失。

3.欺诈

欺诈，又称舞弊，是以欺骗或坑害他人为目的的一种故意的错报行为。与过失相区别，欺诈具有作案的不良动机。例如，注册会计师为达到欺骗财务报表使用者的目的，明知被审计单位的财务报表存在重大错报，却加以虚伪的陈述，出具无保留意见的审计报告。

【做中学1-4】（多选题）对存货实施监盘属于审计准则的基本要求。天诚正信会计师事务所的注册会计师冯海霞在审计清丰公司的财务报表时，没有对存货项目实施监盘程序，并出具了无保留意见的审计报告。如果注册会计师协会在例行业务抽查中注意到了这一情况，但并没有认定冯海霞违反审计准则，你认为其原因有（　　）。

A.冯海霞不知道准则中有关监盘的要求而没有实施监盘

B.未实施监盘可能是受到被审计单位的限制，冯海霞并无过失

C.被审计单位的存货余额占资产总额的比例很低

D.冯海霞可能使用了其他满意的替代程序替代监盘

答案：CD。本题的前提是，审计意见是正确的。如果选项A正确，就意味着审计范围有重大遗漏，与前提矛盾；如果选项B正确，就不应出具无保留意见，亦与前提矛盾；选项C是可能的，存货占比低，说明存货项目不是重要的；选项D是可能的，因为现行审计准则认为监盘程序可能存在满意的替代程序。

【做中学1-5】（多选题）下列说法中不正确的有（　　）。

A.如果被审计单位管理层精心策划和掩盖舞弊行为，注册会计师尽管完全按照审计准则执业，有时也不能发现某项重大舞弊行为，但是注册会计师仍然存在过失，需要承担法律责任

B.会计师事务所出具的审计报告如有虚假记载、误导性陈述或者重大遗漏，给他人造成损失的，无论何种原因均应当承担连带赔偿责任

C.只要注册会计师未查出被审计单位财务报表中的错报，则必须承担法律责任

D.注册会计师明知委托单位的财务报表有重大错报，却加以虚伪的陈述，出具无保留意见的审计报告，应属于重大过失

答案：ABCD。选项A，由于审计中的固有限制影响注册会计师发现重大错报的能力，注册会计师不能对财务报表整体不存在重大错报获取绝对保证，对于被审计单位精心策划和掩盖的舞弊行为，注册会计师完全按照审计准则执业也可能没有发现，此时注册会计师没有过失，也不需承担法律责任。选项B，注册会计师制作、出具的文件有虚假记载、误导性陈述或者重大遗漏，给他人造成损失的，应当承担连带赔偿责任，但是能够证明自己没有过错的除外。选项C，由于审计方法和被审计单位内部控制制度的局限性，不能苛求注册会计师发现和披露财务报表中的所有错报。选项D属于注册会计师的欺诈行为。

（三）注册会计师审计责任的类型及其与认定的关系

1.注册会计师审计责任的类型

注册会计师因违约、过失或欺诈给被审计单位或其他利害关系人造成损失的，按照《中华人民共和国注册会计师法》《中华人民共和国证券法》《中华人民共和国公司法》《中华人民共和国民法典》等法律的规定，可能被判承担行政责任、民事责任或刑事责任。这三种责任可单处，也可并处。

（1）行政责任。会计师事务所可能被判承担的行政责任包括警告、没收违法所得、罚款、暂停执业、撤销等；注册会计师可能被判承担的行政责任包括警告、暂停执业、吊销注册会计师证书。

【案例】A会计师事务所KM有限公司项目

A会计师事务所（以下简称A所）为KM有限公司（以下简称KM公司）2016年、2017年、2018年年度财务报告提供审计服务。2017年4月18日、2018年4月24日，A所分别为KM公司2016年、2017年财务报表出具了标准无保留的审计意见；2019年4月28

日，A所为KM公司2018年财务报表出具了保留意见。

2016年进行货币资金审计时，KM公司提前制作了虚假的银行对账单，并将伪造的银行资信证明交给A所现场负责员工丙，甚至利用A所的询证函模板，提前伪造银行回函，在函证现场替换本应由银行出具的回函。

作为审计机构的A所未能识别财务造假。处罚决定书披露，2016年，A所员工丙配合KM公司财务人员拦截询证函，将伪造的走访记录"加塞"到审计底稿中作为审计证据。

另外，A所针对货币资金科目获取的银行询证函、银行对账单等资料中，存在明显异常或相互矛盾的情况。2016年，KM公司在交通银行基本户的询证函上，银行印章为"业务受理章"，与商业银行常规做法不符；KM公司与子公司某大药房有限公司在中国工商银行均有账户，后者的询证函回函是资信证明，KM公司却是直接在A所的询证函上盖章……此外，证监会还指出，在2016年至2017年年报审计中，A所对KM公司货币资金科目的风险应对措施、实质性程序均存在重大缺陷。

除了对A所行政罚款5700万元外，证监会还对3名签字注册会计师和1名从业人员给予警告，并分别处以罚款；对其中2名注册会计师和1名从业人员采取证券市场禁入措施。

资料来源：中国注册会计师协会《会计师事务所从事证券服务业务辅导手册》。

（2）民事责任。由法院判定赔偿受害人损失。

【案例】B会计师事务所JY股份有限公司项目

成都市中级人民法院受理原告霍某与被告JY股份有限公司（以下简称JY公司）、B会计师事务所（特殊普通合伙）（以下简称B所）证券虚假陈述责任纠纷案件并作出一审判决，即被告B所对被告JY公司的虚假陈述承担连带赔偿责任。四川省高级人民法院维持原判。

法院认为，从中国证监会对B所作出的《行政处罚决定书》所列多项事实看，B所在履行对JY公司基本账户函证程序，以及公司重大合同审查程序时，未严格遵守审计执业准则、未独立进行审计、未对相关询证函保持控制，未尽到最基本的注意义务，最终导致诸如涉及金额3.1亿元的公司合同未签字盖章等异常情况、JY公司伪造大量财务资料事项均未予发现。换言之，作为专业的审计机构，B所如果按照审计执业准则勤勉尽责，尽到必要的注意义务，JY公司虚假陈述行为应当被发现，即其过错并非一般疏失，而应系重大过错，符合《最高人民法院关于审理证券市场因虚假陈述引发的民事赔偿案件的若干规定》第二十七条"知道或应当知道"的情形。

资料来源：中国注册会计师协会《会计师事务所从事证券服务业务辅导手册》。

（3）刑事责任。《中华人民共和国注册会计师法》《中华人民共和国证券法》《中华人民共和国公司法》对违法情节严重的行为均有规定，"构成犯罪的，依法追究刑事责任"。《中华人民共和国刑法》对"提供虚假证明文件罪""出具证明文件重大失实罪"均有规定。

【案例】D会计师事务所A有限公司项目

2013年下半年，D会计师事务所（以下简称D所）因A有限公司（以下简称A公司）发行中小企业私募债券对该公司2011年度、2012年度财务状况进行审计。D所负责此次审计的被告人胡某违反审计准则，未尽审计职责，在未履行核实相关财务凭证、合同等必要审计程序的情况下，起草与A公司实际财务状况严重不符的审计报告初稿，虚增营业收入人民币4.2亿余元（以下币种均系人民币）、利润8 800余万元、资本公积6 500余万元。被告人陈某、秦某作为此次发债审计报告的签字注册会计师，未尽审计勤勉职责，严重不负责任，签名确认并出具含有上述重大失实财务数据的审计报告，使得A公司成功发行中小企业私募债。2016年7月债券到期后，A公司无力支付0.9亿元债券本息，造成投资人重大经济损失。上海市某中级人民法院判定，被告单位D所和3名被告人犯出具证明文件重大失实罪，对被告单位判处罚金，对3名被告人判处有期徒刑，缓期执行，并处罚金。

资料来源：中国注册会计师协会《会计师事务所从事证券服务业务辅导手册》。

2. 审计责任的认定与审计责任的类型之间的关系

一般来说，违约和过失可能使注册会计师承担行政责任和民事责任，欺诈可能使注册会计师承担行政责任、民事责任和刑事责任（如图1-14所示）。

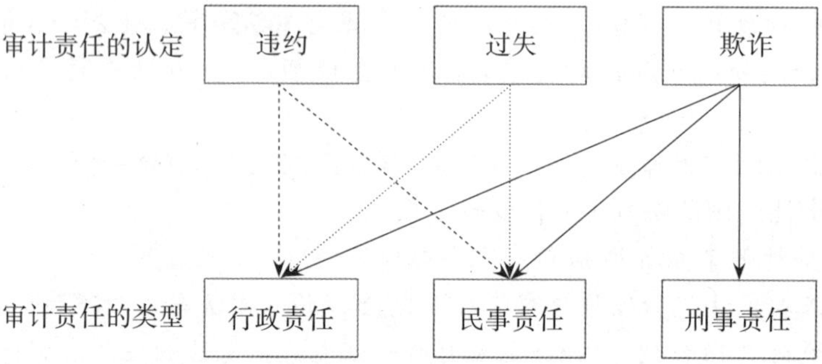

图1-14 审计责任的认定与审计责任的类型之间的关系

（四）注册会计师审计责任的防范

注册会计师要避免法律诉讼，防范审计责任风险，就必须在执行审计业务时尽量减少发生过失行为，更不能故意违反执业准则出具不实审计报告。注册会计师要防止发生执业过失行为，就应当增强执业独立性、保持应有的职业谨慎。

防范注册会计师审计责任风险的具体措施包括：（1）严格遵循职业道德规范和执业准则的要求；（2）与审计业务委托人签订业务约定书；（3）审慎选择客户；（4）深入了解被审计单位的业务；（5）提取风险基金或购买责任保险；（6）聘请熟悉注册会计师审计责任的律师；（7）按规定妥善保管审计工作底稿。

课程思政园地

周恩来：不要以为我是总理就可以不遵纪守法

周恩来生前总是时时处处带头遵纪守法，从不认为自己是国家总理就可以置身法纪之外。有一次，他乘车去政协礼堂开会，司机违反了交通规则，被交警批评了很长时间，耽误了开会，但是周恩来仍然等到交警放行才离开，并未动用特权。

请思考："不以规矩，不能成方圆"，同学们，我们在校园生活中如何做到遵纪守法？

任务三　明确注册会计师的审计目标和审计过程

一、管理层认定

（一）管理层认定的含义

认定，是指管理层针对财务报表要素的确认、计量和列报（包括披露）作出一系列明确或暗含的意思表达。注册会计师将其（即明确或隐含的表达）用于考虑可能发生的不同类型的潜在错报。注册会计师的基本职责就是确定被审计单位管理层对其财务报表的认定是否恰当。

微课

管理层认定

（二）管理层认定的表达方式

管理层在财务报表上的认定有些是明确表达的，有些则是隐含表达的。例如，清丰公司资产负债表报告应付账款700 000元，这意味着管理层作出了以下两项明示性认定：（1）应付账款是存在的；（2）应付账款的正确余额是700 000元。同时，管理层也作出了两项暗示性认定：（1）所有应报告的应付账款均已包括在内；（2）所有被报告的应付账款都属于公司的义务。假如上述认定中的任何一项报告有误，那么财务报表就可能存在重要错报。如果在报表附注中注明存货已被质押，则权利认定是明示的，说明企业对存货的处置权受到限制；如果报表附注中没有类似说明，则权利认定是暗示的，即暗示企业可以随意处置存货。

【做中学1-6】（多选题）对2023年12月31日清丰公司期末存货1 000 000元有以下四种“明确的表达或隐含的表达”，正确的有（　　）。

A.明确的表达：资产中所记录的存货1 000 000元是存在的，没有虚假

B.明确的表达：资产中所记录的存货是1 000 000元，不多也不少

C.隐含的表达：资产中应当记录的1 000 000元存货均已记录，没有漏计

D.隐含的表达：资产中记录的存货1 000 000元均由其拥有，没有被抵押

答案：ABCD。

（三）管理层认定的层次

1.关于所审计期间各类交易、事项及相关披露的认定

关于所审计期间各类交易、事项及相关披露的认定通常分为下列类别：

（1）发生：记录或披露的交易和事项已发生，且这些交易和事项与被审计单位有关。

（2）完整性：所有应当记录的交易和事项均已记录，所有应当包括在财务报表中的相关披露均已包括。

（3）准确性：与交易和事项有关的金额及其他数据已恰当记录，相关披露已得到恰当计量和描述。

（4）截止：交易和事项已记录于正确的会计期间。

（5）分类：交易和事项已记录于恰当的账户。

（6）列报：交易和事项已被恰当地汇总或分解且表述清楚，相关披露在适用的财务报告编制基础下是相关的、可理解的。

2.关于期末账户余额及相关披露的认定

关于期末账户余额及相关披露的认定通常分为下列类别：

（1）存在：记录的资产、负债和所有者权益是存在的。

（2）权利和义务：记录的资产由被审计单位拥有或控制，记录的负债是被审计单位应当履行的偿还义务。

（3）完整性：所有应当记录的资产、负债和所有者权益均已记录，所有应当包括在财务报表中的相关披露均已包括。

（4）准确性、计价和分摊：资产、负债和所有者权益以恰当的金额包括在财务报表中，与之相关的计价或分摊调整已恰当记录，相关披露已得到恰当计量和描述。

（5）分类：资产、负债和所有者权益已记录于恰当的账户。

（6）列报：资产、负债和所有者权益已被恰当地汇总或分解且表述清楚，相关披露在适用的财务报告编制基础下是相关的、可理解的。

注册会计师可以按照上述分类运用认定，也可按其他方式表述认定，但应涵盖上述所有方面。例如，注册会计师可以选择将关于各类交易、事项及相关披露的认定与关于账户余额及相关披露的认定综合运用。又如，当发生和完整性认定包含了对交易是否记录于正确会计期间的恰当考虑时，就可能不存在与交易和事项截止相关的单独认定。

（四）管理层认定与注册会计师识别错报的关系

管理层认定是管理层在财务报表中对财务报表要素作出的表达，注册会计师基于管理层认定来考虑财务报表的错报。注册会计师识别的错报源于管理层认定中不恰当的表达。如果管理层认定存在不恰当的表达，注册会计师则根据管理层认定的“不恰当”的表达确定财务报表错报的类别。管理层认定“在先”，注册会计师根据管理层认定确定的错报“在后”。

二、注册会计师审计目标

审计目标分为审计总体目标和具体审计目标。审计的总体目标是指注册会计师为完成整体审计工作而达到的预期目的。具体审计目标是指注册会计师通过实施审计程序以确定管理层在财务报表中确认的各类交易、账户余额、披露层次认定是否恰当。注册会计师在了解每个项目的认定后，就容易对应地确定每个项目的具体审计目标。

（一）注册会计师审计总目标

1.注册会计师审计总目标的演变

注册会计师审计总目标的确立经历了一个较长的演变过程。自诞生以来，审计主要经历了详细审计、资产负债表审计和财务报表审计三个阶段，审计总目标也随之发生变化（见表1-6）。

尽管在不同的阶段，注册会计师审计总目标发生了变化，但是注册会计师的重要职责之一却始终是对被审计单位财务报表进行审计。财务报表审计业务是审计相关业务的基础，审阅业务和其他业务从某种意义上来说是财务报表审计业务的延伸和发展。

表1-6　注册会计师审计总目标的演变

发展阶段	时间	审计总目标
详细审计	1844年—20世纪初	查找会计凭证、账簿和财务报表中的错误和舞弊，保护企业资产的安全和完整
资产负债表审计	20世纪初—20世纪30年代	通过对资产负债表所有数据进行检查，判断企业财务状况和偿债能力
财务报表审计	20世纪30年代以后	对财务报表的合法性、公允性、有效性等发表审计意见

2.我国注册会计师审计总目标

在执行财务报表审计工作时，我国注册会计师审计总目标是：（1）对财务报表整体是否不存在由于舞弊或错误导致的重大错报获取合理保证，使得注册会计师能够对财务报表是否在所有重大方面按照适用的财务报告编制基础编制发表审计意见；（2）按照审计准则的规定，根据审计结果对财务报表出具审计报告，并与管理层和治理层沟通。

审计总目标对注册会计师的审计工作发挥着导向作用，它界定了注册会计师的责任范围，直接影响注册会计师计划和实施审计程序的性质、时间和范围，决定了注册会计师如何发表审计意见。

管理层和治理层对编制财务报表承担完全责任。注册会计师执行审计工作的前提是管理层和治理层认可并理解其应当承担的责任。管理层和治理层认可的与财务报表相关的责任包括：（1）按照适用的财务报告编制基础编制财务报表，并使其实现公允反映（如适用）；（2）设计、执行和维护必要的内部控制，以使财务报表不存在由于舞弊或错误导致的重大错报；（3）向注册会计师提供必要的工作条件，包括：允许注册会计师接触与编制财务报表相关的所有信息（如记录、文件和其他事项），向注册会计师提供审计所需的其他信息，允许注册会计师在获取审计证据时不受限制地接触其认为必要的内部人员和其他相关人员。

对财务报表发表审计意见是注册会计师的责任。注册会计师作为独立的第三方，对财务报表发表审计意见，有利于提高财务报表的可信赖程度。为履行这一职责，注册会计师应当遵守相关职业道德基本原则的要求，按照审计准则的规定计划和实施审计工作，获取充分、适当的审计证据，并根据获取的审计证据得出合理的审计结论，发表恰当的审计意见。注册会计师通过签署审计报告确认其责任。

财务报表审计不能减轻被审计单位管理层和治理层的责任。财务报表编制和财务报表审计是会计信息生成链条上的不同环节。管理层和治理层对编制财务报表承担责任，有利于从源头保证会计信息质量。尽管在审计过程中，注册会计师可能向管理层和治理层提出调整建议，甚至在不违反独立性原则的前提下为管理层编制财务报表提供协助，但是管理层仍然对编制财务报表承担责任，并通过签署财务报表来确认这一责任。注册会计师对财务报表承担审计责任，如果财务报表存在重大错报，而注册会计师通过审计没有能够发现，也不能因为财务报表已经被注册会计师审计这一事实而减轻管理层和治理层对财务报表的责任。管理层、治理层和注册会计师的责任如图1-15所示。

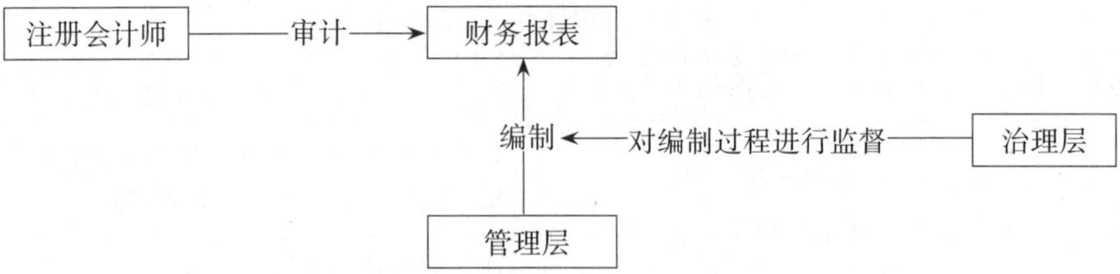

图1-15 管理层、治理层和注册会计师的责任

微课

注册会计师审计目标

【提示】财务报表，是指依据某一财务报告编制基础对被审计单位历史财务信息作出的结构性表述，旨在反映某一时点的经济资源或义务，或者某一时期经济资源或义务的变化。财务报表通常是指整套财务报表，有时也指单一财务报表。披露包括适用的财务报告编制基础所要求的、明确允许的或通过其他形式允许作出的解释性或描述性信息。披露是财务报表不可分割的组成部分，主要在财务报表附注中反映，也可能在财务报表表内反映，或通过财务报表中的交叉索引予以提及。

历史财务信息，是指以财务术语表述的某一特定实体的信息，这些信息主要来自特定实体的会计系统，反映了过去一段时间内发生的经济事项，或者过去某一时点的经济状况或情况。

适用的财务报告编制基础，是指法律法规要求采用的财务报告编制基础；或者管理层和治理层（如适用）在编制财务报表时，就被审计单位性质和财务报表目标而言，采用的可接受的财务报告编制基础。财务报告编制基础分为通用目的编制基础和特殊目的编制基础。通用目的编制基础，是指旨在满足广大财务报表使用者共同的财务信息需求的财务报告编制基础，主要是指会计准则和会计制度。特殊目的编制基础，是指旨在满足财务报表特定使用者对财务信息需求的财务报告编制基础，包括计税核算基础、监管机构的报告要求和合同的约定等。

管理层，是指对被审计单位经营活动的执行负有经营管理责任的人员。在某些被审计单位，管理层包括部分或全部的治理层成员，如治理层中负有经营管理责任的人员，或参与日常经营管理的业主（以下简称业主兼经理）。

治理层，是指对被审计单位战略方向以及管理层履行经营管理责任负有监督责任的人员或组织。治理层的责任包括监督财务报告过程。在某些被审计单位，治理层可能包括管理层，如治理层中负有经营管理责任的人员，或业主兼经理。

（二）注册会计师的具体审计目标

具体审计目标，是注册会计师对财务报表具体项目审计时所要达到的目标。注册会计师需要根据管理层认定的不同层次，确定具体审计目标。

具体审计目标是审计总目标的具体化。合理确定具体审计目标，有助于注册会计师按照审计准则的要求收集充分、适当的审计证据，并根据项目实际情况确定应收集的证据。具体审计目标要根据注册会计师审计总目标和被审计单位管理层认定来确定。

具体审计目标与审计证据、审计程序存在密切的关系（见表1-7）。

表1-7　　**管理层认定和具体审计目标**

层次	认定的分类	管理层认定的含义	对应的具体审计目标的含义	对应的具体审计目标的举例
关于所审计期间各类交易、事项及相关披露的认定	发生	记录或披露的交易和事项已发生，且这些交易和事项与被审计单位有关	确认已记录的交易是真的	如果没有发生销售交易，但是在销售日记账中记录了一笔销售，则违反了该目标
	完整性	所有应当记录的交易和事项均已记录，所有应当包括在财务报表中的相关披露均已包括	确认已发生的交易确实已经记录	如果发生了销售交易，但没有在销售明细分类账和总分类账中记录，则违反了该目标
	准确性	与交易和事项有关的金额及其他数据已恰当记录，相关披露已得到恰当计量和描述	确认已记录的交易是按正确金额反映的	如果在销售交易中，发出商品的数量与账单上的数量不符，或是开账单时使用了错误的销售价格，或是数量与单价相乘与销售金额不符，或是在销售明细分类账中记录了错误的金额，均违反了该目标
	截止	交易和事项已记录于正确的会计期间	确认接近于资产负债表日的交易记录于恰当的期间	如果将本期交易推到下期，或将下期交易提到本期，均违反了该目标
	分类	交易和事项已记录于恰当的账户	确认被审计单位记录的交易经过适当分类	如果将“现销”记录为“赊销”，或将出售经营性固定资产所得的收入记录为营业收入，则导致交易分类的错误，违反了该目标
	列报	交易和事项已被恰当地汇总或分解且表述清楚，相关披露在适用的财务报告编制基础下是相关的、可理解的	确认被审计单位的交易和事项已被恰当地汇总或分解且表述清楚，相关披露在适用的财务报告编制基础下是相关的、可理解的	

续表

层次	认定的分类	管理层认定的含义	对应的具体审计目标的含义	对应的具体审计目标的举例
关于期末账户余额及相关披露的认定	存在	记录的资产、负债和所有者权益是存在的	确认记录的金额确实存在	如果不存在对甲客户的应收账款，在应收账款明细表中却列入了对该客户的应收账款，则违反了该目标
	权利和义务	记录的资产由被审计单位拥有或控制，记录的负债是被审计单位应当履行的偿还义务	确认资产归属于被审计单位，负债属于被审计单位的义务	将他人寄售商品列入被审计单位的存货中，违反了权利目标；将不属于被审计单位的债务记入账内，违反了义务目标
	完整性	所有应当记录的资产、负债和所有者权益均已记录，所有应当包括在财务报表中的相关披露均已包括	确认已存在的金额均已记录	如果存在对甲客户的应收账款，在应收账款明细表中却没有列入对该客户的应收账款，则违反了该目标
	准确性、计价和分摊	资产、负债和所有者权益以恰当的金额包括在财务报表中，与之相关的计价或分摊调整已恰当记录，相关披露已得到恰当计量和描述	资产、负债和所有者权益以恰当的金额包括在财务报表中，与之相关的计价或分摊调整已恰当记录	存货账面数量与实物数量不相符，或金额计算错误，均违反了该目标
	分类	资产、负债和所有者权益已记录于恰当的账户	确认资产、负债和所有者权益记录于恰当的账户	如果将一年内到期的长期借款记录为“长期借款”，则导致长期借款分类的错误，违反了该目标
	列报	资产、负债和所有者权益已被恰当地汇总或分解且表述清楚，相关披露在适用的财务报告编制基础下是相关的、可理解的	确认资产、负债和所有者权益已被恰当地汇总或分解且表述清楚，相关披露在适用的财务报告编制基础下是相关的、可理解的	

【提示】发生认定所要解决的问题是管理层是否把那些不曾发生的项目列入财务报表，它主要与财务报表组成要素的高估有关。发生和完整性两者强调的是相反的关注点。发生目标针对潜在的高估，而完整性目标则针对漏计交易（低估）。

准确性与发生、完整性之间存在区别。例如，若已记录的销售交易是不应当记录的（如发出的商品是寄销商品），则即使发票金额是准确计算的，仍违反了发生目标；再如，若已入账的销售交易是对正确发出商品的记录，但金额计算错误，则违反了准确性目标，但没有违反发生目标。

（三）管理层认定与注册会计师审计目标之间的关系

1.注册会计师审计总目标、具体审计目标与管理层认定的关系

具体审计目标是注册会计师审计总目标的具体化，并受到审计总目标的制约。为了实现审计总目标，在计划和实施审计工作时，注册会计师需要明确具体审计目标。

具体审计目标根据被审计单位管理层认定和审计总目标来确定。为了实现审计总目标，注册会计师首先要明确审计工作的起点。这一起点通常是被审计单位的财务报表。财务报表是由被审计单位管理层编制完成的，即由管理层对各类交易和事项、账户余额和披露的认定构成。注册会计师通过获取充分、适当的审计证据来检查管理层认定，形成审计意见，实现审计总目标。概而言之，注册会计师的主要工作就是确定管理层认定是否恰当。

通常情况下，注册会计师以审计总目标为指导，以管理层认定为基础，根据被审计单位的具体情况确定具体审计目标，三者的关系如图1-16所示。管理层认定与具体审计目标存在明显的对应关系，或者两者是同一用语，只是管理层认定是对被审计单位而言的，具体审计目标是对注册会计师而言的。审计总目标与具体审计目标没有明显的对应关系，它们由管理层认定来沟通。注册会计师能否对财务报表发表正确的审计意见（合法性、公允性、有效性），取决于管理层认定是否正确；管理层认定是否正确，取决于要证实的对应的具体审计目标是否正确。具体审计目标实现了，管理层认定也就得到了证实。所有财务报表项目认定都得到了证实，就能对财务报表整体发表正确的审计意见。

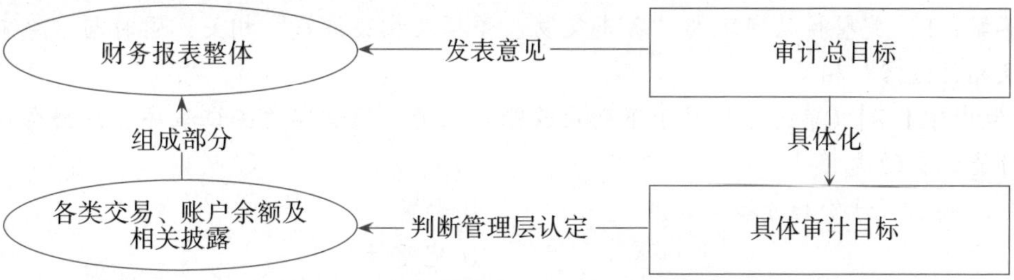

图1-16　审计总目标、具体审计目标和管理层认定的关系

2.管理层认定、具体审计目标和审计程序的关系

管理层认定是确定注册会计师具体审计目标的基础，注册会计师应将管理层认定转化为能够通过审计程序予以实现的具体审计目标，然后通过执行一系列审计程序获取充分、适当的审计证据以实现审计目标。图1-17列示了管理层认定、具体审计目标和审计程序的关系，表1-8举例说明了管理层认定、具体审计目标和审计程序之间的关系。

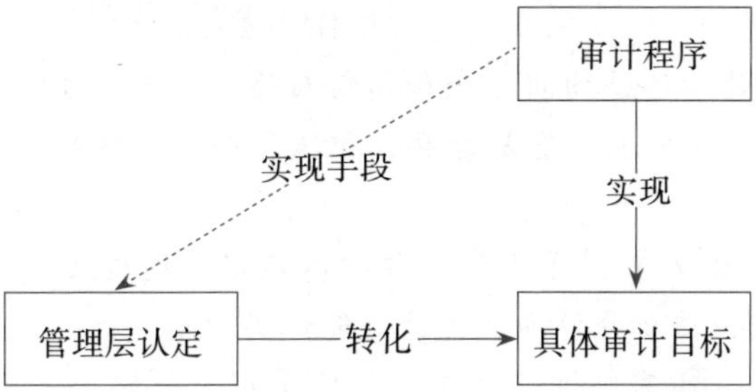

图1-17　管理层认定、具体审计目标和审计程序的关系

表1-8 管理层认定、具体审计目标和审计程序之间的关系举例

管理层认定	具体审计目标	审计程序
存在	资产负债表列示的存货存在	实施存货监盘程序
完整性	销售收入包括了所有已发生的交易	检查发货单和销售发票的编号及销售明细分类账
准确性	应收账款反映的销售业务基于正确的价格和数量，计算正确	比较价格清单与发票上的价格、发货单与销售订购单上的数量是否一致，重新计算发票上的金额
截止	销售业务记录在恰当的期间	比较上一年度最后几天和下一年度最初几天的发货单日期与记账日期
权利和义务	资产负债表中的固定资产确实为公司所有	查阅所有权证书、购货合同、结算单和保险单
准确性、计价和分摊	以净值记录应收账款	检查应收账款账龄分析表、评估计提的坏账准备是否充足

【提示】审计程序，是指注册审计师在审计工作中可能采用的，用以获取充分、适当的审计证据以发表恰当的审计意见的程序。

【做中学1-7】(单选题)下列各项认定中，与各类交易、事项及相关披露，与期末账户余额及相关披露均相关的是（　　）。

A.发生　　B.完整性　　C.截止　　D.权利和义务

答案：B。完整性认定既与“各类交易、事项及相关披露”相关，同时与“期末账户余额及相关披露”相关。

【做中学1-8】(单选题)对于下列应收账款认定，通过实施函证程序，注册会计师认为最可能证实的是（　　）。

A.准确性、计价和分摊　　B.分类

C.存在　　D.完整性

答案：C。函证，是指注册会计师直接从第三方（如被询证者）获取书面答复以作为审计证据的过程。函证应收账款所获取的审计证据与财务报表日应收账款期末余额的存在认定最相关。

【做中学1-9】(单选题)对于下列存货认定，通过向被审计单位生产和销售人员询问是否存在过时或周转缓慢的存货，注册会计师认为最可能证实的认定是（　　）。

A.准确性、计价和分摊　　B.权利和义务

C.存在　　D.完整性

答案：A。注册会计师通过询问生产和销售人员“存货的过时或周转缓慢”的“非财务信息”，主要是为了判断期末存货是否存在积压和跌价，与存货的“准确性”和“计价和分摊”认定最相关。

【做中学1-10】(单选题)对于下列销售收入认定，通过比较财务报表日前后几天的发货单日期与记账日期，注册会计师认为最可能证实的是（　　）。

A.发生　　B.完整性　　C.截止　　D.分类

答案：C。注册会计师通过比较财务报表日前后几天的发货单日期与记账日期，其目的是获取营业收入是否提前确认入账或推迟确认入账的审计证据，营业收入入账是否存在

跨期现象，与营业收入的“截止”认定最相关。

课程思政园地

当代青年学生的历史使命和社会责任

1900年，梁启超在《少年中国说》中写道：“少年智则国智，少年富则国富，少年强则国强，少年独立则国独立，少年自由则国自由，少年进步则国进步，少年胜于欧洲则国胜于欧洲，少年雄于地球则国雄于地球。”1957年，毛泽东同志说：“世界是你们的，也是我们的，但是归根结底是你们的。你们青年人朝气蓬勃，正在兴旺时期，好像早晨八九点钟的太阳。希望寄托在你们身上。”2017年10月18日，习近平总书记在党的十九大报告中这样深情寄语年轻一代：“青年兴则国家兴，青年强则国家强。青年一代有理想、有本领、有担当，国家就有前途，民族就有希望。中国梦是历史的、现实的，也是未来的；是我们这一代的，更是青年一代的。中华民族伟大复兴的中国梦终将在一代代青年的接力奋斗中变为现实。”

请思考：当代青年学生的历史使命和社会责任是什么？结合管理层认定、具体审计目标和审计程序的关系，谈一下在新时代下如何认清自己的历史使命和社会责任。

三、审计模式和审计过程

（一）审计模式

微课

审计模式和审计过程

审计模式，又称审计方式模式、审计取证模式，是指为了实现特定的审计目标所采取的审计策略、方式和方法的总称。它是获取审计证据的切入点，规定了注册会计师在实施审计工作时，从何处入手、如何入手、何时入手等问题。自审计诞生以来，审计模式的发展先后经历了三个阶段：账项基础审计、制度基础审计和风险导向审计。

1. 账项基础审计

账项基础审计，又称详细审计，是指对会计凭证、会计账簿和财务报表编制过程的详细检查。账项基础审计以凭单审核为重心，以审查账目有无错误和舞弊为目标，以数据的可信性为着眼点，从会计科目入手构成一个完整的模式。

2. 制度基础审计

制度基础审计，是以控制测试为基础的抽样审计，它以对被审计单位内部控制的评价为基础，以验证财务报表的公允性为目标。

3. 风险导向审计

风险导向审计，也称风险基础审计，是以审计风险模型为基础的审计。风险导向审计认为，审计风险主要来源于企业财务报告的重大错报风险，而错报风险主要来源于整个企业的经营风险和舞弊风险。

【提示】抽样审计不同于详细审计。详细审计是指百分之百地审计对象总体中的全部项目，并根据审计结果形成审计意见；而抽样审计是从审计对象总体中根据统计原理选取部分样本进行审计，根据样本推断总体并发表审计意见。

（二）审计过程

确定审计目标后，注册会计师就可以开始运用审计方法收集审计证据，以实现审计总目标和各项具体审计目标。审计过程，是指审计工作从开始到结束的整个过程。风险导向审计模式要求注册会计师在审计过程中，以重大错报风险的识别、评估和应对为工作主线，相应地，审计过程大致可以分为以下几个阶段：接受业务委托、计划审计工作、实施审计工作和终结审计工作。

1.接受业务委托

会计师事务所应当按照执业准则的规定，谨慎决策是否接受或保持某客户关系和具体审计业务。在接受新客户的业务前，或决定是否保持现有业务或考虑接受现有客户的新业务时，会计师事务所应当执行一些客户接受与保持的程序，以获取如下信息：（1）考虑客户的诚信，没有信息表明客户缺乏诚信；（2）具有执行业务必要的素质、专业胜任能力、时间和资源；（3）能够遵守相关职业道德要求。

会计师事务所执行客户接受与保持的程序，旨在识别和评估会计师事务所面临的风险。例如，注册会计师发现潜在客户正面临财务困难，或者发现现有客户曾作出虚假陈述，那么可以认为接受或保持该客户的风险非常高，甚至是不可接受的。会计师事务所除考虑客户的风险外，还需要考虑自身执行业务的能力，如当工作需要时能否获得合适的具有相应资格的员工；能否获得专业化协助；是否存在任何利益冲突；能否对客户保持独立性等。

注册会计师需要作出的最重要的决策之一就是接受和保持客户。一旦决定接受业务委托，注册会计师应当与客户就审计业务约定条款达成一致意见。对于连续审计，注册会计师应当考虑是否需要根据具体情况修改审计业务约定条款，以及是否需要提醒客户注意现有的审计业务约定书。

审计业务约定书的详细内容，将在本教材项目二中介绍。

2.计划审计工作

计划审计工作十分重要。如果没有恰当的审计计划，不仅无法获取充分、适当的审计证据，影响审计目标的实现，而且会浪费有限的审计资源，影响审计工作的效率。一般来说，计划审计工作主要包括：（1）执行初步分析程序；（2）初步确定重要性水平；（3）评估审计风险；（4）制定总体审计策略；（5）编制具体审计计划等。

【提示】计划审计工作不是审计业务的一个孤立阶段，而是一个持续的、不断修正的过程，贯穿于整个审计过程。

3.实施审计工作

实施审计工作包括实施风险评估程序和实施风险应对程序两个部分。

（1）实施风险评估程序。

风险评估程序，是指注册会计师为了解被审计单位及其环境、识别和评估重大错报风险（财务报表层次重大错报风险和认定层次重大错报风险）而实施的审计程序。

风险评估程序是必要程序，了解被审计单位及其环境为注册会计师在许多关键环节作出职业判断提供了重要基础。了解被审计单位及其环境实际上是一个连续和动态地收集、更新与分析信息的过程，贯穿于整个审计过程。

一般来说，实施风险评估程序的主要工作包括：①了解被审计单位及其环境；②识别和评估财务报表层次以及各类交易、账户余额和披露认定层次的重大错报风险，包括确定需要特别考虑的重大错报风险（即特别风险）以及仅通过实施实质性程序无法应对的重大错报风险等。

风险评估程序的详细内容将在项目四进行详细介绍。

（2）实施风险应对程序。

风险应对程序，是指注册会计师在风险评估后，通过采取必要的应对措施或程序来应对评估的重大错报风险，以将审计风险降至可接受的低水平。具体包括：①针对财务报表层次重大错报风险的总体应对措施；②针对认定层次重大错报风险的进一步审计程序。

注册会计师在评估财务报表层次重大错报风险后，应当运用职业判断，针对评估的财务报表层次重大错报风险确定总体应对措施，并针对评估的认定层次重大错报风险设计和实施进一步审计程序，以将审计风险降至可接受的低水平。

进一步审计程序，是指注册会计师针对评估的各类交易、账户余额和披露认定层次重大错报风险实施的审计程序，包括控制测试和实质性程序。①控制测试，是指用于评价内部控制在防止或发现并纠正认定层次重大错报方面的运行有效性的审计程序。②实质性程序，是指用于发现认定层次重大错报的审计程序，包括对各类交易、账户余额和披露的细节测试以及实质性分析程序。其中，细节测试是对各类交易、账户余额和披露的具体细节进行测试，目的在于直接识别财务报表认定是否存在错报。细节测试被用于获取与某些认定相关的审计证据，如发生、存在、准确性、计价等。实质性分析程序是用作实质性程序的分析程序。实质性分析程序仍是分析程序，主要是通过研究数据间的关系评价信息，用以识别各类交易、账户余额和披露及相关认定是否存在错报。实质性分析程序通常更适用于在一段时间内存在可预期关系的大量交易。

【提示】在审计过程中，实施控制测试不是必需的，而实施实质性程序是必需的。

4.终结审计工作

注册会计师在完成财务报表进一步审计程序后，还应当按照有关审计准则的规定做好审计终结阶段的工作，并根据所获取的各种证据，合理运用职业判断，形成适当的审计意见，编制审计报告。

审计过程如图1-18所示。

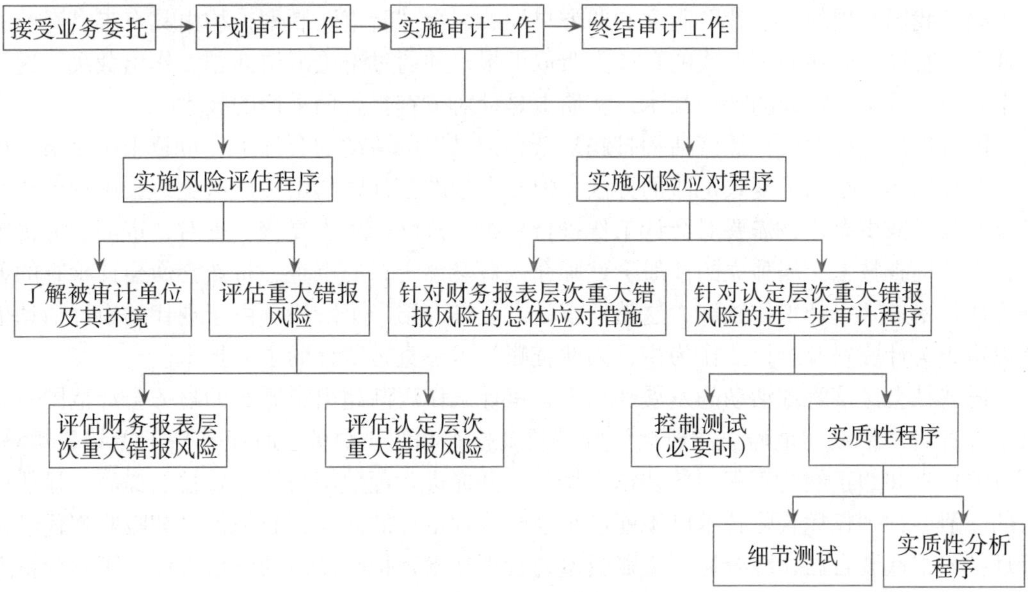

图1-18　审计过程

任务四　掌握注册会计师的主要审计工具和手段

一、审计方法

（一）审计方法的含义和演进

1.审计方法的含义

微课

审计方法1

审计方法，是指注册会计师为了行使审计职能、完成审计任务、达到审计目标所采取的方式、手段和技术的总称。审计方法贯穿于整个审计工作过程，而不只存在于某一审计阶段或某几个环节。审计工作从编制审计计划开始，直至出具审计意见书、依法作出审计决定和最终建立审计档案，都有运用审计方法的问题。选择恰当的审计方法，有助于注册会计师提高获取审计证据的效率，是注册会计师审计成功的关键。

【提示】审计职能，是指审计能够完成任务、发挥作用的内在功能。审计职能是审计自身固有的，但并不是一成不变的，它是随着社会经济的发展、经济关系的变化、审计对象的扩大、人类认识能力的提高而不断加深和扩展的。通常认为，审计具有经济监督、经济评价和经济鉴证这三方面的职能。

2.审计方法的演进

审计方法不是一成不变的，它随着科学技术的进步、社会经济的发展以及审计事业的发展，由简单到复杂、从低级到高级、由单一到系统，不断进步，不断完善。

（1）技术方法：从单一听审技术到综合检查技术。

审计在技术方法发展过程中，经历了听审报告、会计检查和综合检查三个阶段。

始于我国西周的“上计”制度和西方早期的议会“听审”制度，均由具有丰富经验的审计人（听证人）在一定形式的会议上听取汇报，并通过辩论澄清问题、作出裁决。这种听审技术，是早期审计的唯一技术，实质上是针对审查报告而采用的技术。

随着生产力的发展，经济活动日趋复杂，记录经济活动的会计工作也越来越繁杂，虽然在会计工作中运用了复式记账的方法，但在大量的会计资料中不可避免地会出现差错和舞弊，为了减少差错，需要对会计工作进行检查，这就产生了复核、查对、审阅、分析等多种会计检查技术。当独立的注册会计师介入对会计资料的审查，自然会使会计检查的各种方法技术进入审计工作领域，这就使审计方法进入第二个阶段。由于现代的审计活动依然以审查会计资料及会计工作为主，因此查账技术一直是审计的主要技术。

随着社会经济管理活动的发展和加强，审计工作逐渐超出了原有的财务会计范围，介入了业务管理活动的范畴。注册会计师不仅要检查和纠正财务会计工作中的差错和舞弊，而且要检查和纠正经营管理中的差错和舞弊，并促进管理效率与管理效益的提高。显然这时的注册会计师仅凭查账技术已不能满足经营管理审计的需要，必须借鉴和吸收现代经营管理技术来武装自己，综合运用查账技术与管理技术，把经济活动分析方法、工程分析方法、数学分析方法等与原来的查账技术融合在一起，以适应审计范围扩大的需要，这就促使了审计技术方法发展到第三个阶段。

(2) 操作手段：云技术、区块链技术、大数据技术广泛应用于审计。

审计操作手段正在向云审计、智能审计、大数据审计方向发展。例如，中注协与中国银行业协会、中国互联网金融协会、中国金融认证中心开展合作，共建了第三方电子函证平台，提高了银行存款函证回收率，提高了审计质量。此外大数据技术被广泛应用于民生审计、政府绩效审计、乡村振兴审计等政府审计项目。

【案例】大数据技术、人工智能技术在政府审计领域的应用——金审三期

金审三期系统是审计信息化系统建设的重大项目，其目标是实现审计工作的数字化和智能化，充分利用信息技术，如大数据、人工智能等，以提升审计质量和效率。以下是金审三期系统概述：

(1) 系统构成。金审三期系统集成了多个功能模块，包括但不限于行政办公管理系统、现场审计作业云系统、审计业务管理系统等，涵盖了审计项目的立项、人员配置、数据采集、数据分析、现场作业、整改跟踪等多个环节的全流程管理。

(2) 技术优势。金审三期系统具备多项技术优势，如数据共享、安全提升、规范标准以及引入新技术等。它能够实现跨平台的强兼容性，并且通过数据采集功能支持财务系统标准数据，便于审计疑点的发现和数据的标准化。

(3) 实际应用。在实际工作中，金审三期系统能够帮助审计人员提高工作效率，减少沟通成本，并提升审计结果的准确性和深度。

(4) 未来展望。金审三期系统还有望通过进一步的升级和完善，如加强功能点的完善和加强与其他信息系统之间的集成，进一步提高审计工作的质量和效率。

综上所述，金审三期系统是一套集多种功能和先进技术于一体的审计信息化解决方案，旨在帮助审计机构提高工作效率和质量，更好地服务于国家的政策执行、反腐倡廉建设和财政资金效益提升等方面。

课程思政园地

与审计结缘的“算圣”刘洪

刘洪，东汉末年人，通晓算术，用自己的研究心得完成了对《九章算术》的注释。在任会稽郡（今浙江绍兴）东部都尉时期，广泛搜集了远古时代、结绳时期、书契记数等劳动人民创造的记数、计算资料，对其加以综合、加工、改进和提高，将当时应用的“筹算”改为“珠算”，成为审计工作不可缺少的计算工具。美籍华人李政道博士曾说：“中国计算机应该比谁都先进，中国的算盘是最古老的计算机。”

请思考：审计技术方法的进步与实践活动有什么关系？当代大学生是否应积极投身于社会实践？

（二）审计方法的类别

现代审计方法已经超越了传统的事后查账技术，发展到广泛运用审计调查、审计分析、内部控制系统评审及经营风险评价等技术方法，日趋多样化和现代化，已经形成了一个完整的审计方法体系，包括审计基本方法和审计技术方法。

1. 审计基本方法

审计基本方法，也称审计一般方法，指的是在各种审计活动中都适用的方法，是执行各项目审计的一般原则或思路。审计基本方法，一般有两种分类方式：一种是顺序检查

法，按照获取审计证据的先后顺序将审计基本方法分为顺查法和逆查法；另一种是范围检查法，按照审计的范围和数量，将审计基本方法分为详查法和抽样法。

（1）顺序检查法。

①顺查法。顺查法，又称正查法，是依会计处理程序的先后顺序依次进行检查的方法。其操作步骤为：首先检查原始凭证，然后依次检查记账凭证、明细分类账（日记账）、总分类账和财务报表（如图1-19所示）。

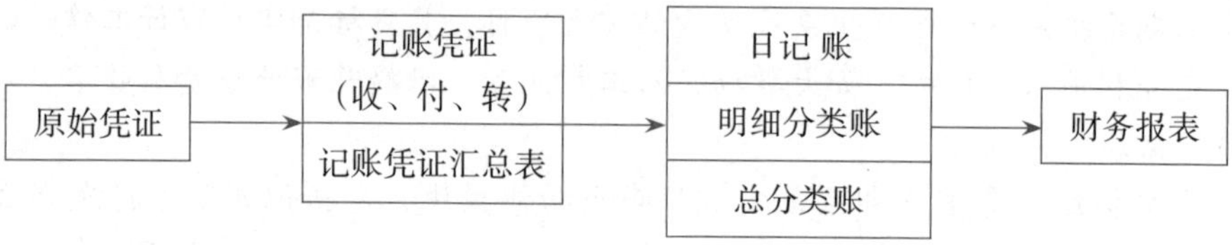

图1-19　顺查法的过程

顺查法的审计顺序与会计处理程序一致，其优点是脉络清晰、操作简便、审查全面完整、容易发现疑点和找出线索、不容易遗漏问题、审查结果可靠；其缺点是工作量大、审计成本高、审计效率低。通常适用于会计核算制度不健全、问题较多的企业单位，或用于对那些业务十分简单、业务量小的单位进行审计，也用于对重大违法行为的专案审计。

②逆查法。逆查法，又称倒查法，指按照与会计处理程序相反的顺序依次进行检查的方法。其操作步骤为：首先检查、分析财务报表，然后由报表检查到明细分类账和总分类账，再由明细分类账和总分类账检查到凭证及其他原始材料。这种方法是从会计处理程序的结果开始检查，直至检查结果产生的起因（如图1-20所示）。

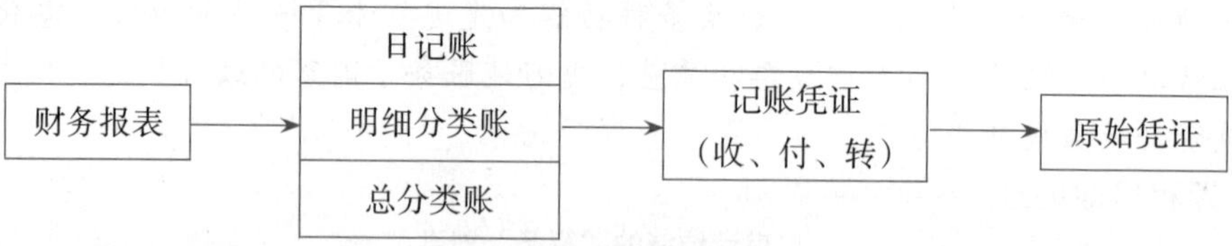

图1-20　逆查法的过程

逆查法是在现代审计中较为普遍采用的一种方法，其审计证据的获取范围比顺查法小得多，因此逆查法的优点是有利于抓住主要矛盾，从而有针对性地进行审计，可以节省人力和时间，提高审计的效率和质量，这种方法还有利于进行抽样审计。其缺点是审计不全面，容易出现遗漏，难以查出各种错弊，而且该方法在很大程度上要利用注册会计师的职业判断，因而注册会计师的经验和能力对审计的效果影响很大，如果注册会计师的经验不足，就有可能得出不正确的审计结论。这种方法适用于业务量较大、规模较大的大中型企事业单位，或管理规范、会计基础比较好的单位。

【提示】在审计过程中，顺查法和逆查法也不是矛盾的，注册会计师往往需要根据实际情况，将两种方法结合起来加以运用，这样可以提高审计的效率和质量。

（2）范围检查法。

①详查法。详查法，又称精查法或详细审查法，它是指对被审计单位被查期内的所有活动、工作部门及其经济信息资料，采取精细的审查程序，进行细密周详的审计。在审查会计资料的规模上，它是对整个单位或某类业务期间内会计记录和凭证的全部资料进行逐一验证。其优点是能够有效地查出会计资料中存在的各种错弊，特别是对弄虚作假、营私舞弊等违法行为，一般不会产生遗漏，审计风险比较小，审计工作质量比较高。这种方法

的缺点是审计工作量太大，费时费力，审计成本较高，很难普遍采用。详查法适用于经济业务较少、会计核算简单的单位及为揭露重大问题而进行的专案审查。在现代审计中，由于企事业单位业务量的增加，详查法的使用情形有所减少。

②抽样法。抽样法，又称抽查法，是从被审计单位被查期内的全部会计资料中，抽选部分样本进行审查，根据对样本的审计结果来推断总体特征的一种方法。抽样法的优点是能明确审查重点、省时省力，具有效率高、成本低和事半功倍的效果。其缺点是审计结果过分依赖抽查样本的合理性，如果抽样不合理，或缺乏代表性，抽样结果往往不能发现问题，甚至以偏概全，产生错误的审计结论。因此，抽样法仅适用于规模较大、业务比较复杂、内部控制制度比较健全、会计基础较好的单位。抽样法是相对于详查法而言的。在运用抽样法的过程中，注册会计师应特别注意所选取的样本是否能够代表总体。在审计实践工作中，常用的样本选取方法有判断抽样法和统计抽样法两种。

A.判断抽样法。判断抽样法，又称重点抽样法，是在审核的总体中，有选择地抽取部分样本进行审查，根据对样本的审计结果来推断总体特征的一种审计抽样方法。判断抽样法同任意抽样法相比前进了一大步，因为任意抽样法随意选取样本，但判断抽样法对样本的选择不是随意的，而是由注册会计师根据被审计单位的内部控制制度和会计工作质量的实际情况，找出薄弱环节，确定抽选的样本和数量，有目的、有重点地进行审查。

在判断抽样法下，样本的选择是关键。样本选择得当，不仅可以保证审计工作的质量，而且可以节省时间和财力。一般情况下，可选择下列样本进行审查：(a) 被审计单位内部控制制度和会计核算中的薄弱环节；(b) 单价高、期末余额大的财产物资账户；(c) 根据审计目的，结合被审计单位的实际情况而认定的重要账目；(d) 贵重的财产物资；(e) 收到检举揭发信件时，其提供的有关账户。样本选择的数量一般为总体数量的20%~30%，在实际工作中可以根据具体情况适当增减。

判断抽样法具有简便、灵活的特点，是现代审计中的一种基本方法。其不足之处是单纯依靠注册会计师的实际经验和判断能力，不一定能保证审计抽样对象、时期、范围的科学性和可靠性，如果注册会计师素质不高，运用判断抽样法得出的审计结论也达不到客观、公正的要求。

B.统计抽样法。统计抽样法，又称随机抽样法，是指在审计工作中运用概率论和数理统计的方法，随机从总体中抽取部分样本，得出样本特征，然后根据样本的特征，来推断总体特征的一种审计抽样方法。它具有以下两个特征：随机选取样本和运用概率论评价样本结果（包括计量抽样风险）。统计抽样法在运用时可分为三个步骤：抽取样本→审查样本→根据样本结果推断总体特征（如图1-21所示）。

微课

审计方法2

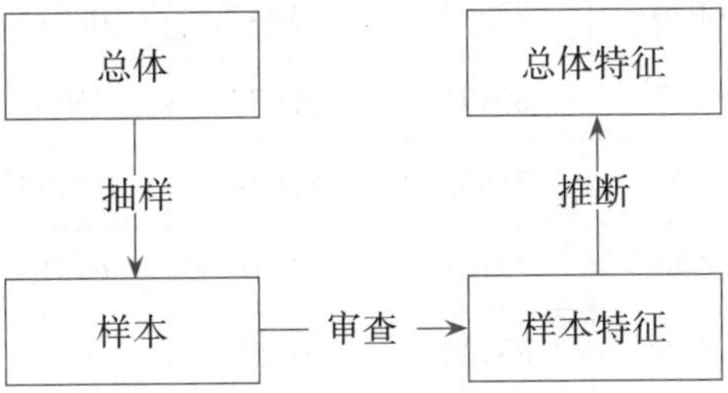

图1-21 统计抽样法的步骤

统计抽样法的优点在于能够客观地选取样本，科学地计量抽样风险，并通过调整样本规模有效地控制抽样风险，定量地评价样本结果。20世纪70年代初期，美国一些会计公司开始在实务中使用统计抽样法，之后，统计抽样法逐渐被广泛应用。

【提示】抽样风险，是指注册会计师根据样本得出的结论，与对总体全部项目实施与样本同样的审计程序得出的结论存在差异的可能性。

在运用统计抽样法时，能使审查总体中的每一个个体都有被抽中的机会。因此，可以避免注册会计师由于主观判断所带来的各种影响。但是，在实际工作中，往往将判断抽样法和统计抽样法结合使用，因为统计抽样法不能代替注册会计师的判断，它只能在判断选取抽查什么样本之后，才能计算抽查样本数量的多少，所以统计抽样法应以判断抽样法为前提，但也不能认为判断抽样法可以取代统计抽样法，只有将两者有机结合起来，才能提高审计结论的正确性。

在注册会计师审计实践中，统计抽样法分为以下几种：

（a）简单随机抽样法。简单随机抽样法就是对被审查的全部个体，不做任何有目的的和有重点的选择，任意抽取个体作为样本进行审查的方法。

ⓐ抽签抽样法，也称抽签法，是先将要审查的全部个体编好号，然后采取抽签的方式随机抽取，从而确定随机抽查的样本。例如，注册会计师审查清丰公司2023年12月销售发票1 000张。注册会计师决定抽取200张，以发票的顺序编号作为标签，然后按编号制成签条混合后，根据预定抽查样本的比例数，随手抽取号码200张，把抽出号码的样本作为抽查对象。

ⓑ随机数表法，也称乱数表法，是利用随机数表进行抽样的一种方法。随机数表是由随机生成的0~9的数字组成的数表。每个数字在表上出现的次数大致是相等的，在表上的顺序是随机的。使用随机数表法，首先要对总体项目进行编号。编号可以利用总体项目原有的某些编号，如发票号、支票号、凭证号、记录号等，然后根据总体容量确定使用几位随机数，并随机地确定使用哪几位随机数，最后从随机数表中的任何一行和任何一栏开始，依次往下查（向上、向下、向左、向右均可），凡符合总体项目编号范围的数字为抽中数，与此相对应的总体项目为样本项目，直至抽到所需的样本规模为止。表1-9就是5位随机数表的一部分。

表1-9　　随机数表（部分列示）

列＼行	1	2	3	4	5	6	7
1	32044	69037	29655	92114	81034	40582	01584
2	23821	96070	82592	81642	08971	07411	09037
3	82383	94987	66441	28677	95961	78346	37916
4	68310	21792	71635	86089	38157	95620	96718
5	94856	76940	22165	01414	61413	37231	05509
6	95000	61958	83430	98250	70030	05436	74814

续表

列\行	1	2	3	4	5	6	7
7	20764	64638	11359	32556	89822	02713	81293
8	71401	17964	50940	95753	34905	93566	36318
9	38464	75707	16750	61371	01523	69205	32122
10	59442	59247	74955	82835	98378	83513	47870
11	11818	40951	99279	32222	75433	27397	46214
12	65785	06837	96483	00230	58220	09756	00533
13	05933	69834	57402	35168	84138	44850	11527
14	31722	97334	77187	70361	15819	35037	46319
15	95118	88373	26934	42991	00142	90852	14199
16	14347	69760	76797	91159	85189	84766	88814
17	64447	95461	85772	84261	82306	90347	97519
18	82291	62993	83884	69165	14135	25283	35685
19	45631	73570	53937	02803	60044	85567	10497
20	59594	78376	47900	30057	94668	04629	10087

表1-8所列的5位随机数字，在使用时不限于5位数字，可以用2位、3位、4位数字。其使用步骤为：先确定抽样数量，然后将总体项目的编号与随机数表的数字一一对照，最后挑选出需要抽样的数量。

【做中学1-11】（案例题）2023年年底，注册会计师决定对清丰公司4 000张银行存款付款凭证进行审查，凭证编号为0001至4000，注册会计师决定随机抽出800张银行存款付款凭证。

要求：注册会计师如何利用随机数表，抽查出800张银行存款付款凭证？

答案：注册会计师可将有效数字定为随机数表的前4位或后4位数，并且凭证编号不超过4000的数。假设注册会计师将前4位数定为有效数字，从第一行开始从左至右，然后自上而下顺序抽取，则抽出的样本为：3204、2965、0158、2382、0897、0741、0903、2867、3791、2179……直至抽满800个数字为止。

（b）系统抽样法。系统抽样法，又称等距抽样法，它是将要审查的全部个体按某种标志排列，开头随机抽取样本，然后按相等间隔抽取样本。抽样间隔的计算公式为：

$$抽样间隔 = \frac{总体规模}{样本规模}$$

【做中学1-12】（案例题）注册会计师审查清丰公司2023年12月份的200张银行存款收款凭证，决定抽取50张凭证审查。

要求：采用系统抽样法，挑出50张凭证。

答案：抽样间隔 $= \frac{200}{50} = 4$

第一个抽样间隔在1至4之间随意选取1个随机数为起点（比如选3为起点数），那么以后每隔4张凭证抽取一个样本，则抽取的50个样本（凭证）分别为第3、7、11、15、19、23、27、31、35、39、43、47、51、55、59、63、67、71、75、79、83、87、91、95、99、103、107、111、115、119、123、127、131、135、139、143、147、151、155、159、163、167、171、175、179、183、187、191、195、199张凭证。

（c）整群抽样法。整群抽样法，也称整体随机选样法，是指先将总体项目按某一标志分成若干群，然后使用随机数表或系统抽样对整群进行选样的方法。也就是说，这是整群地抽取样本项目的一种方法。整群抽样法的特点是每次抽取的样本数量是一群，每群的样本数量虽不相等，但至少不会只有一个样本。

【做中学1-13】（案例题）注册会计师审查清丰公司2023年的全部销售发票，现将2023年的销售发票按旬划分为36个群。

要求：从中抽取出12个群进行审查。

答案：采取整群抽样法，计算出抽取间隔 $= \frac{36}{12} = 3$。假设第一群抽2，则样本分别为第2、5、8、11、14、17、20、23、26、29、32、35旬的销售发票。因为其中每一旬的销售发票都由若干张组成，所以采取整群抽样法抽取的样本都是由数量不等的若干个体组成的群体。

（d）分层抽样法。分层抽样法，也称分组抽样法，是指将需要审查的全部个体按某种标志进行分组，每组称为一层，然后在每一层中按不同要求用简单随机抽样法或系统抽样法抽取样本，最后加以综合分析，从而推断总体特征的一种方法。例如，注册会计师审查清丰公司2023年的原材料采购业务，由于每次采购的金额不同，因此，可按金额的大小进行分层，分层后再用不同的抽样方法在不同层中抽取样本进行审查，见表1-10。

表1-10 分层抽样法的运用

层次	分层标准（金额大小）	账户数	抽取数	抽样方法
1	10 000元以下	500个	10个	抽样法（简单随机抽样法）
2	10 000~50 000元	100个	20个	抽样法（系统抽样法）
3	50 000~100 000元	90个	30个	抽样法（系统抽样法）
4	100 000元以上	30个	30个	详查法

（e）金额单位抽样法。金额单位抽样法，是指按照总体的金额（元），而不是实物单位（如个、张）进行抽样的一种方法。在金额单位抽样法中，总体某一项目被抽中的概率等于该项目的金额与总体金额的比例，即抽中概率=该项目的金额/总金额。例如，应付账款总分类账余额为50 000元，一个金额为5 000元的应付账款明细分类账户被抽中为样本项目的概率为1/10，这就是说，在金额单位抽样法中，总体的每一个金额单位（而不是实物单位）有同等被抽中的机会。金额单位抽样法需编制累计金额计算表，适用于对实质性程序中期末余额的细节测试。

【做中学1-14】（案例题）注册会计师审查清丰公司2023年的销售发票12张，这12张销售发票的金额为9 500元。

要求：使用随机数表，从中抽取4张发票进行审查。

答案：从随机数表中按前4位竖栏，抽取不超过9 500的4个随机数由小到大分别为2 382、3 204、6 831、8 238，而总体实物单位的累计金额见表1-11。

表1-11　实物单位累计金额

记录号	记录金额（元）	累计金额（元）	随机数
1	498	498	
2	765	1 263	
3	379	1 642	
4	520	2 162	
5	800	2 962	2 382
6	1 100	4 062	3 204
7	568	4 630	
8	798	5 428	
9	611	6 039	
10	961	7 000	6 831
11	1 000	8 000	
12	1 500	9 500	8 238

由于2 382、3 204、6 831、8 238四个随机数分别包含在第5、6、10、12四个记录号中，其对应记录金额为800元、1 100元、961元、1 500元的四张发票就是被抽中的样本。

2.审计技术方法

审计技术方法是审计过程中使用的，用以收集充分、适当的审计证据的方法和手段。审计技术方法一般分为两类：一类是审查书面资料的方法；另一类是证实客观事物的方法。

（1）审查书面资料的方法。审查书面资料的方法在注册会计师审计中广泛应用，是审计中最基本的方法。这类方法主要审查会计凭证、会计账簿和财务报表及计划、预算、章程、合同、会议记录等书面资料，因此也可称为查账法。审查书面资料的方法按其审查的技术可分为审阅法、核对法、复算法、分析法和查询法。

①审阅法。审阅法，是根据有关政策、法规等审计标准，观察所审查的书面资料，鉴别资料本身及反映的经济活动是否真实、合法、合理、有效和正确的方法。其中，书面资料包括会计凭证、会计账簿和财务报表及相关资料。

对原始凭证的审阅，主要看原始凭证上反映的经济业务是否符合规定，还要看凭证上记载的抬头、日期、数量、单价、金额等方面的字迹是否清晰、数字是否相符。如有不符合规定的情况或有涂改字迹、数字的情况，就有可能存在舞弊行为。还要审阅填发原始凭证的单位名称、地址和图章，审查凭证的各项手续是否完备。

对记账凭证的审阅，主要看记账凭证是否附有合法的原始凭证；记账凭证的记载是否符合会计准则的规定、是否依据会计原理；所记账户名称和会计分录是否正确；有无错用账户或错记方向的情况。

对会计账簿的审阅，主要是看明细记录的内容是否真实、准确；其账户对应关系是否正确、合理；有无错误或舞弊。特别应该注意的是审阅应收（应付）账款、材料成本差异、预提类费用、待摊类费用、管理费用、制造费用、销售费用、财务费用等容易掩盖错弊和经常反映会计转账事项的账簿。

对财务报表的审阅，主要是看报表项目是否按会计规范编制；其对应关系是否正确；双方合计数是否相符；各项目是否合理、合规、合法；有无违反法律法规的现象；有无异常变化现象。此外，还要根据各报表之间有关项目的钩稽关系，核对相关数据是否一致。

除此之外，对计划、预算、章程、合同、会议记录、合同等其他相关经济资料也应结合会计核算资料进行审阅，以便掌握情况、发现问题、获取证据。

②核对法。核对法，是把两个或两个以上相互联系的不同会计记录之间的有关数据相互验证、对比，用以确定会计记录是否正确的一种技术核查方法。采用核对法可以证实各种会计资料之间的衔接是否正确、有无差错和弊端。

在审查会计资料时，一般可以进行以下核对：

微课

审计方法3

a. 证证核对，是指原始凭证与原始凭证汇总表、原始凭证与记账凭证、记账凭证与汇总记账凭证之间所进行的核对。

b. 账证核对，是指记账凭证或某些原始凭证与账簿之间的核对，其中，又以凭证与明细分类账、日记账的核对为主。

c. 账账核对，是指明细分类账、日记账、总分类账、其他辅助账簿之间的核对。

d. 账表核对，是指将明细分类账、日记账、总分类账、其他辅助账簿同财务报表核对，财务报表包括资产负债表、利润表、现金流量表和所有者权益变动表等。

e. 表表核对，是指将不同财务报表上有关项目进行核对，主要是核对资产负债表、利润表、现金流量表和所有者权益变动表之间的相关数字是否相符。

f. 账实核对，是指核对账面资料上反映的实物余额与实际存在的实物数是否相符，包括核对实物盘点表与有关账簿是否相符，核对银行对账单、客户往来清单等外来对账单是否与本单位有关账项的记载相符。

通过上述详细核对之后，注册会计师可以发现会计资料中存在的差错和问题，然后进一步分析其性质。这些差错和问题，有的可能是一般工作差错，有的则可能是违法乱纪行为，注册会计师应依据问题的性质及其严重程度进行处理，并确定对审计意见的影响。

③复算法。复算法，又称验算法或重算法，是指注册会计师对会计资料中的某些数字重新计算，以验证其是否正确无误的方法。在实际工作中，有的单位或个人为了达到非法目的，故意在有关计算过程中制造差错，注册会计师需要根据有关会计数据或信息，按照原计算所需要的科学方法与要求重新进行计算，并将计算结果与被审计单位的原计算结果进行对照，看其是否相符，以判断被审计单位经济业务处理的真实性和正确性。

在审计过程中，通常可以进行以下复算：

a. 对凭证、账簿、报表中的有关项目的小计、合计、总计、累计、差额、乘积等进行计算。

b. 对某些业务，如固定资产折旧率、汇总损益、职工教育经费的提取、有关税金的计算等进行重新计算，以验证原计算结果是否正确。

c. 对有关成本、费用归集和分配的结果进行验算，以验证成本、费用的分配标准和方法是否正确。

d. 对其他会计资料的数据、财务指标等进行验算。

④分析法。分析法，是指注册会计师在审计时通过对被审计项目有关内容的对比与分解，从中找出项目之间的差异以及各项目的构成因素，以揭示其中有无问题，从而为进一步审计提供线索的一种审计技术。

分析法在注册会计师审计工作中的运用较为广泛。注册会计师通过分析法发现存在的差距和问题以后，需进一步分析原因，提出改进的方法。分析法按其分析的技术，可进一步分为比较分析法、比率分析法、趋势分析法、账户分析法和因素分析法等。

a. 比较分析法，是指将某项财务指标与性质相同的指标、标准进行对比，揭示被审计单位财务状况和经营成果的一种分析方法。比较分析法又可分为相对数比较分析法和绝对数比较分析法两种。相对数比较分析法是通过被审计项目的百分比、比率或比重结构等相对数指标的对比来揭示差异并分析问题的一种方法，采用这种方法比较容易发现问题，如2023年主营业务收入比2022年增长了60%。绝对数比较分析法是通过被审计项目各期完成情况的绝对数比较来揭示差异并分析问题的一种方法，如2023年12月末应收账款余额比2022年12月末增加了2 000 000元。

b. 比率分析法，是指将财务报表中的某一项目同相关项目进行比较，如流动资产占全部资产的比率。比率分析法主要用相对数指标这一形式进行分析，它与绝对数指标相比具有可比性强、能表现动态趋势等特点。

c. 趋势分析法，是指对某一财务报表项目连续若干期数据计算其变动金额及百分比，分析该项目的变动方向和增减幅度，以确定该项目在被审计期间是否发生重大变化、有无新的发展趋势的一种分析方法。运用趋势分析法应注意：一是掌握分析的重点，注册会计师应对财务报表的重要项目进行重点分析，提高分析的效率；二是分析时可与比较分析法结合运用。

d. 账户分析法，是指利用账户之间的对应关系，对发生额、余额进行分析，从中发现错误或异常的一种分析方法。账户分析法适用于容易发生错误的明细分类账，如注册会计师在对应收、应付和费用账户进行分析时经常采用该方法。

e. 因素分析法，也称连锁替代法，是指将影响某一事项的各个因素分离出来，在此基础上分析各因素变动对该事项的影响程度，以查明原因的一种分析方法。例如，将产品销售利润的影响因素分解为销售量、销售价格、销售成本费用和销售税金，通过测试各因素的变动对销售利润的影响程度，找出存在的问题。

⑤查询法。查询法，是指注册会计师为了解有关情况或证实某一事实，以询问的方式进行检查的一种分析方法。注册会计师在审计过程中发现异常现象和可疑的问题，都可以向被审计单位外部或内部有关人员进行调查询问，以了解事实真相，从中取得检查线索或

证据。

查询法可以分为面询和函询两种。

A.面询，是指注册会计师直接与被审计单位有关人员谈话进行当面询问的调查方法。比如，注册会计师在审计过程中遇到可疑问题，或需要向被审计单位调查有关生产经营管理中存在的某些问题时，可采用这种查询方式，请有关人员作出答复或解释。

采用面询需要注意以下几个问题：(a) 事先拟好详细的谈话提纲，以免遗漏重要的问题；(b) 需要向有关人员了解情况时，应分别单独进行询问，切忌采取座谈会方式或同时向几个人查询；(c) 正确使用询问的方式，严禁用揭示、引诱、威胁、套供等办法；(d) 根据被询问人的情况和口头查询的内容，做好谈话记录，必要时可以录音。记录稿须由被询问人签字，谈话情况必须严格保密。虽然面询所得的证据的证明力不如函询，但它可以明确有关人员的责任，帮助注册会计师弄清一些情况，甚至可从中获得重要线索，为进一步深入审计做好准备。

B.函询，是指注册会计师为了弄清某个问题，将询问的内容全部以书面提问的方式，请求被询问人予以答复的一种查询方法。函询又可分为积极式函询与消极式函询两种。采用函询，注册会计师要明确查询的目的，函询的文字应尽量简明扼要，避免产生歧义或冗长。

函询一般适用于对重要事项的审计。为了使函询简便易行，注册会计师可事先编制并打印好调查表，然后以调查表的方式进行查询。比如调查被审计单位内部控制制度的执行情况，就可以编制内部控制调查表进行调查。由于函询往往受问题性质和询问人自身的限制，所以调查的可靠性不高。

【做中学1-15】(案例题) 注册会计师在审查清丰公司管理费用账户时，发现如下记录：

①车间发生固定资产修理费用1 200元；

②为购货单位垫付运杂费8 300元；

③支付未完工程借款利息3 270元；

④购入材料的外地运杂费2 560元；

⑤支付短期借款利息4 980元。

要求：(1) 说明审计方法；(2) 指出存在的问题并提出处理意见。

答案：

(1) 审计方法：审阅管理费用明细分类账，并抽查有关会计凭证。

(2) 存在的问题：①、②、③、④和⑤的支出不应计入管理费用。

①车间固定资产修理费用应记入“制造费用”账户；②为购货单位垫付的运杂费应记入“应收账款”账户；③未完工程借款利息应记入“在建工程”账户；④购入材料的外地运杂费应记入“材料采购”账户；⑤支付的短期借款利息应记入“财务费用”账户。

处理意见：将上述已记入“管理费用”账户的各项支出，按规定列支。其调整分录为：

借：制造费用	1 200
应收账款	8 300
在建工程	3 270

借：材料采购　2 560

　　财务费用　4 980

　　贷：管理费用　20 310

（2）证实客观事物的方法。证实客观事物的方法，也是审计中经常运用的审计方法，是注册会计师通过观察、盘点和鉴定，证明和落实客观事物是否存在以及实物的形态、性质、数量、价值和存放地点等的方法。这类方法包括盘点法、调节法、观察法和鉴定法。

①盘点法，是指对各项财产物资进行实地盘点，以确定数量、品种、规格等实际情况，证实有关实物账户的余额是否真实、正确，从而收集实物证据的一种方法。

盘点法分为直接盘点和监督盘点两种方法。直接盘点是指注册会计师通过亲自盘点有关财物来证实其与账面记录是否相符的一种盘点方法。监督盘点是指在盘点有关财物时，注册会计师不亲自盘点，而是通过对盘点手续的观察和在场监督，来证实实物资产有无问题的一种盘点方法。监督盘点一般用于数量较大的实物，如存货、厂房、机器设备等。

②调节法，是指由于被审计单位截止日（财务报表日）数据和盘点日（审计日）数据存在差异，需要通过对某些因素进行增减调节，来验证截止日数据账实是否一致的审计方法。如果盘点日在截止日之后，截止日实际数=盘点日盘点数+截止日至盘点日发出数-截止日至盘点日收入数；如果盘点日在截止日之前，截止日实际数=盘点日盘点数+截止日至盘点日收入数-截止日至盘点日发出数。

调节法是一种取得被审计单位报告日实物证据的方法，如果对年度财务报表的审计是在下年初开始的，由于生产经营活动的进行，实物流动不断，注册会计师现场审查时的实物数量与报告日账面数量已发生变动，就需要通过调节法来证实报告日账实是否相符。

【做中学1-16】（案例题）清丰公司2023年12月31日账面结存A材料4 100千克，通过检查未发现错弊；2024年1月1日—18日收到A材料30 000千克，发出A材料31 000千克。2024年1月1日A材料期初余额及收发数额均经检查无误，1月18日下班后A材料监盘实存量为2 900千克。

要求：分析该公司A材料账实是否相符。

答案：A材料在2023年12月31日（截止日）实际数 = 2 900 + 31 000 − 30 000 = 3 900（千克），与账面记录的4 100千克不一致，以此可以得出账实不相符的结论。注册会计师应要求有关人员说明原因，并进行查账核实，如有故意歪曲事实者，应进一步查明责任人员，并追究其责任。

③观察法，是指注册会计师对于被审计单位生产经营管理活动的进行、财产物资的保管、内部控制的运行、会计核算的流程等，亲临现场进行实地观察，以取得审计证据的方法。

注册会计师应深入被审计单位的仓库、车间、科室、工地等现场，对其内部控制制度的执行情况、财产物资的保管和利用情况、工人的劳动效率和劳动态度等生产经营管理活动情况进行直接观察，从中发现薄弱环节以及存在的问题，以便收集审计证据，提出建议和意见，促进被审计单位改进经营管理、提高经济效益。

④鉴定法，是指对书面资料、实物和经济活动等的分析、鉴别，超过注册会计师的能力和知识水平而邀请有关专业部门或人员运用专业技术进行确定和识别的方法。其包括对实物性能、质量、价值的鉴定，涉及对书面资料真伪的鉴定，以及对经济活动的合理性和

有效性的鉴定等。例如，当伪造凭证的人不承认其违法行为时，注册会计师可通过公安部门鉴定其笔迹，以确定其违法行为；对质次价高的商品材料的质量情况难以确定时，注册会计师也可邀请商检部门通过检查、化验来确定商品质量和实际价值等；注册会计师还可以邀请基建方面的专家，对基建工程进行质量检查等。鉴定法是在通过观察法不能取证时，必须使用的一种方法。

【提示】鉴定法的鉴定结论必须是具体的、客观的和准确的，并作为一种独立的审计证据，详细地记入审计工作底稿。

审计方法体系如图1-22所示。

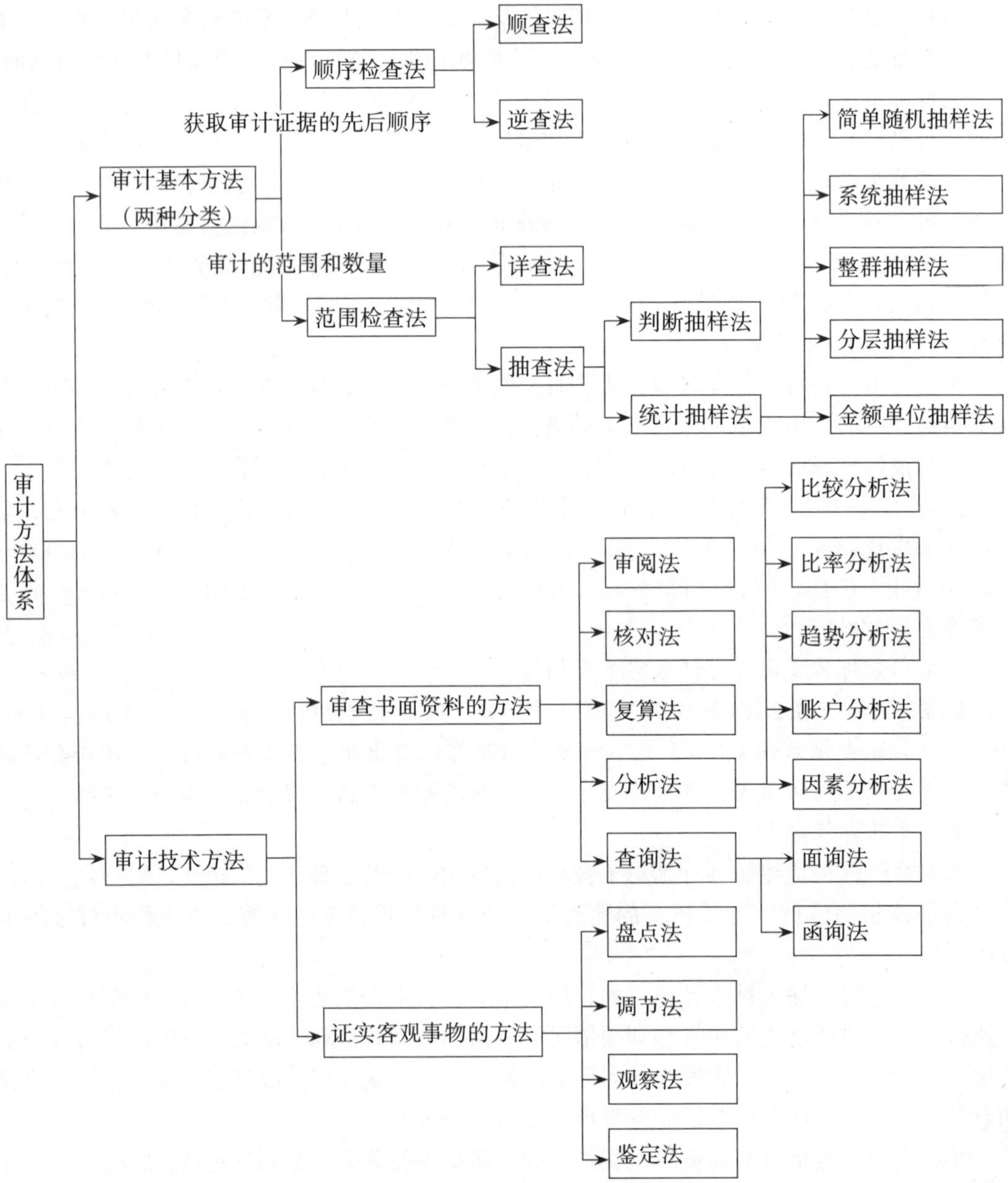

图1-22 审计方法体系

课程思政园地

破案有功

审计工作不仅仅是查错防弊，在公安机关案件侦查过程中，审计查证也起到了很大的辅助作用。在某次贪污案件侦破中，审计人员从财务收支账目入手，取得了大量有关某人员犯罪的第一手材料，为公安机关给其量刑定罪提供了有力证据。

请思考：作为一名新时代的审计人员，应如何积极辅助公安机关进行案件侦查？

（三）审计方法的选用原则

在审计过程中，注册会计师如果想要提高审计工作的效率和效益，一个首要的问题就是选用合理的审计方法。一般情况下，应根据以下几个因素选用审计方法。

1. 被审计单位的实际

如果被审计单位经营管理良好、内部控制比较健全有效，就可选用抽样的方法；如果被审计单位经营管理较差、内部控制不完善、财务会计工作混乱，则应选用详查的方法。

2. 审计目的

审计方法是达到审计目的的手段。要想达到不同的审计目的，就要用不同的审计方法，如要查找重大舞弊和违法行为，就可根据有关线索对有关方面进行详细审查。在注册会计师审计中，一般是根据审计风险的大小，在评价被审计单位重大错报风险的基础上，决定采用详查法还是抽样法等审计方法。

3. 审计方式

不同的审计方式，所需审计证据不同。获取所需审计证据的途径不同，就要采取不同的审计方法。例如，采取就地审计方式时，就可以灵活选用观察法、盘点法等。

【提示】就地审计，是指会计师事务所委派注册会计师和其他审计人员到被审计单位进行现场审计。这类审计一般用于经济活动频繁、审计内容较多，且有些项目需要通过实地审查方能确定问题性质的被审计单位。

【学思践悟】党的二十大报告指出，“实践没有止境，理论创新也没有止境。不断谱写马克思主义中国化时代化新篇章，是当代中国共产党人的庄严历史责任。继续推进实践基础上的理论创新，首先要把握好新时代中国特色社会主义思想的世界观和方法论，坚持好、运用好贯穿其中的立场观点方法。”

二、审计证据

（一）审计证据的含义

审计证据，是指注册会计师为了得出审计结论、形成审计意见使用的所有信息。审计证据包括构成财务报表基础的会计记录所含有的信息和其他的信息。注册会计师必须在每项审计工作中获取充分、适当的审计证据，以满足发表审计意见的要求。

微课

审计证据1

【提示】会计记录中含有的信息，是指原始凭证、记账凭证、总分类账和明细分类账等提供的信息，是注册会计师执行财务报表审计业务所需获取的审计证据的重要部分。但是，会计记录中含有的信息本身并不足以提供充分的审计证据作为注册会计师对财务报表发表审计意见的基础，注册会计师还应当获取用作审计证据的其他的信息，如询证函的回函、通过检查存货获取的存货存在的证据、注册会计师编制的各种分析表等。

科学实验证据、法律证据和审计证据的比较见表1–12。

表1–12 科学实验证据、法律证据和审计证据的比较

比较基础	科学实验证据（以药物为例）	法律证据（以偷窃为例）	审计证据（以财务报表审计为例）
证据的作用	确定使用的效用	确定有罪或无罪	确定报表是否公允表述
证据的性质	重复实验的结果	证人证词	各种证据共同产生作用
评价证据的主体	科学家	法官	注册会计师
结论的确定性	每次结果不确定，但各项结果趋向等值	确定有罪，不容置疑	对审计结论的高度保证
结论的性质	药物的推广或不推广	有罪或无罪的判决	发表审计意见
结论不正确的后果	在社会中使用有害的药物	犯罪人未得到应有惩罚，或无罪者受到不当惩罚	报表使用者作出错误决策

审计目标、审计程序和审计证据的关系如图1–23所示。

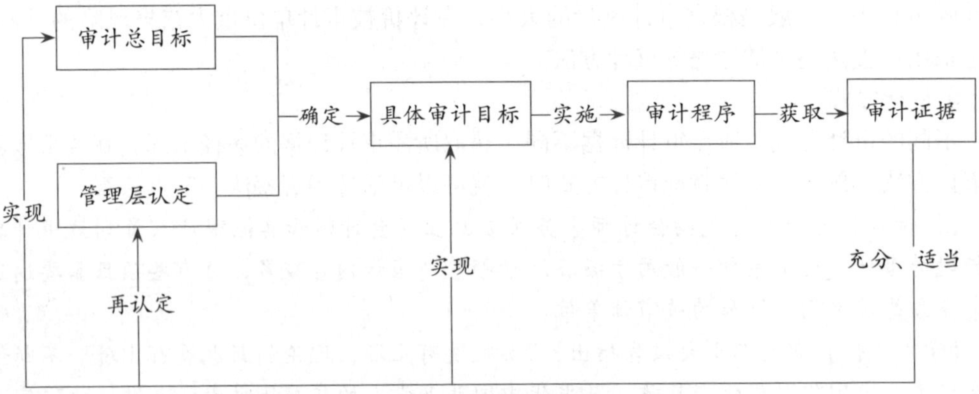

图1–23 审计目标、审计程序和审计证据的关系

（二）审计证据的类别

按照外形特征，审计证据可划分为：实物证据、书面证据、口头证据和环境证据四类（见表1–13）。

1. 实物证据

实物证据通常是通过实际观察或盘点取得的、用以证明实物资产是否确实存在的证据，具有很强的证明力。实物证据通常可以有效地证实资产的形态、数量、特征、质量等，但不能证明资产的权利、计价认定。

2. 书面证据

书面证据是审计证据的主要组成部分，可称之为基本证据。书面证据包括与审计有关的各种原始凭证、记账凭证、会计账簿等会计记录，以及注册会计师从被审计单位内部或外部获取的各种明细表、分析表、会议记录和文件、合同、通知书、报告书及函件等其他

信息资料。

表1-13　　审计证据的种类

种类	特点	获取方法	类型
实物证据	证明力最强 （所有权和价值需另行审计）	①检查有形资产 ②观察	实物，如现金盘点表
书面证据	①证明力较强 ②最多、最基本	①检查记录或文件 ②重新计算 ③分析程序 ④函证	①外部：被审计单位以外人士或机构编制；注册会计师自己编制 ②内部：会计记录、管理层声明书、其他书面文件等
口头证据	①本身不足以证明事情的真相 ②往往需得到其他相应证据的支持 ③这类证据可靠性较差、证明力较弱	询问	书面记载
环境证据	证明力最弱	①观察 ②重新执行 ③分析程序	①有关内部控制的情况 ②被审计单位管理人员的素质 ③各种管理条件和管理水平

按照来源，书面证据可划分为外部证据和内部证据两类。①外部证据是由被审计单位以外的组织机构或人士编制的书面证据，它一般具有较强的证明力，包括：直接递交给注册会计师的外部证据（如询证函的回函）；经被审计单位之手而提交给注册会计师的外部证明（如银行对账单）；注册会计师为证明某个事项而自己动手编制的各种计算表、分析表等。②内部证据是指被审计单位内部机构或人员编制和提供的书面证据，包括：会计记录、被审计单位管理层声明书、其他书面文件等。

3. 口头证据

口头证据是被审计单位人员或其他有关人员对注册会计师的提问做口头答复所形成的一类证据。这类证据可靠性较差、证明力较弱，单项证据本身并无足够的证明力，只可用作旁证。其主要作用是发掘一些重要的线索，以便对审计对象做进一步的调查和分析、搜集到更为可靠的证据。对同一事项，不同人的口头证据如果一致或能够相互印证，则具有较高的可靠性。

4. 环境证据

环境证据是指对被审计单位产生影响的各种环境事实。具体而言，它包括：有关内部控制的情况、被审计单位管理人员的素质、各种管理条件和管理水平等。

（三）审计证据的特性

审计证据的特性，是指注册会计师在获取审计证据的过程中，对各种各样的经济事实和资料作出正确选择和鉴定的依据。注册会计师应当保持职业怀疑态度，获取充分、适当的审计证据，以得出合理的审计结论，作为形成审计意见的基础。充分性和适当性是审计证据的基本特性。

【提示】职业怀疑态度，是指注册会计师以质疑的思维方式评价所获取审计证据的有效性，并对相互矛盾的审计证据，以及引起对文件记录或管理层和治理层提供的信息的可靠性产生怀疑的审计证据保持警觉。

1. 审计证据的充分性

审计证据的充分性是对审计证据数量的衡量，主要与注册会计师确定的样本量有关。例如，从200个样本中获取的证据要比从100个样本中获取的证据更充分。充分性是注册会计师为形成审计意见所需审计证据的最低数量要求。

影响审计证据充分性的因素有：（1）注册会计师确定的样本量；（2）注册会计师对重大错报风险的评估（评估的重大错报风险越高，需要的审计证据可能越多）；（3）注册会计师获取审计证据的质量（审计证据质量越高，需要的审计证据数量可能越少）。

【提示】在审计工作中，收集的审计证据未必越多越好。

2. 审计证据的适当性

审计证据的适当性，是对审计证据质量的衡量，即审计证据在支持审计意见所依据的结论方面具有的相关性和可靠性。相关性和可靠性是审计证据适当性的核心内容，只有相关且可靠的审计证据才是高质量的。

（1）审计证据的相关性。审计证据的相关性，是指用作审计证据的信息与审计程序的目的和所考虑的相关认定之间的逻辑联系。用作审计证据的信息的相关性可能受到控制测试和细节测试方向的影响。在确定审计证据的相关性时，注册会计师应当考虑以下三点：

①特定的审计程序可能只为某些认定提供相关的审计证据，而与其他认定无关。例如，检查期后应收账款收回的记录可以提供与应收账款存在和计价认定相关的证据，但不一定能获取与截止认定相关的证据。

②针对同一项认定可以从不同来源获取审计证据或获取不同性质的审计证据。例如，注册会计师可以分析应收账款的账龄和应收账款的期后收款情况，以获取与坏账准备计价认定有关的审计证据。

③只与特定认定相关的审计证据并不能替代与其他认定相关的审计证据。例如，有关存货实物存在认定的审计证据并不能替代与存货计价认定相关的审计证据。

（2）审计证据的可靠性。审计证据的可靠性，是指审计证据的可信程度。例如，注册会计师亲自检查存货所获得的证据，比被审计单位管理层提供给注册会计师的存货数据更可靠。审计证据的可靠性受其来源和性质的影响，并取决于获取审计证据的具体环境。注册会计师通常按照下列原则考虑审计证据的可靠性：

①从外部独立来源获取的审计证据比从其他来源获取的审计证据更可靠。从外部独立来源获取的审计证据未经被审计单位有关人员之手，从而减少了伪造、更改凭证或业务记录的可能性，因而其可靠性最高。此类证据有银行询证函的回函、应收账款询证函的回函、保险公司出具的证明等。相反，如果从其他来源获取的审计证据，由于证据提供者与被审计单位存在经济或行政关系，其可靠性较低。此类证据有被审计单位内部的会计记录、会议记录等。

②相关控制有效时内部生成的审计证据比控制薄弱时内部生成的审计证据更可靠。如

果被审计单位的内部控制健全且在日常管理中能够一贯地执行，会计记录的可信赖程度将会增加。如果被审计单位的内部控制薄弱，甚至不存在任何内部控制，被审计单位会计记录的可靠性就大为降低。例如，与销售业务相关的内部控制有效，注册会计师就能从销售发票和发货单中取得比内部控制不健全时更加可靠的审计证据。

③直接获取的审计证据比间接获取或推论得出的审计证据更可靠。间接获取的证据有被涂改及伪造的可能性，降低了其可信赖程度；推论得出的审计证据，其主观性较强，人为因素较多，可信赖程度也受到影响。例如，注册会计师观察某项内部控制的运行得到的证据比询问被审计单位某项内部控制的运行得到的证据更可靠。

④以文件记录形式（包括纸质、电子或其他介质）存在的审计证据比口头形式的审计证据更可靠。口头证据本身并不足以证明事实的真相，仅仅提供了一些重要线索，为进一步调查确认所用。例如，注册会计师在对应收账款进行账龄分析后，可以向应收账款负责人询问逾期应收账款收回的可能性。如果该负责人的意见与注册会计师自行估计的坏账损失基本一致，则这一口头证据就可成为证实注册会计师对有关坏账损失判断的重要证据。但在一般情况下，口头证据往往需要得到其他相应证据的支持。

⑤从原件获取的审计证据比从复印、传真或通过拍摄、数字化或其他方式转化成电子形式的文件获取的审计证据更可靠。传真、复印或通过拍摄、数字化或其他方式转化成电子形式的文件很容易被篡改或伪造，可靠性较低。注册会计师可审查原件是否有被涂改或伪造的迹象，排除伪证，提高证据的可信赖程度。

【提示】上述可靠性原则在审计实务中具体运用时，应注意：尽量收集前一类证据；当两类证据有矛盾时，相信前一类。

注册会计师在按照上述原则评价审计证据的可靠性时，还应当注意可能出现的重要例外情况。例如，审计证据虽然是从独立的外部来源获得的，但如果该证据是由不知情者或不具备资格者提供的，审计证据也可能是不可靠的。同样，如果注册会计师不具备评价证据的专业能力，那么即使是直接获取的证据，也可能不可靠。

3. 审计证据充分性和适当性的关系

充分性和适当性是审计证据的两个重要特征，两者缺一不可，只有充分且适当的审计证据才是有证明力的。审计证据的适当性会影响审计证据的充分性，审计证据质量越高，需要的审计证据数量可能越少。尽管审计证据的充分性和适当性相关，但如果审计证据的质量存在缺陷，那么注册会计师仅靠获取更多的审计证据可能无法弥补其质量上的缺陷。审计证据的特征及其关系如图1-24所示。

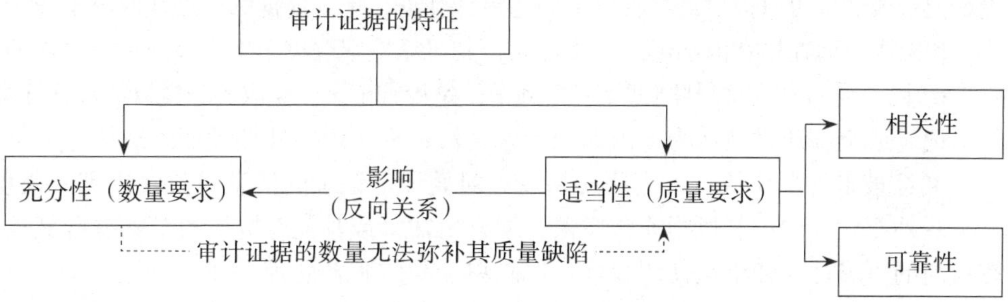

图1-24　审计证据的特征及其关系

课程思政园地

财务造假 害人害己

银广夏，全称为广夏（银川）实业股份有限公司，1994年6月上市，曾因其骄人的业绩和诱人的前景而被称为“中国第一蓝筹股”。2001年8月，《财经》杂志发表“银广夏陷阱”一文，银广夏虚构财务报表的事件被曝光。虽然银广夏生产经营存在诸多疑点，但审计人员没有发现这些疑点。因涉及银广夏利润造假案，深圳中天勤会计师事务所这家审计过最多上市公司财务报表的会计师事务所已经解体，涉事的注册会计师也受到了严厉的处罚。

请思考：结合马克思唯物辩证法的全局观、联系观、发展观，谈一下注册会计师在收集审计证据时应该注意哪些事项？

（四）获取审计证据的方法

微课

审计证据2

注册会计师应当通过实施下列审计程序获取审计证据，以得出合理的审计结论，作为形成审计意见的基础：（1）风险评估程序；（2）进一步审计程序，包括控制测试（审计准则要求时和注册会计师决定测试时）和实质性程序（包括细节测试和实质性分析程序）。

获取审计证据的过程，就是实施具体审计程序的过程。在进行审计工作时，注册会计师可以单独或综合采用下列审计程序获取审计证据：检查、观察、询问、函证、重新计算、重新执行、分析程序。

1. 检查

（1）检查记录或文件。检查是指注册会计师对被审计单位内部或外部生成的，以纸质、电子或其他介质形式存在的记录和文件进行审查，或对资产进行实物审查。检查记录或文件的目的是对财务报表所包含或应包含的信息进行验证。例如，被审计单位通常对每一笔销售交易都保留一份客户订单、一张发货单和一份销售发票副本。这些凭证对于注册会计师验证被审计单位记录的销售交易的正确性是有用的证据（如图1-25所示）。

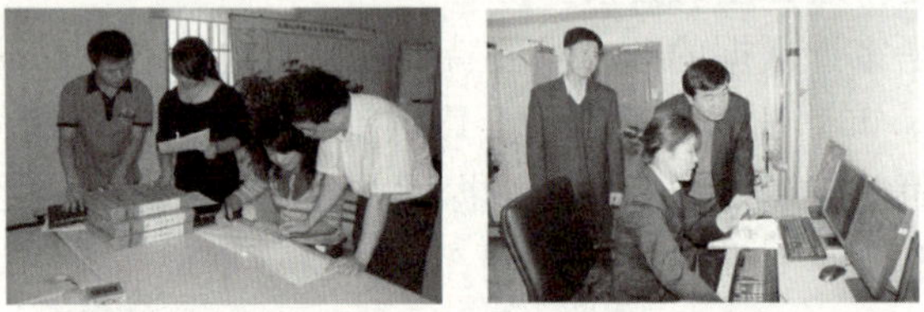

图1-25 注册会计师检查被审计单位记录或文件

检查记录或文件可以提供可靠程度不同的审计证据，审计证据的可靠性取决于记录或文件的性质和来源，而在检查内部记录或文件时，其可靠性则取决于生成该记录或文件的内部控制的有效性。将检查用作控制测试的一个例子，是检查记录以获取关于授权的审计证据。

外部记录或文件通常被认为比内部记录或文件可靠，因为外部凭证由被审计单位的客户出具，又经被审计单位认可，表明交易双方对凭证上记录的信息和条款达成一致意见。另外，某些外部凭证的编制过程非常谨慎，通常由律师或其他有资格的专家进行复核，因而具有较高的可靠性，如土地使用权证、保险单、契约和合同等文件。

【提示】审计工作通常不涉及鉴定文件和记录的真伪，注册会计师也不是鉴定文件和记录真伪的专家，但是注册会计师应考虑用作审计证据的信息的可靠性，并考虑与这些信息生成与维护相关的控制的有效性。

①检查原始凭证。原始凭证的检查，包括检查原始凭证的格式和内容。

在检查内容时，应注意原始凭证所反映的经济内容是否合理合法、是否符合被审计单位的实际情况和用途，以及入账时是否经过必要的批准手续。

在检查格式时，应注意凭证是否为市场监管或税务登记部门的正规凭证、编号是否连续、抬头是不是被审计单位的名称、计算是否正确、签发单位公章是否加盖、经手人是否签字、字迹是否清晰、有无刮擦涂改的痕迹（如图1-26所示）。

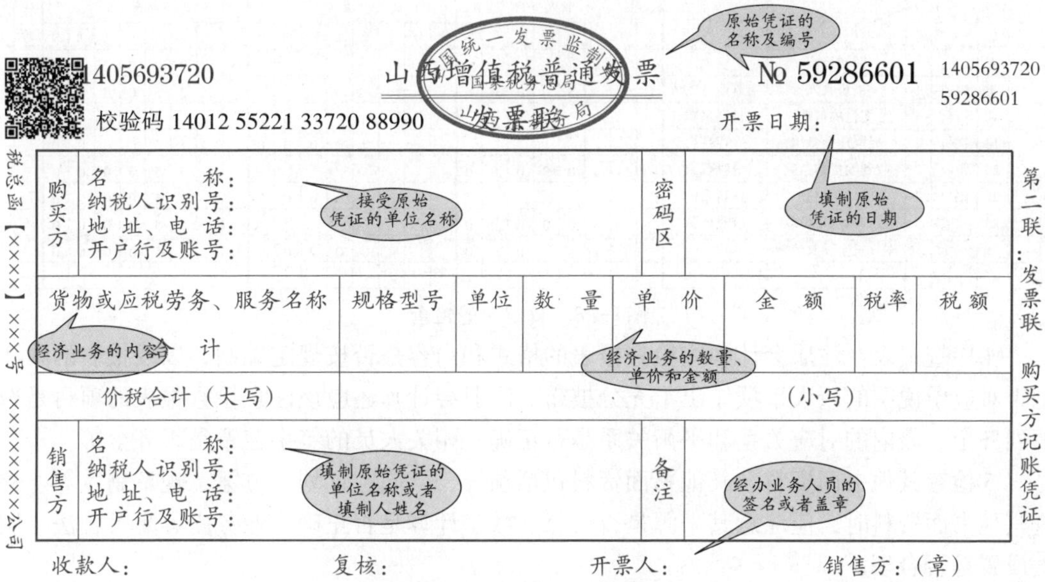

图1-26　原始凭证的检查

②检查记账凭证。根据已检查的原始凭证，检查记账凭证，查看其摘要是否与经济活动的内容相一致、会计科目的使用是否正确、账户的对应关系是否清晰、金额计算是否正确、项目填列是否齐全。同时，还要审查编制、复核、记账、财务主管的签章是否齐全，以查清有关的内部控制手续是否落实（如图1-27所示）。

图1-27　记账凭证的检查

③检查账簿。账簿包括日记账、明细分类账、总分类账和备查账，注册会计师主要检查日记账和明细分类账，因为日记账和明细分类账记录详细，便于发现问题。注册会计师应检查账簿中所反映的交易或事项是否正常、是否与记账凭证一致。检查时，还应查清账簿是否按规定的方法记账、对应账户是否正确、有无涂改、是否按规定的方法更正错账（如图1–28所示）。

检查账簿反映的交易或事项是否正常、是否与记账凭证一致

银行存款日记账

页次 123

2023年		凭证		摘要	对方科目	收入								支出								结余								核对
月	日	字	号			十	万	千	百	十	元	角	分	十	万	千	百	十	元	角	分	十	万	千	百	十	元	角	分	
1	1			期初余额																				2	0	0	0	0	0	
	3	银收	1	销售收入	主营业务收入				5	0	0	0	0											2	5	0	0	0	0	
	8	银付	1	支付购料款	材料采购												6	0	0	0	0			1	9	0	0	0	0	
	13	银付	2	提取现金备用	库存现金												4	0	0	0	0			1	5	0	0	0	0	
	20	银收	2	收到购货单位款	应收账款			4	0	0	0	0	0											5	5	0	0	0	0	
	25	银付	3	支付购料款	材料采购											3	0	0	0	0	0			2	5	0	0	0	0	
	25	银收	3	收到购货单位款	应收账款			3	0	0	0	0	0											5	5	0	0	0	0	
	31			本月发生额及余额				7	5	0	0	0	0			4	0	0	0	0	0			5	5	0	0	0	0	

图1–28 日记账的检查

④检查报表。注册会计师应检查报表的格式和内容是否按规定编制，以及报表的附注是否对应予说明的重大事项作出了充分披露。注册会计师还应该注意检查报表的项目是否填列齐全、表内的对应关系和平衡关系是否正确、相关人员的签字盖章是否齐全等。

⑤检查其他书面资料。其他书面资料包括预算、合同、计划、方案、规章制度等。检查其他书面资料时，应注意其来源是否可靠、数字计算是否正确、业务内容是否合法、制度设置是否合理。

（2）检查有形资产。检查有形资产，是指注册会计师对资产实物进行审查。检查有形资产程序主要适用于存货和现金，也适用于有价证券、应收票据和固定资产等。检查有形资产可为其存在认定提供可靠的审计证据，但不一定能够为权利和义务或准确性、计价和分摊的认定提供可靠的审计证据。对个别存货项目进行的检查，可与存货监盘程序一同实施（如图1–29所示）。

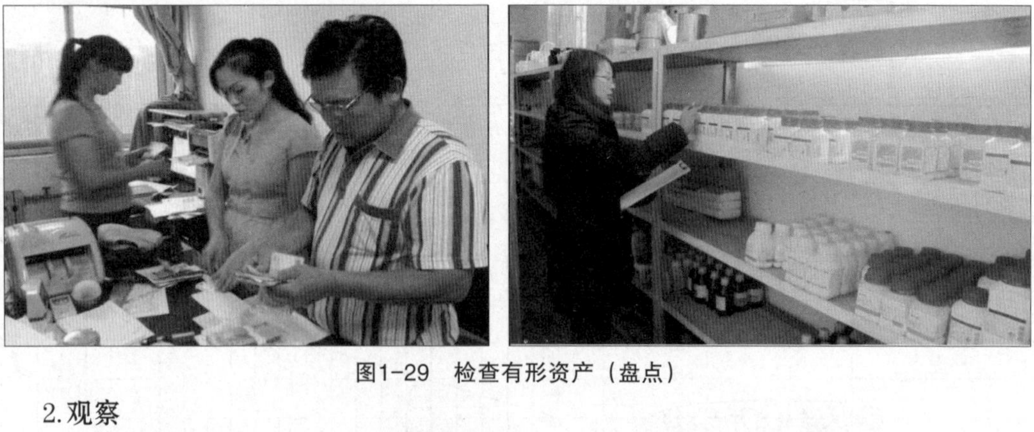

图1–29 检查有形资产（盘点）

2. 观察

观察，是指注册会计师察看相关人员正在从事的活动或执行的程序。例如，注册会计师对客户执行的存货盘点或控制活动进行观察（如图1–30所示）。

图1-30　观察（现场）

观察提供的审计证据仅限于观察发生的时点，并且在相关人员已知被观察时，相关人员从事活动或执行程序可能与日常的做法不同，从而会影响注册会计师对真实情况的了解。因此，注册会计师有必要获取其他类型的佐证证据。

在运用观察方法获取审计证据时，注册会计师需要做到：（1）认真、仔细、有深度，不以偏概全；（2）在被审计单位不知晓的情况下进行观察，以取得真实资料；（3）做好观察记录，如有必要，可以采用摄像或录像的方法收集证据；（4）注意将观察获取的审计证据与其他方法获取的审计证据相互印证。

3. 询问

询问，是指注册会计师以书面或口头方式，向被审计单位内部或外部的知情人员获取财务信息和非财务信息，并对答复进行评价的过程。

知情人员对询问的答复可能为注册会计师提供尚未获悉的信息或佐证证据，也可能提供与已获悉信息存在重大差异的信息，注册会计师应当根据询问结果考虑修改审计程序或实施追加的审计程序。询问本身不足以发现认定层次存在的重大错报，也不足以测试内部控制运行的有效性，注册会计师还应当实施其他审计程序以获取充分、适当的审计证据（如图1-31所示）。

图1-31　询问

4. 函证

函证，是指注册会计师为了获取影响财务报表或相关披露认定项目的信息，通过直接来自第三方的对有关信息和现存状况的声明，获取和评价审计证据的过程。例如，注册会计师获取对应收账款余额或银行存款的函证（如图1-32所示）。

图1-32 函证

函证的内容包括：（1）银行存款、借款及与金融机构往来的其他重要信息；（2）应收账款；（3）函证的其他内容，如由其他单位代为保管或销售的存货、应付账款和或有事项等。

注册会计师通常以资产负债表日为截止日，在资产负债表日后适当时间内实施函证。通过函证获取的证据可靠性较高，因此，函证是受到高度重视并经常被使用的一种重要程序。但函证也存在着成本较高、对函证控制程序依赖较高等局限性。

【提示】当被审计单位管理层要求对拟函证的某些账户余额或其他信息不实施函证时，注册会计师应当考虑该项要求是否合理，并获取审计证据予以支持。如果认为管理层的要求合理，注册会计师应当实施替代审计程序，以获取与这些账户余额或其他信息相关的充分、适当的审计证据。如果认为管理层的要求不合理，且被其阻挠而无法实施函证，注册会计师应当将其视为审计范围受到限制，并考虑其对审计报告可能产生的影响。

5. 重新计算

重新计算，是指注册会计师以人工方式或使用计算机辅助审计技术，对记录或文件中的数据计算的准确性进行核对。重新计算可以通过手工方式或电子方式进行。

重新计算通常包括：（1）对凭证、账簿、报表中有关项目的小计、合计、总计、差额、乘积等进行计算；（2）对固定资产折旧率、汇兑损益、提取的职工教育经费、有关税金进行重新计算，验算其结果是否正确；（3）对成本、费用归集和分配的结果进行验算；（4）对会计补充资料，如流动比率、资产负债率、资产周转率、营业利润率等指标进行验算。

【做中学1-17】（案例题）清丰公司2023年12月31日主营业务收入的明细分类账见表1-14。

表1-14 主营业务收入明细分类账 单位：元至角分

2023年	摘要	借方	贷方	备注
12月1日	销售甲商品		56 000.00	
12月7日	销售甲商品折让	1 000.00		
12月13日	销售乙商品		80 000.00	
12月21日	销售A材料		200 000.00	
12月28日	结转本年利润	335 000.00		
	本月合计	336 000.00	346 000.00	

要求：请运用重新计算法，说明主营业务收入明细分类账中存在的问题。

答案：对主营业务收入明细分类账中贷方发生额的数据进行重新计算核对，发现贷方发生额实为336 000.00元，与账面记录346 000.00元不符。

6.重新执行

重新执行，是指注册会计师以人工方式或使用计算机辅助审计技术，重新独立执行作为被审计单位内部控制组成部分的程序或控制。例如，注册会计师利用被审计单位的银行存款日记账和银行对账单，重新编制银行存款余额调节表，并与被审计单位编制的银行存款余额调节表进行比较。

【提示】重新执行仅用于注册会计师重新执行被审计单位的内部控制。该程序需要耗费较多的时间资源，仅在询问、观察、检查三种程序均无法确定内部控制的执行效果时，注册会计师才考虑在控制测试中使用。

7.分析程序

分析程序，是指注册会计师通过研究不同财务数据之间以及财务数据与非财务数据之间的内在关系，对财务信息作出评价。分析程序还包括调查识别出的、与其他相关信息不一致或与预期数据严重偏离的波动和关系。对于异常变动项目，注册会计师应当重新考虑其所采用的审计方法是否恰当，必要时应追加适当的审计程序，以获取相应的审计证据。

在整个审计过程中，分析程序应用范围比较广泛。它可以用作风险评估程序，以了解被审计单位及其环境；用作实质性程序，单独或结合其他细节测试，收集充分、适当的审计证据；用作在审计结束或临近结束时对财务报表进行的总体复核。但分析程序需要计算金额、比率或趋势以评价财务信息，对控制测试并不适用。

【提示】在风险评估程序阶段和审计结束或临近结束时，必须运用分析程序；而在实质性程序阶段，可以选用分析程序。

审计程序及其能证明的认定见表1-15。

表1-15　审计程序及其能证明的认定

审计程序	特点	获取的审计证据能证明的认定
检查	可提供可靠程度不同的审计证据，审计证据的可靠性取决于记录或文件的来源和性质	存在（逆查）、完整性（顺查）
观察	观察提供的审计证据仅限于观察发生的时点	存在
询问	询问本身不足以发现认定层次存在的重大错报，也不足以测试内部控制运行的有效性	存在、完整性、权利和义务
函证	函证获取的审计证据可靠性较高	存在、权利和义务
重新计算	对记录或文件中的数据计算准确性进行核对	计价和分摊/准确性
重新执行	注册会计师重新编制银行存款余额调节表，并与被审计单位编制的银行存款余额调节表进行比较	（内部控制有效性）
分析程序	使用时需要存在预期的数据关系	准确性、计价和分摊、存在、完整性

在审计过程中，为了实现由管理层认定的推论得出的众多具体审计目标，注册会计师采用了相应的方法来获取所需要的各类审计证据（见表1–16）。

表1–16 获取审计证据的方法、具体审计目标、审计证据的类型之间的关系

获取审计证据的方法		应用举例	具体审计目标	审计证据的类型
检查	检查记录和文件	检查银行对账单	银行存款的存在、完整性、准确性、计价和分摊	书面证据
	检查有形资产	盘点库存现金	库存现金的存在	实物证据
观察		观察存货盘点	存货的存在、完整性	环境证据
询问		询问存货的过时情况	存货的准确性、计价和分摊	口头证据
函证		函证应收账款	应收账款的存在、准确性、计价和分摊	书面证据
重新计算		重新计提折旧	折旧的准确性、计价和分摊	书面证据
重新执行		重新编制银行存款余额调节表	银行存款的存在、完整性、准确性、计价和分摊	书面证据
分析程序		分析行业成本趋势	成本的发生、完整性、准确性	环境证据
		实际收入与预算收入的比较	收入的发生、完整性、准确性	书面证据

【做中学1–18】（案例题）注册会计师依据各类交易、账户余额和披露的相关认定确定审计目标，根据审计目标设计审计程序。表1–17给出了应收账款的相关认定。

表1–17 应收账款的相关认定

应收账款的相关认定	审计目标	审计程序
存在		
完整性		
准确性、计价和分摊		

要求：请根据表1–17中给出的应收账款的相关认定确定审计目标，并针对每一个审计目标简要设计两项审计程序。

答案：见表1–18。

表1–18 应收账款的相关认定（答案）

应收账款的相关认定	审计目标	审计程序
存在	存在	（1）向客户函证；（2）从应收账款明细分类账记录追查至记账凭证，检查销售合同、发票存根与发运凭证
完整性	完整性	（1）选取发运凭证，追查至销售发票、记账凭证、应收账款明细分类账；（2）选取销售发票，追查至发运凭证、记账凭证、应收账款明细分类账
准确性、计价和分摊	计价和分摊	（1）检查期后已收回应收账款的情况；（2）分析应收账款账龄，确定坏账准备计提是否适当

【做中学1-19】（案例题）注册会计师冯海霞在对清丰公司2023年度财务报表进行审计时，发现清丰公司可能存在下列导致错误的情况：

（1）已列入存货的委托正航公司代销的商品可能并不存在；

（2）期末存货的盘点可能存在较大差错；

（3）当年对应收款项所提的坏账准备可能不正确。

要求：针对这些可能存在的错误确定实施的审计程序（见表1-19）。

表1-19　审计程序

序号	实施的审计程序	序号	实施的审计程序	序号	实施的审计程序
（1）		（2）		（3）	

答案：见表1-20。

表1-20　审计程序（答案）

序号	实施的审计程序	序号	实施的审计程序	序号	实施的审计程序
（1）	函证	（2）	盘点	（3）	重新计算

（五）审计证据的整理与评价

为了使收集到的分散的、个别的、不系统的审计证据变成充分的、适当的、具有证明力的证据，注册会计师必须按照一定的方法对审计证据进行分类整理、分析与评价，使之条理化、系统化，然后对各种审计证据进行合理的归纳，并在此基础上形成恰当的整体审计结论。

1. 审计证据整理与评价的一般步骤

整理与评价审计证据一般可以分为以下四个步骤：

（1）分类整理，即把分散的、零碎不全的审计证据按照不同的审计目标进行分类。

（2）核实评价，即根据分类的结果，对有关审计证据进行复核，并就其证明力进行分析和评价，确定是否取舍或补充审计证据。

（3）补充取证。注册会计师对审计证据评价后可能形成以下几种结果：①审计证据充分、适当；②形成新的有价值的证据；③发现新问题应补充取证。对于补充取证要采用科学的审计程序结合审计目标进行。

（4）综合归纳，即经评价认为审计证据充分、适当时，注册会计师应将全部证据整理归纳，形成局部审计意见，最后综合形成整体的审计意见。

2. 审计证据整理与评价的一般方法

（1）分类，即将各种审计证据按其证明力的强弱或与审计目标关系是否直接等进行分类并排列成序。

（2）计算，即运用一定的方法对有关审计证据的数据进行加工计算，并从计算中得出所需的新证据。

（3）比较，即将不同的审计证据与其他审计证据比较，并将审计证据与具体审计目标比较。其中，将不同的审计证据进行比较，主要是将不同时期的同一事项的证据进行比较，或是用某一事项的证据与相关事项的证据进行比较，据以评价分析有关经济业务的效率效果或变动趋势；将审计证据与审计目标比较，则可以判断审计证据是否符合要求、有无补充取证的必要。

（4）小结，即针对单个具体审计目标将审计证据归类后，通过计算和比较，对审计证据进行归纳、总结，得出单个项目或局部的审计结论。

（5）综合，即根据各类审计证据和单个项目或局部的审计结论进行综合分析，最终形成总体的审计意见。

3.审计证据整理与评价应注意的事项

（1）注意把握审计证据取舍的标准。注册会计师形成最终审计意见，一般是以那些典型的、富有代表性的审计证据为基础，而没有必要、也不可能在审计报告中体现全部审计证据所反映的事实。因而，在对审计证据整理与分析的过程中应把握以下取舍标准：其一是金额大小；其二是问题的性质。那些金额较大、性质较为严重的审计证据显然颇具代表性，而那些金额虽然不大但性质较严重的审计证据仍然可以作为重要的审计证据处理。

（2）注意分清事实的现象和本质。某些审计证据所反映的可能只是一种假象。注册会计师应注意分清真相与假象，要做到透过现象看本质，不被假象所迷惑。

（3）注意发掘伪证。被审计单位等审计证据的提供者出于某种目的可能提供经过伪造的证据，注册会计师应对其认真研究评价，可以进行合理推理或怀疑，从证据提供者的目的、业务发生的可能性和合理性、业务发生过程的可控性和业务发生结果的效果性等诸方面评价审计证据的真伪程度，尤其要善于发掘那些经过精心炮制的伪证。

【做中学1–20】（案例题）天诚正信会计师事务所的注册会计师冯海霞在对清丰公司2023年度财务报表进行审计时，实施了以下审计程序：

（1）询问销售人员，了解各购货方的信用情况和应收账款的可收回性；

（2）计算本年度销售成本占销售收入的比重，并与前一年度比较，判断销售利润的总体合理性；

（3）核实清丰公司入库原材料的数量和单价，验证会计记录中相应金额的真实性和正确性；

（4）检查清丰公司全部未到期的保险单，并与厂房、大型机器设备相比较；

（5）观察清丰公司的主要生产设备，确定其是否均处于良好的运行状态；

（6）监督盘点库存现金。

要求：（1）指出上述获取审计证据的方法（见表1–21）；（2）指出上述各程序获取的审计证据的类型（见表1–22）。

表1–21 获取审计证据的方法

获取审计证据的方法	审计程序的编号	获取审计证据的方法	审计程序的编号
检查		询问	
监盘		重新计算	
观察		分析程序	

表1-22 获取审计证据的类型

证据类型	审计程序的编号	证据类型	审计程序的编号
实物证据		口头证据	
书面证据		环境证据	

答案：见表1-23、表1-24。

表1-23 获取审计证据的方法（答案）

获取审计证据的方法	审计程序的编号	获取审计证据的方法	审计程序的编号
检查	(4)	询问	(1)
监盘	(6)	重新计算	(3)
观察	(5)	分析程序	(2)

表1-24 获取审计证据的类型（答案）

证据类型	审计程序的编号	证据类型	审计程序的编号
实物证据	(6)	口头证据	(1)
书面证据	(2)(3)(4)	环境证据	(5)

4. 审计项目的特征

审计项目的特征有时也会决定对其采用的审计方法。例如，在注册会计师审计中，对应收账款、应付账款等的审计可以采用函证的方法；对收入、费用、成本等的审计可以采用分析法等。

【提示】审计的成败在于能否获取充分、适当的审计证据，而能否获取充分、适当的审计证据，则取决于能否选用科学的审计方法，选用科学的审计方法并正确地实施是审计意见适当的关键和基础。

【做中学1-21】（案例题）注册会计师要实现表1-25所列示的相关审计目标。

表1-25 审计目标和相应的审计方法

审计目标	审计方法
确定被审计单位营业收入的会计记录归属期的正确性	
确定被审计单位资产负债表日应收账款余额的存在性	
确定被审计单位资产负债表日应收票据的存在性	
确定被审计单位资产负债表日固定资产的存在性	
确定被审计单位资产负债表日存货余额的准确性、计价和分摊	
确定被审计单位借款利息计算的正确性	
确定被审计单位投资的计价方法的正确性	
确定被审计单位资产负债表日无形资产的存在性	
确定被审计单位资产负债表日银行存款的存在性	
确定被审计单位是否存在超过评价期间的、可能导致对其持续经营能力产生重大疑虑的事项或情况，以及考虑这些事项对管理层所作评价的影响	
确定被审计单位资产负债表日是否存在未决诉讼	
确定被审计单位已发生的购货业务均已记录	

要求：请填列实现审计目标所运用的主要审计方法。

答案：见表1-26。

表1-26 审计目标和相应的审计方法（答案）

审计目标	审计方法
确定被审计单位营业收入的会计记录归属期的正确性	检查记录或文件
确定被审计单位资产负债表日应收账款的存在性	向被审计单位的债务人进行函证
确定被审计单位资产负债表日应收票据的存在性	检查应收票据
确定被审计单位资产负债表日固定资产的存在性	实地检查固定资产
确定被审计单位资产负债表日存货余额的准确性、计价和分摊	核对相关书面资料
确定被审计单位借款利息计算的正确性	核对相关书面资料
确定被审计单位投资的计价方法的正确性	核对相关书面资料
确定被审计单位资产负债表日无形资产的存在性	检查记录或文件
确定被审计单位资产负债表日银行存款的存在性	向被审计单位的往来银行进行函证
确定被审计单位是否存在超过评价期间的、可能导致对其持续经营能力产生重大疑虑的事项或情况，以及考虑这些事项对管理层所作评价的影响	向被审计单位管理层询问
确定被审计单位资产负债表日是否存在未决诉讼	向被审计单位的法律顾问（律师）询问
确定被审计单位已发生的购货业务均已记录	检查订货文件或记录

三、审计工作底稿

（一）审计工作底稿的含义和作用

1. 审计工作底稿的含义

审计工作底稿是记录审计工作的载体。审计工作底稿，是指注册会计师对制订的审计计划、实施的审计程序、获取的相关审计证据，以及得出的审计结论所做的记录。审计工作底稿形成于注册会计师执行财务报表审计的全过程，包括计划审计阶段、实施审计阶段和终结审计阶段，审计工作底稿和审计过程的关系如图1-33所示。

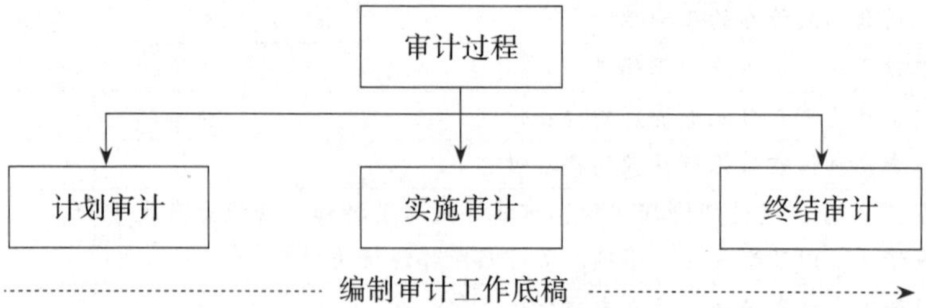

图1-33 审计工作底稿和审计过程的关系

【提示】审计工作底稿是审计证据的载体，它记载了审计人员在实施审计过程中获取的审计证据的名称、来源、内容和时间等，它不是审计证据，也不是把审计证据的内容重复书写一遍，两者不可相互替代。审计工作底稿描述的是审计人员采集审计证据的方法与步骤以及对审计结果的判断。

审计工作底稿通常包括总体审计策略、具体审计计划、分析表、问题备忘录、重大事项概要、询证函回函和声明、核对表、有关重大事项的往来函件（包括电子邮件），注册会计师还可以将被审计单位文件记录的摘要或复印件（如重大的或特定的合同和协议）作为审计工作底稿的一部分。

此外，审计工作底稿通常还包括业务约定书、管理建议书、项目组内部或项目组与被审计单位举行的会议记录、与其他人员（如其他注册会计师、律师、专家等）的沟通文件及错报汇总表等。但是审计工作底稿并不能代替被审计单位的会计记录。

审计工作底稿通常不包括以下内容：（1）已被取代的审计工作底稿的草稿或财务报表的草稿；（2）反映不全面或只经初步思考的内容；（3）存在印刷错误或其他错误而作废的文本；（4）重复的文件记录。

2. 审计工作底稿的作用

（1）审计工作底稿是起草审计报告的基础。审计项目组根据审计工作底稿以及相关资料，在综合分析、归纳、整理、核对的基础上编制审计报告，审计人员可以通过编制审计工作底稿不断提高业务水平。

（2）审计工作底稿为评价审计人员工作业绩提供依据。审计项目负责人可以通过审计工作底稿来组织审计工作、实施审计方案，通过对审计工作底稿的检查来协调审计工作、控制审计过程。

（3）审计工作底稿是记录审计过程与内容的内部依据。因为审计工作底稿是审计人员根据审计证据整理而成的，除库存现金、存货、固定资产等审计工作底稿记录的重要审计事项在作为形成审计报告和审计决定的证明材料使用时，要有证据提供者签章外，其他一般不需要证据提供者签章。只要审计工作底稿提供的材料充分、恰当地支持了审计决定，就能维持审计结论。

微课

审计工作底稿

（二）审计工作底稿的类别和要素

1. 审计工作底稿的类别

审计工作底稿一般分为综合类工作底稿、业务类工作底稿和备查类工作底稿三类。

（1）综合类工作底稿。综合类工作底稿，是指注册会计师在计划审计阶段和终结审计阶段，为规划、控制和总结整个审计工作，发表审计意见所形成的审计工作底稿。其主要包括审计业务约定书、审计计划、审计总结、未审计财务报表、试算平衡表、审计差异调整表、审计报告、管理建议书、被审计单位声明书以及注册会计师对整个审计工作进行组织管理的所有记录和资料。

（2）业务类工作底稿。业务类工作底稿，是指注册会计师在实施审计阶段为执行具体审计程序所形成的审计工作底稿。其主要包括注册会计师对某一审计循环或审计项目所做控制测试或实质性程序的记录和资料。

（3）备查类工作底稿。备查类工作底稿，是指注册会计师在审计过程中形成的对审计工作仅具有备查作用的审计工作底稿。其主要包括被审计单位的设立批准证书、营业执照、合营合同、协议、章程、组织机构及管理层人员结构图、董事会会议纪要、重要经济合同、相关内部控制制度及其研究与评价记录、验资报告等资料的复印件或摘录。通常，备查类工作底稿是由被审计单位或第三方根据实际情况提供或代为编制的。因此，注册会计师对所取得的有关文件、资料应标明具体来源。

【提示】备查类工作底稿随被审计单位有关情况的变化而不断更新，应详细列明目录清单，并将更新的文件、资料随时归档。注册会计师在将上述资料归为备查类工作底稿的同时，还应根据需要将其中与具体审计项目有关的内容复印、摘录或综合后归入业务类工作底稿的具体审计项目。

2. 审计工作底稿的要素

审计工作底稿的形成方式有编制和取得两种。编制的审计工作底稿，尤其是业务类工作底稿，一般包括下列全部或部分要素：

（1）被审计单位名称。被审计单位名称，即财务报表的编报单位。若财务报表编报单位为某一集团的下属公司，则应同时写明下属公司的名称。被审计单位名称可用简称。

（2）审计项目名称。审计项目名称，即某一财务报表项目名称或某一审计程序及实施对象的名称，如具体审计项目是某一分类会计科目，则应同时写明该分类会计科目。

（3）审计项目时点或期间。审计项目时点或期间，指某一资产负债类项目的报告时点或某一损益类项目的报告期间。

（4）审计过程记录。审计过程记录，即对注册会计师的审计轨迹与职业判断的记录。注册会计师应将其实施审计、达到审计目标的过程记录在审计工作底稿中。

（5）审计标识及其说明。审计标识是注册会计师为便于表达审计含义而采用的符号。注册会计师应在审计工作底稿中说明各种审计标识所代表的含义，或采用审计标识及其说明表的形式统一说明，并做到前后一致（见表1-27）。在实务中，注册会计师还可以依据实际情况运用更多的审计标识。

表1-27　　审计工作底稿标识举例

Λ：纵加核对一致	<：横加核对一致
B：与上年结转数核对一致	T：与原始凭证核对一致
G：与总分类账核对一致	S：与明细分类账核对一致
T/B：与试算平衡表核对一致	C：已发出询证函
C\：已收回询证函	

（6）审计结论。这是注册会计师通过实施必要的审计程序后，对某一审计事项所做的职业判断。就控制测试而言，审计结论是指注册会计师对被审计单位内部控制制度执行情况的满意程度以及判断其是否可以信赖；就实质性程序而言，审计结论是指注册会计师对某一审计事项的余额或发生额的确认情况。

（7）索引号及页次。索引号是注册会计师为整理和利用审计工作底稿，将具有同一性质或反映同一具体审计事项的审计工作底稿分别归类，使其相互联系、相互控制所做的特定编号；页次是在同一索引号下的不同审计工作底稿的顺序编号。

（8）编制者姓名及编制日期。注册会计师必须在其编制的审计工作底稿上签名并签署日期。签名时可用简签，但应以适当方式加以说明。

（9）复核者姓名及复核日期。注册会计师必须在其复核过的审计工作底稿上签名并签署日期。签名时可用简签，但应以适当方式加以说明。若有多级复核，每级复核者均应签名并签署日期。

（10）其他应说明事项。其他应说明事项，包括注册会计师根据其职业判断，认为应在审计工作底稿中予以记录的其他相关事项。

审计工作底稿的要素及其目的见表1-28。

表1-28　　审计工作底稿的要素及其目的

序号	要素	目的
1	被审计单位名称	明确审计客体
2	审计项目名称	明确审计内容
3	审计项目时点或期间	明确审计范围
4	审计过程记录	记载审计程序的性质、范围、样本选择等
5	审计标识及其说明	方便检查和审阅工作底稿
6	审计结论	记录注册会计师的职业判断，为支持审计意见提供依据
7	索引号及页次	方便存取使用，便于日后参考
8	编制者姓名及编制日期	明确编制责任
9	复核者姓名及复核日期	明确复核责任
10	其他应说明事项	

（三）审计工作底稿的编制和复核

1.审计工作底稿的编制

（1）审计工作底稿的编制原则。对于自行编制的审计工作底稿，注册会计师应当全面记录审计计划的执行轨迹、审计证据的收集过程、职业判断的依据及过程、审计意见的形成过程等。大部分审计工作底稿应当由审计人员自行编制。严格来讲，由被审计单位或第三方提供的资料并不是审计工作底稿，只有在注册会计师实施必要的审计程序并形成相应的审计记录后，这些资料才能作为审计工作底稿的重要组成部分。

（2）审计工作底稿编制的注意事项。审计工作底稿的编制应当注意以下事项：

①合理、恰当地运用审计标识。除充分运用约定俗成的审计标识外，对于被审计单位名称、审计程序、审计结论以及编制者（复核者）姓名等要素均可采用适当的审计标识，以尽量减少书写量。

②先编制索引号，后编制底稿页次。大部分执业人员在审计外勤结束后统一编制索引号和页次，这时，由于汇总的工作底稿较多，又要交叉引用，造成编制困难。可在外勤开始时（或开始前）由项目负责人按照未审财务报表的一级科目顺序先编制程序表或审定表的索引号（如A1、A2…），在外勤结束时再分别填制底稿页次，这样既能保证索引号的唯一性和相互索引，又可防止页次编制时的缺号、重号。

【提示】审计外勤，是指注册会计师在被审计单位从事约定的审计活动。

③借助计算机编制工作底稿。审计项目执行过程中涉及大量的数据运用、调整和重分类等，容易造成编制者书写时出现笔误，同时加大了外勤工作量。审计人员可以借助计算机编制诸如分析性复核表、银行存款余额调节表、审计调整和重分类表、试算平衡表等审计工作底稿，也可以自行设计或从网上下载相关的功能模块，借助Excel、VFP、华表等工具代为编制，以提高工作效率。

④要求被审计单位提供规定格式的资料。对于被审计单位提供的诸如余额明细表、账龄分析表或折旧计提计算表等资料，在利用时可能仍显要素不全或数据不“兼容”，无法直接利用或进一步分析。审计人员可以在签约之后对被审计单位财务人员予以必要的辅导，要求他们提供合乎审计程序要求的数据格式，这样能有效缩短外勤周期。此外，要求被审计单位按审计档案统一的纸张格式提供必要的资料，也有利于审计项目的归档工作。

2.审计工作底稿的复核

复核是会计师事务所进行审计项目质量管理、降低审计风险，并保证审计计划顺利进行的一项重要程序。为此，会计师事务所一般应当建立以主任会计师（合伙人）、部门负责人（或签字注册会计师）和项目负责人（或项目经理）为复核人，对审计工作底稿进行逐级复核的三级复核制度。

（1）一级复核。一级复核是详细复核，一般由项目负责人在外勤工作阶段进行，对审计助理完成的审计工作底稿逐张复核，对发现的问题及时指出并督促其修改和完善。这一级复核主要是针对审计助理在工作底稿中的笔误、对既定的具体审计程序是否已全部执行、审计结论与审计证据是否一致、审计工作底稿之间的钩稽关系是否正确、审计工作底稿的页面项目填写是否完整等审计工作基本要求的达标情况进行复核。

（2）二级复核。二级复核是一般复核，一般由具备较高的专业素养和比较丰富的审计经验的部门经理来进行，是对重要会计账项的审计、重要审计程序的执行以及审计调整事项等进行的复核，是对重要审计事项的把关。这一级复核主要针对审计重点的选择与安排是否合理、重要审计程序的执行情况是否达到预期目的、审计调整事项的证据是否充分、审计调整的会计处理是否恰当等重大基本问题的执行情况进行复核。这一级复核的安排实际上是为了减少主任会计师的工作量。

（3）三级复核。三级复核是重点复核，一般由主任会计师或其指定代理人来进行，是对审计过程中的重大会计审计问题、重大审计调整事项及重要的审计工作底稿进行的复核，是对整个审计项目质量的重点把握。主任会计师一般对客户情况最为熟悉又具有相当丰富的审计经验，但没有时间做太多的具体工作。这一级复核主要是针对前两级复核人员的职业判断及由此而进行的审计安排的检查和监督、对财务报表重要项目认定的审计判断是否恰当、重大审计调整事项是否适当、重要审计工作底稿是否完整齐备等重大问题进行复核。这一级复核也可以评价前两级复核人员的工作。三级复核制度如图1-34所示。

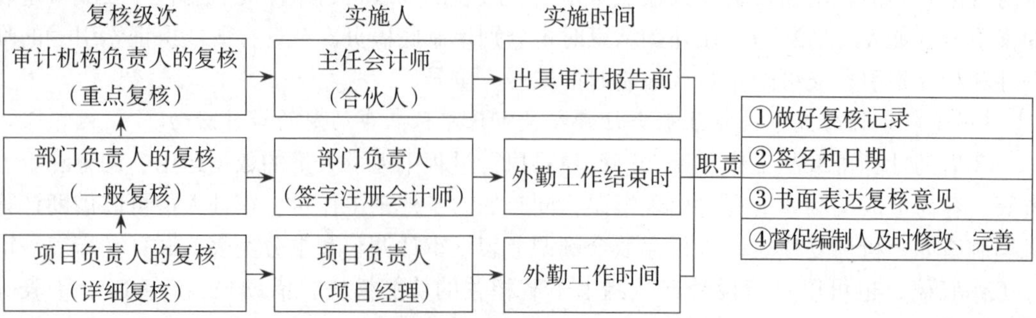

图1-34 三级复核制度

审计工作底稿复核的主要内容包括：（1）所引用的有关资料是否可靠；（2）所获取的审计证据是否充分；（3）审计程序和审计方法是否恰当；（4）审计结论是否正确。

【提示】各复核人在复核审计工作底稿时，应作出必要的复核记录，书面表示复核意见并签名。

课程思政园地

审计需要精益求精的工作风气

《论语·学而》中记载："《诗》云：如切如磋，如琢如磨。"宋代朱熹集注："言治骨角者，既切之而复磋之；治玉石者，既琢之而复磨之；治之已精，而益求其精也。"毛泽东在《纪念白求恩》一文中写道："白求恩同志是个医生，他以医疗为职业，对技术精益求精。"

精益求精的工作风气是提高审计质量的重要保障。由于审计工作周期长、工作内容繁杂，审计人员更需要时刻保持对所从事职业的高度热情。审计准则对复核的要求正是审计人员对工作精益求精的体现。

请思考：在审计工作中如何做到精益求精，谈一下你的看法。

（四）审计工作底稿的归档、保管和日后变动

1. 审计工作底稿的归档

对于每项具体审计业务，注册会计师都应当将审计工作底稿归整为审计档案。审计档案，是指一个或多个文件夹或其他存储介质，以实物或电子形式存储构成某项具体业务的审计工作底稿的记录。在实务中，审计档案可以分为永久性档案和当期档案。

（1）永久性档案。永久性档案是指那些记录内容相对稳定、具有长期使用价值，并对以后审计工作具有重要影响和直接作用的审计档案。例如，被审计单位的组织结构、批准证书、营业执照、章程、重要资产的所有权或使用权的证明文件等都是永久性档案。若永久性档案中的某些内容已发生变化，注册会计师应对永久性档案及时更新。为保持资料的完整性以便满足日后查阅历史资料的需要，永久性档案中被替换下的资料一般也需保留。例如，被审计单位因增加注册资本而变更了营业执照等法律文件，被替换的旧营业执照等文件可以汇总在一起，与其他目前有效的资料分开，作为单独部分归整在永久性档案中。

（2）当期档案。当期档案是指那些记录内容经常变化，主要供当期审计使用和下期审计使用的审计档案。当期档案包括业务类工作底稿中除相关控制测试工作底稿外的其他部分，以及综合类工作底稿中除审计报告、管理建议书外的其他部分。

注册会计师应当按照会计师事务所质量管理政策和程序的规定，及时将审计工作底稿归档。审计工作底稿的归档期限为审计报告日后60天内。如果注册会计师未能完成审计业务，审计工作底稿的归档期限为审计业务中止后的60天内。在审计报告日后将审计工作底稿归整为最终审计档案是一项事务性的工作，不涉及实施新的审计程序或得出新的结论。

在完成最终审计档案的归整工作后，注册会计师不得在规定的保存期届满前删除或废弃审计工作底稿。

2. 审计工作底稿的保管

审计工作底稿的所有权属于会计师事务所。会计师事务所应当自审计报告日起，对审

计工作底稿至少保存10年。如果注册会计师未能完成审计业务，会计师事务所应当自审计业务中止日起，对审计工作底稿至少保存10年。

对于连续审计，当期归整的永久性档案虽然包括以前年度获得的资料（有可能是10年以前的），但由于其是本期档案的一部分，并且是支持审计结论的基础，注册会计师对于这些当期有效的档案，应视为当期取得并保存10年。如果这些资料在某一个审计期间被替换，被替换的资料可以从被替换的年度起至少保存10年。

3.审计日后对审计工作底稿的变动

如果在归档期间对审计工作底稿作出的变动属于事务性的，注册会计师可以作出的变动主要包括：（1）删除或废弃被取代的审计工作底稿；（2）对审计工作底稿进行分类、整理和交叉索引；（3）对审计档案归整工作的完成核对表签字认可；（4）记录在审计报告日前获取的、与项目组相关成员进行讨论并达成一致意见的审计证据。

一般情况下，在审计档案归档之后不能再对审计工作底稿进行修改或增加。注册会计师发现有必要修改现有审计工作底稿或增加新的审计工作底稿的情形主要有以下两种：（1）注册会计师已实施必要的审计程序，取得了充分、适当的审计证据并得出了恰当的审计结论，但审计工作底稿的记录不够充分；（2）审计报告日后发现例外情况，要求注册会计师实施新的审计程序或追加审计程序，或导致注册会计师得出新的结论。

在完成最终审计档案的归整工作后，如果发现有必要修改现有审计工作底稿或增加新的审计工作底稿，在保持原审计工作底稿中所记录的信息，即对原记录信息不予删除（包括涂改、覆盖等方式）的前提下，无论修改或增加的性质如何，注册会计师均应当记录下列事项：（1）修改或增加审计工作底稿的理由；（2）修改或增加审计工作底稿的时间和人员，以及复核审计工作底稿的时间和人员。

需要注意的是，审计工作底稿在归档期间的变动和归档期后的变动，属于性质完全不同的内容。在归档期间“删除”审计工作底稿是指删除被取代的底稿；在归档期后是不能“删除”底稿的，即不能在审计工作底稿保存期限届满前删除或废弃任何性质的审计工作底稿。

【做中学1-22】（单选题）在编制审计工作底稿时，注册会计师通常认为不必形成最终审计工作底稿的是（　　）。

A.注册会计师与被审计单位管理层对重大事项进行讨论的结果

B.注册会计师取得的已被取代的财务报表草稿

C.注册会计师不能实现相关审计标准规定的目标的情形

D.注册会计师识别出的信息与针对重大事项得出的最终结论不一致的情形

答案：B。归档后的审计工作底稿不包括已被取代的审计工作底稿的草稿。

【做中学1-23】（单选题）在完成最终审计档案的归整工作后，以下属于需要变动审计工作底稿的情形是（　　）。

A.删除或废弃被取代的审计工作底稿

B.注册会计师已实施必要的审计程序，取得了充分、适当的审计证据并得出了恰当的审计结论，但审计工作底稿的记录不够充分

C.对审计工作底稿进行分类、整理和交叉索引

D.考虑被审计单位管理层的要求

答案：B。选项A、C属于归档期间的事务性变动，选项D不是变动审计工作底稿的理由，选项B正确。

【做中学1-24】（案例题）天诚正信会计师事务所于2024年2月5日—2月12日完成了对清丰公司的年度财务报表审计（审计报告的签发日为2024年2月12日），现有部分审计工作底稿如下：

（1）营业执照、公司章程；

（2）重要的法律文件、合同、协议；

（3）审计业务约定书；

（4）审计计划；

（5）审计报告；

（6）预备调查底稿；

（7）控制测试底稿；

（8）实质性程序底稿；

要求：将上述审计底稿归类。

答案：

（A）综合类工作底稿：（3）（4）（5）。

（B）业务类工作底稿：（7）（8）。

（C）备查类工作底稿：（1）（2）（6）。

项目小结

本项目主要知识点归纳总结见表1-29。

表1-29　主要知识点归纳总结

主要知识点	内容
选择会计师事务所的组织形式和业务范围	注册会计师审计是由注册会计师组成的会计师事务所实施的审计。我国会计师事务所只有合伙和有限责任两种组织形式，可以办理审计业务、审阅业务和其他业务
关注注册会计师的职业道德和审计责任	注册会计师必须加入会计师事务所才能接受委托承办业务。注册会计师在审计工作中应遵循诚信、独立性、客观和公正、专业胜任能力和勤勉尽责、保密、良好职业行为等六项职业道德基本原则
	注册会计师在开展审计工作中因工作失误而应承担法律责任，是否承担责任最终取决于注册会计师是否保持了应有的职业谨慎。注册会计师因违约、过失或欺诈给被审计单位或其他利害关系人造成损失的，按照有关法律规定，可能被判承担行政责任、民事责任或刑事责任。这三种责任可单处，也可并处

续表

<table>
<tr><th>主要知识点</th><th colspan="2">内容</th></tr>
<tr><td rowspan="2">明确注册会计师的审计目标和审计过程</td><td colspan="2">注册会计师的审计目标，分为审计总目标和具体审计目标两个层次。具体审计目标是审计总目标的具体化，应根据注册会计师审计总目标和被审计单位管理层认定来确定。管理层认定分为两个层次：关于所审计期间各类交易、事项及相关披露的认定，关于期末账户余额及相关披露的认定</td></tr>
<tr><td colspan="2">确定审计目标后，注册会计师就可以开始运用审计方法收集审计证据，以实现审计总目标和各项具体审计目标。风险导向审计模式要求注册会计师在审计过程中，以重大错报风险的识别、评估和应对作为工作主线，相应地，审计过程大致可以分为以下几个阶段：接受业务委托、计划审计工作、实施审计工作和终结审计工作</td></tr>
<tr><td rowspan="3">掌握注册会计师的主要审计工具和手段</td><td>审计方法的运用</td><td>审计方法，包括审计基本方法和审计技术方法。审计基本方法一般有两种分类方式：一种是按照获取审计证据的先后顺序，分为顺查法和逆查法；另一种是按照审计的范围和数量，分为详查法和抽样法。审计技术方法一般也分为两类：一类是审查书面资料的方法（审阅法、核对法、复算法、分析法、查询法）；另一类是证实客观事物的方法（盘点法、调节法、观察法、鉴定法）</td></tr>
<tr><td>审计证据的获取</td><td>按照外形特征，审计证据可划分为实物证据、书面证据、口头证据和环境证据四类。充分性和适当性是审计证据的基本特性，相关性和可靠性是审计证据适当性的核心内容。获取审计证据的过程，就是实施具体审计程序的过程。在实施审计工作时，注册会计师可以单独或综合采用下列审计程序获取审计证据：检查、观察、询问、函证、重新计算、重新执行、分析程序</td></tr>
<tr><td>审计工作的记录</td><td>审计工作底稿是记录审计工作的载体。审计工作底稿一般分为综合类工作底稿、业务类工作底稿和备查类工作底稿三类。注册会计师对审计工作底稿实行三级复核制度。审计工作底稿的所有权属于会计师事务所。在完成每项具体审计业务后，注册会计师都应当将审计工作底稿归整为审计档案，并自审计报告日起，对审计工作底稿至少保存10年</td></tr>
</table>

阅读篇目

《中国注册会计师审计准则第1101号——注册会计师的总体目标和审计工作的基本要求》

《中国注册会计师审计准则第1131号——审计工作底稿》

《中国注册会计师审计准则第1301号——审计证据》

《中国注册会计师审计准则第1301号——审计证据》应用指南

《中国注册会计师职业道德守则问题解答》

《中国注册会计师职业道德基本准则》

《中国注册会计师职业道德规范指导意见》

《中国注册会计师质量管理基本准则》

项目二

接受业务委托

学习目标

【知识目标】

1. 熟悉独立性概念框架；
2. 熟悉初步业务活动的内容；
3. 了解审计业务约定书的主要内容；
4. 掌握审计项目组的成员及其职责；
5. 掌握项目组内部讨论的目标、内容和成员。

【技能目标】

1. 能熟练应用独立性概念框架，对影响注册会计师独立性的情形进行正确判断；
2. 能填制企业基本情况表；
3. 能填制审计业务承接/保持评价表；
4. 能填制、修改审计业务约定书。

【态度目标】

1. 培养良好的审计职业素质和专业胜任能力；
2. 强化审计业务服务观念；
3. 注意接待礼仪，加强与客户沟通。

工作情境与工作任务

在首次承接审计业务时，拟接受业务委托是会计师事务所与审计客户的第一次接触，此时，会计师事务所应初步了解审计业务环境，评估事务所和注册会计师的独立性、专业胜任能力，以及其他拟承接业务必须具备的条件。哪些情形会对会计师事务所和注册会计师保持独立性产生不利影响？这些不利影响是否可以消除？

注册会计师在审计业务开始时，应当开展初步业务活动，如针对具体审计业务实施相应的质量管理程序、评价遵守相关职业道德要求的情况、就审计业务约定条款达成一致意见等。注册会计师开展初步业务活动的目的是什么？如何填制审计业务承接评价表？

审计业务的承接以审计业务约定书的签署为标志。会计师事务所承接任何审计业务，都应与被审计单位签订审计业务约定书。审计业务约定书应包含哪些内容？什么情况下需要修改、变更或重新签订审计业务约定书？

为保障审计业务的顺利开展，会计师事务所还要为审计项目选派合适的审计人员，成立审计项目组。由于学历和经验的差异，审计人员的能力各不相同，如何选择审计项目组成员？项目组成员在何时、以何种方式展开项目内部讨论以交流审计项目的信息？本项目主要内容如图2-1所示。

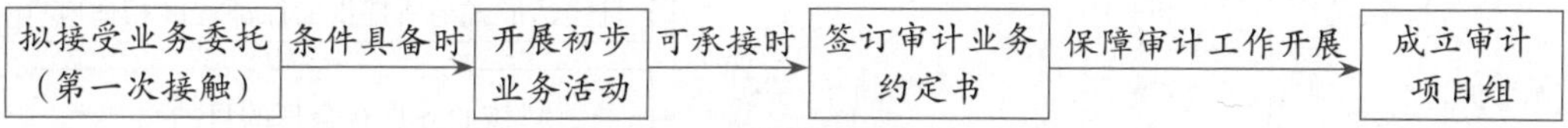

图2-1　本项目的主要内容

任务一　拟接受业务委托

会计师事务所应当按照执业准则的规定，谨慎决策是否接受或保持某客户关系和具体审计业务。在拟接受委托阶段，会计师事务所应当初步了解审计业务环境，只有在了解后认为自身符合胜任能力、独立性和勤勉尽责等职业道德要求，并且拟承接的业务具备相关条件时，注册会计师才能将其作为审计业务予以承接。拟接受业务委托的主要内容如图2-2所示。

一、初步了解审计业务环境——考虑被审计单位的基本情况

注册会计师通过对被审计单位基本情况的了解，一方面可以确定是否接受委托，另一方面可以安排进一步的审计工作。

微课

初步了解审计业务环境和拟承接业务应具备的条件

注册会计师应了解的被审计单位的基本情况包括以下几个方面：

（一）业务性质、经营规模和组织结构

业务性质主要是企业的经营范围，也就是其从事的业务或经营的产品等，可从企业的营业执照上获知。

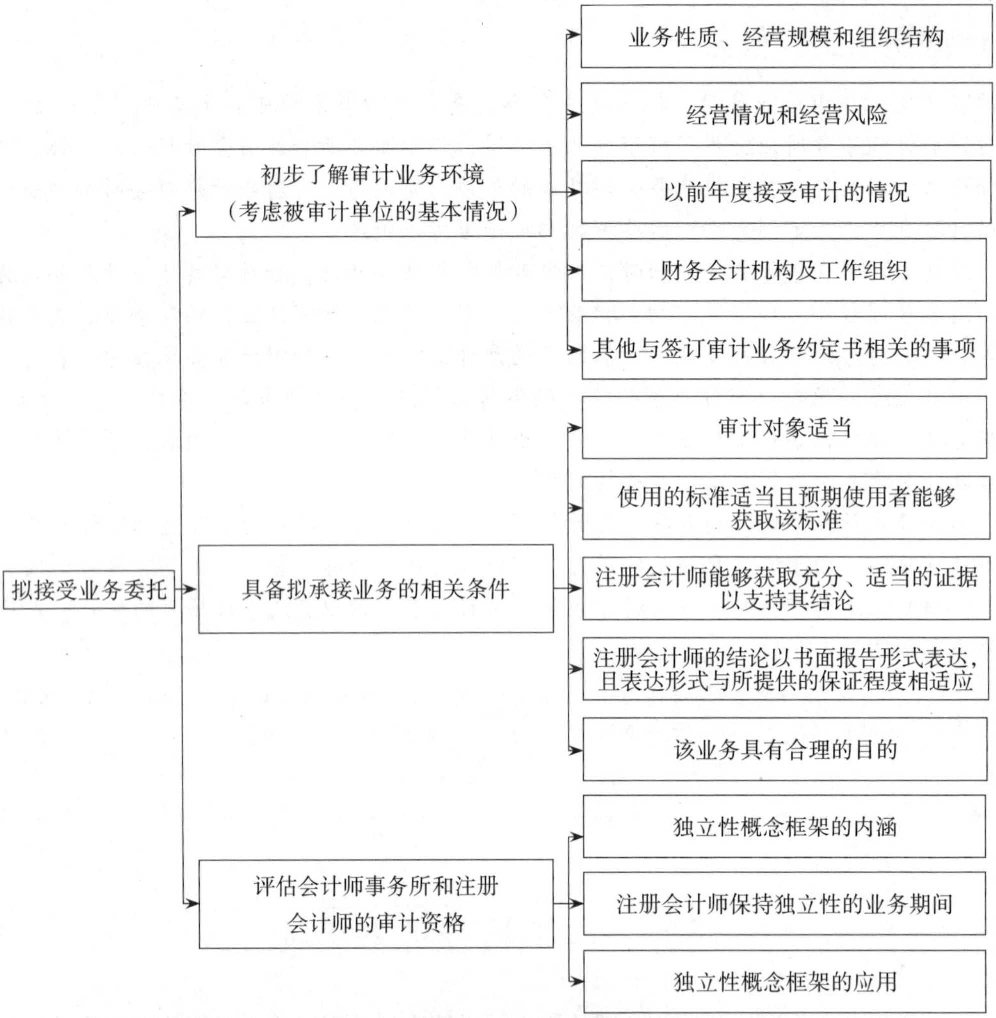

图2-2　拟接受业务委托的主要内容

课程思政园地

审计工作也需要获取企业的营业执照

营业执照，是市场监督管理机关发给工商企业、个体经营者的准许从事某项生产经营活动的凭证。其格式由国家市场监督管理总局统一规定。营业执照是国家授予经营者合法经营的凭证，好比开车上路前必须要获得驾驶执照一样，是一种准许“上路”的资格证。对于注册会计师来说，取得被审计单位的营业执照，了解被审计单位的业务性质、经营规模和组织结构，知悉企业业务的活动范围及复杂程度，可以为其顺利实施审计工作奠定基础。同时，注册会计师要将从营业执照上获取的信息与在其他审计工作中获取的各项信息相比较，用以确定企业经营活动是否合法、合理，从而有效地维护社会主义市场经济秩序。

请思考：结合马克思唯物辩证法中的部分与整体的关系，思考在审计工作中，审计人员为什么需要查看会计信息以外的其他资料？

经营规模标准是根据企业职工人数、销售额或资产总额等指标，并结合行业特点制定的。例如，对于工业企业来说，从业人员1 000人以下或营业收入40 000万元以下的为中小微型企业。其中，从业人员300人及以上，且营业收入2 000万元及以上的为中型企业；从业人员20人及以上、300人以下，且营业收入300万元及以上、2 000万元以下的为小型企业；从业人员20人以下且营业收入300万元以下的为微型企业。

组织结构是企业的流程运转、部门设置及职能规划等最基本的结构依据，常见的组织结构形式包括直线制、职能制、直线职能制、矩阵制、事业部制等。

会计师事务所通过了解被审计单位的业务性质、经营规模和组织结构，可以从中知悉企业业务的活动范围及复杂程度，为其实施审计工作奠定基础，确保企业是在其经营范围内开展合法的经营活动，并取得预期成果。

（二）经营情况和经营风险

经营情况也称经营状况，是指企业产品在市场上进行销售或服务的发展现状。管理者最关心企业经营的收益性、安全性、效益性及成长性。对企业经营情况进行分析的基本步骤是：（1）确定分析目标；（2）对报表的实际数据采用比率法计算其数值，并与过去的业绩或同行业的标准统计数值进行比较；（3）判断并得出结论。

经营风险是企业由于经营上的原因产生的风险，即企业未来息税前利润的不确定性。经营风险部分取决于企业利用固定成本的程度。在其他因素一定的情况下，固定成本越高，企业经营风险也就越大。

【提示】企业经营面临的总风险，分为经营风险与财务风险。财务风险，是企业在经营活动中与筹资有关的风险，主要表现为丧失偿债能力的可能性和普通股每股收益的不确定性。经营风险的大小是由特定的经营战略决定的；财务风险的大小是由资本结构决定的。它们共同决定了企业的总风险。

了解被审计单位的经营情况和经营风险，有助于注册会计师衡量其财务成果的真实性。

（三）以前年度接受审计的情况

会计师事务所在拟接受审计业务时，应了解被审计单位以前年度接受审计的情况，弄清被审计单位是否曾存在舞弊行为或其他一些原因导致其变更会计师事务所。

（四）财务会计机构及工作组织

会计师事务所通过了解被审计单位的财务会计机构及工作组织，可以对被审计单位财务会计机构的工作成果——会计报表和相关会计资料的真实性、公允性和合法性作出判断。

（五）其他与签订审计业务约定书相关的事项

其他与签订审计业务约定书相关的事项，指为确保签订的审计业务约定书的法律效力，会计师事务所与被审计单位还应协商的其他具体事宜。

在初步了解被审计单位的基本情况后，会计师事务所应填制企业基本情况表，见表2-1。对于常年客户，审计人员不一定每次接受委托都要形成企业基本情况表，但需要了解客户基本情况是否有变化，如果存在变化，应及时补充、更改相应内容，同时注意该变化对客户经营情况的影响及其对财务报表的影响。

表2-1 企业基本情况表

被审计单位名称：	索引号：A1 页次：
	编制人： 日期：
会计期间或截止日：	复核人： 日期：

合同批准	字 号 年 月 日	法定地址	
营业执照	字 号 年 月 日	经营地址	
经营范围及经营方式		合同期限	年至 年 月 日止
		成立日期	年 月 日
		企业组织形式	
		投资总额	
		注册资本	（币别： ）
		主管部门	
		主管财税机关	

投资者名称	认缴出资额		实收资本		备注
	原币（ ）	人民币	原币（ ）	人民币	

	项目	上年	本年	董事长（国籍）	
主要财务指标情况	负债总额（万元）			总会计师（或财务总监）	
	所有者权益（万元）			财务经理（处长、科长）	
	销售收入（万元）			传真	
	利润总额（万元）			电话	
	所得税（万元）			邮政编码	
				职工人数	
				其中：外籍	
				前任审计师	

分支机构概况

机构类型	个数	是否独立核算
全资子公司		
控股子公司		
参股公司		
分公司		
办事处		

【提示】在了解客户基本情况时，如果从广告性资料或报刊中能够获取有关客户的情况，可以把广告性资料或报纸杂志的报道、评论复印一起归档。

【做中学2-1】（多选题）注册会计师应了解的被审计单位的基本情况包括（　　）。

A.业务性质、经营规模和组织结构　　B.经营情况和经营风险

C.以前年度接受审计的情况　　D.财务会计机构及工作组织

答案：ABCD。

二、具备拟承接业务的相关条件

拟承接的业务应具备下列条件：（1）审计对象适当；（2）使用的标准适当且预期使用者能够获取该标准；（3）注册会计师能够获取充分、适当的证据以支持其结论；（4）注册会计师的结论以书面报告形式表达，且表达形式与所提供的保证程度相适应；（5）该业务具有合理的目的。

【做中学2-2】（单选题）会计师事务所在考虑承接该项审计业务时，应当考虑拟承接的业务应具备一些必要的特征，才能将其作为审计业务予以承接，下面列示的各项中，不属于这一评价标准的是（　　）。

A.使用的标准适当且预期使用者能够获取该标准

B.审计对象恰当，工作范围没有受到任何不合理限制

C.能够获取充分、适当的证据以支持其结论

D.结论以书面报告形式表达，且表达形式与所提供的保证程度相适应

答案：B。

【做中学2-3】（案例题）2023年12月16日，天诚正信会计师事务所主任会计师郑云涛和助理审计人员侯华强应清丰公司的邀请，前往该公司洽谈业务。郑云涛及侯华强对清丰公司委托审计的目的、审计业务的性质、审计收费、审计范围是否受到限制、审计的程序是否能够顺利进行、清丰公司提供的文件、协助的事项等方面进行了初步了解之后，双方当即签订了审计业务约定书。

要求：请回答主任会计师郑云涛与清丰公司立即签约是否正确？为什么？

答案：不正确。因为：（1）未考虑审计风险；（2）该事务所尚未确定是否有能力胜任此项工作（未评估会计师事务所和注册会计师的审计资格）；（3）应在详细了解清丰公司下列基本情况之后，再确定是否签约：①业务性质、经营规模和组织结构；②经营情况和经营风险；③以前年度接受审计的情况；④财务会计机构及其工作组织；⑤其他与签订审计业务约定书相关的事项。

三、评估会计师事务所和注册会计师的审计资格

职业道德基本原则的具体内容已在项目一中做了具体介绍，本部分仅讲解审计业务对会计师事务所和注册会计师独立性的要求。

微课

会计师事务所和注册会计师的审计资格

（一）独立性概念框架的内涵

独立性概念框架，是指解决独立性问题的思路和方法，用以指导注册会计师：（1）识别对独立性的不利影响；（2）评价不利影响的严重程度；（3）必要时采取防范措施消除不利影响或将其降低至可接受的水平。

在运用独立性概念框架时，注册会计师应当运用职业判断。如果无法采取适当的防范措施消除不利影响或将其降低至可接受的水平，注册会计师应当消除产生不利影响的情形，或者拒绝接受审计业务委托或终止审计业务。

在确定是否接受或保持某项业务，或者某一特定人员能否作为审计项目组成员时，会计师事务所应当识别和评价各种对独立性的不利影响。如果不利影响超出可接受的水平，在确定是否接受某项业务或某一特定人员能否作为审计项目组成员时，会计师事务所应当确定能否采取防范措施以消除不利影响或将其降低至可接受的水平。

在确定是否保持某项业务时，会计师事务所应当确定现有的防范措施是否仍然有效；如果无效，是否需要采取其他防范措施或者终止业务。在执行业务过程中，如果注意到对独立性产生不利影响的新情况，会计师事务所应当运用独立性概念框架评价不利影响的严重程度（具体如图2-3所示）。

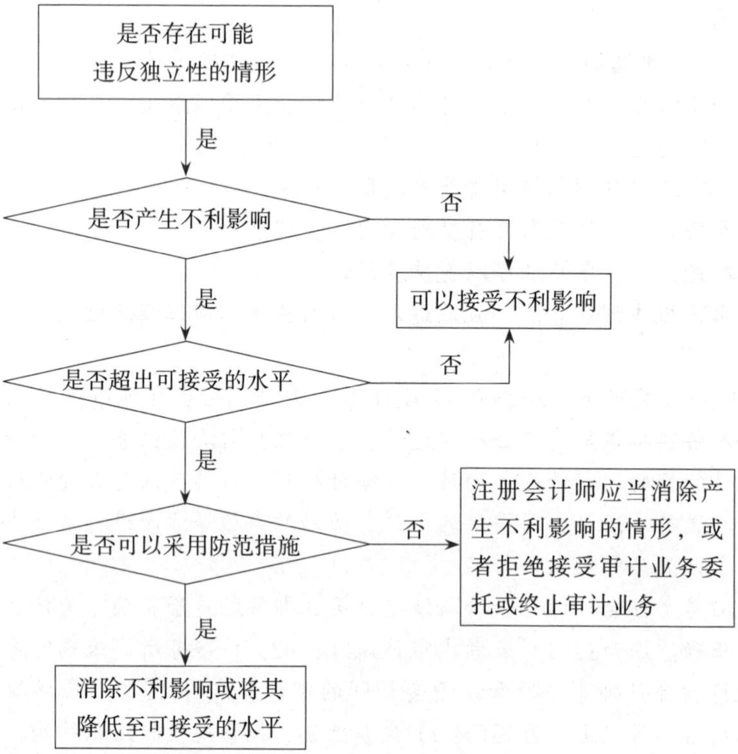

图2-3 独立性概念框架下的工作思路

（二）注册会计师保持独立性的业务期间

注册会计师应当在业务期间和财务报表涵盖的期间独立于审计客户。业务期间自审计项目组开始执行审计业务之日起，至出具审计报告之日止。如果审计业务具有连续性，业务期间结束日应以其中一方通知解除业务关系或出具最终审计报告两者时间孰晚为准。

【提示】财务报表涵盖的期间（即会计期间）与业务期间构成了会计师事务所和注册会计师与审计客户（被审计单位）保持独立性的期间，即：财务报表涵盖的期间+业务期间=注册会计师保持独立性的期间。

【做中学2-4】（单选题）天诚正信会计师事务所于2023年12月28日开始接受委托，

对清丰公司2023年度财务报表进行审计，当日在审计业务约定书中双方达成一致条款，约定审计报告的出具时间是2024年3月7日。事务所于2024年3月12日提交了审计报告，则下列审计业务期间的起点至终点的时间节点恰当的是（　　），事务所应保持独立性的期间是（　　）。

A.2023年1月1日至2024年3月7日

B.2023年12月28日至2024年3月12日

C.2023年1月1日至2024年3月12日

D.2023年12月28日至2024年3月7日

答案：B，C。业务期间自审计项目组开始执行审计业务之日（2023年12月28日）起，至出具审计报告之日（2024年3月12日）止。事务所应保持独立性的期间为财务报表涵盖的期间（2023年1月1日至2023年12月31日）+业务期间（2023年12月28日至2024年3月12日）。

（三）独立性概念框架的应用

会计师事务所和注册会计师在下列情况下，应运用独立性概念框架作出承接或拒绝审计业务的决策：（1）在审计客户中拥有经济利益；（2）与审计客户或其高级管理人员存在商业关系；（3）与审计客户的董事、高级管理人员、特定员工存在家庭和私人关系；（4）与审计客户发生雇佣关系；（5）与审计客户长期存在业务关系；（6）为审计客户提供相关服务；（7）确定审计收费。

1.在审计客户中拥有经济利益时对独立性的要求

如果注册会计师个人及其他相关人员（如近亲属）或会计师事务所在审计客户中拥有经济利益，个人或事务所的财富净值显然会受到审计客户业绩的影响，其结果是注册会计师很难客观、毫无偏见地执行审计。即使注册会计师能够保持高度的职业道德水平以及在实质上未因在审计客户中拥有经济利益而损害其职业判断，依然诚信行事，遵循客观和公正原则，保持职业谨慎，但因其在形式上的独立性不能保持，也会受到社会公众的质疑。

（1）经济利益的含义

经济利益，是指因持有某一实体的股权、债券和其他证券以及其他债务性的工具而拥有的利益，包括为取得这种利益享有的权利和承担的义务。经济利益包括直接经济利益和间接经济利益。

直接经济利益是指：①个人或实体直接拥有并控制的经济利益（包括授权他人管理的经济利益）；②个人或实体通过投资工具拥有的经济利益，并且个人或实体有能力控制这些投资工具，或影响其投资决策。例如，股票、债券、认沽权、认购权、期权、权证和卖空权等。

间接经济利益是指个人或实体通过投资工具拥有的经济利益，但个人或实体没有能力控制这些投资工具，或影响其投资决策。例如，投资经理投资了共同基金，而这些共同基金投资了一揽子基础金融产品，在这种情况下，该共同基金属于直接经济利益，而这些基础金融产品将被视为间接经济利益。

在审计客户中拥有经济利益，可能因自身利益对独立性产生不利影响。不利影响存在与否及其严重程度取决于下列因素：①拥有经济利益人员的角色；②经济利益是直接的还是间接的；③经济利益的重要性。

（2）对独立性产生不利影响的情形

①会计师事务所、审计项目组成员及其主要近亲属在审计客户中拥有直接经济利益或重大间接经济利益。如果会计师事务所、审计项目组成员或其主要近亲属在审计客户中拥有直接经济利益或重大间接经济利益，将因自身利益对独立性产生非常严重的不利影响，导致没有防范措施能够将其降低至可接受的水平。因此，会计师事务所、审计项目组成员或其主要近亲属不得在审计客户中拥有直接经济利益或重大间接经济利益。

②审计项目组某一成员的其他近亲属在审计客户中拥有直接经济利益或重大间接经济利益。如果审计项目组某一成员的其他近亲属在审计客户中拥有直接经济利益或重大间接经济利益，将因自身利益对独立性产生非常严重的不利影响。不利影响的严重程度主要取决于下列因素：A.审计项目组成员与其他近亲属之间的关系；B.经济利益对其他近亲属的重要性。

会计师事务所应当评价不利影响的严重程度，并在必要时采取防范措施消除不利影响或将其降低至可接受的水平。防范措施主要包括：A.其他近亲属尽快处置全部经济利益，或处置全部直接经济利益并处置足够数量的间接经济利益，以使剩余经济利益不再重大；B.由审计项目组以外的注册会计师复核该成员已执行的工作；C.将该成员调离审计项目组。

【做中学2-5】（单选题）审计项目组成员持有被审计单位600万元的股票，针对这一情形对独立性的影响，可采取的防范措施是（　　）。

A.调离审计项目组

B.由项目组之外的其他注册会计师复核该注册会计师所执行的工作

C.没有任何防范措施可以将这种不利影响降低至可接受的水平

D.拥有的经济利益不重大，可不采取防范措施

答案：C。审计项目组成员在审计客户中拥有直接经济利益，将因自身利益对独立性产生非常严重的不利影响，导致没有防范措施能够将其降低至可接受的水平。

（3）会计师事务所、合伙人或其主要近亲属、员工或其主要近亲属从审计客户处获得直接经济利益或重大间接经济利益。如果会计师事务所、合伙人或其主要近亲属、员工或其主要近亲属，从审计客户处获得直接经济利益或重大间接经济利益（如通过继承、馈赠或因合并而获得经济利益），而根据规定不允许拥有此类经济利益，则应当采取下列措施：①如果会计师事务所获得经济利益，应当立即处置全部经济利益，或处置全部直接经济利益并处置足够数量的间接经济利益，以使剩余经济利益不再重大；②如果审计项目组成员或其主要近亲属获得经济利益，应当立即处置全部经济利益，或处置全部直接经济利益并处置足够数量的间接经济利益，以使剩余经济利益不再重大；③如果审计项目组以外的人员或其主要近亲属获得经济利益，应当在合理期限内尽快处置全部经济利益，或处置全部直接经济利益并处置足够数量的间接经济利益，以使剩余经济利益不再重大。在完成处置该经济利益前，会计师事务所应当确定是否需要采取防范措施。

经济利益对独立性影响的情形见表2-2。

表2-2　　经济利益对独立性影响的情形

受限制主体（人员/实体）	被受限制主体拥有经济利益的实体的特征			
	审计客户	在审计客户中拥有控制权并且审计客户对其重要的实体	在审计客户中拥有经济利益的非审计客户实体	审计客户的董事、高级管理人员或具有控制权的所有者拥有经济利益的实体
1. 会计师事务所	×	×	×	评价不利影响
2. 审计项目组成员				
（1）自身	×	×	×	评价不利影响
（2）配偶、父母或子女	×	×	×	评价不利影响
（3）兄弟姐妹、祖父母、外祖父母、孙子女、外孙子女	评价不利影响	✓	✓	✓

2. 与审计客户或其高级管理人员存在商业关系时对独立性的要求

（1）商业关系的含义。会计师事务所、审计项目组成员或其主要近亲属与审计客户或其高级管理人员之间，由于商务关系或共同的经济利益而存在密切的商业关系，可能因自身利益或外在压力产生严重的不利影响。这些商业关系主要包括：①在与客户或其控股股东、董事、高级管理人员共同开办的企业中拥有经济利益；②按照协议，将会计师事务所的产品或服务与客户的产品或服务结合在一起，并以双方名义捆绑销售；③按照协议，会计师事务所销售或推广客户的产品或服务，或者客户销售或推广会计师事务所的产品或服务。

【做中学2-6】（多选题）天诚正信会计师事务所与清丰公司协商，将事务所的服务与清丰公司的计算机软件以双方名义捆绑销售，这种商业关系可能因（　　）对独立性产生不利影响。

A. 自身利益　　B. 外在压力　　C. 自我评价　　D. 密切关系

答案：AB。会计师事务所与审计客户之间，由于共同的经济利益而存在密切的商业关系，可能因自身利益或外在压力对独立性产生严重的不利影响。

（2）对独立性产生不利影响的情形。会计师事务所不得介入此类商业关系；如果存在此类商业关系，应当予以终止；如果此类商业关系涉及审计项目组成员，会计师事务所应当将该成员调离审计项目组；如果审计项目组成员的主要近亲属与审计客户或其高级管理人员存在此类商业关系，注册会计师应当评价不利影响的严重程度，并在必要时采取防范措施消除不利影响或将其降低至可接受的水平。

会计师事务所、审计项目组成员或其主要近亲属从审计客户处购买商品或服务，如果按照正常的商业程序公平交易，通常不会对独立性产生不利影响。如果交易性质特殊或金额较大，可能因自身利益产生不利影响。会计师事务所应当评价不利影响的严重程度，并在必要时采取防范措施消除不利影响或将其降低至可接受的水平。防范措施主要包括：①取消交易或降低交易规模；②将相关审计项目组成员调离审计项目组。商业关系中的独立性要求见表2-3。

表2-3 商业关系中的独立性要求

商业关系	受限制人员		
	会计师事务所	审计项目组成员	审计项目组成员的配偶、父母或子女
(1) 在与审计客户或其控股股东、董事、高级管理人员共同开办的企业中拥有经济利益	禁止的	一般是禁止的	评价不利影响的严重程度
(2) 与客户的产品或服务结合在一起，并以双方名义捆绑销售	禁止的	一般是禁止的	评价不利影响的严重程度
(3) 与客户相互销售或推广对方的产品或服务	禁止的	一般是禁止的	评价不利影响的严重程度

【做中学2-7】(单选题) 天诚正信会计师事务所从清丰公司购买其公开对外发售的商业写字楼作为新开设的事务所分部办公室。以下情形中，会对独立性产生影响的是（　　）。

A.事务所购买该写字楼的商业条款和条件与其他客户购买同样写字楼的条款和条件类似

B.事务所从清丰公司购买的该写字楼占事务所资产总额的1%

C.事务所从清丰公司购买的该写字楼占事务所资产总额的50%

D.清丰公司向事务所出售的该写字楼占其当年销售额的2%

答案：C。

3.与“董、高、特”存在家庭和私人关系时对独立性的要求

如果审计项目组成员与审计客户的董事、高级管理人员、特定员工存在家庭和私人关系，可能因自身利益、密切关系或外在压力对独立性产生不利影响。不利影响存在与否及其严重程度取决于多种因素，包括该成员在审计项目组中的角色、其家庭成员或相关人员在客户中的职位以及关系的密切程度等。

如果审计项目组成员的主要近亲属是审计客户的董事、高级管理人员或特定员工，或者在业务期间或财务报表涵盖的期间曾担任上述职务，只有把该成员调离审计项目组，才能将对独立性的不利影响降低至可接受的水平。

【做中学2-8】(多选题) 天诚正信会计师事务所承接了清丰公司2023年度财务报表审计业务，审计项目组成员李祥龙与清丰公司出纳是大学同学（关系友好），则（　　）。

A.将李祥龙调离审计项目组，可以消除不利影响或将其降至可接受水平

B.此事将对独立性产生重大不利影响，事务所应当拒绝承接该业务

C.合理安排李祥龙的职责，使该成员不处理清丰公司出纳职责范围内的事项，可以消除不利影响或将其降至可接受水平

D.这种情况并不会对独立性产生影响

答案：AC。是否存在不利影响及其严重程度取决于多种因素，包括该成员在审计项

目组中的角色、其家庭成员或相关人员在客户中的职位以及关系的密切程度等。而审计项目组成员李祥龙与清丰公司出纳仅是大学同学（关系友好）。

4.与审计客户发生雇佣关系时对独立性的要求

（1）审计项目组成员加入审计客户。如果审计客户的董事、高级管理人员或特定员工，曾经是审计项目组的成员或会计师事务所的合伙人，可能因密切关系或外在压力对独立性产生不利影响。

①审计项目组前任成员或前任合伙人担任审计客户的重要职位且与会计师事务所保持重要联系，将产生非常严重的不利影响，导致没有防范措施能够将其降低至可接受的水平。

②前任合伙人加入的上市公司成为审计客户，会计师事务所应当评价对独立性不利影响的严重程度，并在必要时采取防范措施消除不利影响或将其降低至可接受的水平。

③审计项目组某一成员拟加入审计客户，将因自身利益对独立性产生不利影响。会计师事务所应当制定政策和程序，要求审计项目组成员在与审计客户协商受雇于该客户时，向会计师事务所报告。防范措施主要包括：（a）将该成员调离审计项目组；（b）由审计项目组以外的注册会计师复核该成员在审计项目组中作出的重大判断。

（2）向审计客户临时借调员工。如果会计师事务所向审计客户借出员工，可能因自我评价对独立性产生不利影响。会计师事务所只能短期向客户借出员工，并且借出的员工不得为审计客户提供中国注册会计师职业道德守则禁止提供的相关服务，也不得承担审计客户的管理层职责。

防范措施主要包括：①对借出员工的工作进行额外复核；②合理安排审计项目组成员的职责，使借出员工不对其在借调期间执行的工作进行审计；③不安排借出员工作为审计项目组成员。

（3）审计项目组成员最近曾任审计客户的“董、高、特”。如果审计项目组成员最近曾担任审计客户的董事、高级管理人员或特定员工，可能因自身利益、自我评价或密切关系对独立性产生不利影响。

如果在被审计财务报表涵盖的期间，审计项目组成员曾担任审计客户的董事、高级管理人员或特定员工，将对独立性产生非常严重的不利影响，导致没有防范措施能够将其降低至可接受的水平。会计师事务所不得将此类人员分派到审计项目组。

如果在被审计财务报表涵盖的期间之前，审计项目组成员曾担任审计客户的董事、高级管理人员或特定员工，可能因自身利益、自我评价或密切关系对独立性产生不利影响。不利影响存在与否及其严重程度主要取决于下列因素：①该成员在客户中曾担任的职务；②该成员离开客户的时间长短；③该成员在审计项目组中的角色。会计师事务所应当评价不利影响的严重程度，并在必要时采取防范措施将其降低至可接受的水平。防范措施包括复核该成员已执行的工作等。

（4）兼任审计客户的董事或高级管理人员。如果会计师事务所的合伙人或员工兼任审计客户的董事或高级管理人员，将因自我评价和自身利益对独立性产生非常严重的不利影响，导致没有防范措施能够将其降低至可接受的水平。会计师事务所的合伙人或员工不得兼任审计客户的董事或高级管理人员。

【做中学2–9】（单选题）会计师事务所的合伙人兼任审计客户的董事，下列各项描述正确的是（ ）。

A. 可以采取适当的防范措施将对独立性的不利影响降至可接受的水平

B. 可以承接业务

C. 没有防范措施能够将其降低至可接受的水平

D. 可以请项目组外成员复核其工作

答案：C。会计师事务所的合伙人兼任审计客户的董事，将因自我评价和自身利益对独立性产生非常严重的不利影响，导致没有防范措施能够将其降低至可接受的水平。

5. 与审计客户长期存在业务关系时对独立性的要求

在审计客户是上市公司的情况下，执行其审计业务的关键审计合伙人任职时间不得超过5年。在任期结束后的2年内，该关键审计合伙人不得再次成为该客户的审计项目组成员或关键审计合伙人。在此期间，该关键审计合伙人不得有下列行为：（1）参与该客户的审计业务；（2）为该客户的审计业务实施质量管理复核；（3）就有关技术或行业特定问题、交易或事项向项目组或该客户提供咨询；（4）以其他方式直接影响业务结果。

在极其特殊的情况下，会计师事务所可能因无法预见和控制的情形而不能按时轮换关键审计合伙人。如果关键审计合伙人的连任对审计质量特别重要，并且通过采取防范措施能够消除对独立性产生的不利影响或将其降低至可接受的水平，则在法律法规允许的情况下，该关键审计合伙人在审计项目组的时限可以延长1年。执行审计业务的关键审计合伙人的任职时间见表2-4。

表2-4　执行审计业务的关键审计合伙人的任职时间

已成为公众利益实体的审计客户	轮换前最长服务年限	暂停服务期
一般情况	5年	2年
特殊情况	6年	2年

【做中学2-10】（单选题）2023年12月28日，清丰公司聘请天诚正信会计师事务所审计该公司2023年度财务报表，并与事务所签订了7年的年度财务报表审计业务，冯天海是该项业务的关键审计合伙人，在不存在其他方面因素影响独立性的情况下，冯天海能够审计清丰公司的财务报表最长至（ ）年。

A.2024　　B.2025　　C.2026　　D.2027

答案：B。

【提示】关键审计合伙人是指项目合伙人、实施项目质量管理复核的负责人，以及审计项目组中负责对财务报表审计所涉及的重大事项作出关键判断的其他审计合伙人。

6. 为审计客户提供相关服务时对独立性的要求

会计师事务所向审计客户提供相关服务（审计业务、审阅业务和其他鉴证业务以外的非鉴证服务）可能对独立性产生不利影响，包括因自我评价、自身利益和过度推介等产生的不利影响。相关服务包括：承担管理层职责；编制会计记录和财务报表；法律服务；招聘服务等。

（1）承担管理层职责。会计师事务所应当根据具体情况确定某项活动是否属于管理层职责。下列活动通常被视为管理层职责：①制定政策和战略方针；②指导员工的行动并对其行动负责；③对交易进行授权；④确定采纳会计师事务所或其他第三方提出的建议；⑤负责按照适用的会计准则编制财务报表；⑥负责设计、实施和维护内部控制。

会计师事务所承担审计客户的管理层职责，将对独立性产生非常严重的不利影响，导致没有防范措施能够将其降低至可接受的水平。这些不利影响包括因自我评价、自身利益和密切关系产生的不利影响。会计师事务所不得承担审计客户的管理层职责。

【做中学2-11】（多选题）如果由注册会计师承接（　）业务，则可能表明注册会计师承担了审计客户的管理层职责。

A.编制以电子形式存在的、用以证明交易发生的原始凭证

B.为编制财务报表，选择恰当的会计政策

C.更改会计分录

D.为编制财务报表作出会计估计

答案：ABCD。

（2）编制会计记录和财务报表。编制财务报表是管理层的责任，会计师事务所向审计客户提供编制会计记录或财务报表等服务，随后又审计该财务报表，将因自我评价产生不利影响。

（3）法律服务。法律服务通常是指为客户提供商业性的法律服务。例如，为起草合同、诉讼、并购提供法律意见和支持，以及向客户内部的法律部门提供帮助。会计师事务所向审计客户提供法律服务，可能因自我评价和过度推介产生不利影响。

（4）招聘服务。会计师事务所为审计客户提供人员招聘服务，可能因自身利益、密切关系或外在压力产生不利影响。会计师事务所应当评价不利影响的严重程度，并在必要时采取防范措施消除不利影响或将其降低至可接受的水平。任何情况下，会计师事务所都不得承担管理层职责，聘用决策应当由客户负责作出。

会计师事务所通常可以提供下列服务：①审查申请者的专业资格；②对申请者是否适合相关职位提出咨询意见；③对候选人进行面试；④对候选人在财务会计、行政管理或内部控制等职位上的胜任能力提出咨询意见。

如果属于上市公司的审计客户拟招聘“董、高、特”，会计师事务所不得提供下列招聘服务：①寻找候选人，或从候选人中挑选出适合相应职位的人员；②对可能录用的候选人的证明文件进行核查。

7.确定审计收费时对独立性的要求

（1）逾期收费。如果审计客户长期未支付应付的审计费用，尤其是相当部分的审计费用在出具下一年度审计报告前仍未支付，可能因自身利益产生不利影响。

会计师事务所通常要求审计客户在审计报告出具前付清上一年度的审计费用。如果在审计报告出具后审计客户仍未支付该费用，会计师事务所应当评价不利影响存在与否及其严重程度，并在必要时采取防范措施消除不利影响或将其降低至可接受的水平。可采取的防范措施包括由未参与执行审计业务的注册会计师提供建议，或复核已执行的工作等。

【做中学2-12】（多选题）清丰公司是天诚正信会计师事务所的常年审计客户，事务所继续接受委托，审计其2023年度财务报表，在完成审计工作时，清丰公司所欠2022年

度审计费用仍未支付，下列各项描述正确的有（ ）。

A.事务所应当要求清丰公司在2023年度审计报告出具前付清2022年度的审计费用

B.若在2023年度审计报告出具后清丰公司仍未支付2022年度的审计费用，会计师事务所应当评价是否存在不利影响及其严重程度，并在必要时采取防范措施消除不利影响或将其降低至可接受的水平

C.不会对独立性产生影响

D.清丰公司在出具2023年度审计报告之前仍未支付所欠审计费用，可能因自身利益产生不利影响

答案：ABD。

（2）或有收费。或有收费，是指收费与否或收费多少取决于交易的结果或所执行工作的结果。会计师事务所在提供审计服务时，以直接或间接形式取得或有收费，将因自身利益产生非常严重的不利影响，导致没有防范措施能够将其降低至可接受的水平。会计师事务所不得采用这种收费安排。

在向审计客户提供相关服务时，如果会计师事务所采用其他形式的或有收费安排，不利影响存在与否及其严重程度主要取决于下列因素：①可能的收费金额区间；②作为或有收费的基础，有关事项的结果是否由适当的权威方确定；③相关服务的性质；④事项或交易对财务报表的影响。

会计师事务所应当评价不利影响的严重程度，并在必要时采取防范措施消除不利影响或将其降低至可接受的水平。防范措施主要包括：①由审计项目组以外的注册会计师复核相关审计工作，或在必要时提供建议；②由审计项目组以外的专业人员提供相关服务。

【做中学2-13】（单选题）下列描述中，属于或有收费的是（ ）。

A.以未审财务报表总资产为基准确定收费金额

B.会计师事务所可以以审计项目组成员审计过程中预计花费的审计时间为基础确定收费金额

C.在确定收费时考虑专业服务所需的知识和技能

D.以最终审计客户是否能够依据已审财务报表取得贷款为基础，确定收取的费用

答案：D。

【做中学2-14】（案例题）2023年10月，天诚正信会计师事务所拟承接清丰公司2023年度财务报表审计业务，在执行客户和业务的接受评估程序过程中发现下列事项：

（1）注册会计师闫红梅曾任天诚正信会计师事务所合伙人，自2022年12月退休后，担任该会计师事务所技术顾问及清丰公司独立董事。

（2）天诚正信会计师事务所自2020年起每年按通行商业条款购买清丰公司的甲产品。

（3）注册会计师曾宏涛是天诚正信会计师事务所合伙人，其妻子是清丰公司某分公司的人力资源部经理。

（4）注册会计师金灿霞是天诚正信会计师事务所合伙人，其父亲通过二级市场买入并持有清丰公司股票2 000股。

要求：针对上述第（1）至（4）项，假定天诚正信会计师事务所接受清丰公司审

计委托，逐项指出是否存在可能对天诚正信会计师事务所的独立性产生不利影响的情况，并简要说明理由。如果存在可能产生不利影响的情况，简要说明可以采取的防范措施。

答案：见表2-5。

表2-5 答案

序号	是否可能产生不利影响（是/否）	理由	防范措施
(1)	是	前任合伙人闫红梅加入清丰公司担任独立董事，并作为技术顾问继续参与天诚正信会计师事务所的专业活动并与事务所保持重要交往或联系，将因密切关系或外在压力对独立性产生严重不利影响	在天诚正信会计师事务所接受审计委托之前，闫红梅辞去独立董事职务或不再担任技术顾问
(2)	否	天诚正信会计师事务所按通行商业条款购买清丰公司的产品，一般不会对独立性产生不利影响	不适用
(3)	否	曾宏涛的妻子不属于清丰公司高级管理人员或能够对清丰公司会计记录或财务报表的编制产生重大影响的特定员工，因此该家庭关系不会对独立性产生不利影响	不适用
(4)	是	金灿霞作为审计项目组成员，其主要近亲属不得持有清丰公司的股票，否则将因自身利益对独立性产生严重不利影响	金灿霞的父亲在天诚正信会计师事务所接受审计委托之前卖出股票

独立性概念框架的应用可归结为表2-6。

表2-6 独立性概念框架的应用

情形		可能对独立性产生不利影响的因素	备注
1.在审计客户中拥有经济利益时	（1）会计师事务所、审计项目组成员或其主要近亲属在审计客户中拥有直接经济利益或重大间接经济利益	自身利益	不可防范
	（2）审计项目组某一成员的其他近亲属在审计客户中拥有直接经济利益或重大间接经济利益	自身利益	
2.会计师事务所、审计项目组成员或其主要近亲属与审计客户或其高级管理人员存在商业关系时		自身利益或外在压力	
3.审计项目组成员与审计客户的董事、高级管理人员、特定员工存在家庭和私人关系时		自身利益、密切关系或外在压力	

续表

情形		可能对独立性产生不利影响的因素	备注
4.与审计客户发生雇佣关系时	（1）审计项目组前任成员或前任合伙人担任审计客户的重要职位且与会计师事务所保持重要联系	密切关系或外在压力	不可防范
	（2）审计项目组某一成员拟加入审计客户	自身利益	
	（3）会计师事务所向审计客户借出员工	自我评价	
	（4）在被审计财务报表涵盖的期间，审计项目组成员曾担任审计客户的董、高、特	自身利益、自我评价或密切关系	不可防范
	（5）在被审计财务报表涵盖的期间之前，审计项目组成员曾担任审计客户的董、高、特	自身利益、自我评价或密切关系	
	（6）会计师事务所的合伙人或员工兼任审计客户的董事或高级管理人员	自我评价和自身利益	不可防范
	（7）会计师事务所承担审计客户的管理层职责	自我评价、自身利益和密切关系	不可防范
5.与审计客户长期存在业务关系时	审计客户是上市公司的情况下，执行其审计业务的关键审计合伙人任职时间不得超过5年。如果关键审计合伙人的连任对审计质量特别重要，并且通过采取防范措施能够消除对独立性产生的不利影响或将其降低至可接受的水平，则在法律法规允许的情况下，该关键审计合伙人在审计项目组的时限可以延长一年		
6.为审计客户提供相关服务时	（1）会计师事务所向审计客户提供编制会计记录或财务报表等服务，随后又审计该财务报表	自我评价	
	（2）会计师事务所向审计客户提供法律服务	自我评价和过度推介	
	（3）会计师事务所为审计客户提供人员招聘服务	自身利益、密切关系或外在压力	
7.确定审计收费时	（1）审计客户长期未支付应付的审计费用，尤其相当部分的审计费用在出具下一年度审计报告前仍未支付	自身利益	
	（2）会计师事务所在提供审计服务时，以直接或间接形式取得或有收费	自身利益	不可防范

任务二　开展初步业务活动和确定审计的前提条件

一、初步业务活动

（一）初步业务活动的含义

初步业务活动，是指注册会计师在本期审计业务开始时开展的有利于计划和执行审计工作、实现审计目标的活动的总称。

【提示】注册会计师在首次接受委托时，计划审计工作是在初步业务活动之后，初步业务活动的结果体现在注册会计师已经与管理层就审计业务约定条款达成一致意见，并签订了审计业务约定书。

（二）初步业务活动的目的

注册会计师在计划审计工作前，需要开展初步业务活动，以实现以下3个主要目的：①具备执行业务所需的独立性和能力；②不存在因管理层诚信问题而可能影响注册会计师保持该项业务意愿的情况；③与被审计单位之间不存在对审计业务约定条款的误解。

【提示】风险导向审计关注的是签约后的审计风险，初步业务活动关注的是签约前的审计风险。可以说初步业务活动是风险导向审计的必要补充。正确认识二者之间的关系，可以从源头上来控制和降低审计风险，避免法律后果。

（三）初步业务活动的内容

注册会计师在审计业务开始时，应当开展下列初步业务活动：

1. 针对保持客户关系和具体审计业务实施相应的质量管理程序

针对保持客户关系和具体审计业务实施质量管理程序，并且根据实施相应程序的结果作出适当的决策是注册会计师控制审计风险的重要环节。

会计师事务所应当制定有关接受或保持客户关系和具体审计业务的质量管理政策和程序，以合理保证只有在下列情况下才能接受或保持客户关系和具体审计业务：①已考虑客户的诚信，且没有信息表明客户缺乏诚信；②事务所能够胜任该项业务，并具有执行该项业务所需的独立性和专业胜任能力、时间和资源；③事务所能够遵守相关的职业道德要求。

2. 评价遵守相关职业道德要求的情况

虽然保持客户关系及具体审计业务和评价职业道德的工作贯穿于审计业务的全过程，但是这两项活动需要安排在其他审计工作之前，以确保注册会计师已具备执行业务所需要的独立性和专业胜任能力（见表2-7、表2-8），且不存在因管理层诚信问题而影响注册会计师保持该项业务的意愿等情况。

表2-7 独立性评价表

被审计单位：______		索引号：AF	页次：____	
项目：独立性评价表		编制人：____	日期：____	
财务报表截止日/期间：______		复核人：____	日期：____	
评价项目		评价标准	评价结果	备注
本所或项目组成员是否存在经济利益对独立性的损害	与客户存在专业服务收费以外的直接经济利益或重大的间接经济利益	是/否		
	过分依赖向客户收取的全部费用	是/否		
	与客户存在密切的经营关系	是/否		
	过分担心可能失去业务	是/否		
	可能与客户发生雇佣关系	是/否		
	存在与该项审计业务有关的或有收费	是/否		
	⋮	是/否		
本所或项目组成员是否存在自我评价对独立性的损害	项目组成员曾是客户的董事、经理、其他关键管理人员或能够对本业务产生直接重大影响的员工	是/否		
	为客户提供直接影响财务报表的其他服务	是/否		
	为客户编制用于生成财务报表的原始资料或其他记录	是/否		
	⋮	是/否		
本所或项目组成员是否存在关联关系对独立性的损害	与项目组成员关系密切的家庭成员是客户的董事、经理、其他关键管理人员或能够对本业务产生直接重大影响的员工	是/否		
	客户的董事、经理、其他关键管理人员或能够对本业务产生直接重大影响的员工是本所的前高级管理人员	是/否		
	本所的高级管理人员或签字注册会计师与客户长期交往	是/否		
	接受客户或其董事、经理、其他关键管理人员或能够对本业务产生直接重大影响的员工的贵重礼品或超出社会礼仪的款待	是/否		
	⋮	是/否		
本所或项目组成员是否存在外在压力对独立性的损害	在重大会计、审计等问题上与客户存在意见分歧而受到解聘威胁	是/否		
	受到有关单位或个人不恰当的干预	是/否		
	受到客户降低收费的压力而不恰当地缩小工作范围	是/否		
	⋮	是/否		
独立性评价		（具备独立性/不具备独立性）		

表2-8　专业胜任能力评价表

被审计单位：______		索引号：AG	页次：____
项目：专业胜任能力评价表		编制人：____	日期：____
财务报表截止日/期间：______		复核人：____	日期：____

评价项目		评价标准	项目组成员			
			A姓名/级别	B姓名/级别	C姓名/级别	…
专业知识	会计、审计、财务、税务及相关法律知识	具备/基本具备/不具备				
	组织和企业知识	具备/基本具备/不具备				
	信息技术知识	具备/基本具备/不具备				
职业技能	智力技能	强/中等/弱				
	技术和应用技能	强/中等/弱				
	个人技能	强/中等/弱				
	人际和沟通技能	强/中等/弱				
	组织和企业管理技能	强/中等/弱				
职业价值观、道德与态度	维护公众利益，在审计、审阅和其他鉴证业务中恪守独立、客观、公正的原则	具备/基本具备/不具备				
	通过终身学习，培养、保持和提高胜任能力，并保持应有的职业谨慎	具备/基本具备/不具备				
	对执业过程中获知的客户信息保密	具备/基本具备/不具备				
	职业行为恰当，包括合理确定专业服务收费，不收取或不支付佣金，不从事与执行鉴证业务不相容的工作，保持与同行的良好工作关系，不对自身能力做广告，以恰当的方式进行业务招揽和宣传等	具备/基本具备/不具备				
实务经历	注册会计师在取得执业资格之前或之后的、与注册会计师工作相关的执业经历	多/一般/少				

续表

评价项目		评价标准	项目组成员			
			A姓名/级别	B姓名/级别	C姓名/级别	…
对审计项目负责人的特殊要求	对完成高质量的审计业务具有领导责任意识	具备/基本具备/不具备				
	能够在遵循独立性要求的情况下形成结论	具备/基本具备/不具备				
	具备承接和保持客户与特定审计业务的能力	具备/基本具备/不具备				
	具备向项目组成员合理分配工作任务以最终完成审计工作并出具审计报告的能力	具备/基本具备/不具备				
	能够按照审计准则及相关法律法规的要求，指导、监督和执行审计业务	具备/基本具备/不具备				
	能够对已执行的审计工作提供咨询、评价并进行讨论	具备/基本具备/不具备				
	能够在充分、适当的审计证据的基础上出具恰当的审计报告	具备/基本具备/不具备				
对特定环境或特定行业审计业务的特殊要求	适用的会计准则和审计准则	具备/基本具备/不具备				
	多地点审计与集团审计的方法	具备/基本具备/不具备				
	适用的上市要求	具备/基本具备/不具备				
	适用的公司治理要求	具备/基本具备/不具备				
	适用的当地监管规定	具备/基本具备/不具备				
	全球的和当地的经济与商业环境	具备/基本具备/不具备				
	财务会计与报告标准及惯例	具备/基本具备/不具备				
专业胜任能力评价		（胜任/基本胜任/不胜任）				

【提示】在整个审计过程中，项目负责人应当通过观察和必要的询问，对项目组成员违反相关职业道德要求的迹象保持警觉。如果发现项目组成员违反相关职业道德要求，项目负责人应当在与会计师事务所相关人员讨论后，确定应当采取的适当措施。

3.就审计业务约定条款达成一致意见

在审计业务开始前，会计师事务所应当与被审计单位就审计业务约定条款达成一致意见，签订或修改审计业务约定书，以避免双方对审计业务的理解产生分歧（见表2-9至表2-11）。

表2-9　　初步业务活动程序表

<table>
<tr><td colspan="2">被审计单位：
项目：初步业务活动
编制：
日期：</td><td colspan="2">索引号：A
财务报表截止日/期间：
复核：
日期：</td></tr>
<tr><td colspan="4">初步业务活动目标：
确定是否接受业务委托；如接受业务委托，确保在计划审计工作时达到下列要求：①注册会计师已具备执行业务所需要的独立性和专业胜任能力；②不存在因管理层诚信问题而影响注册会计师承接或保持该项业务意愿的情况；③与被审计单位不存在对业务约定条款的误解</td></tr>
<tr><td colspan="2">初步业务活动程序</td><td>索引号</td><td>执行人</td></tr>
<tr><td colspan="2">1.如果首次接受审计委托，实施下列程序：
（1）与被审计单位面谈，讨论下列事项：
①审计的目标
②审计报告的用途
③管理层对财务报表的责任
④审计范围
⑤执行审计工作的安排，包括出具审计报告的时间要求
⑥审计报告格式和对审计结果的其他沟通形式
⑦管理层提供必要的工作条件和协助
⑧注册会计师不受限制地接触任何与审计有关的记录、文件和所需要的其他信息
⑨利用被审计单位专家或内部审计人员的程度（必要时）
⑩审计收费
（2）初步了解被审计单位及其环境，并予以记录
（3）征得被审计单位书面同意后，与前任注册会计师沟通</td><td></td><td></td></tr>
<tr><td colspan="2">2.如果是连续审计，实施下列程序：
（1）了解审计的目标、审计报告的用途、审计范围和时间安排等
（2）查阅以前年度的审计工作底稿，重点关注非标准审计报告涉及的说明事项、管理建议书的具体内容、重大事项概要等
（3）初步了解被审计单位及其环境发生的重大变化，并予以记录
（4）考虑是否需要修改业务约定条款，以及是否需要提醒被审计单位注意现有的业务约定条款</td><td></td><td></td></tr>
<tr><td colspan="2">3.评价是否具备执行该项审计业务所需要的独立性和专业胜任能力</td><td></td><td></td></tr>
<tr><td colspan="2">4.完成业务承接评价表或业务保持评价表</td><td></td><td></td></tr>
<tr><td colspan="2">5.签订审计业务约定书（适用于首次接受业务委托，以及连续审计中修改长期审计业务约定书条款的情况）</td><td></td><td></td></tr>
</table>

表2-10 首次接受审计委托会谈纪要

被审计单位：__________ 项目：初步业务活动 编制：__________ 日期：__________	索引号：A-1 财务报表截止日/期间：__________ 复核：__________ 日期：__________
会谈时间：	主持人：
地点：	参加人：
会议主要内容：首次接受审计委托相关事项讨论	
会议记录： 【1.审计的目标 2.审计报告的用途 3.管理层对财务报表的责任 4.审计范围 5.执行审计工作的安排，包括出具审计报告的时间要求 6.审计报告格式和对审计结果的其他沟通形式 7.管理层提供必要的工作条件和协助 8.注册会计师不受限制地接触任何与审计有关的记录、文件和所需要的其他信息 9.利用被审计单位专家或内部审计人员的程度（必要时） 10.审计收费 ⋮】	

表2-11 连续审计会谈纪要

被审计单位：__________ 项目：初步业务活动 编制：__________ 日期：__________	索引号：A-2 财务报表截止日/期间：__________ 复核：__________ 日期：__________
会谈时间：	主持人：
地点：	参加人：
会议主要内容：连续审计相关事项讨论	
会议记录： 【1.了解审计的目标 2.了解审计报告的用途 3.了解审计范围 4.审计时间安排 ⋮】	

【提示】初步业务活动与了解被审计单位及其环境不同。初步业务活动的目的是在签约前确定是否建立和保持客户关系；了解被审计单位及其环境的目的是在签约后识别和评估重大错报风险，设计和实施进一步审计程序。二者都是审计工作不同时段的必要审计程序。不能因为签约前必须开展初步业务活动而简化或取代签约后了解被审计单位及其环境；也不能因为签约后必须了解被审计单位及其环境而放弃签约前的初步业务活动。

【做中学2-15】（单选题）下列不属于注册会计师开展初步业务活动内容的是（　　）。

A.对期初余额执行审计程序

B.在征得被审计单位同意的前提下，与前任注册会计师沟通

C.与被审计单位签订审计业务约定书

D.评价项目组是否具备胜任能力

答案：A。

【做中学2-16】（多选题）注册会计师开展初步业务活动有助于确保在计划审计工作时达到的要求有（　　）。

A.注册会计师已具备执行业务所需要的独立性和专业胜任能力

B.不存在因管理层诚信问题而影响注册会计师保持该项业务意愿的情况

C.与被审计单位不存在对业务约定条款的误解

D.风险评估程序的合理运用

答案：ABC。

4.填制“审计业务承接/保持评价表”

注册会计师在完成初步业务活动后，应着手填制“审计业务承接/保持评价表”（见表2-12）。

表2-12　审计业务承接/保持评价表

<table>
<tr><td>被审计单位：
项目：
编制：
日期：</td><td>索引号：A-3
财务报表截止日/期间：
复核：
日期：</td></tr>
<tr><td colspan="2">一、客户基本情况</td></tr>
<tr><td colspan="2">1.法定名称：</td></tr>
<tr><td colspan="2">2.主要业务范围</td></tr>
<tr><td colspan="2">3.所有制性质（国有/外商投资/民营/其他）</td></tr>
<tr><td colspan="2">4.股东名称、注册资本、实收资本</td></tr>
<tr><td colspan="2">5.子公司、合营企业、联营企业、分公司的基本情况</td></tr>
<tr><td colspan="2">6.所处行业是否属于高风险行业、发展趋势和竞争情况</td></tr>
<tr><td colspan="2">7.会计记录是否完整</td></tr>
<tr><td colspan="2">8.内部控制情况</td></tr>
<tr><td colspan="2">二、审计业务基本情况</td></tr>
<tr><td>审计报告用途</td><td>□通用目的：
□特殊目的：</td></tr>
<tr><td>已审计财务报表的预期使用者</td><td>□投资者　□国家相关部门　□其他</td></tr>
<tr><td>提交审计报告的时间</td><td></td></tr>
</table>

续表

三、评价客户的诚信	
客户的诚信	记录内容
考虑因素： （1）主要股东、关键管理人员、关联方及治理层的身份和商业信誉 （2）客户的经营性质 （3）主要股东、关键管理人员及治理层对内部控制环境和会计准则等的态度 （4）客户是否过分考虑将会计师事务所的收费维持在尽可能低的水平 （5）注册会计师的工作范围受到不适当限制的迹象 （6）客户可能涉嫌洗钱或其他刑事犯罪行为的迹象 （7）变更会计师事务所的原因 ⋮ 信息来源： （1）与为客户提供专业会计服务的现任或前任人员进行沟通，并与其讨论 （2）向会计师事务所其他人员、监管机构、金融机构法律顾问和客户的同行等第三方咨询 （3）从互联网等相关数据库中搜索客户的背景信息等	
评价结论： □诚信好　　□诚信一般　　□诚信差	
四、可审性评价结论	
根据上述对会计记录、内部控制和客户的诚信的了解，评价客户是否具有可审性。 □具有可审性　　　□不具有可审性	
五、评价独立性	
评价项目	是/否
识别并记录会计师事务所是否存在自身利益威胁、自我评价威胁、过度推介威胁、密切关系威胁和外在压力威胁等损害独立性的情形。这些情形包括但不限于： （1）向该客户收取的全部费用是否在会计师事务所审计收入总额中占有很大比重 （2）是否存在或有收费 （3）是否存在逾期收费 （4）会计师事务所的审计人员是否曾接受客户提供的贵重礼品或超规格招待 （5）会计师事务所是否与客户发生诉讼或可能发生诉讼 （6）会计师事务所的高级管理人员是否与客户的董事或高级管理人员存在直系亲属或近缘亲属关系 （7）会计师事务所的高级管理人员是否与客户对财务报表产生重大影响的员工存在直系亲属或近缘亲属关系 （8）客户的董事或高级管理人员，或所处职位能够对财务报表产生重大影响的员工近期是否曾是会计师事务所的合伙人 （9）会计师事务所是否在客户中拥有经济利益 （10）会计师事务所是否为客户提供可能威胁独立性的服务，包括行使管理层职责的服务、代理记账或代编报表等服务 （11）会计师事务所是否在法律诉讼中以客户名义进行辩护或在共同的推广活动中以客户名义进行宣传 （12）是否存在会计师事务所同一名高级职员多年执行该客户审计业务的情况	

续表

如果对上述问题回答“是”，请说明采取的防范措施		
评价结论： □具有较好的独立性 □具有一般的独立性 □不具有独立性		
六、评价专业胜任能力、时间和资源		
（一）时间和资源	是/否/不适用	详细情况
（1）根据会计师事务所目前的人力资源情况，是否拥有足够的具有必要素质和专业胜任能力的人员组成项目组 （2）是否能够在提交报告的最后期限内完成业务		
（二）专业胜任能力		
（1）项目组关键人员是否熟悉客户所处行业及主要业务，是否能够获取对客户及其环境的整体了解 （2）项目组关键人员是否充分了解适用于客户所处行业的会计处理？如否，是否能够获取相关知识？说明途径 （3）执行业务是否需要特定专业知识？如是，是否能够获取这些知识或利用专家的工作？说明途径 （4）如果需要项目质量管理复核，是否具备符合标准和资格要求的项目质量管理复核人员		
评价结论： □具有专业胜任能力 □不具有专业胜任能力		
七、总体评价		
对该项业务的总体评价： 该客户诚信________，具有可审性； 事务所独立性_______，具有专业胜任能力。 基于我们目前对客户的了解，该客户的风险水平为： □高风险 □中等风险 □低风险		
八、审计收费可回收性评价		
1.预计审计收费：____________________ 2.成本是否能收回：□是 □否		
九、结论		
项目负责人： 基于上述方面，我们_____接受/不接受此项业务。 签名：________________ 日期：________________ 风险管理负责人（必要时）： 基于上述方面，我们_____接受/不接受此项业务。 签名：________________ 日期：________________ 最终结论：____________________		

二、审计的前提条件

审计的前提条件是承接某项审计业务委托时提出的条件，如果不满足审计的前提条件，则注册会计师不能承接该业务。审计的前提条件如图2–4所示。

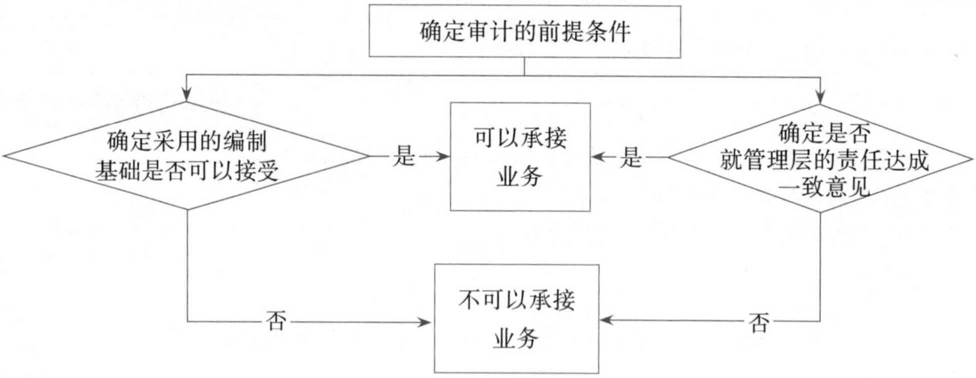

图2–4 审计的前提条件

（一）财务报告编制基础

微课

初步业务活动和审计的前提条件

承接鉴证业务的条件之一是《中国注册会计师鉴证业务基本准则》中提及的标准适当，且能够为预期使用者获取。标准是指用于评价或计量鉴证对象的基准，当涉及列报时，还包括列报与披露的基准。适当的标准使注册会计师能够运用职业判断对鉴证对象作出合理一致的评价或计量。就审计准则而言，适用的财务报告编制基础为注册会计师提供了用以审计财务报表（包括公允反映，如相关）的标准。如果不存在可接受的财务报告编制基础，管理层就不具有编制财务报表的恰当基础，注册会计师也不具有对财务报表进行审计的适当标准。

1.确定财务报告编制基础的可接受性

在确定编制财务报表所采用的财务报告编制基础的可接受性时，注册会计师需要考虑下列相关因素：第一，被审计单位的性质（如被审计单位是商业企业、公共部门实体还是非营利组织）；第二，财务报表的目的（如编制财务报表是用于满足广大财务报表使用者共同的财务信息需求，还是用于满足财务报表特定使用者的财务信息需求）；第三，财务报表的性质（如财务报表是整套财务报表还是单一财务报表）；第四，法律法规是否规定了适用的财务报告编制基础。

按照某一财务报告编制基础编制，旨在满足广大财务报表使用者共同的财务信息需求的财务报表，称为通用目的财务报表。按照特殊目的编制基础编制的财务报表，称为特殊目的财务报表，旨在满足财务报表特定使用者的财务信息需求。对于特殊目的财务报表，预期财务报表使用者对财务信息的需求，决定适用的财务报告编制基础。《中国注册会计师审计准则第1601号——审计特殊目的财务报表的特殊考虑》规范了如何确定旨在满足财务报表特定使用者财务信息需求的财务报告编制基础的可接受性。

2.通用目的编制基础

如果财务报告准则由经授权或获得认可的准则制定机构制定和发布，供某类实体使用，只要这些机构遵循一套既定和透明的程序（包括认真研究和仔细考虑广大利益相关者的观点），则认为财务报告准则对于这类实体编制通用目的财务报表是可接受的。这些财务报告准则主要有：国际会计准则理事会发布的国际财务报告准则、国际公共部门会计准则理事会发布的国际公共部门会计准则和某一国家或地区经授权或获得认可的准则制定机构，在遵循一套既定和透明的程序（包括认真研究和仔细考虑广大利益相关者的观点）的基础上发布的会计准则。

在规范通用目的财务报表编制的法律法规中，这些财务报告准则通常被界定为适用的财务报告编制基础。

（二）就管理层的责任达成一致意见

按照审计准则的规定执行审计工作的前提是管理层已认可并理解其承担的责任。审计准则并不超越法律法规对这些责任的规定。然而，独立审计的理念要求注册会计师不对财务报表的编制或被审计单位的相关内部控制承担责任，并要求注册会计师合理预期能够获取审计所需要的信息（在管理层能够提供或获取的信息范围内）。因此，管理层认可并理解其责任这一前提，对执行独立审计工作是至关重要的。

（1）按照适用的财务报告编制基础编制财务报表，并使其实现公允反映（如适用）。大多数财务报告编制基础包括与财务报表列报相关的要求，对于这些财务报告编制基础，在提到“按照适用的财务报告编制基础编制财务报表”时，包括列报。实现公允列报的报告目标非常重要，因而在与管理层达成一致意见并执行审计工作的前提中需要特别提及公允列报，或需要特别提及管理层负有确保财务报表根据财务报告编制基础编制并使其实现公允反映的责任。

（2）设计、执行和维护必要的内部控制，以使财务报表不存在由于舞弊或错误导致的重大错报。由于内部控制的固有限制，无论其如何有效，也只能合理保证被审计单位实现其财务报告目标。注册会计师按照审计准则的规定执行的独立审计工作，不能代替管理层维护编制财务报表所需要的内部控制。因此，注册会计师需要就管理层认定并理解其与内部控制有关的责任与管理层达成共识。

（3）向注册会计师提供必要的工作条件，包括允许注册会计师接触与编制财务报表相关的所有信息（如记录、文件和其他事项），向注册会计师提供审计所需要的其他信息，允许注册会计师在获取审计证据时不受限制地接触其认为必要的内部人员和其他相关人员。

（三）确认的形式

按照《中国注册会计师审计准则第1341号——书面声明》的规定，注册会计师应当要求管理层就其已履行的某些责任提供书面声明。因此，注册会计师需要获取针对管理层责任的书面声明、其他审计准则要求的书面声明，以及在必要时需要获取用于支持其他审计证据（用以支持财务报表或者一项或多项具体认定）的书面声明。注册会计师需要使管理层意识到这一点。

如果管理层不认可其责任，或不同意提供书面声明，注册会计师将不能获取充分、适当的审计证据。在这种情况下，注册会计师承接此类审计业务是不恰当的，除非法律法规另有规定。如果法律法规要求承接此类审计业务，注册会计师可能需要向管理层解释这种情况的重要性及其对审计报告的影响。

【学思践悟】党的二十大报告指出："改革开放和社会主义现代化建设深入推进，书写了经济快速发展和社会长期稳定两大奇迹新篇章，我国发展具备了更为坚实的物质基础、更为完善的制度保证，实现中华民族伟大复兴进入了不可逆转的历史进程。科学社会主义在二十一世纪的中国焕发出新的蓬勃生机，中国式现代化为人类实现现代化提供了新的选择，中国共产党和中国人民为解决人类面临的共同问题提供更多更好的中国智慧、中国方案、中国力量，为人类和平与发展崇高事业作出新的更大的贡献！"

任务三　签订审计业务约定书

一、审计业务约定书的含义和作用

微课

审计业务约定书

审计业务的承接以审计业务约定书的签署为标志。审计业务约定书是指会计师事务所与被审计单位签订的，用以记录和确认审计业务的委托与受托关系、审计目标和范围、双方的责任以及报告的格式等事项的书面协议。审计业务约定书具有经济合同的性质，一经约定双方签字认可，即成为会计师事务所与委托人之间在法律上生效的契约。

审计业务约定书一式两份，应由双方法定代表人或授权代表签署，并加盖双方单位印章。任何方如需修改、补充约定书，均应以适当方式获得对方的确认。在审计工作开始前，注册会计师向被审计单位致送审计业务约定书，有助于避免管理层对审计产生误解，这符合被审计单位和注册会计师双方的利益。

签订审计业务约定书的目的是明确约定双方的责任与义务，促使双方遵守约定事项并加强合作，以保护双方的利益。在实际工作中，审计业务约定书可以起到以下几个方面的作用：

（1）增进会计师事务所与委托人之间的了解，避免在审计目标、范围和双方的责任等方面产生误解，尤其是可以使被审计单位了解他们的会计责任和注册会计师的审计责任、明确被审计单位应该提供的合作，并以此作为划分责任的依据。

（2）作为被审计单位鉴定审计业务完成情况及会计师事务所检查被审计单位约定义务履行情况的依据，如果被审计单位对注册会计师的服务质疑，注册会计师可以根据约定书的有关内容作出辩解。

（3）如果出现法律诉讼，审计业务约定书是确定会计师事务所和委托人双方应负法律责任的重要依据。当然，对于已载明的审计责任，注册会计师不能推诿。因而可以说，审计业务约定书是保护审计机构和注册会计师的有效措施之一。

审计业务约定书在审计计划过程中之所以显得特别重要，是因为它的某些内容直接影响审计工作的时间预算和过程安排。例如，委托人要求在资产负债表日之后立即提交审计报告，则大部分审计工作就必须在会计年度结束之前完成；如果注册会计师同时受托编制纳税申报表或管理建议书，或者被审计单位不能协助注册会计师完成特定的工作，则应采取相应的措施予以替代，这样就必须增加总的工作时间。另外，被审计单位对审计工作的限制，可能影响审计的方法，有时甚至会影响审计意见的种类。

【提示】会计师事务所承接任何审计业务，都应与被审计单位签订审计业务约定书。审计业务约定书的签约双方是被审计单位和会计师事务所，而不是被审计单位和注册会计师。

【做中学2-17】(单选题) 审计业务约定书是指会计师事务所与（ ）签订的，用以记录和确认审计业务的委托与受托关系、审计目标和范围、双方的责任以及报告的格式等事项的书面协议。

A.被审计单位治理层　　B.大股东　　C.所有的预期使用者　　D.被审计单位

答案：D。

二、审计业务约定书的内容

审计业务约定书的格式和内容可能因被审计单位的不同而不同。审计业务约定书中包括的有关注册会计师责任的信息，可根据《中国注册会计师审计准则第1101号——注册会计师的总体目标和审计工作的基本要求》的规定确定。

（一）一般内容

审计业务约定书应当包括以下主要内容：

（1）财务报表审计的目标。财务报表审计的目标就是注册会计师通过执行审计工作，对财务报表是否按照适用的财务报告编制基础编制，以及财务报表是否在所有重大方面公允地反映了被审计单位的财务状况、经营成果和现金流量发表审计意见。

（2）管理层对财务报表的责任，具体包括：①按照适用的财务报告编制基础编制财务报表，并使其实现公允反映（如适用）；②设计、执行和维护必要的内部控制，以使财务报表不存在由于舞弊或错误导致的重大错报；③为注册会计师提供必要的工作条件和协助。

（3）管理层编制财务报表采用的会计准则和相关会计制度。

（4）审计范围，包括指明在执行财务报表审计业务时遵守的中国注册会计师审计准则。此处的范围强调的是为实现财务报表审计的目标，注册会计师根据审计准则和职业判断实施的恰当的审计程序的总和。而恰当的审计程序则是指审计程序的性质（即审计程序的目的和种类）、时间和范围是恰当的。

（5）执行审计工作的安排，包括出具审计报告的时间要求。

（6）审计报告格式和对审计结果的其他沟通形式。

（7）由于测试的性质和审计的其他固有限制，以及内部控制的固有局限性，不可避免地存在着某些重大错报可能仍然未被发现的风险。

（8）管理层为注册会计师提供必要的工作条件和协助。

（9）注册会计师不受限制地接触任何与审计有关的记录、文件和所需要的其他信息。

（10）管理层对其作出的与审计有关的声明予以书面确认。

（11）注册会计师对执业过程中获知的信息保密。

（12）审计收费，包括收费的计算基础和收费安排。

（13）违约责任。

（14）解决争议的方法。

（15）签约双方法定代表人或其授权代表的签字盖章，以及签约双方加盖的公章。

【提示】上述15条内容都是审计业务约定书的必备内容。

（二）特殊考虑

如果情况需要，注册会计师应当考虑在审计业务约定书中列明下列内容：

（1）在某些方面对利用其他注册会计师和专家工作的安排；

（2）与审计涉及的内部审计人员和被审计单位其他员工工作的协调；

（3）预期向被审计单位提交的其他函件或报告；

（4）与治理层整体直接沟通；

（5）在首次接受审计委托时，对与前任注册会计师沟通的安排；

（6）注册会计师与被审计单位之间需要达成进一步协议的事项。

三、审计业务约定书条款的修改与重新签订

对于连续审计，注册会计师应当考虑是否需要根据具体情况修改业务约定条款，以及是否需要提醒被审计单位注意现有的业务约定条款。

注册会计师可以与被审计单位签订长期审计业务约定书。但如果出现下列情况，应当考虑重新签订审计业务约定书：（1）有迹象表明被审计单位误解审计目标和范围；（2）需要修改约定条款或增加特别条款；（3）高级管理人员、董事会或所有权结构近期发生变动；（4）被审计单位业务的性质或规模发生重大变化；（5）法律法规的规定；（6）管理层编制财务报表采用的会计准则和相关会计制度发生变化。

四、审计业务约定书条款的变更

在完成审计业务前，如果被审计单位要求注册会计师将审计业务变更为相关服务或保证程度较低的鉴证业务，注册会计师应当考虑变更业务的适当性。

下列原因可能导致被审计单位要求变更业务：（1）情况变化对审计服务的需求产生影响；（2）对原来要求的审计业务的性质存在误解；（3）审计范围存在限制。上述第（1）项和第（2）项通常被认为是变更业务的合理理由，但如果有迹象表明该变更要求与错误的、不完整的或者不能令人满意的信息有关，注册会计师不应认为该变更是合理的。如果没有合理的理由，注册会计师不应当同意变更业务。如果不同意变更业务，被审计单位又不允许继续执行原审计业务，注册会计师应当解除业务约定，并考虑是否有义务向被审计单位董事会或股东会等方面说明解除业务约定的理由。

在同意将审计业务变更为其他服务前，注册会计师还应当考虑变更业务对法律责任或业务约定条款的影响。如果变更业务引起业务约定条款的变更，注册会计师应当与被审计单位就新条款达成一致意见。如果认为变更业务具有合理的理由，并且按照审计准则的规定已实施的审计工作也适用于变更后的业务，注册会计师可以根据修改后的业务约定条款出具报告。

为避免引起报告使用者的误解，报告不应提及下列内容：（1）原审计业务；（2）在原审计业务中已执行的程序。只有将审计业务变更为执行商定程序业务，注册会计师才可在报告中提及已执行的程序。

如果注册会计师不同意变更审计业务约定条款，而管理层又不允许继续执行原审计业务，注册会计师应当：（1）在适用的法律法规允许的情况下，解除审计业务约定书；

（2）确定是否有约定义务或其他义务向治理层、所有者或监管机构等报告该事项。审计业务约定书如下：

审计业务约定书

索引号：AC

甲方：清丰股份有限公司

乙方：天诚正信会计师事务所

兹由甲方委托乙方对2023年度财务报表进行审计，经双方协商，达成以下约定：

一、业务范围与审计目标

1.乙方接受甲方委托，对甲方按照企业会计准则编制的2023年12月31日的资产负债表，2023年度的利润表、所有者权益变动表和现金流量表以及财务报表附注（以下统称财务报表）进行审计。

2.乙方通过执行审计工作，对财务报表的下列方面发表审计意见：

（1）财务报表是否按照企业会计准则的规定编制；

（2）财务报表是否在所有重大方面公允反映被审计单位的财务状况、经营成果和现金流量。

二、甲方的责任与义务

（一）甲方的责任

1.根据《中华人民共和国会计法》及《企业财务会计报告条例》，甲方及甲方负责人有责任保证会计资料的真实性和完整性。因此，甲方管理层有责任妥善保存和提供会计记录（包括但不限于会计凭证、会计账簿及其他会计资料），这些记录必须真实、完整地反映甲方的财务状况、经营成果和现金流量。

2.按照企业会计准则的规定编制财务报表是甲方管理层的责任，这种责任包括：（1）设计、实施和维护与财务报表编制相关的内部控制，以使财务报表不存在由于舞弊或错误导致的重大错报；（2）选择和运用恰当的会计政策；（3）作出合理的会计估计。

（二）甲方的义务

1.及时为乙方的审计工作提供其所要求的全部会计资料和其他有关资料（在2024年1月3日之前提供审计所需的全部资料），并保证所提供资料的真实性和完整性。

2.确保乙方不受限制地接触任何与审计有关的记录、文件和所需的其他信息。

3.甲方管理层对其作出的与审计有关的声明予以书面确认。

4.为乙方派出的有关工作人员提供必要的工作条件和协助，主要事项将由乙方于外勤工作开始前提供清单。

5.按本约定书的约定及时足额支付审计费用以及乙方人员在审计期间的交通、食宿和其他相关费用。

三、乙方的责任和义务

（一）乙方的责任

1.乙方的责任是在实施审计工作的基础上对甲方财务报表发表审计意见。乙方按照中国注册会计师审计准则（以下简称审计准则）的规定进行审计。审计准则要求注册会计师遵守职业道德规范、计划和实施审计工作，以对财务报表是否不存在重大错报获取合理保证。

2.审计工作涉及实施审计程序，以获取有关财务报表金额和披露的审计证据。选择的审计程序取决于乙方的判断，包括对由于舞弊或错误导致的财务报表重大错报风险的评估。在进行风险评估时，乙方考虑与财务报表编制相关的内部控制，以设计恰当的审计程序，但目的并非对内部控制的有效性发表意见。审计工作还包括评价管理层选用会计政策的恰当性和作出会计估计的合理性，以及评价财务报表的总体列报。

续表

3. 乙方需要合理计划和实施审计工作，以使乙方能够获取充分、适当的审计证据，为甲方财务报表是否不存在重大错报获取合理保证。 4. 乙方有责任在审计报告中指明所发现的甲方在重大方面没有遵循企业会计准则编制财务报表且未按乙方的建议进行调整的事项。 5. 由于测试的性质和审计的其他固有限制，以及内部控制的固有局限性，不可避免地存在着某些重大错报在审计后可能仍然未被乙方发现的风险。 6. 在审计过程中，乙方若发现甲方内部控制存在乙方认为的重要缺陷，应向甲方提交管理建议书。但乙方在管理建议书中提出的各种事项，并不代表已全面说明所有可能存在的缺陷或已提出所有可行的改善建议。甲方在实施乙方提出的改善建议前应全面评估其影响。未经乙方书面许可，甲方不得向任何第三方提供乙方出具的管理建议书。 7. 乙方的审计不能减轻甲方及甲方管理层的责任。 （二）乙方的义务 1. 按照约定时间完成审计工作，出具审计报告。乙方应于2024年3月7日前出具审计报告。 2. 除下列情况外，乙方应当对执行业务过程中知悉的甲方信息予以保密：（1）取得甲方的授权；（2）根据法律法规的规定，为法律诉讼准备文件或提供证据，以及向监管机构报告发现的违反法规行为；（3）接受行业协会和监管机构依法进行的质量检查；（4）监管机构对乙方进行的行政处罚（包括监管机构处罚前的调查、听证）以及乙方对此提起的行政复议。 四、审计收费 1. 本次审计服务的收费是【根据实际计算办法】。乙方预计本次审计服务的费用总额为（人民币）柒拾伍万元整。 2. 甲方应于本约定书签署之日起15日内支付30%的审计费用，剩余款项于审计报告草稿完成日结清。 3. 如果由于无法预见的原因，致使乙方从事本约定书所涉及的审计服务实际时间较本约定书签订时预计的时间有明显的增加或减少时，甲乙双方应通过协商相应调整本约定书第四条第1项下所述的审计费用。 4. 如果由于无法预见的原因，致使乙方人员抵达甲方的工作现场后，本约定书所涉及的审计服务不再进行，甲方不得要求退还预付的审计费用；如上述情况发生于乙方人员完成现场审计工作，并离开甲方的工作现场之后，甲方应另行向乙方支付（人民币）壹拾万元的补偿费，该补偿费应于甲方收到乙方的收款通知之日起15日内支付。 5. 与本次审计有关的其他费用（包括交通费、食宿费等）由甲方承担。 五、审计报告和审计报告的使用 1. 乙方按照《中国注册会计师审计准则第1501号——对财务报表形成审计意见和出具审计报告》、《中国注册会计师审计准则第1502号——在审计报告中发表非无保留意见》和《中国注册会计师审计准则第1503号——在审计报告中增加强调事项段和其他事项段》规定的格式和类型出具审计报告。 2. 乙方向甲方出具审计报告一式三份。 3. 甲方在提交或对外公布审计报告时，不得修改或删节乙方出具的审计报告；不得修改或删除重要的会计数据、重要的报表附注和所做的重要说明。 六、本约定书的有效期间 本约定书自签署之日起生效，并在双方履行完毕本约定书约定的所有义务后终止。但其中第三（二）2、四、五、八、九、十项并不因本约定书终止而失效。

续表

七、约定事项的变更 如果出现不可预见的情况，影响审计工作如期完成，或需要提前出具审计报告时，甲乙双方均可要求变更约定事项，但应及时通知对方，并由双方协商解决。 八、终止条款 1.如果根据乙方的职业道德及其他有关专业职责，适用的法律、法规或其他任何法定的要求，乙方认为已不适宜继续为甲方提供本约定书约定的审计服务时，乙方可以采取向甲方提出合理通知的方式终止履行本约定书。 2.在终止业务约定的情况下，乙方有权就其于本约定书终止之日前对约定的审计服务项目所做的工作收取合理的审计费用。 九、违约责任 甲乙双方按照《中华人民共和国民法典》的规定承担违约责任。 十、适用法律和争议解决 本约定书的所有方面均应适用中华人民共和国法律进行解释并受其约束。本约定书履行地为乙方出具审计报告所在地，因本约定书所引起的或与本约定书有关的任何纠纷或争议（包括关于本约定书条款的存在、效力或终止，或无效之后果），双方选择第__(1)__种解决方式： （1）向有管辖权的人民法院提起诉讼； （2）提交××仲裁委员会仲裁。 十一、双方对其他有关事项的约定 本约定书一式两份，甲乙方各执一份，具有同等法律效力。 甲方：清丰股份有限公司（签章）　　乙方：天诚正信会计师事务所（签章） 授权代表：（签章）　　授权代表：（签章） 地址：北京市海淀区　　地址：北京市东城区 电话：010-××××××××　　电话：010-×××××××× 二〇二三年十二月二十八日　　二〇二三年十二月二十八日

【做中学2-18】（单选题）以下关于审计业务约定书的说法中，错误的是（　　）。

A.会计师事务所承接任何审计业务，都应与被审计单位签订审计业务约定书

B.在连续审计的情况下，如有迹象表明被审计单位误解审计目标和范围，注册会计师有可能修改业务约定条款

C.审计业务约定书属于经济合同，应当约定被审计单位和会计师事务所的权利、义务

D.审计业务约定书中没有确定审计费用金额

答案：D。

【做中学2-19】（单选题）关于审计业务约定书的基本内容的说法中，错误的是（　　）。

A.财务报表审计的目标与范围

B.注册会计师的责任

C.董事会的责任

D.用于编制财务报表所适用的财务报告编制基础

答案：D。

【做中学2-20】（案例题）清丰公司委托天诚正信会计师事务所对其财务报表进行审计，双方签订了如下的审计业务约定书：

审计业务约定书

甲方：清丰股份有限公司

乙方：天诚正信会计师事务所

甲方委托乙方进行2023年度财务报表审计，经双方协商，达成以下约定：

一、审计范围及委托目的

乙方接受甲方委托，对甲方2023年12月31日的资产负债表以及该年度的利润表和现金流量表进行审计。乙方将根据中国注册会计师审计准则，对甲方内部控制制度进行研究和评价，对会计记录进行必要的抽查，并在乙方认为需要时实施其他必要的审计程序，在此基础上，对上述财务报表的合法性、公允性发表审计意见。

二、甲方的责任与任务

1.为乙方审计工作及时提供所需的全部资料和其他有关资料。

2.为乙方委派的审计人员提供必要的条件及合作，具体事项将在乙方所派人员于审计工作开始之前提供的清单中列明。

3.按本约定书的规定，向乙方及时足额地支付审计费用。

三、乙方的责任与义务

乙方应按照审计准则的要求进行审计，出具审计报告，保证审计报告的真实性、合法性。

四、审计收费

按《×××收费规定》，乙方应收本项业务的具体费用，按所花费的工作时间确定，预计收取人民币×××元，甲方应在本约定书签订后预付上述费用的××%，其余部分在乙方提交审计报告时一并付清。如在审计过程中遇到重大问题，致使乙方实际花费审计工作时间有较大幅度的增加，甲方应在了解实际情况后，酌情增加审计费用。

五、约定书的有效期间

本约定书一式两份，甲乙双方各执一份。

本约定书自2024年1月10日起生效，并在全部约定事项完成之前有效。

六、约定事项的变更

由于出现不可预见的情况，影响审计工作如期完成，或需提前出具审计报告，甲乙双方可要求变更约定事项，但应及时通知对方，由双方协商解决。

七、甲乙双方对其他事项的约定

甲方：清丰股份有限公司（签章）　　　　乙方：天诚正信会计师事务所（签章）

代表：（签章）　　　　代表：（签章）

要求：（1）指出下述审计业务约定书中存在的问题；（2）重新起草审计业务约定书。

答案：（1）遗漏了清丰股份有限公司的会计责任；遗漏了天诚正信会计师事务所的义务；遗漏了审计报告的使用责任；审计收费标准过于笼统；没有违约责任；没有签约时间。

（2）修改后的审计业务约定书如下：

审计业务约定书

甲方：清丰股份有限公司

乙方：天诚正信会计师事务所

甲方委托乙方进行2023年度财务报表审计，经双方协商，达成以下约定：

一、审计范围及委托目的

乙方接受甲方委托，对甲方2023年12月31日的资产负债表以及该年度的利润表和现金流量表进行审计。

乙方将根据中国注册会计师审计准则对甲方内部控制制度进行研究和评价，对会计记录进行必要的抽查，并在乙方认为需要时实施其他必要的审计程序，在此基础上，对上述财务报表的合法性、公允性发表审计意见。

二、甲方的责任与义务

甲方的责任包括：(1) 建立、健全内部控制制度；(2) 保护资产的安全、完整；(3) 保证会计资料的真实、合法、完整。

甲方的义务包括：(1) 为乙方审计工作及时提供所需的全部会计资料和其他有关资料；(2) 为乙方委派的审计人员提供必要的条件及合作，具体事项将在乙方所派人员于审计工作开始之前提供的清单中列明；(3) 按本约定书的规定，向乙方及时足额地支付审计费用。

三、乙方的责任与义务

乙方的责任包括：按照审计准则的要求进行审计、出具审计报告，保证审计报告的真实性、合法性。

乙方的义务包括：(1) 按照约定时间完成审计业务、出具审计报告；(2) 对执业过程中知悉的甲方商业秘密保密；(3) 必要时，出具管理建议书。

四、出具审计报告的时间要求

乙方应于2024年×月×日之前向甲方提交本项目的审计报告，审计报告一式三份。

五、审计报告的使用责任

乙方提交给甲方的审计报告由甲方分发并使用。使用不当造成的后果与乙方及其所委派的审计人员无关。

六、审计收费

按《×××收费规定》，乙方应收本项业务的具体费用，按乙方实际参加本项审计业务的工作人员级别以及所花费工作时间确定，预计收取人民币×××元，甲方应在本约定书签订后预付上述费用的××%，其余部分在乙方提交审计报告时一并付清。

如在审计过程中遇到重大问题，致使乙方实际花费的审计工作时间有较大幅度的增加，甲方应在了解实际情况后，酌情增加审计费用。

七、约定书的有效时间

本约定书自2024年1月10日起生效，并在全部约定事项完成之前有效。

八、约定事项的变更

由于出现不可预见的情况，影响审计工作的如期完成，或需提前出具审计报告，甲乙双方可要求变更约定事项，但应及时通知对方，由双方协商解决。

九、违约责任

甲乙双方按照《中华人民共和国民法典》的规定承担违约责任。

十、甲乙双方对其他事项的约定

本审计业务约定书一式两份，甲乙方各执一份，具有同等法律效力。

甲方：清丰股份有限公司（签章）	乙方：天诚正信会计师事务所（签章）
代表：(签章)	代表：(签章)
二〇二三年×月×日	二〇二三年×月×日

课程思政园地

签订审计业务约定书，是为了保障双方的合法权益

党的十一届三中全会后，我国开始发展有计划的商品经济，商品交换可以自由进行，法律法规用于维持这一活动的秩序。改革开放40多年来，我国已经形成了一套符合国情的社会主义市场经济体系，市场在国家宏观调控下对资源配置起决定性作用。我国的注册会计师审计作为社会主义市场经济体制的重要组成部分，当然也必须遵循社会主义市场经济下的各项法律法规。审计业务约定书具有经济合同的性质，签订审计业务约定书能够明确约定双方的责任与义务，促使双方遵守约定事项并加强合作，有效保护被审计单位和会计师事务所的合法利益。

请思考：我国社会主义市场经济体制的独有特色有哪些？

任务四 成立审计项目组

一、审计项目组及其成员

微课

审计项目组

为保障审计工作的顺利开展，会计师事务所还要为审计项目选派合适的审计人员。由于学历和经验的差异，审计人员的能力各不相同，会计师事务所在为审计项目配备审计人员时，应充分考虑审计人员的独立性和专业胜任能力，根据审计项目的复杂程度、规模大小等因素配备适当的审计人员。

（一）审计项目和审计项目组

审计项目是审计人员根据审计工作的计划安排，在一定的条件下，围绕特定的审计对象，为达到既定的审计目标，所承担的具体审计任务。

审计项目组就是会计师事务所为完成某一审计项目，临时组织审计人员参与审计工作、收集审计证据、形成审计意见而组成的团队。该审计项目完成后，审计项目组就解散了。

（二）审计项目组的成员及其岗位职责

1.审计项目组的成员

审计项目组包括项目负责人和项目组成员。

审计项目组成员除了包括在成立的项目组执行审计业务的人员外，还包括会计师事务所中能够直接影响审计业务结果的其他人员（他们表面上不在成立的审计项目组中）。

项目负责人是具体负责某项审计业务的签字注册会计师，与项目经理、签字注册会计师是一个概念。项目合伙人是指会计师事务所中负责某项业务及其执行，并代表会计师事务所在报告上签字的主任会计师或经授权的副主任会计师，是项目组内的人。主任会计师、副主任会计师、合伙人本身都必须具有注册会计师资格，他们既可以做具体业务，也可以担任项目负责人。

【提示】项目合伙人不同于审计合伙人。审计合伙人，通常是针对合伙会计师事务所来说的，会计师事务所的合伙人或者股东应当具备下列条件：（1）持有注册会计师证书；

(2) 在会计师事务所执业；(3) 成为合伙人或者股东前3年内没有因执业行为受到行政处罚；(4) 有取得注册会计师证书后最近连续5年在会计师事务所从事法定审计业务的经历，其中在境内会计师事务所的经历不少于3年；(5) 成为合伙人或者股东1年内没有因采取隐瞒或提供虚假材料、欺骗、贿赂等不正当手段申请设立会计师事务所而被省级财政部门作出不予受理、不予批准或者撤销会计师事务所的规定。

2. 审计项目组成员的岗位职责

(1) 项目负责人岗位职责

①组织审前调查，编制审计计划，进行人员分工和任务分配；

②起草并向被审计单位下达审计通知书；

③按照批准的审计计划组织项目实施，指导、检查项目成员的工作，复核审计证据，综合审计工作底稿，保证审计质量；

④负责与被审计单位及与审计事项有关的其他单位的协调与沟通；

⑤起草审计报告；

⑥负责与被审计单位进行交流，征求对“审计报告征求意见稿”的意见；

⑦向被审计单位下达经主任会计师批准的审计报告；

⑧对审计资料进行整理、归档。

(2) 项目组其他成员岗位职责

①协助项目负责人做好审前调查和审计计划的制订；

②对审计思路、审计方法及审计中遇到问题的处理提出意见和建议；

③按期完成分工范围内的审计事项，取得审计证据，编制工作底稿，保证工作质量，接受项目负责人和相关领导的复核和检查；

④协助项目负责人起草审计报告；

⑤协助项目负责人做好与被审计单位的交流和“审计报告征求意见稿”的修订；

⑥做好审计资料的整理和归档工作；

⑦完成项目负责人交办的其他工作。

二、项目组内部讨论

项目组内部讨论在所有业务阶段都非常必要，可以保证所有事项得到恰当的考虑。具有较多经验的成员（如项目合伙人）可以与其他成员分享其见解和以往的经验。《中国注册会计师审计准则第1211号——重大错报风险的识别和评估》要求项目合伙人和项目组其他关键成员应当讨论被审计单位财务报表存在重大错报的可能性，以及如何根据被审计单位的具体情况运用适用的财务报表编制基础。项目合伙人应当确定向未参与讨论的项目组成员通报哪些事项。

（一）讨论的目标

项目组内部讨论为项目组成员提供了交流信息和分享见解的机会。项目组通过讨论可以使成员更好地了解在各自负责的领域中，由于舞弊或错误导致财务报表重大错报的可能性，并了解各自实施审计程序的结果如何影响审计的其他方面，包括对确定进一步审计程序的性质、时间安排和范围的影响。

（二）讨论的内容

项目组应当讨论被审计单位面临的经营风险、财务报表容易发生错报的领域以及发生错报的方式，特别是由于舞弊导致重大错报的可能性。讨论的主要内容为：分享了解的信息、分享审计思路和方法、指明方向。

讨论的内容和范围受项目组成员的职位、经验和所需要的信息的影响。表2-13列示了讨论的三个主要领域和所需要的信息的影响。

表2-13 项目组讨论内容示例

讨论的主要领域	讨论内容	目的
分享了解的信息	（1）被审计单位的性质、管理层对内部控制的态度，从以往审计业务中获得的经验、重大经营风险因素 （2）已了解的影响被审计单位的外部和内部舞弊因素，可能为管理层或其他人员实施下列行为提供动机或压力：①实施舞弊；②为实施构成犯罪的舞弊提供机会；③利用企业文化或环境，寻找使舞弊行为合理化的理由；④考虑管理层对接触现金或其他被侵占资产的员工实施监督的情况 （3）确定财务报表哪些项目易于发生重大错报，表明管理层倾向于高估或低估收入的迹象	了解被审计单位，进行公开的讨论
分享审计思路和方法	（1）管理层可能如何编报和隐藏虚假财务报告，如管理层凌驾于内部控制之上。根据对识别的舞弊风险因素的评估，设想可能的舞弊场景对审计很有帮助。例如，销售经理可能通过高估收入实现达到奖励水平的目的。这可能通过修改收入确认政策或进行不恰当的收入截止来实现 （2）出于个人目的侵占或挪用被审计单位的资产行为如何发生 （3）考虑：①管理层实行高估/低估账目的方法，包括对准备和估计进行操纵以及变更会计政策等；②用于应对评估风险可能的审计程序/方法	对审计意见和方法实施头脑风暴法
指明方向	（1）强调在审计过程中保持职业怀疑态度的重要性。不应将管理层视作完全诚实，也不应将其作为罪犯对待 （2）列示表明可能存在舞弊可能性的迹象。例如：①识别警示信号（红旗），并予以追踪；②一个不重要的金额（如增长的费用）可能表明存在很大的问题，如管理层诚信问题 （3）确定拟实施审计程序的性质、时间安排和范围 （4）总体考虑：①每个项目组成员拟执行的审计工作部分；②需要的审计方法、特殊考虑、时间；③记录要求；④如果出现问题应联系的人员；⑤审计工作底稿复核；⑥其他预期事项 （5）强调对表明管理层不诚实的迹象保持警觉的重要性	为项目组指明审计方向

（三）参与讨论的人员

注册会计师应当运用职业判断确定项目组内部参与讨论的成员。项目组的关键成员应当参与讨论，如果项目组需要拥有信息技术或其他特殊技能的专家，这些专家也可根据需要参与讨论。参与讨论人员的范围受项目组成员的职责经验和信息需要的影响。例如，在跨地区审计中，每个重要地区项目组的关键成员都应该参与讨论，但不要求所有成员每次都参与项目组的讨论。

（四）讨论的时间和方式

项目组应当根据审计的具体情况，在整个审计过程中持续交换有关财务报表发生重大错报可能性的信息。

按照《中国注册会计师审计准则第1101号——注册会计师的总体目标和审计工作的基本要求》的规定，在计划和实施审计工作时，注册会计师应当保持职业怀疑，认识到可能存在导致财务报表发生重大错报的情形。项目组在讨论时应当强调在整个审计过程中保持职业怀疑，警惕可能发生重大错报的迹象，并对这些迹象进行严格追踪。通过讨论，项目组成员可以交流和分享在整个审计过程中获得的信息，包括可能对重大错报风险评估产生影响的信息或针对这些风险实施审计程序的信息。

项目组还可以根据实际情况讨论其他重要事项（见表2-14）。

表2-14　项目组讨论纪要——风险评估

被审计单位： 项目：项目组讨论纪要——风险评估 编制： 日期：	索引号：BJ 财务报表截止日/期间： 复核： 日期：
讨论时间：	讨论地点：
参加人：项目组的关键成员应当参与讨论，如果项目组需要拥有信息技术或其他特殊技能的专家，这些专家也可根据需要参与讨论	
讨论内容记录： 【例如： （1）被审计单位的总体情况和报告要求 （2）对于连续审计业务，总结上年度审计工作情况以识别重要问题 （3）被审计单位及其环境的重大变化、面临的经营风险 （4）财务报表容易发生错报的领域及发生错报的方式 （5）重要审计事项和风险领域 （6）发生舞弊导致重大错报风险的可能性 （7）重要性水平的设定 （8）总体审计策略 ⋮】	

课程思政园地

一个篱笆三个桩，一个好汉三个帮

现代社会分工精细，几乎任何一项工作都不能由一个人独立完成。著名的管理大师彼得·德鲁克说过："现代企业不仅是老板和下属的企业，而且应该是一个团队。"

审计工作也是如此，审计项目组就是一个基本的团队。项目负责人作为团队的"头"，不仅要具备全面的自身素质和个人修养，还要带领项目组的全部成员团结合作、互相帮助、按时保质地完成各项工作任务。

请思考：可以采取哪些切实有效的措施，抓好审计项目组的团队建设？

项目小结

本项目主要知识点归纳总结见表2-15。

表2-15 主要知识点归纳总结

主要知识点	内容
拟接受业务委托	初步了解审计业务环境，只有在了解后认为符合胜任能力、独立性和勤勉尽责等职业道德要求，并且拟承接的业务具备相关条件时，注册会计师才能将其作为审计业务予以承接
开展初步业务活动	注册会计师在审计业务开始时，应当开展下列初步业务活动：①针对保持客户关系和具体审计业务实施相应的质量管理程序；②评价遵守相关职业道德要求的情况；③就审计业务约定条款达成一致意见
签订审计业务约定书	审计业务的承接以审计业务约定书的签署为标志。审计业务约定书具有经济合同的性质，一经约定双方签字认可，即成为会计师事务所与委托人之间在法律上生效的契约。在完成审计业务前，如果被审计单位要求注册会计师将审计业务变更为相关服务或保证程度较低的鉴证业务，注册会计师应当考虑变更业务的适当性
成立审计项目组	为保障审计工作的顺利开展，会计师事务所还要为审计项目选派合适的审计人员。由于学历和经验的差异，审计人员的能力各不相同，会计师事务所在为审计项目配备审计人员时，应充分考虑审计人员的独立性和专业胜任能力，根据审计项目的复杂程度、规模大小等因素配备适当的审计人员
	项目组应当讨论被审计单位面临的经营风险、财务报表容易发生错报的领域以及发生错报的方式，特别是由于舞弊导致重大错报的可能性。注册会计师应当运用职业判断确定项目组内部参与讨论的成员。项目组的关键成员应当参与讨论，如果项目组需要拥有信息技术或其他特殊技能的专家，这些专家也可根据需要参与讨论

阅读篇目

《中国注册会计师审计准则第1101号——注册会计师的总体目标和审计工作的基本要求》

《中国注册会计师审计准则第1131号——审计工作底稿》

《中国注册会计师审计准则第1111号——就审计业务约定条款达成一致意见》

《中国注册会计师审计准则第1111号——就审计业务约定条款达成一致意见》应用指南

《中国注册会计师职业道德守则问题解答》

《中国注册会计师职业道德基本准则》

《中国注册会计师职业道德规范指导意见》

《中国注册会计师质量管理基本准则》

项目三

计划审计

学习目标

【知识目标】

1. 熟悉计划审计的内容；
2. 熟悉计划审计阶段执行初步分析程序的目的；
3. 理解重要性和重要性水平等概念；
4. 掌握审计风险和审计风险模型；
5. 理解总体审计策略的内容；
6. 掌握具体审计计划的内容。

【技能目标】

1. 能计算财务报表层次的重要性水平；
2. 能熟练运用审计风险模型，计算可接受的检查风险；
3. 能理解总体审计策略；
4. 能填写具体审计计划。

【态度目标】

1. 培养良好的工作态度；
2. 强化审计工作责任意识；
3. 正确处理审计项目组成员间的关系。

工作情境与工作任务

在整个审计过程中，审计人员都将运用分析程序。而在计划审计阶段，注册会计师实施分析程序的目的是什么呢？

在计划审计阶段，重要性水平是判断审计风险的标准，直接影响着具体审计计划。注册会计师应如何评估重要性呢？

合理保证意味着审计风险始终存在，注册会计师应当通过计划和实施审计工作，获取充分、适当的审计证据，将审计风险降至可接受的低水平。重要性、审计风险和审计证据存在怎样的关系呢？

审计计划包括总体审计策略和具体审计计划。制定总体审计策略和具体审计计划的过程紧密联系，并且两者的内容也紧密相关。注册会计师如何针对总体审计策略中所识别的不同事项制订具体审计计划，并考虑通过有效利用审计资源以实现审计目标？本项目的主要内容如图3-1所示。

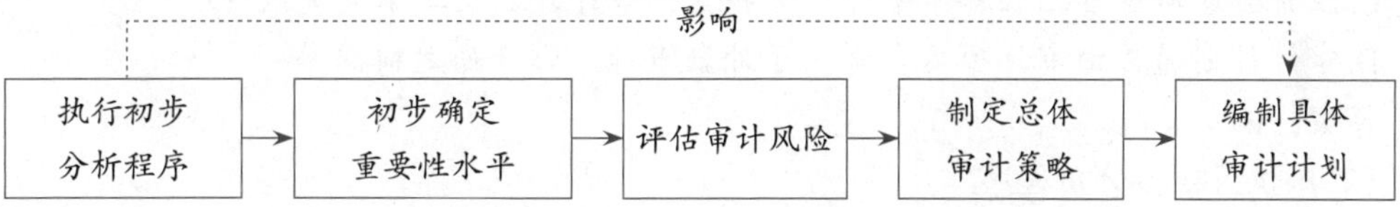

图3-1　本项目的主要内容

任务一　执行初步分析程序和初步确定重要性水平

一、初步分析程序

（一）计划审计的概念和主要工作内容

会计师事务所在接受业务委托后，进入计划审计阶段，开始编制审计计划，对审计工作作出合理安排。审计计划是指审计人员为了完成各项审计业务、达到预期的审计目标，在具体执行审计程序之前制定的工作规划。审计计划包括总体审计策略和具体审计计划。

微课

初步分析程序

审计计划通常由审计项目负责人于外勤审计工作开始之前起草，它仅仅是对审计工作的一种预先规划。在执行审计计划的过程中，情况会不断发生变化，常常会产生预期计划与实际不一致的情况，应及时对审计计划进行修订和补充。对审计计划的修订、补充贯穿于整个审计工作的准备和实施阶段。

注册会计师在整个审计过程中，应当按照审计计划执行审计业务。审计计划的编制主要有以下几方面内容：①执行初步分析程序；②初步确定重要性水平；③评估审计风险；④制定总体审计策略；⑤编制具体审计计划。

计划审计工作与审计计划是从不同角度定义同一事物的两个概念，前者讨论的是审计过程，后者则是考虑审计计划的内容。

课程思政园地

凡事预则立，不预则废

《礼记·中庸》记载：“凡事豫则立，不豫则废。言前定，则不跲；事前定，则不困；行前定，则不疚；道前定，则不穷。”毛泽东在《论持久战》中亦曾引用：“‘凡事预则立，不预则废’，没有事先的计划和准备，就不能获得战争的胜利。”“凡事预则立，不预则废”意思是说，做任何事情，事前有准备就可以成功，没有准备就会失败。说话前先有准备，就不会辞穷理屈站不住脚；行事前先有计划，就不会做错误或后悔的事。

请思考：结合哲学上有关因果关系的内容，思考大学生应如何制订学习计划。

【做中学3-1】（单选题）下列有关计划审计工作的描述中，不正确的是（　　）。

A.计划审计工作是一个持续的、不断修正的过程，贯穿于整个审计业务的始终

B.审计计划就是指具体审计计划

C.注册会计师应当记录总体审计策略和具体审计计划及其重大更改

D.审计计划通常由审计项目负责人于外勤审计工作开始之前起草

答案：B。

（二）执行初步分析程序

分析程序是指注册会计师通过研究不同财务数据之间以及财务数据与非财务数据之间的内在关系，对财务信息作出评价。分析程序还包括调查识别出的、与其他相关信息不一致或与预期数据严重偏离的波动和关系。

一般而言，在整个审计过程中，审计人员都将运用分析程序。常用的分析程序有比较分析法、比率分析法、平衡分析法和趋势分析法等。

计划审计工作时，执行初步分析程序的主要目的是使审计人员对客户的经营情况有更好的了解和确认资料间异常的关系和意外的波动，以便找出存在较高错报风险的领域。

【做中学3-2】（案例题）注册会计师于2024年年初对清丰公司2023年度财务报表进行审计。经初步了解，清丰公司2023年度的经营形式、管理及经营机构与2022年度比较未发生重大变化，2023年度主营业务收入和主营业务成本有关资料见表3-1。

表3-1　清丰公司2023年度主营业务收入和主营业务成本　单位：元

品名	主营业务收入		主营业务成本	
	2022年发生额	2023年发生额	2022年发生额	2023年发生额
A产品	40 000	41 000	38 000	33 800
B产品	20 000	20 020	19 000	19 019
合计	60 000	61 020	57 000	52 819

要求：运用分析性复核，判断清丰公司2023年度销售业务是否存在异常现象。

答案：

（1）方法一：将两年的主营业务收入和主营业务成本分别比较。

A产品：2023年的主营业务收入比2022年增长了2.5%，而主营业务成本却下降了11.1%，在2023年度的经营形式、管理及经营机构与2022年度比较未发生重大变化的情

况下，属异常波动。

B产品：2023年的主营业务收入比2022年增长了0.1%，主营业务成本也同时增长了0.1%，在2023年度的经营形式、管理及经营机构与2022年度比较未发生重大变化的情况下，属正常情况。

(2) 方法二：先根据主营业务收入和主营业务成本计算毛利率，再分别比较两年的毛利率。

A产品：2023年的毛利率是17.56%，2022年的毛利率是5%，增长幅度很大，在2023年度的经营形式、管理及经营机构与2022年度比较未发生重大变化的情况下，属异常波动。

B产品：2023年的毛利率是5%，2022年的毛利率也是5%。在2023年度的经营形式、管理及经营机构与2022年度比较未发生重大变化的情况下，属正常情况。

通过上述分析，可以判断2023年A产品的主营业务收入或主营业务成本可能存在重大问题，需要进一步取证核实。

二、确定重要性水平

（一）重要性的概念、应用和提示

重要性概念的运用贯穿于整个审计过程。在计划审计工作时，注册会计师应当考虑导致财务报表发生重大错报的原因，并应当在了解被审计单位及其环境的基础上，确定一个可接受的重要性水平，即首先为财务报表层次确定重要性水平，以发现在金额上重大的错报；同时，注册会计师应当评估各类交易、账户余额及披露认定层次的重要性，以便确定进一步审计程序的性质、时间安排和范围，将审计风险降至可接受的低水平。在计划审计阶段，重要性水平是判断审计风险的标准，直接影响着具体审计计划。

重要性取决于在具体环境下对错报金额和性质的判断。如果一项错报单独或连同其他错报可能影响财务报表使用者依据财务报表作出的经济决策，则该项错报是重大的。其中，错报是指某一财务报表项目的金额、分类或列报，与按照适用的财务报告编制基础应当列示的金额、分类或列报之间存在的差异。错报可能是由于错误或舞弊导致的。

为了更好地理解这个概念，需注意以下几点：

（1）重要性概念中的错报包含漏报。财务报表错报包括财务报表金额的错报和财务报表披露的错报。

（2）重要性包括对数量和性质两个方面的考虑。所谓数量方面是指错报的金额大小，性质方面则是指错报的性质。一般而言，金额大的错报比金额小的错报更重要。在有些情况下，某些金额的错报从数量上看并不重要，但从性质上考虑，则可能是重要的。对于某些财务报表披露的错报，若难以从数量上判断是否重要，应从性质上考虑是否重要。

（3）重要性概念是针对财务报表使用者决策的信息需求而言的。判断一项错报重要与否，应视其对财务报表使用者依据财务报表作出经济决策的影响程度而定。如果财务报表中的某项错报足以改变或影响财务报表使用者的相关决策，则该项错报就是重要的，否则就不重要。

（4）重要性的确定离不开具体环境。由于不同的被审计单位面临不同的环境，不同的报表使用者有着不同的信息需求，因此注册会计师确定的重要性也不相同。某一金额的错报对某被审计单位的财务报表来说是重要的，而对另一个被审计单位的财务报表来说可能不重要。例如，错报20万元对一家小公司来说可能是重要的，对另一家大公司来说则可能不重要。

（5）对重要性的评估需要运用职业判断。影响重要性的因素很多，注册会计师应当根据被审计单位面临的环境，综合考虑其他因素，合理确定重要性水平。不同的注册会计师在确定同一被审计单位财务报表层次和认定层次的重要性水平时，得出的结果可能不同。这主要是因为对影响重要性的各因素的判断存在差异。因此，注册会计师需要运用职业判断来合理评估重要性。

【提示】如果仅从数量角度考虑，重要性可表现为重要性水平。重要性水平是一个门槛或临界点。在该门槛或临界点之上的错报就是重要的；反之，该错报则不重要。重要性并不是财务信息的主要质量特征。

重要性概念在审计工作环节中的应用见表3-2。

表3-2 重要性概念在审计工作环节中的应用

审计工作环节	应用范围
计划和执行审计工作时	（1）决定风险评估程序的性质、时间安排和范围 （2）识别和评估重大错报风险 （3）确定进一步审计程序的性质、时间安排和范围
完成审计工作时	（1）评价识别出的错报对财务报表的影响 （2）评价未更正错报对审计报告中审计意见的影响

（二）重要性的四个层次

审计人员应当考虑财务报表层次和各类交易、账户余额和披露认定层次的重要性，即重要性有四个层次：

1. 财务报表整体的重要性

如果一项错报单独或连同其他错报可能影响财务报表使用者依据财务报表作出的经济决策，则该项错报通常是重大的。

由于财务报表审计的目标是对财务报表发表意见，因此，注册会计师必须考虑财务报表整体的重要性。只有这样，才能得出财务报表是否公允反映的结论。注册会计师在制定总体审计策略时，应当确定财务报表整体的重要性水平。

2. 特定类别交易、账户余额或披露的重要性水平（如适用）

根据被审计单位的特定情况，如果存在一个或多个特定类别的交易、账户余额或披露，其发生的错报金额虽然低于财务报表整体的重要性，但合理预期将影响财务报表使用者依据财务报表作出的经济决策，注册会计师还应当确定适用于这些交易、账户余额或披露的一个或多个重要性水平。

3. 实际执行的重要性

实际执行的重要性，是指注册会计师确定的低于财务报表整体重要性的一个或多个金额，旨在将未更正和未发现错报的汇总数超过财务报表整体的重要性的可能性降至适当的低水平。如果适用，实际执行的重要性还指注册会计师确定的低于特定类别的交易、账户余额或披露的重要性水平的一个或多个金额。

与确定特定类别的交易、账户余额或披露的重要性水平相关的实际执行的重要性，旨在将这些交易、账户余额或披露中未更正与未发现错报的汇总数超过这些交易、账户余额或披露的重要性水平的可能性降至适当的低水平。

4.明显微小错报的临界值

（三）计划审计阶段对重要性的评估

1.评估的目的

在计划审计工作时，注册会计师应当确定一个可接受的重要性水平，以发现在金额上重大的错报，这种重要性水平称为计划重要性水平。

2.评估时考虑的主要因素

注册会计师在确定计划重要性水平时，需要考虑以下主要因素（如图3-2所示）：

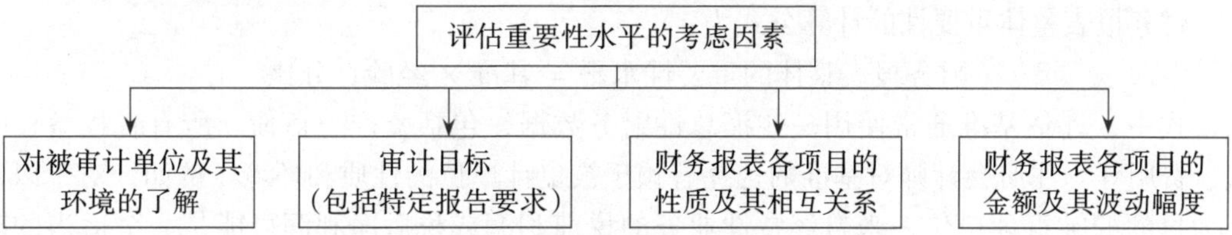

图3-2　评估计划重要性水平时考虑的因素

（1）对被审计单位及其环境的了解。被审计单位的行业状况、法律环境与监管环境等其他外部因素，被审计单位业务的性质、对会计政策的选择和应用，被审计单位的目标、战略及相关的经营风险，被审计单位的内部控制等因素，都将影响注册会计师对重要性水平的判断。

（2）审计目标（包括特定报告要求）。信息使用者的要求等因素影响注册会计师对重要性水平的确定。例如，对特定报表项目进行审计的业务，其重要性水平可能需要以该项目金额，而不是以财务报表的一些汇总性财务数据为基础加以确定。

（3）财务报表各项目的性质及其相互关系。财务报表使用者对不同的报表项目的关心程度不同。一般而言，流动性较强的项目出现较小金额的错报就会影响报表使用者的决策，注册会计师应当对此从严制定重要性水平。由于财务报表各项目之间是相互联系的，注册会计师在确定重要性水平时，需要考虑这种相互联系的关系。

（4）财务报表各项目的金额及其波动幅度。注册会计师在确定重要性水平时，应当深入研究财务报表项目的金额及其波动幅度。因为这些可能会促使财务报表使用者作出不同的反应。

【做中学3-3】（单选题）在审计过程中，必须恰当运用审计重要性概念的阶段是（　　）。

A.计划阶段和实施阶段　　　　B.计划阶段、实施阶段和完成阶段

C.编制审计计划时和评价审计结果时　　　　D.实施阶段和完成阶段

答案：B。

【做中学3-4】（多选题）关于审计重要性的含义，下列说法中正确的有（　　）。

A.如果合理预期错报可能影响财务报表使用者依据财务报表作出的经济决策，则通常认为错报是重大的

B.判断某事项对财务报表使用者是否重大时，应考虑错报对个别财务报表使用者的影响

C.对审计重要性的判断是根据具体环境作出的

D.对审计重要性的判断受错报的金额或性质的影响，或受两者共同作用的影响

答案：ACD。

3.对财务报表整体重要性水平的评估

微课

审计重要性1

（1）财务报表层次重要性水平的计算方法

确定多大错报会影响财务报表使用者所做的决策，是注册会计师运用职业判断的结果。很多注册会计师根据所在会计师事务所的惯例及自己的经验考虑重要性水平。注册会计师通常先选择一个恰当的基准，再选用适当的百分比乘以该基准，从而得出财务报表整体的重要性。

财务报表整体重要性的计算公式为：

财务报表整体的重要性水平 = 基准 × 经验百分比

式中：评估基准通常使用一些汇总性财务数据，包括资产、负债、所有者权益、收入、费用等。注册会计师对基准的选择有赖于被审计单位的性质和环境。例如，对于以营利为目的的被审计单位，来自经常性业务的税前利润或税后净利润可能是一个适当的基准；而对于收益不稳定的被审计单位或非营利组织来说，选择税前利润或税后净利润作为判断重要性水平的基准就不合适了。注册会计师通常选择一个相对稳定、可预测且能够反映被审计单位正常规模的基准。由于销售收入和总资产具有相对稳定性，因此注册会计师经常将其用作确定计划重要性水平的基准。常用基准见表3-3。

表3-3 常用的基准举例

被审计单位情况	可能选择的基准
（1）企业的盈利水平保持稳定	经常性业务的税前利润
（2）企业近年来经营状况大幅度波动，盈利和亏损交替发生，或者由正常盈利变为微利或微亏，或者本年度税前利润因情况变化而出现意外增加或减少	过去3~5年经常性业务的平均税前利润或亏损（取绝对值），或其他基准，如营业收入
（3）企业为新设企业，处于开办期，尚未开始经营，目前正在建造厂房及购买机器设备	总资产
（4）企业处于新兴行业，目前侧重于抢占市场份额、扩大企业知名度和影响力	总营业收入
（5）开放式基金，致力于优化投资组合、提高基金净值、为基金持有人创造投资价值	净资产
（6）国际企业集团设立的研发中心，主要为集团下属各企业提供研发服务，并以成本加成的方式向相关企业收取费用	成本与营业费用总额
（7）公益性质的基金会	捐赠收入或捐赠支出总额

【做中学3-5】（单选题）在确定重要性水平时，不宜作为计算重要性水平基准的是（　　）。

A.持续经营产生的利润　　B.非经常性收益

C.费用总额　　D.营业收入

答案：B。

适用比率是指注册会计师在确定恰当的基准后，运用职业判断合理选择的比率，据以确定重要性水平，其参考数值见表3-4。适用比率和评估基准之间存在一定的联系，如经常性业务的税前利润对应的百分比通常比营业收入对应的百分比要高。例如，对于以营利为目的的制造行业实体，注册会计师可能认为经常性业务的税前利润的5%是适当的；而对于非营利组织，注册会计师可能认为总收入或费用总额的1%是适当的。百分比无论是高一些还是低一些，只要符合具体情况，都是适当的。

表3-4　重要性评估基准及适用比率参考值

评估基准	适用比率参考值	适用范围
税前利润或税后利润	5%	以营利为目的的企业
总收入	0.5%	
费用总额	0.5%	非营利组织
净资产	0.5%	共同基金公司

注册会计师在确定重要性时，通常还要考虑以前期间的经营成果和财务状况、本期的经营成果和财务状况、本期的预算和预测结果、被审计单位情况的重大变化（如重大的企业购并）以及宏观经济环境和所处行业环境发生的相关变化。

（2）财务报表层次重要性水平的选取

由于财务报表层次重要性水平的计算方法是多基准、多比率的，因而同一期间各财务报表确定的重要性水平可能不同，即使是同一张财务报表也可能会有多个计划重要性水平。在此情况下，审计人员应当首先对每张财务报表确定一个重要性水平，然后从中选择最低者作为财务报表层次的重要性水平。也就是说，在编制审计计划时，审计人员应使用被认为对任何一张财务报表都重要的最小的错报或漏报作为总体水平。

【做中学3-6】（案例题）审计人员接受委托对清丰公司2023年度的财务报表进行审计。该公司财务报表显示，2023年公司全年实现利润800万元，资产总额为4 000万元。审计人员在审查和阅读该公司财务报表时，发现下列问题：（1）该公司10月份虚报冒领工资1 820元，被会计人员占为己有；（2）11月15日，收到业务咨询费3 850元，列入“小金库”；（3）资产负债表中的存货被低估16万元，原因尚待查明。上述问题尚未调整。

要求：根据上述问题，作出重要性的初步判断，并简要说明理由。

答案：根据资产负债表计算的重要性水平＝4 000×0.5%＝20（万元）

根据利润表计算的重要性水平＝800×5%＝40（万元）

根据稳健性原则，财务报表层次的重要性水平确定为20万元。

【做中学3-7】（案例题）天诚正信会计师事务所接受委托对清丰公司2023年度的财务报表进行审计，通过查阅该公司的财务报表，找到如下数据，见表3-5。

表3-5　　清丰公司财务报表数据

项目	金额（万元）
资产总额	90 000
净资产	44 500
主营业务收入	120 000
净利润	12 080

根据审计资料，确定以资产总额、净资产、主营业务收入、净利润为判断基础，采用固定比例法，并假定上述标准的适用比率分别为0.5%、1%、0.5%、5%。

要求：计算确定该公司2023年度财务报表层次的计划重要性水平。

答案：该公司2023年度财务报表层次的计划重要性水平见表3-6。

表3-6　　清丰公司2023年度财务报表层次的计划重要性水平　　金额单位：万元

<table>
<tr><th>财务报表项目</th><th>金额</th><th>百分比
（%）</th><th>乘积金额</th><th>财务报表层次的
计划重要性水平</th></tr>
<tr><td>资产总额</td><td>90 000</td><td>0.5</td><td>450</td><td rowspan="4">445</td></tr>
<tr><td>净资产</td><td>44 500</td><td>1</td><td>445</td></tr>
<tr><td>主营业务收入</td><td>120 000</td><td>0.5</td><td>600</td></tr>
<tr><td>净利润</td><td>12 080</td><td>5</td><td>604</td></tr>
</table>

4. 特定类别交易、账户余额或披露重要性水平的确定

微课

审计重要性2

“特定类别”的重要性是注册会计师根据被审计单位的特定情况判断确定的，在某次审计中可能存在，也可能不存在。注册会计师判断存在“特定类别”的重要性，则存在对应的实际执行的重要性。从理论上说，“特定类别”的重要性可能不止一个。

在确定特定类别交易、账户余额或披露重要性水平时，注册会计师应当考虑以下主要因素：①各类交易、账户余额和披露的性质及错报的可能性；②各类交易、账户余额和披露的重要性水平与财务报表整体重要性的关系。由于为各类交易、账户余额和披露确定的重要性水平（即可容忍错报）对审计证据数量有直接影响，因此，注册会计师应当合理确定可容忍错报。

【做中学3-8】（案例题）清丰公司生产经营较为稳定，原材料、产成品的品种较多，涉及的客户也较多，注册会计师评估的内部控制风险处于中等水平。注册会计师初步判断的财务报表整体的重要性是资产总额的1%。现在注册会计师将这一重要性水平分配给各资产账户，提出了三个初步方案，见表3-7。

表3-7 重要性水平分配初步方案 单位：万元

项目	账户金额	方案1	方案2	方案3
货币资金	20	0.2	0	0.1
应收账款	300	3	5	4.5
存货	480	4.8	5	6
固定资产	500	5	3	2
长期股权投资	100	1	1	1.4
总计	1 400	14	14	14

要求：请选择一个最优方案。

答案：注册会计师在制定账户或交易的审计程序前，可将财务报整体的重要性分配至各账户或各类交易，也可单独确定各账户或各类交易的重要性水平。对于账户或交易层次的重要性水平，既可以采用分配的方法，也可以不采用分配的方法。在采用分配方法时，各账户或交易层次的重要性水平之和应等于财务报表层次的重要性水平。从这个意义上说，上述三个方案都是符合这一要求的。

在表3-7中，方案1按照1%对各资产进行同比例分配。一般来说，这并不可行，注册会计师必须对其进行修正。由于应收账款和存货错报或漏报的可能性较大，故分配较高的重要性水平，以节省审计成本，如方案2与方案3。固定资产虽然金额较大，但在一个审计年度中，其增减变动的次数相对较少，涉及的凭证相对也不多，故可以分配较低的重要性水平，虽然会导致审计工作量的少许增加，但这样可以使分配至应收账款和存货的重要性水平适当提高，大大减少应收账款和存货的审计工作量，这当然是很值得的。货币资金是企业流动性最强的资产，并且报表使用者不希望货币资金方面有较大的错误，但方案2将货币资金的重要性水平分配为0，这并不是一个很好的安排，它意味着注册会计师必须对与货币资金有关的业务进行全面的审计，这是不符合成本效益原则的。综上所述，方案3是一个较为理想的分配方案。

【提示】在实际工作中，哪些账户可能发生错报往往很难预测，审计成本的大小也无法事先确定，因此，重要性水平的确定是一个非常困难的职业判断过程。

5. 实际执行的重要性水平的确定

（1）注册会计师确定实际执行的重要性时需要运用职业判断，并考虑下列因素的影响：

①对被审计单位的了解（这些了解在实施风险评估程序的过程中得到更新）；

②前期审计工作中识别出的错报的性质和范围；

③根据前期识别出的错报对本期错报作出的预期。

（2）通常而言，实际执行的重要性通常为财务报表整体重要性的50%~75%。

①选择50%的情形：首次接受委托的审计项目；连续审计项目，以前年度审计调整较多；项目总体风险较高，例如处于高风险行业、管理层能力欠缺、面临较高的市场竞争压力或业绩压力等；存在或预期存在值得关注的内部控制缺陷。

②选择75%的情形：连续审计项目，以前年度审计调整较少；项目总体风险为低到中等，例如处于非高风险行业、管理层有足够能力、面临较低的市场竞争压力和业绩压力等；以前期间的审计经验表明内部控制运行有效。

6.明显微小错报的临界值

注册会计师需要在制定审计策略和审计计划时，确定一个明显微小错报的临界值，低于该临界值的错报视为明显微小的错报，可以不累积。这些错报的汇总数明显不会对财务报表产生重大影响。如果不确定一个或多个错报是否明显微小，就不能认为这些错报是明显微小的。

7.四个层次重要性的关系

重要性概念、层次可以结合重要性“杯子”来理解（如图3-3所示）。

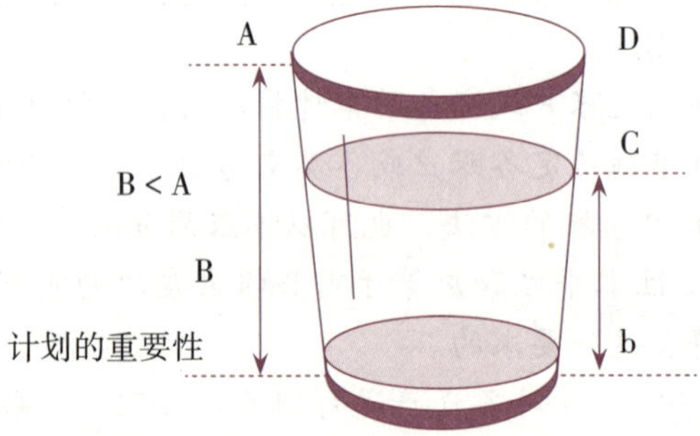

图3-3 重要性杯子

重要性“杯子”所包含的要素（用字母标出），见表3-8。

表3-8 重要性杯子解释

字母	重要性要素	B（b）CD与A的关系	可能包含的金额
A	财务报表整体的重要性	800万元（假设）	=1
B	特定类别交易、账户余额或披露的重要性水平（如适用）	<800万元	≥1
C	实际执行的重要性	A的50%~75%	≥1
b	与特定类别交易、账户余额或披露的重要性相关的实际执行的重要性（如适用）	B的50%~75%	≥1
D	明显微小错报的临界值	A的3%~5%，通常不超过10%	≥1

（四）审计过程中修改重要性

由于存在下列原因，注册会计师可能需要修改财务报表层次重要性水平和各类交易、账户余额和披露认定层次的重要性水平：①审计过程中情况发生重大变化（如决定处置被审计单位的一个重要组成部分）；②获取新信息；③通过实施进一步审计程序，注册会计师对被审计单位及其经营的了解发生变化。

【提示】注册会计师既不可以将重要性水平定得过高，也不可以将重要性水平定得过低。如果重要性水平定得过高，虽然面临的困难较小，但影响财务报表使用者决策的错报往往没有被查出，导致财务报表使用者决策失误并发生损失，从而引起诉讼。反之，如果重要性水平定得过低，虽然可以将影响财务报表使用者决策的错报、漏报均查出来，不会被起诉，但由于需要查出的错报太多，会发生较多的审计成本（完成一定数量的审计项目所支出人力、物力、财力的费用总和），甚至会出现收不抵支的情况。因此，重要性水平定得过低或过高，对注册会计师都是不利的，应将重要性水平确定在合适的水平上。

任务二 认识审计风险

一、审计风险

（一）审计风险的含义

审计风险，是指财务报表存在重大错报时，注册会计师发表不恰当审计意见的可能性。审计业务是一种高水平保证的鉴证业务，可接受的审计风险应当足够低，以使注册会计师能够合理保证所审计财务报表不含有重大错报。在执行审计业务时，注册会计师应当考虑审计重要性及审计重要性与审计风险的关系。审计风险取决于重大错报风险和检查风险。

微课

审计风险

（二）审计风险的类别

1.重大错报风险

重大错报风险，是指财务报表在审计前存在重大错报的可能性。重大错报风险与被审计单位的风险相关，且独立于财务报表审计而存在。在设计审计程序以确定财务报表整体是否存在重大错报时，注册会计师应当从财务报表层次和各类交易、账户余额和披露认定层次方面考虑重大错报风险。

（1）财务报表层次重大错报风险。财务报表层次重大错报风险与财务报表整体存在广泛联系，可能影响多项认定。此类风险难以界定于某类交易、账户余额和披露的具体认定。

（2）认定层次重大错报风险。认定层次的重大错报风险又可以进一步细分为固有风险和控制风险。它们之间的关系用数学模型表示如下：

重大错报风险 = 固有风险 × 检查风险

①固有风险。固有风险，是指在不考虑控制的情况下，某类交易、账户余额或披露的某一认定易于发生错报（该错报单独或连同其他错报可能是重大的）的可能性。固有风险的高低受固有风险因素的影响，固有风险因素是指在不考虑控制的情况下，导致交易类别、账户余额和披露的某一认定易于发生错报（无论该错报是由舞弊还是错误导致）的因素。固有风险因素可以是定性的，也可以是定量的。固有风险因素包括事项或情况的复杂性、主观性、变化、不确定性，以及管理层偏向或其他舞弊风险因素。某些类别的交易、账户余额和披露及其认定，固有风险较高。例如，复杂的计算比简单计算更可能出错；受重大计量不确定性影响的会计估计发生错报的可能性较大。产生经营风险的外部因素也可

能影响固有风险，例如，技术进步可能导致某项产品陈旧，进而导致存货易于发生高估错报（“准确性”“计价和分摊”认定）。被审计单位及其环境中的某些因素还可能与多个甚至所有类别的交易、账户余额和披露有关，进而影响多个认定的固有风险。这些因素包括维持经营的流动资金匮乏、被审计单位处于夕阳行业等。

②控制风险。控制风险，是指某类交易、账户余额或披露的某一认定发生错报，该错报单独或连同其他错报是重大的，但没有被内部控制及时防止或发现并纠正的可能性。控制风险取决于与财务报表编制有关的内部控制的设计和运行的有效性。由于控制的固有局限性，某种程度的控制风险始终存在。

需要特别说明的是，虽然固有风险和控制风险有时难以分割地交织在一起，但审计准则规定，对于识别出的认定层次重大错报风险，注册会计师应当分别评估固有风险和控制风险。对于识别出的财务报表层次重大错报风险，审计准则未明确规定，是应当分别评估固有风险和控制风险，还是合并评估。注册会计师识别和评估财务报表层次重大错报风险采用的具体方法，取决于其偏好的审计技术方法以及实务上的考虑。

2.检查风险

检查风险，是指如果存在某一错报，该错报单独或连同其他错报可能是重大的，注册会计师为将审计风险降至可接受的低水平而实施程序后没有发现这种错报的风险。检查风险取决于审计程序设计的合理性和执行的有效性。通常由于注册会计师并不对所有的交易、账户余额和披露进行检查，检查风险不可能降低为零。注册会计师可以通过控制检查风险将审计风险降至可接受的水平。可接受的检查风险越高，则需要的审计证据就越少，反之就越多。

重大错报风险和检查风险的关系如图3-4所示。

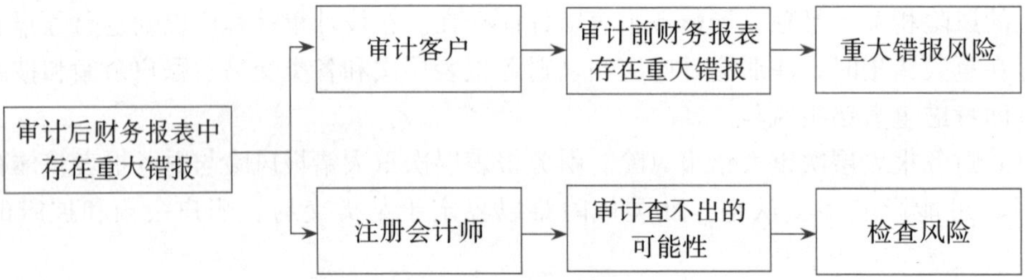

图3-4 重大错报风险和检查风险

二、审计风险模型及其应用

（一）审计风险模型

$$审计风险 = 重大错报风险 \times 检查风险$$

在既定的审计风险水平下，针对某一认定确定的可接受的检查风险与评估的认定层次重大错报风险呈反向关系。即：

$$可接受的检查风险 = \frac{审计风险（可接受的低水平）}{重大错报风险（评估的认定层次）}$$

假设针对某一认定，注册会计师将可接受的审计风险水平设定为5%，注册会计师实施风险评估程序后将重大错报风险评估为25%，则根据这一模型，可接受的检查风险为20%。当然，实务中，注册会计师不一定用绝对数量表达这些风险水平，而是选用“高”

“中”“低”等文字进行定性描述。

在计划审计阶段，常运用审计风险模型确定可接受的检查风险。

在既定的审计风险水平下，可接受的检查风险水平与认定层次重大错报风险的评估结果为反向关系。评估的重大错报风险越高，可接受的检查风险越低；评估的重大错报风险越低，可接受的检查风险越高。

审计风险模型各要素的关系见表3–7。

表3–9　　审计风险模型各要素的关系

重大错报风险	可接受的检查风险
高	低
中	中
低	高

在计划审计阶段，注册会计师在既定的可接受审计风险水平下，首先评估认定层次重大错报风险，然后利用上述公式确定可接受的检查风险水平，据以合理设计和实施进一步审计程序的性质、时间安排和范围，以将检查风险控制在可接受的水平。

【提示】审计风险模型的这种运用延续于整个审计过程中。

注册会计师应当合理设计审计程序的性质、时间安排和范围，并有效执行审计程序，以控制检查风险。审计风险模型的应用如图3–5所示。

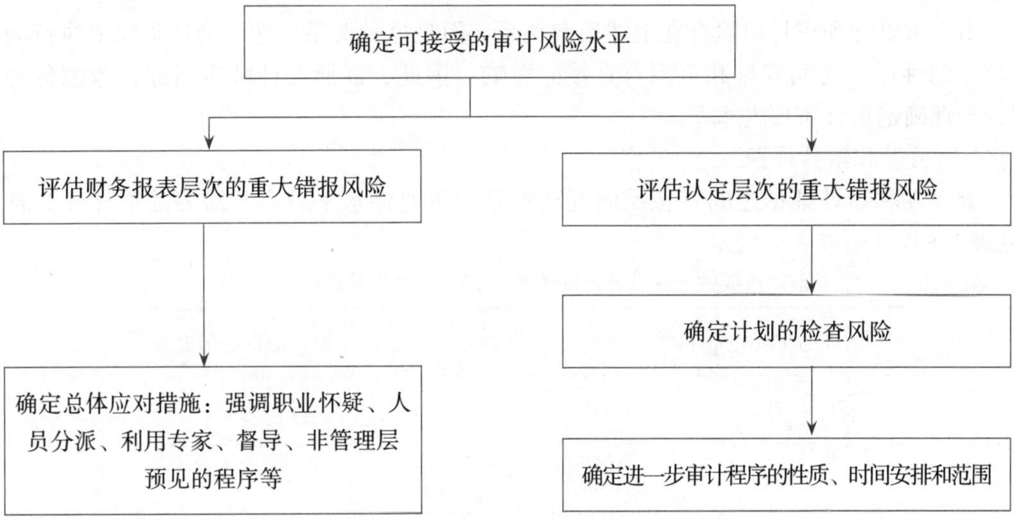

图3–5　审计风险模型的应用

【做中学3–9】（多选题）下列与重大错报风险相关的表述中，不正确的有（　　）。

A. 重大错报风险是因错误使用审计程序产生的

B. 重大错报风险是假定不存在相关内部控制，某一认定发生重大错报的可能性

C. 重大错报风险独立于财务报表审计而存在，始终大于零

D. 重大错报风险可以通过合理实施审计程序予以控制

答案：ABD。

【做中学3-10】（单选题）关于审计风险模型各要素的说法中，不恰当的是（　　）。

A. 审计风险是预先设定的

B. 审计风险是注册会计师审计前面临的

C. 重大错报风险是评估的

D. 检查风险是注册会计师通过实施实质性程序控制的

答案：A。

（二）重要性、审计风险和审计证据的关系

1. 重要性和审计风险

微课

审计风险模型及其应用

重要性与审计风险之间存在反向变动关系。重要性水平越高，审计风险越低；重要性水平越低，审计风险越高。这里所说的重要性水平高低指的是金额的大小。通常，5 000元的重要性水平比3 000元的重要性水平高。在理解两者之间的关系时，必须注意，重要性水平是注册会计师从财务报表使用者的角度进行判断的结果。如果重要性水平是5 000元，则意味着低于5 000元的错报不会影响财务报表使用者的决策，此时注册会计师需要通过执行有关审计程序合理保证能发现高于5 000元的错报。如果重要性水平是3 000元，则金额在3 000元以上的错报就会影响财务报表使用者的决策，此时注册会计师需要通过执行有关审计程序合理保证能发现金额在3 000元以上的错报。显然，重要性水平为3 000元时审计不出这样的重大错报的可能性即审计风险，要比重要性水平为5 000元时的审计风险高。

由于重要性和审计风险存在上述反向关系，而且这种关系对注册会计师将要执行的审计程序的性质、时间安排和范围有直接的影响，因此，注册会计师应当综合考虑各种因素，合理确定审计重要性水平。

2. 重要性和审计证据

重要性和审计证据之间存在反向变动关系。重要性水平越高，需要的审计证据越少（见表3-8）。

表3-10　审计重要性与审计证据的关系（在一定的审计风险水平下）

估计的重要性水平	审计证据的需要量
低	多
高	少

3. 审计风险和审计证据

审计风险与审计证据之间存在反向变动关系。一方面，可接受的审计风险越低，需要审计证据的数量越多；另一方面，收集的审计证据越多、越有效，实际的审计风险水平就越低。

审计重要性、审计风险和审计证据的关系如图3-5所示。

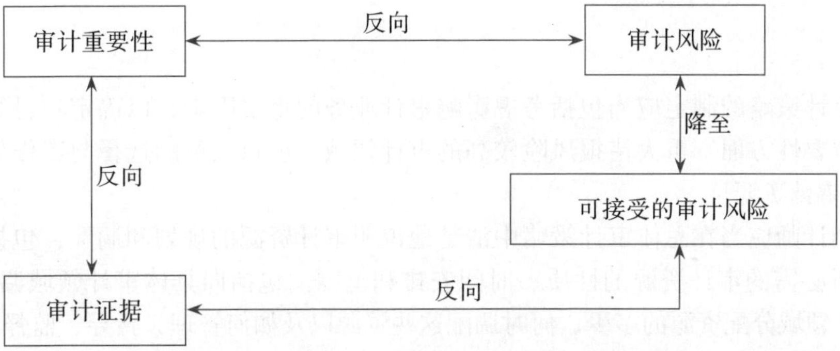

图3-6　审计重要性、审计风险和审计证据的关系

课程思政园地

管仲的“轻”与“重”

管仲，是春秋时期齐国著名的政治家、思想家、经济改革家和贤相的典范，是“明法审数”审计思想的创始者。他提出了理财为治国之本、节约开支、量入为出、对国家财政收支活动进行全面考核和审查的主张，从而衍生出“明法审数”的审计思想。管仲认为“天下之数尽于轻重矣”，提出“道之用也，贵其重也”，这里的“重”指的是抓住关键事物，将主导权抓在手中。管仲将“轻重”的概念广泛运用到货币发行、市场调节、税收政策制定以及奖惩等方面，核心是通过对商品和市场规律的把握、干预与调节，影响和控制整个国家经济，达到增强国力的目的。

请思考：在当今，管仲的轻重思想是否还可以继承和发扬？

任务三　制定总体审计策略

一、总体审计策略的含义

审计计划分为总体审计策略与具体审计计划两个层次。

总体审计策略是对审计的预期范围和实施方式所做的规划，是审计人员从接受审计委托到出具审计报告整个过程对基本工作内容的综合计划。总体审计策略用以确定审计范围、时间和方向，并指导制订具体审计计划。

二、制定总体审计策略时的考虑事项

在制定总体审计策略时，注册会计师应当考虑以下主要事项：

（一）审计范围

注册会计师应当确定审计业务的特征，包括适用的财务报告编制基础、特定行业的报告要求以及被审计单位组成部分的分布等，以确定审计范围。

（二）报告目标、时间安排及所需沟通的性质

总体审计策略的制定应当包括明确审计业务的报告目标，以计划审计的时间安排和所需沟通的性质，包括提交审计报告的时间要求、预期与管理层和治理层沟通的重要日

期等。

（三）审计方向

总体审计策略的制定应当包括考虑影响审计业务的重要因素，以确定项目组的工作方向，包括重要性方面、重大错报风险较高的审计领域、项目人员的选择与工作分工等。

（四）审计资源

注册会计师应当在总体审计策略中清楚地说明审计资源的规划和调配，包括确定执行审计业务所必需的审计资源的性质、时间安排和范围。包括向具体审计领域调配的资源、向具体审计领域分配资源的多少、何时调配这些资源以及如何管理、指导、监督这些资源。

在制定总体审计策略时，注册会计师还应考虑初步业务活动的结果，以及为被审计单位提供其他服务时所获得的经验。

【做中学3-11】（多选题）在制定总体审计策略时，注册会计师应当考虑（　　）。

A.审计范围　　B.审计业务的特征　　C.审计方向　　D.财务报告目标

答案：ACD。

微课

总体审计策略

注册会计师应当根据实施风险评估程序的结果对上述内容予以调整。其详细程度应当随着被审计单位的规模及该项审计业务复杂程度的不同而变化。

总体审计策略一经确定，注册会计师应当针对总体审计策略中所识别的不同事项，制订具体审计计划，并考虑通过有效利用审计资源以实现审计目标。

总体审计策略见表3-11。

表3-11　　总体审计策略

被审计单位：______ 项目：总体审计策略 编制：______ 日期：______	索引号：BS 财务报表截止日/期间：______ 复核：______ 日期：______
一、审计范围	
报告要求	【如某些行业的监管部门要求提供的报告】
适用的会计准则、相关会计制度	
适用的审计准则	
与财务报告相关的行业特别规定	【如监管机构发布的有关信息披露法规、特定行业主管部门发布的与财务报告相关的法规等】
需审计的集团内组成部分的数量及所在地点	
需要阅读的含有已审计财务报表的文件中的其他信息	【如上市公司年报】
制定审计策略需考虑的其他事项	【如单独出具报表的子公司范围等】

续表

二、审计业务时间安排 （一）对外报告的时间安排： （二）执行审计的时间安排：	
执行审计的时间安排	时间
1.期中审计	
（1）制定总体审计策略	
（2）制订具体审计计划	
⋮	
2.期末审计	
（1）存货监盘	
⋮	
（三）沟通的时间安排	
所需沟通	时间
与管理层及治理层的会议	
项目组会议（包括预备会和总结会）	
与专家或有关人员的沟通	
与其他注册会计师沟通	
与前任注册会计师沟通	
⋮	

三、影响审计业务的重要因素

（一）重要性

确定的重要性水平	确定方法	索引号
【按照本所业务手册中的规定确定】	审计人员在确定重要性金额时一般按下列原则进行： 1.利润总额的3%～8%（在近几年利润较为稳定的情况下采用） 2.销售收入的0.5%～1%或销售毛利的1%～2%（在近几年盈利较少或利润波动较大的情况下采用） 3.资产总额的0.5%～1% 4.净资产的3%～5% 5.对于非营利组织，费用总额或总收入的0.5% 6.对于共同基金公司，净资产的0.5% 【如果同一期间各会计报表的重要性金额不同，审计人员应当取其最低者作为会计报表的重要性金额】	

续表

（二）可能存在较高重大错报风险的领域

可能存在较高重大错报风险的领域	索引号
⋮	

（三）重要的组成部分和账户余额

填写说明：

1.记录所审计的集团内重要的组成部分

2.记录重要的账户余额，包括本身具有重要性的账户余额（如存货），以及评估出存在重大错报风险的账户余额

重要的组成部分和账户余额	索引号
1.重要的组成部分	
⋮	
2.重要的账户余额	
⋮	

四、人员安排

（一）项目组主要成员的责任

职位	姓名	主要职责
⋮	⋮	⋮

【注：在分配职责时可以根据被审计单位的不同情况按会计科目划分，或按交易类别划分】

（二）与项目质量管理复核人员的沟通（如适用）

复核的范围：

沟通内容	负责沟通的项目组成员	计划沟通时间
风险评估、对审计计划的评论		
对财务报表的复核		
⋮		

五、对专家或有关人士工作的利用（如适用）

【注：如果项目组计划利用专家或有关人士的工作，需要记录其工作的范围和涉及的主要会计科目等。另外，项目组还应按照相关审计准则的要求对专家或有关人士的能力、客观性及其工作等进行考虑及评估】

（一）对内部审计工作的利用

续表

主要报表项目	拟利用的内部审计工作	索引号
存货	内部审计部门对各仓库的存货每半年至少盘点一次。在中期审计时，项目组已经对内部审计部门盘点步骤进行观察，对其结果满意，因此项目组将审阅其年底的盘点结果，并缩小存货监盘的范围	
⋮		

（二）对其他注册会计师工作的利用

其他注册会计师姓名	利用其工作的范围及程度	索引号
⋮	⋮	

（三）对专家工作的利用

报表项目	专家姓名	主要职责及工作范围	利用专家工作的原因	索引号
⋮	⋮	⋮	⋮	

（四）对被审计单位使用服务机构的考虑

主要报表项目	服务机构名称	服务机构提供的相关服务及其注册会计师出具的审计报告意见及日期	索引号
⋮	⋮	⋮	⋮

任务四 编制具体审计计划

一、具体审计计划的含义

总体审计策略一经制定，注册会计师就可以针对总体审计策略中的各个事项制订具体审计计划，并考虑通过有效利用审计资源实现审计目标。具体审计计划比总体审计策略更加详细，是依据总体审计策略制定的对项目组成员拟实施的审计程序的性质、时间和范围所做的详细规划与说明。其目的是帮助项目组成员获取充分、适当的审计证据以将审计风险降至可接受的低水平。

一般情况下，总体审计策略和具体审计计划是由项目负责人负责编制的，在实务中往往是项目负责人和项目组中有经验的相关人员一起编制，但是项目负责人要承担相应的编制责任。总体审计策略和具体审计计划都属于审计计划的范畴，通常情况下会计师事务所在接受委托前要对客户进行评估，评估“合格”后才会承接相应的审计业务。为了更好地执行审计业务、保证审计质量，会计师事务所都会制订相应的审计计划，总体审计策略侧重于对整体审计工作的安排，而具体审计计划则侧重于对具体审计程序的安排。

二、具体审计计划的内容

微课

具体审计计划

具体审计计划应当包括风险评估程序、计划实施的进一步审计程序和计划的其他审计程序。

（一）风险评估程序

风险评估程序，是指按照《中国注册会计师审计准则第1211号——重大错报风险的识别和评估》的规定，为了充分识别和评估财务报表重大错报风险，注册会计师计划实施的风险评估程序的性质、时间和范围。

（二）计划实施的进一步审计程序

计划实施的进一步审计程序，是指按照《中国注册会计师审计准则第1231号——针对评估的重大错报风险采取的应对措施》的规定，针对评估的认定层次的重大错报风险，注册会计师计划实施的进一步审计程序的性质、时间和范围。进一步审计程序包括控制测试和实质性程序。

【提示】随着审计工作的推进，对审计程序的计划进一步深入，并贯穿于整个审计过程中。例如，计划风险评估程序通常在审计开始阶段进行，计划进一步审计程序则需要依据风险评估程序的结果进行。因此，为达到编制具体审计计划的要求，注册会计师需要完成风险评估程序，识别和评估重大错报风险，并针对评估的认定层次的重大错报风险，计划实施进一步审计程序的性质、时间和范围。

通常，注册会计师计划的进一步审计程序可以分为进一步审计程序的总体方案和拟实施的具体审计程序（包括进一步审计程序的具体性质、时间和范围）两个层次。进一步审计程序的总体方案主要是指注册会计师针对各类交易、账户余额和披露决定采用的总体方案（包括实质性方案和综合性方案）。具体审计程序则是对进一步审计程序的总体方案的延伸和细化，它通常包括控制测试和实质性程序的性质、时间和范围。在实务中，注册会计师通常单独编制一套包括这些具体程序的“进一步审计程序表”，待具体实施审计程序时，注册会计师将基于所计划的具体审计程序，进一步记录所实施的审计程序及结果，并最终形成有关进一步审计程序的审计工作底稿。

（三）计划的其他审计程序

计划的其他审计程序，是指根据中国注册会计师审计准则的规定，注册会计师针对审计业务需要实施的其他审计程序。计划的其他审计程序可以包括上述进一步审计程序的计划中没有涵盖的、根据其他审计准则的要求注册会计师应当执行的既定程序。

三、审计过程中对计划的修改

计划审计工作并非审计业务的一个孤立阶段，而是一个持续的、不断修正的过程，贯穿于整个审计业务的始终。由于未预期事项、条件的变化或在实施审计程序中获取的审计证据等原因，在审计过程中，注册会计师应当在必要时对总体审计策略和具体审计计划作出更新和修改。

审计过程可以分为不同阶段，通常前面阶段的工作结果会对后面阶段的工作计划产生一定的影响，而后面阶段的工作过程中又可能发现需要对已制订的相关计划进行相应的更新和修改。通常来讲，这些更新和修改可能涉及比较重要的事项。例如，对重要性水平的修改，对某类交易、账户余额和披露的重大错报风险的评估和进一步审计程序（包括总体方案和拟实施的具体审计程序）的更新和修改等。一旦计划被更新和修改，审计工作也就应当进行相应的修正。

如果注册会计师在审计过程中对总体审计策略或具体审计计划作出重大修改，应当在审计工作底稿中记录作出的重大修改及其理由。

四、总体审计策略与具体审计计划的关系

（1）制定总体审计策略的过程通常在具体审计计划之前。

（2）根据总体审计策略中所识别的不同事项，制订具体审计计划，总体审计策略指导具体审计计划。

（3）总体审计策略和具体审计计划二者并非是孤立的，对其中一项的决定可能会影响甚至改变对另外一项的决定。

（4）在实务中，注册会计师可以统筹安排进一步审计程序的先后顺序，如果对某类交易、账户余额或披露已经作出计划，则可以安排先行开展工作，与此同时再制定其他交易、账户余额或披露的进一步审计程序。

【做中学3-12】（多选题）具体审计计划包括的内容有（　　）。

A.风险评估程序　　B.审计范围、时间和方向

C.计划实施的进一步审计程序　　D.计划其他审计程序

答案：ACD。

【做中学3-13】（单选题）下列说法中，不正确的是（　　）。

A.在整个审计过程中，审计人员都将运用分析程序

B.在计划审计阶段，重要性水平是判断审计风险的标准，直接影响着具体审计计划

C.具体审计计划用以确定审计范围、时间和方向，并指导制定总体审计策略

D.注册会计师计划实施风险评估程序的性质、时间和范围，以识别和评估财务报表的重大错报风险

答案：C。

【做中学3-14】（案例题）天诚正信会计师事务所承接清丰公司2023年度财务报表审计业务，清丰业务的性质和经营规模与该事务所常年审计客户国强公司相类似，该事务所在制定总体审计策略和具体审计计划时，作出下列判断：

（1）由于清丰公司与常年审计客户国强公司的业务性质和规模相似，因此确定的重要性水平与国强公司相同。

（2）初步了解2023年度清丰公司及其环境未发生重大变化，拟信赖以往审计中对管理层、治理层诚信形成的判断。

（3）制订完成审计计划后，应按照计划执行审计程序，不能改变计划。

（4）因对清丰公司内部审计人员的客观性和专业胜任能力存有疑虑，拟不利用内部审计的工作。

（5）因清丰公司存货存放于外省市，监盘成本较高，拟不进行监盘，直接实施替代审计程序。

（6）如对计划的重要性水平作出修正，拟通过修改计划实施的实质性程序的性质、时间安排和范围降低重大错报风险。

要求：请简要回答上述事项是否存在不当之处，如存在请简要说明理由。

答案：

（1）存在不当之处。重要性的确定是根据具体环境作出的，不能仅根据两家公司的业务性质和规模相似，就使用相同的重要性水平。

（2）存在不当之处。注册会计师不能仅仅根据清丰公司及其环境没有发生重大变化而直接信赖管理层、治理层的诚信情况，注册会计师还应该考虑被审计单位相关的战略、目标等的影响以及根据本年度的具体情况来考虑管理层、治理层的诚信问题。

（3）存在不当之处。计划审计工作不是孤立的阶段，而是一个持续不断修正的过程，贯穿于审计业务的始终。

（4）无不当之处。

（5）存在不当之处。除非监盘程序不可行，否则注册会计师应对存货实施监盘程序。注册会计师不能由于时间、成本等原因，减少必要的审计程序。

（6）存在不当之处。重大错报风险是客观存在的，不可以通过修改计划实施的实质性程序的性质、时间安排和范围予以降低。

表3-12是一个具体审计计划的范例，供参考。

表3-12 具体审计计划

被审计单位：______	索引号：BI
项目：具体审计计划	财务报表截止日/期间：______
编制：______	复核：______
日期：______	日期：______

1.风险评估程序

1.1 一般风险评估程序

【项目组须记录为了解被审计单位及其环境所执行的风险评估程序。该程序可能包括询问、观察、检查及分析程序等。所记录的内容须包括项目组工作的性质及范围】

风险评估程序	执行人及日期	工作底稿索引号
【向管理层询问有关被审计单位业务、经营环境及内部控制的变化情况】		
【根据计划的目的，对年度（期间）财务报表的财务信息实施分析程序】		
【分析中期审阅的结果（如有）】		
【：】		

续表

1.2　针对特定项目的程序

（1）确定特定项目

确定特定项目	执行人及日期	工作底稿索引号
【根据拟定的针对特定项目（如对舞弊、持续经营、法律法规的考虑及关联方等）的审计程序所进行的审计工作】		
【⋮】		

【注：相关审计准则要求注册会计师在计划审计工作时，对某些项目（本计划称为特定项目）予以特别考虑并执行相应审计程序。除以上所列举的项目外，特定项目还可能包括诉讼及赔偿、环境事项、电子商务等。为便于安排及协调审计计划，本计划将针对特定项目需要执行询问程序的时间及参加人员的计划列示于下表】

（2）询问程序的时间安排

以上面所提及的特定项目为例，项目组可能需按照相关准则的要求对下列人员进行访问：

受访者（姓名及职位）	计划参加沟通的项目组成员	访问时间	工作底稿索引号
对舞弊的考虑： ——董事长 ——财务总监 ⋮	项目负责人及审计经理	××××年××月××日	×××
持续经营			
对法律法规的考虑			
关联方			
⋮			

2. 了解被审计单位及其环境（不包括内部控制）

记录对被审计单位及其环境的了解（对内部控制的了解见以下第3部分）、信息来源及风险评估程序。

2.1　行业状况、法律环境与监管环境以及其他外部因素

⋮

2.4　目标、战略及相关经营风险

⋮

2.5　财务业绩的衡量和评价

⋮

3. 了解内部控制

3.1　控制环境

⋮

3.2　被审计单位的风险评估过程

⋮

3.3　信息系统与沟通

⋮

续表

3.4　控制活动

⋮

3.5　对控制的监督

⋮

4.对风险评估及审计计划的讨论

⋮

5.评估的重大错报风险

本部分是基于以上第1至第4部分对被审计单位及其环境的了解，记录识别的重大错报风险。【★】

5.1　评估的财务报表层次的重大错报风险

⋮

5.2　评估的认定层次的重大错报风险

⋮

6.计划的进一步审计程序

⋮

6.1　计算机辅助审计技术的使用

对于以电子形式存在的信息，注册会计师可以通过使用计算机辅助审计技术实施某些审计程序。【★】

以下记录的是使用计算机辅助审计技术所对应的会计科目、审计目标及具体程序。

会计科目	审计目标编号 （可与以上6.1部分相互索引）	计算机辅助审计技术程序
应收账款	1	①重新计算应收账款账龄分析的准确性 ②使用计算机辅助审计技术选取凭证样本

依据《中国注册会计师审计准则第1301号——审计证据》第三十四条。【★】

7.其他程序

记录根据相关审计准则的规定，计划实施的其他审计程序。【★】

7.1　含有已审计财务报表的文件中的其他信息

记录其他信息的性质、审计目标和审计程序。

其他信息	审计目标	审计程序
年度报告	确定年度报告中包含的其他信息是否与已审计财务报表存在重大不一致	在报告日前，向管理层获取年度报告草稿并阅读……应按照《中国注册会计师审计准则第1521号——注册会计师对其他信息的责任》中规定的程序执行，在此略
⋮		

7.2　其他

依据《中国注册会计师审计准则第1201号——计划审计工作》第十五条。【★★】

项目小结

本项目主要知识点归纳总结见表3-13。

表3-13　　主要知识点归纳总结

主要知识点	内　容
执行初步分析程序和初步确定重要性水平	注册会计师在整个审计过程中，应当按照审计计划执行审计业务。审计计划的编制主要有以下几方面内容：（1）执行初步分析程序；（2）初步确定重要性水平；（3）评估审计风险；（4）制定总体审计策略；（5）编制具体审计计划
	计划审计工作时，执行初步分析程序的主要目的是使审计人员对客户的经营情况有更好的了解和确认资料间异常的关系和意外的波动，以便找出存在较高错报风险的领域
	重要性取决于在具体环境下对错报金额和性质的判断。如果一项错报单独或连同其他错报可能影响财务报表使用者依据财务报表作出经济决策，则该项错报是重大的。其中，错报，是指某一财务报表项目的金额、分类或列报，与按照适用的财务报告编制基础应当列示的金额、分类或列报之间存在的差异。审计人员应当考虑财务报表层次和各类交易、账户余额和披露认定层次的重要性
评估审计风险	审计风险，是指财务报表存在重大错报时注册会计师发表不恰当审计意见的可能性。审计风险取决于重大错报风险和检查风险
	在既定的审计风险水平下，可接受的检查风险与认定层次重大错报风险的评估结果存在反向变动关系
	重要性与审计风险之间存在反向变动关系；重要性和审计证据之间存在反向变动关系；审计风险与审计证据之间存在反向变动关系
制定总体审计策略	总体审计策略是对审计的预期范围和实施方式所做的规划，是审计人员对从接受审计委托到出具审计报告的整个过程基本工作内容的综合计划。总体审计策略用以确定审计范围、时间和方向，并指导制订具体审计计划
编制具体审计计划	具体审计计划比总体审计策略更加详细，是依据总体审计策略制订的，对项目组成员拟实施的审计程序的性质、时间和范围所做的详细规划与说明。其目的是帮助项目组成员获取充分、适当的审计证据以将审计风险降至可接受的低水平。具体审计计划应当包括风险评估程序、计划实施的进一步审计程序和其他审计程序

阅读篇目

《中国注册会计师审计准则第1101号——注册会计师的总体目标和审计工作的基本要求》

《中国注册会计师审计准则第1131号——审计工作底稿》

《中国注册会计师审计准则第1201号——计划审计工作》

《中国注册会计师审计准则第1201号——计划审计工作》应用指南

《中国注册会计师审计准则第1221号——计划和执行审计工作时的重要性》

项目四

实施审计

学习目标

【知识目标】

1. 理解风险评估的目的和内容；
2. 掌握了解内部控制的内容和方法；
3. 掌握重大错报风险的评估程序；
4. 熟悉针对财务报表层次的重大错报风险的总体应对措施；
5. 掌握进一步审计程序的概念及性质、时间和范围的确定；
6. 掌握控制测试的性质、时间和范围；
7. 掌握实质性程序的性质、时间和范围。

【技能目标】

1. 能掌握注册会计师风险评估的方法；
2. 能掌握注册会计师风险应对的方法；
3. 能对销售与收款循环实施控制测试和实质性程序；
4. 能对采购与付款循环实施控制测试和实质性程序；
5. 能对生产与存货循环实施控制测试和实质性程序；
6. 能对货币资金循环实施控制测试和实质性程序。

【态度目标】

1. 增强审计独立性观念；
2. 树立在探究、反思与交流中学习的观念；
3. 建立职业怀疑态度，保持应有的职业谨慎。

工作情境与工作任务

实施审计的过程，就是注册会计师进行风险识别、评估与应对的过程。如何实施风险评估以了解被审计单位的内部控制呢？评估财务报表层次和认定层次的重大错报风险的程序是什么？注册会计师如何应对识别出的不同层次的重大错报风险？

注册会计师财务报表审计以资产负债表和利润表为主，报表项目审计按业务循环可分为销售与收款循环、采购与付款循环、生产与存货循环和货币资金循环。这四个循环的主要业务活动各是什么？涉及哪些主要凭证和会计记录？注册会计师如何对这四个循环实施控制测试和实质性程序？本项目的主要内容如图4-1所示。

图4-1　本项目的主要内容

任务一　审计测试流程——风险评估和风险应对

注册会计师实施审计，其目标是对财务报表整体不存在由于错误或舞弊导致的重大错报获取合理保证。风险导向审计是当今主流的审计方法，它要求注册会计师实施风险评估程序，了解被审计单位及其环境、适用的财务报告编制基础和内部控制体系各要素，并识别和评估财务报表层次及认定层次的重大错报风险，为设计和实施总体应对措施和进一步审计程序，应对评估的重大错报风险提供依据。本任务将介绍如何对重大错报风险进行识别和评估及应对，并将审计风险降至可接受的低水平。

一、风险评估

（一）风险识别和评估的含义、作用

微课

风险评估

在风险导向审计模式下，注册会计师以重大错报风险的识别、评估和应对为审计工作的主线，最终将审计风险控制在可接受的低水平。风险的识别和评估是审计风险控制流程的起点。

1. 风险识别和评估的含义

风险识别和评估，是指注册会计师通过实施风险评估程序，识别和评估财务报表层次和认定层次的重大错报风险。其中，风险识别是指找出财务报表层次和认定层次的重大错报风险；风险评估是指对重大错报发生的可能性和后果严重程度进行评估。

2. 风险识别和评估的作用

注册会计师应当实施风险评估程序，以了解被审计单位及其环境，以充分识别和评估财务报表重大错报风险，设计和实施进一步审计程序。了解被审计单位及其环境是必要程序，特别是为注册会计师在下列关键环节作出职业判断提供重要基础：

（1）确定重要性水平，并随着审计工作的进程评估对重要性水平的判断是否仍然适当；

（2）考虑会计政策的选择和运用是否恰当，以及财务报表的列报是否适当；

（3）识别需要特别考虑的领域，包括关联方交易、管理层运用持续经营假设的合理性，或交易是否具有合理的商业目的等；

（4）确定在实施分析程序时所使用的预期值；

（5）设计和实施进一步审计程序，以将审计风险降至可接受的低水平；

（6）评价所获取审计证据的充分性和适当性。

了解被审计单位及其环境是个连续和动态地收集、更新与分析信息的过程，贯穿于整个审计过程的始终。注册会计师应当运用职业判断确定需要了解被审计单位及其环境的程度。

评价对被审计单位及其环境了解的程度是否恰当，关键是看注册会计师对被审计单位及其环境的了解是否足以识别和评估财务报表的重大错报风险。如果了解被审计单位及其环境获得的信息足以识别和评估财务报表的重大错报风险，那么，了解的程度就是恰当的。当然，要求注册会计师对被审计单位及其环境了解的程度，低于管理层为经营管理企业而对被审计单位及其环境需要了解的程度。

【做中学4-1】（单选题）下列关于风险识别和评估的作用的说法中错误的是（　　）。

A.确定重要性水平，并随着审计工作的进程评估对重要性水平的判断是否仍然适当

B.考虑会计政策的选择和运用是否恰当，以及财务报表的列报是否适当

C.设计和实施进一步审计程序，以便消除审计风险

D.识别需要特别考虑的领域，包括关联方交易、管理层运用持续经营假设的合理性，或交易是否具有合理的商业目的等

答案：C。

（二）风险评估程序及项目组内部讨论

1.风险评估程序

风险评估程序，是指注册会计师为识别和评估财务报表层次以及认定层次的重大错报风险，而设计和实施的审计程序。注册会计师应当依据实施这些程序所获取的信息，识别和评估重大错报风险。

注册会计师应当实施下列风险评估程序，以了解被审计单位及其环境等方面的情况：

（1）询问。

询问管理层和被审计单位内部其他合适人员，包括内部审计人员。注册会计师通过询问获取的大部分信息来自管理层和负责财务报告的人员。注册会计师也可以通过询问被审计单位内部其他不同层级和职责的适当人员获取信息，这可能为识别和评估重大错报风险提供不同的视角。

（2）分析程序。

注册会计师将分析程序用作风险评估程序，识别注册会计师未注意到的被审计单位某些方面的情况，或了解固有风险因素（如相关变化）如何影响“相关认定”（即注册会计师识别出存在重大错报风险的交易类别、账户余额和披露的认定）易于发生错报的可能性，可能有助于识别和评估重大错报风险。

（3）观察和检查。

观察和检查程序可以支持对管理层和其他相关人员的询问结果，并可以提供有关被审计单位及其环境等方面情况的信息。

注册会计师在财务报表审计中应当实施上述风险评估程序，但是在了解被审计单位及其环境、适用的财务报告编制基础和内部控制体系各要素的每一方面时无须实施上述所有程序。注册会计师在实施风险评估程序时，可以使用自动化工具和技术，如对大批量数据（如总账、明细账或其他经营数据）进行自动化分析，使用远程观察工具（如无人机）观察或检查资产等。

【做中学4-2】（单选题）在下列控制中，属于检查控制的是（ ）。

A.销货发票上的价格根据价格清单上的信息确定

B.计算机每天比较运出货物的数量和开票数量并生成差异报告

C.在更新采购档案之前必须先有收货报告

D.计算机对比记账凭证上的借贷方金额，对账户代码进行逻辑测试

答案：B。

【做中学4-3】（单选题）下列审计程序中，注册会计师在了解被审计单位内部控制时通常不采用的是（ ）。

A.询问　　B.观察　　C.分析程序　　D.检查

答案：C。

【做中学4-4】（多选题）了解被审计单位及其环境是必要程序，为注册会计师在审计的关键环节作出职业判断提供了重要基础，相关关键环节包括（ ）。

A.确定重要性水平，并随着审计工作的进程评估对重要性水平的判断是否仍然适当

B.识别需要特别考虑的领域，包括关联方交易、管理层运用持续经营假设的合理性等

C.设计和实施进一步审计程序，以将审计风险降至可接受的低水平

D.评价所获取审计证据的充分性和适当性

答案：ABCD。

2.项目组内部讨论

项目组内部的讨论在所有业务阶段都非常必要，可以保证所有事项都得到恰当的考虑。通过安排具有较丰富经验的成员（如项目合伙人）参与项目组内部的讨论，其他成员可以分享其见解和以往获取的被审计单位的经验。《中国注册会计师审计准则第1211号——重大错报风险的识别和评估》要求，项目合伙人和项目组其他关键成员应当讨论被审计单位财务报表易于发生重大错报的可能性，以及如何根据被审计单位的具体情况运用适用的财务报告编制基础。项目合伙人应当确定向未参与讨论的项目组成员通报哪些事项。作为项目组内部讨论的一部分，考虑适用的财务报告编制基础中的披露要求，有助于注册会计师在审计工作的早期识别可能存在的与披露相关的重大错报风险领域。

通过讨论可以达成下列目的：

（1）使经验较丰富的项目组成员（包括项目合伙人）有机会分享其根据对被审计单位的了解形成的见解，共享信息有助于增进所有项目组成员对项目的了解。

（2）使项目组成员能够讨论被审计单位面临的经营风险，固有风险因素如何影响各类交易、账户余额和披露易于发生错报的可能性，以及财务报表易于发生由舞弊或错误导致

的重大错报的方式和领域。

（3）帮助项目组成员更好地了解在各自负责的领域中潜在的财务报表重大错报，并了解各自实施的审计程序的结果可能如何影响审计的其他方面，包括对确定进一步审计程序的性质、时间安排和范围的影响。特别是讨论可以帮助项目组成员基于各自对被审计单位性质和情况的了解，进一步考虑相矛盾的信息。

（4）为项目组成员交流和分享在审计过程中获取的、可能影响重大错报风险评估结果或应对这些风险的审计程序的新信息提供基础。

（三）了解被审计单位及其环境和适用的财务报告编制基础

1.了解被审计单位及其环境和适用的财务报告编制基础的内容

注册会计师应当从下列方面了解被审计单位及其环境：①被审计单位相关行业形势、法律环境、监管环境及其他外部因素；②组织结构、所有权和治理结构、业务模式（包括该业务模式利用信息技术的程度）；③财务业绩的衡量标准，包括内部和外部使用的衡量标准；④适用的财务报告编制基础、会计政策以及变更会计政策的原因；⑤被审计单位的内部控制。

【提示】了解被审计单位及其环境和适用的财务报告编制基础不是可有可无的程序，而是必须实施的程序。

【做中学4-5】（多选题）下列对被审计单位及其环境进行了解的内容中，属于被审计单位内部因素的有（　　）。

A.行业形势、法律环境与监管环境　　B.被审计单位的性质

C.被审计单位的内部控制　　D.被审计单位对会计政策的选择和运用

答案：BCD。

（1）了解被审计单位相关行业形势、法律环境、监管环境以及其他外部因素（见表4-1）。

表4-1　了解被审计单位相关行业形势、法律环境、监管环境以及其他外部因素

被审计单位：________ 项目：了解被审计单位相关行业形势、法律环境、监管环境以及其他外部因素 财务报表截止日/期间：________			索引号：BA　页次：________ 编制人：____日期：________ 复核人：____日期：________			
一、审计目标						
了解被审计单位相关行业形势、法律环境与监管环境以及其他外部因素，并评估相应的重大错报风险						
二、了解的内容、实施的风险评估程序及评估出的风险						
了解的内容	实施的风险评估程序	简要记录	评估出的重大错报风险	执行时间	索引号	备注
1.行业形势						
（1）所处行业的市场供求与竞争						
被审计单位的主要产品是什么，所处什么行业						
行业的总体发展趋势是什么						

续表

了解的内容	实施的风险评估程序	简要记录	评估出的重大错报风险	执行时间	索引号	备注
行业处于哪一总体发展阶段						
市场需求、市场容量和价格竞争如何						
行业上下游关系如何						
谁是被审计单位最重要的竞争者，它们所占的市场份额是多少						
被审计单位及其竞争者主要的竞争优势是什么						
⋮						
(2) 生产经营的季节性和周期性						
行业是否受经济周期波动影响，以及采取了什么行动使波动的影响最小化						
行业生产经营和销售是否受季节影响						
⋮						
(3) 产品生产技术的变化						
本行业的核心技术是什么						
受技术发展影响的程度如何						
行业是否开发了新的技术						
被审计单位在技术方面是否具有领先地位						
⋮						
(4) 能源供应与成本						
能源消耗在成本中所占比重，能源价格的变化对成本的影响						
⋮						
(5) 行业的关键指标和统计数据						
行业产品的平均价格、产量是多少						
被审计单位业务的增长率和财务业绩与行业的平均水平及主要竞争者相比如何，存在重大差异的原因是什么						
竞争者是否采取了某些行动，如购并活动、降低销售价格、开发新技术等，从而对被审计单位的经营活动产生影响						

续表

了解的内容	实施的风险评估程序	简要记录	评估出的重大错报风险	执行时间	索引号	备注
⋮						
2.法律环境及监管环境						
（1）适用的会计准则、会计制度和行业特定惯例						
无论被审计单位是上市公司、外商投资企业还是其他企业，相应地，适用的会计准则或会计制度是什么，是企业会计准则还是《企业会计制度》或者《小企业会计准则》						
是否仍采用行业核算办法						
⋮						
（2）对经营活动产生重大影响的法律法规及监管活动						
国家对该行业是否有特殊监管要求						
⋮						
（3）对开展业务产生重大影响的政府政策，包括货币、财政、税收和贸易等政策						
现行货币政策、财政政策、关税和贸易限制或税务法规对被审计单位经营活动产生什么影响						
⋮						
（4）与被审计单位所处行业和所从事经营活动相关的环保要求						
是否存在新发布的法律法规（如新发布的有关产品责任、劳动安全或环境保护的法律法规等），对被审计单位有何影响						
⋮						
3.其他外部因素						
（1）宏观经济的景气度						
当前的宏观经济状况如何（萧条、景气），以及未来的发展趋势						
（2）利率和资金供求状况						

续表

了解的内容	实施的风险评估程序	简要记录	评估出的重大错报风险	执行时间	索引号	备注
利率和资金供求状况如何影响被审计单位的经营活动						
(3) 通货膨胀水平及币值变动						
目前国内或本地区的经济状况（如增长率、通货膨胀、失业率、利率等）如何影响被审计单位的经营活动						
(4) 国际经济环境和汇率变动						
被审计单位的经营活动是否受到汇率波动或全球市场力量的影响						
⋮						
注：1.记录的内容应包括实施审计程序的性质、时间安排和范围； 2.“简要记录”仅适用于未通过客户获取相关证据且需要记录的内容比较简单的风险评估程序项目						

①行业形势。了解行业形势有助于注册会计师识别与被审计单位所处行业有关的重大错报风险。被审计单位的行业形势主要包括：a.所处行业的市场供求与竞争；b.生产经营的季节性和周期性；c.产品生产技术的变化；d.能源供应与成本；e.行业的关键指标和统计数据。

②法律环境及监管环境。了解法律环境及监管环境的主要原因在于：a.某些法律法规或监管要求可能对被审计单位的经营活动有重大影响，如不遵守将导致停业等严重后果；b.某些法律法规或监管要求（如环保法规等）规定了被审计单位某些方面的责任和义务；c.某些法律法规或监管要求决定了被审计单位需要遵循的行业惯例和核算要求。

被审计单位所处的法律环境及监管环境主要包括：a.适用的会计准则、会计制度和行业特定惯例；b.对经营活动产生重大影响的法律法规及监管活动；c.对开展业务产生重大影响的政府政策，包括货币、财政、税收和贸易等政策；d.与被审计单位所处行业和所从事经营活动相关的环保要求。

③其他外部因素。影响被审计单位经营的其他外部因素主要包括：a.宏观经济的景气度；b.利率和资金供求状况；c.通货膨胀水平及币值变动；d.国际经济环境和汇率变动。

【提示】注册会计师对行业形势、法律环境与监管环境以及其他外部因素了解的范围和程度会因被审计单位所处行业、规模以及其他因素的不同而不同。注册会计师应将了解的重点放在对被审计单位的经营活动可能产生重要影响的关键外部因素以及与前期相比发生的重大变化上。

(2) 了解被审计单位的组织结构、所有权结构和治理模式、业务模式。注册会计师应从下列方面了解被审计单位的性质（见表4-2）。

表4-2 了解被审计单位的组织结构、所有权结构和治理模式、业务模式

被审计单位：________ 项目：了解被审计单位的组织结构、所有权结构和治理结构、业务模式 财务报表截止日/期间：________	索引号：BB 页次：____ 编制人：____日期：____ 复核人：____日期：____
一、审计目标	
了解被审计单位的性质，并评估相应的重大错报风险	
二、了解的内容、实施的风险评估程序及评估出的风险	

了解的内容	实施的风险评估程序	简要记录	评估出的重大错报风险	执行时间	索引号	备注
1.所有权结构						
(1) 所有权性质（无论是国有企业、外商投资企业、民营企业还是其他类型企业）						
(2) 所有者和其他人员或单位的名称，以及与被审计单位之间的关系						
谁是企业的所有者？需要了解清楚所有者是法人还是自然人，企业类型、自然人的主要社会职务、企业所属地区、规模等，以及所有者与被审计单位之间的关系						
(3) 控股母公司						
控股母公司的所有权性质、管理风格及其对被审计单位经营活动及财务报表可能产生的影响						
控股母公司与被审计单位在资产、业务、人员、机构、财务等方面是否分开，是否存在占用资金等情况						
控股母公司是否施加压力，要求被审计单位达到其设定的财务业绩目标						
2.治理结构						
(1) 获取或编制被审计单位治理结构图						
(2) 对图示内容作出详细解释说明						
董事会的构成和运作情况						
董事会内部是否有独立董事，独立董事的人员构成						
治理结构中是否设有审计委员会或监事会及其运作情况等						
3.组织结构						
(1) 获取或编制被审计单位组织结构图						
(2) 对图示内容作出详细解释说明						
组织结构是否复杂，是否可能导致重大错报风险，包括财务报表合并、商誉摊销和减值、长期股权投资核算以及特殊目的实体核算等问题						

续表

了解的内容	实施的风险评估程序	简要记录	评估出的重大错报风险	执行时间	索引号	备注
4.经营活动						
(1) 主营业务的性质						
(2) 主要产品及其描述						
(3) 与生产产品或提供劳务相关的市场信息						
主要客户和合同、付款条件、利润率、市场份额、竞争者、出口、定价政策、产品声誉、质量保证、营销策略和目标等						
(4) 业务的开展情况						
业务分部的设立情况						
产品和服务的交付情况						
衰退或扩展的经营活动情况						
(5) 联盟、合营与外包情况						
(6) 从事电子商务的情况						
是否通过互联网销售产品、提供服务或从事营销活动						
(7) 地区与行业分布						
是否涉及跨地区经营和多种经营，各个地区和各行业分布的相对规模以及相互之间是否存在依赖关系						
(8) 生产设施、仓库的地理位置及办公地点						
(9) 关键客户						
销售对象是少量的大客户还是众多的小客户						
是否有被审计单位高度依赖的特定客户(如销售额超过销售总额10%的客户)						
是否有造成高回收性风险的若干客户或客户类别(如正处在一个衰退市场中的客户)						
是否与某些客户订立了不寻常的销售条款或条件						

续表

了解的内容	实施的风险评估程序	简要记录	评估出的重大错报风险	执行时间	索引号	备注
（10）重要供应商						
重要供应商名单						
是否签订长期供应合同						
原材料供应的可靠性和稳定性						
付款条件						
原材料是否受重大价格变动的影响						
（11）劳动用工情况						
分地区用工情况						
劳动力供应情况						
工资水平、退休金和其他福利、股权激励或其他奖金安排						
适用的劳动用工事项相关法规						
（12）研究与开发活动及其支出						
从事的研究与开发活动						
研发支出占收入的比重						
与同行业相比情况						
（13）关联方交易						
哪些客户或供应商是关联方						
对关联方和非关联方是否采用不同的销售和采购条款						
关联方交易以及定价政策						
5.投资活动						
（1）近期拟实施或已实施的并购活动与资产处置情况						
被审计单位的并购活动或某些业务的终止，如何与目前的经营业务相协调，并考虑其是否会引发进一步的经营风险						
（2）证券投资、委托贷款的发生与处置						
（3）资本性投资活动						
固定资产和无形资产投资						

续表

了解的内容	实施的风险评估程序	简要记录	评估出的重大错报风险	执行时间	索引号	备注
近期发生的或计划发生的投资变动						
重大的资本承诺						
(4) 不纳入合并范围的投资						
联营、合营或其他投资，包括近期计划的投资项目						
6.筹资活动						
(1) 债务结构和相关条款，包括担保情况及表外融资						
获得的信贷额度是否可以满足营运需要						
得到的融资条件及利率是否与竞争对手相似，如不相似，原因何在						
是否存在违反借款合同中限制性条款的情况						
是否承受重大的汇率与利率风险						
(2) 固定资产的租赁						
通过融资租赁方式进行的筹资活动						
(3) 关联方融资						
关联方融资的特殊条款						
关联方融资占融资总额的比重						
(4) 实际受益股东						
被审计单位实际受益股东的名称、国籍、商业声誉和经验，以及可能对被审计单位产生的影响						
(5) 衍生金融工具的运用						
衍生金融工具是用于交易目的还是套期目的						
衍生金融工具的种类						
使用衍生金融工具的范围						
交易对手						
⋮						
注：1.记录的内容应包括实施审计程序的性质、时间安排和范围； 2.“简要记录”仅适用于未通过客户获取相关证据且需要记录的内容比较简单的风险评估程序项目						

①所有权结构。对被审计单位所有权的了解有助于注册会计师识别关联方关系并了解被审计单位的决策过程。了解的内容主要包括：a.所有权结构以及所有者与其他人员或单位之间的关系。b.考虑关联方关系是否已经得到识别，以及关联方交易是否得到恰当核算。

②治理结构。良好的治理结构可以对被审计单位的经营和财务运作实施有效的监督，从而降低财务报表发生重大错报的风险。注册会计师应当了解的内容包括：a.董事会的构成情况；b.治理层是否能够在独立于管理层的情况下对被审计单位事务（包括财务报告）作出客观判断。

③组织结构。注册会计师应当了解被审计单位的组织结构，考虑复杂组织结构可能导致的重大错报风险，包括财务报表合并、商誉摊销和减值、长期股权投资核算以及特殊目的实体核算等问题。

④经营活动。了解被审计单位经营活动有助于注册会计师识别预期将在财务报表中反映的主要交易类别、重要账户余额和列报。

⑤投资活动。了解被审计单位投资活动有助于注册会计师关注被审计单位在经营策略和方向上的重大变化。

⑥筹资活动。了解被审计单位筹资活动有助于注册会计师评估被审计单位在融资方面的压力，并进一步考虑被审计单位在可预见未来的持续经营能力。

（3）了解财务业绩的衡量标准，包括内部和外部使用的衡量标准。

被审计单位内部或外部对财务业绩的衡量和评价可能对管理层产生压力，促使其采取行动改善财务业绩或歪曲财务报表。注册会计师应当了解被审计单位财务业绩的衡量和评价情况，考虑这种压力是否可能导致管理层采取行动，以至于增加财务报表发生重大错报的风险（见表4-3）。

表4-3　了解被审计单位财务业绩的衡量和评价

被审计单位：＿＿＿＿ 项目：了解被审计单位财务业绩的衡量和评价 财务报表截止日/期间：＿＿＿＿			索引号：BB　页次：＿＿＿＿ 编制人：＿＿＿＿日期：＿＿＿＿ 复核人：＿＿＿＿日期：＿＿＿＿			
一、审计目标						
了解被审计单位财务业绩的衡量和评价，并评估相应的重大错报风险						
二、了解的内容、实施的风险评估程序及评估出的风险						
了解的内容	实施的风险评估程序	简要记录	评估出的重大错报风险	执行时间	索引号	备注
1.关键业绩指标						
⋮						
2.业绩趋势						
⋮						
3.预测、预算和差异分析						

续表

了解的内容	实施的风险评估程序	简要记录	评估出的重大错报风险	执行时间	索引号	备注
(1) 年初预算的各项财务指标						
(2) 未审报表的相关财务指标与预算差异						
(3) 了解造成差异的主要原因						
(4) 被审计单位近期是否有增发、债转股、改制等事项发生						
(5) 企业或企业的一个主要组成部分是否有可能被出售						
(6) 企业的业绩是否急剧下降，可能存在终止上市的风险						
(7) 如果公布欠佳的财务业绩，对重大未决交易（如企业合并或新业务合同的签订）是否可能产生不利影响						
(8) 企业是否持续增长和接近财务资源的最大限度						
(9) 企业是否具备足够的可分配利润或现金流量以维持目前的利润分配水平						
(10) 基于纳税的考虑，股东或管理层是否有意采取不适当的方法使盈利最小化						
(11) 管理层是否因希望维持或增加企业的股价或盈利走势而热衷于采用过于激进的会计方法						
(12) 企业是否过度依赖银行借款，而财务业绩又可能达不到借款合同对财务指标的要求						
⋮						
4.管理层和员工业绩考核与激励性报酬政策						
(1) 管理层是否签署了绩效业绩责任书						
(2) 业绩考核与激励性报酬政策的具体内容						

续表

了解的内容	实施的风险评估程序	简要记录	评估出的重大错报风险	执行时间	索引号	备注
(3) 报告期间是否完成绩效责任目标						
⋮						
5.分部信息与不同层次部门的业绩报告						
(1) 通过查阅管理层的报告，了解分部信息与不同层次部门的业绩报告						
⋮						
6.与竞争对手的业绩比较						
(1) 内部财务业绩衡量可能显示被审计单位与同行业其他单位相比具有异常快的增长率或盈利水平						
⋮						
7.外部机构提出的报告						
(1) 是否获取了外部机构的相关报告						
(2) 报告中提及的主要财务指标与被审计单位相关指标是否存在较大差异						
(3) 差异的原因分析						
⋮						
注：1.记录的内容应包括实施审计程序的性质、时间安排和范围； 2.“简要记录”仅适用于未通过客户获取相关证据且需要记录的内容比较简单的风险评估程序项目						

（4）了解适用的财务报告编制基础、会计政策以及变更会计政策的原因。

注册会计师需要考虑的事项包括：

①被审计单位与适用的财务报告编制基础相关的财务报告实务，例如，会计政策和行业特定惯例、收入确认、金融工具以及相关信用损失的会计处理、异常或复杂交易（包括在有争议或新兴领域的交易）的会计处理（如对加密货币的会计处理）。

②就被审计单位对会计政策的选择和运用（包括发生的变化以及变化的原因）获得的了解，可能包括下列事项：被审计单位用于确认、计量和列报（包括披露）重大和异常交易的方法；在缺乏权威性标准或共识的争议或新兴领域采用重要会计政策产生的影响；环境变化，例如适用的财务报告编制基础的变化或税制改革可能导致被审计单位的会计政策变更；新颁布的会计准则、法律法规，被审计单位采用的时间以及如何采用或遵守这些规定。

课程思政园地

《孙子兵法》与审计工作

《孙子兵法》是我国现存最早的兵书，也是世界上最早的军事著作，作者为春秋时期的孙武，其对审计工作也有很大的指导作用，比如“知己知彼，百战不殆”这一耳熟能详的策略。做到“知己知彼”，审计人员要了解清楚被审计单位及其相关情况，搜集整理相关资料，抽调适合的审计人员和相关专业的外聘专家组成审计组，编制审计实施方案。再如“兵马未动，粮草先行”，审计人员在实施审计前，要明确审计的依据，签订审计业务约定书，确立审计目标。

请思考：在日常生活中，我们该如何传承中华优秀传统文化？

综上所述，注册会计师对被审计单位及其环境和适用的财务报告编制基础的了解，如图4-2所示。

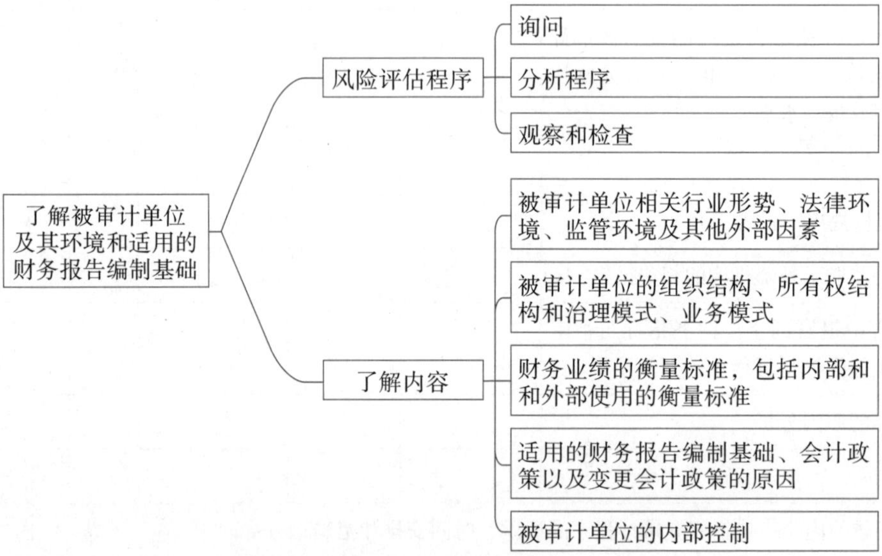

图4-2 了解被审计单位及其环境和适用的财务报告编制基础

（5）了解固有风险因素如何影响认定易于发生错报的可能性。

固有风险因素，是指在不考虑内部控制的情况下，导致交易类别、账户余额和披露的某一认定易于发生错报（无论该错报是由舞弊还是错误导致）的因素。固有风险因素可能是定性或定量的，包括复杂性、主观性、变化、不确定性以及由影响固有风险的管理层偏向或其他舞弊风险因素导致易于发生错报的其他因素。在了解被审计单位及其环境和适用的财务报告编制基础时，注册会计师还应当了解被审计单位在按照适用的财务报告编制基础编制财务报表时，固有风险因素如何影响各项认定易于发生错报的可能性。

了解被审计单位及其环境和适用的财务报告编制基础，有助于注册会计师识别可能导致各类交易、账户余额和披露的认定易于发生错报的固有风险因素。固有风险因素可能通过影响错报发生的可能性，以及错报发生时其可能的重要程度，来影响认定易于发生错报的可能性。

某类交易、账户余额和披露由于其复杂性或主观性而导致易于发生错报的可能性越大，注册会计师越有必要保持职业怀疑。此外，如果某类交易、账户余额和披露由于其复杂性、主观性、变化或不确定性而导致易于发生错报，这些固有风险因素可能为管理层偏向（无论无意或有意）创造了机会，并影响由管理层偏向导致的易于发生错报的可能性。注册会计师对重大错报风险的识别和认定层次固有风险的评估，也受到固有风险因素之间相互关系的影响。

（四）了解被审计单位的内部控制

1. 内部控制的含义、目标和局限性

（1）内部控制的含义。内部控制是被审计单位为了合理保证财务报告的可靠性、经营的效率和效果以及对法律法规的遵守，由治理层、管理层和其他人员设计与执行的政策及程序。

（2）内部控制的目标。内部控制的目标是合理保证以下内容：①财务报告的可靠性，这一目标与管理层履行财务报告编制责任密切相关；②经营的效率和效果，即经济有效地使用企业资源，以最优方式实现企业的目标；③遵守适用的法律法规的要求，即在法律法规的框架下从事经营活动。

注册会计师审计的目标是对财务报表是否不存在重大错报发表审计意见，尽管要求注册会计师在财务报表审计中考虑与财务报表编制相关的内部控制，但目的并非对被审计单位内部控制的有效性发表意见。因此，注册会计师需要了解和评价的内部控制只是与财务报表审计相关的内部控制，并非被审计单位所有的内部控制。与审计相关的控制，包括被审计单位为实现财务报告可靠性目标设计和实施的控制。注册会计师应当运用职业判断，考虑一项控制是否单独或连同其他控制与评估重大错报风险以及针对评估的风险设计和实施的进一步审计程序有关。

【做中学4-6】（单选题）下列关于“与审计相关的控制”的说法，错误的是（　　）。

A. 注册会计师需要了解和评价被审计单位所有的内部控制

B. 注册会计师在财务报表审计中，需要了解与审计相关的内部控制，但目的并非对被审计单位内部控制的有效性发表意见

C. 对于某些非财务数据（如生产统计数据）的控制，如果注册会计师在实施分析程序时使用这些数据，这些控制就可能与审计相关

D. 某些法规（如税法）对财务报表存在直接和重大的影响（影响应交税费和所得税费用），为了遵守这些法规，被审计单位可能设计和执行相应的控制，这些控制也与注册会计师的审计相关

答案：A。

（3）内部控制的局限性。内部控制存在固有局限性，无论如何设计和执行，只能对财务报告的可靠性提供合理的保证。这些固有局限包括：①在决策时人为判断可能出现错误和由于人为失误而导致内部控制失效；②可能由于两个或更多的人员进行串通或管理层凌驾于内部控制之上而被规避；③如果被审计单位内部行使控制职能的人员素质不适应岗位要求，也会影响内部控制功能的正常发挥；④被审计单位实施内部控制的成本效益问题也会影响其职能，当实施某项控制成本大于控制效果而发生损失时，就没有必要设置控制环节或控制措施；⑤内部控制一般都是针对经常且重复发生的业务而设置的，如果出现不经常发生或未预计到的业务，原有控制就可能不适用。

2. 内部控制的人工和自动化成分

（1）考虑内部控制的人工和自动化特征及其影响。大多数被审计单位出于编制财务报告和实现经营目标的需要使用信息技术。然而，即使信息技术得到广泛使用，人工因素仍然会存在于这些系统之中。不同的被审计单位采用的控制系统中人工控制和自动化控制的比例是不同的。在一些小型的、生产经营不太复杂的被审计单位，可能以人工控制为主；而另外一些单位，可能以自动化控制为主。内部控制可能既包括人工成分，又包括自动化成分，在风险评估以及设计和实施进一步审计程序时，注册会计师应当考虑内部控制的人工和自动化特征及其影响。

内部控制无论是采用人工系统还是自动化系统，都将影响交易生成、记录、处理和报告的方式。在以人工为主的系统中，内部控制一般包括批准和复核业务活动，编制调节表并对调节项目进行跟踪。当采用信息技术系统生成、记录、处理和报告交易时，交易的记录形式（如订购单、发票、装运单及相关的会计记录）可能是电子文档而不是纸质文件。信息技术系统中的控制可能既有自动控制（如嵌入计算机程序的控制），又有人工控制。人工控制可能独立于信息技术系统，利用信息技术系统生成信息，也可能用于监督信息技术系统和自动控制的有效运行或者处理例外事项。如果采用信息技术系统处理交易和其他数据，系统和程序可能包括与财务报表重大账户认定相关的控制，或可能对依赖信息技术的人工控制的有效运行非常关键。被审计单位的性质和经营的复杂程度会对采用人工控制和自动化控制的成分组合产生影响。

（2）信息技术的优势及相关内部控制风险。信息技术通常在下列方面提高被审计单位内部控制的效率和效果：①在处理大量的交易或数据时，一贯运用事先确定的业务规则，并进行复杂运算；②提高信息的及时性、可获得性及准确性；③促进对信息的深入分析；④提高对被审计单位的经营业绩及其政策和程序执行情况进行监督的能力；⑤降低控制被规避的风险；⑥通过对应用程序系统、数据库系统和操作系统执行安全控制，提高不兼容职务分离的有效性。

信息技术可能对内部控制产生特定风险。注册会计师应当从下列方面了解信息技术对内部控制产生的特定风险：①所依赖的系统或程序不能正确处理数据，或处理了不正确的数据，或两种情况并存；②未经授权访问数据，可能导致数据的毁损或对数据不恰当的修改，包括记录未经授权或不存在的交易，或不正确地记录了交易，多个用户同时访问同一数据库可能造成特定风险；③信息技术人员可能获得超越其职责范围的数据访问权限，因此，破坏了系统应有的职责分工；④未经授权改变主文档的数据；⑤未经授权改变系统或程序；⑥未能对系统或程序作出必要的修改；⑦不恰当的人为干预；⑧可能丢失数据或不能访问所需要的数据。

（3）人工控制的适用范围及相关内部控制风险。内部控制的人工成分在处理下列需要主观判断或酌情处理的情形时可能更为适当：①存在大额、异常或偶发的交易；②存在难以界定、预计或预测错误的情况；③针对变化的情况，需要对现有的自动化控制进行人工干预；④监督自动化控制的有效性。

但是，由于人工控制由人执行，受人为因素的影响，也产生了特定风险，注册会计师应当从下列方面了解人工控制产生的特定风险：①人工控制可能更容易被规避、忽视或凌驾；②人工控制可能不具有一贯性；③人工控制可能更容易产生简单错误或失误。

相对于自动化控制，人工控制的可靠性较低。为此，注册会计师应当考虑人工控制在下列情形中可能是不适当的：①存在大量或重复发生的交易；②事先可预计或预测的错误能够通过自动化控制参数得以防止或发现并纠正；③用特定方法实施控制的控制活动可得到适当设计和自动化处理。

内部控制风险的程度和性质取决于被审计单位信息系统的性质和特征。考虑到信息系统的特征，被审计单位可以通过建立有效的控制，应对由于采用信息技术或人工成分而产生的风险。

3.内部控制的要素

内部控制的要素包括以下内容：

(1) 控制环境。控制环境包括治理职能和管理职能，以及治理层和管理层对内部控制及其重要性的态度、认识和实施的措施。良好的控制环境是实施有效内部控制的基础，控制环境主要包括以下要素：①对诚信和道德价值观念的沟通与落实；②对胜任能力的重视；③治理层的参与程度，以及管理层的理念和经营风格；④组织结构及职权与责任的分配；⑤人力资源政策与实务。

【提示】控制环境本身并不能防止或发现并纠正各类交易、账户余额和披露认定层次的重大错报，但令人满意的控制环境有助于降低发生舞弊的风险。注册会计师了解控制环境的程序主要有询问、观察和检查等。

【做中学4-7】(多选题) 下列有关控制环境的说法中，正确的有（　　）。

A.控制环境本身能防止、发现并纠正认定层次的重大错报

B.控制环境的好坏影响注册会计师对财务报表层次重大错报风险的评估

C.控制环境包括治理职能和管理职能，以及治理层和管理层对内部控制及其重要性的态度、认识和措施，控制环境影响被审计单位内部生成的审计证据的可信赖程度

D.控制环境影响实质性程序的性质、时间安排和范围

答案：BCD。

(2) 风险评估过程。被审计单位的风险评估过程包括识别与财务报告相关的经营风险，以及针对这些风险所采取的措施。风险评估的作用是识别、评估和管理影响被审计单位实现经营目标能力的各种风险。注册会计师应当了解被审计单位的风险评估过程和结果，确定管理层如何识别与财务报告相关的经营风险，如何估计该风险的重要性，如何评估风险发生的可能性，以及如何采取措施管理这些风险。

【做中学4-8】(多选题) 下列有关了解被审计单位的风险评估过程的相关说法中，正确的有（　　）。

A.注册会计师应当了解被审计单位是否已建立风险评估过程，包括识别与财务报告目标相关的经营风险、估计风险的重要性、评估风险发生的可能性以及决定应对这些风险的措施等

B.如果被审计单位已建立风险评估过程，注册会计师应当了解风险评估过程及其结果

C.注册会计师可以通过了解被审计单位及其环境的其他方面信息，评价被审计单位风险评估过程的有效性

D.注册会计师应当询问管理层识别出的经营风险，并考虑这些风险是否可能导致重大错报

答案：ABCD。

（3）信息系统与沟通。信息系统与沟通是收集与交换被审计单位执行、管理和控制业务活动所需信息的过程，包括收集和提供信息（特别是履行内部控制岗位职责所需的信息）给适当人员，使之能够履行职责。信息系统与沟通的质量直接影响管理层对经营活动作出正确决策和编制可靠的财务报告的能力。

与财务报告相关的信息系统，包括用以生成、记录、处理和报告交易、事项和情况，对相关资产、负债和所有者权益履行经营管理责任的程序和记录。与财务报告相关的信息系统应当与业务流程相适应。与财务报告相关的信息系统通常包括下列职能：①识别与记录所有的有效交易；②及时、详细地描述交易，以便在财务报告中对交易作出恰当分类；③恰当计量交易，以便在财务报告中对交易的金额作出准确记录；④恰当确定交易生成的会计期间；⑤在财务报表中恰当列报交易。

【提示】在了解与财务报告相关的信息系统时，注册会计师应当特别关注由于管理层凌驾于账户记录控制之上，或规避控制行为而产生的重大错报风险，并考虑被审计单位如何纠正不正确的交易处理。

【做中学4-9】（单选题）以下关于信息系统与沟通的说法中，正确的是（　　）。

A.自动化程序和控制的优势在于可以消除个人凌驾于控制之上的风险

B.为了确保例外情况得到报告和处理，沟通渠道应尽可能保密

C.小型被审计单位由于规模小，与财务报告相关的信息系统和沟通可能不如大型被审计单位正式，所以比大型被审计单位更难实现有效的沟通

D.与财务报告相关的信息系统应当与业务流程相适应

答案：D。

（4）控制活动。控制活动，是指有助于确保管理层的指令得以执行的政策和程序，包括与授权、业绩评价、信息处理、实物控制和职责分离等相关的活动。注册会计师应当了解控制活动，以足够评估认定层次的重大错报风险和针对评估的风险设计进一步审计程序。在了解控制活动时，注册会计师应当重点考虑一项控制活动单独或连同其他控制活动，是否能够防止或发现并纠正各类交易、账户余额和披露存在的重大错报，以及如何做到这些。

（5）对控制的监督。对控制的监督，是指评价被审计单位内部控制在一段时间内运行有效性的过程。该过程包括及时评价控制的设计和运行，以及根据情况的变化采取必要的纠正措施。

4.了解与评估内部控制

内部控制的某些要素（如控制环境）更多地对被审计单位整体层面产生影响，而其他要素（如信息系统和沟通、控制活动）则可能更多地与特定业务流程相关。在实务中，注册会计师往往从被审计单位整体层面和业务流程层面分别了解和评价被审计单位的内部控制（如图4-3所示）。

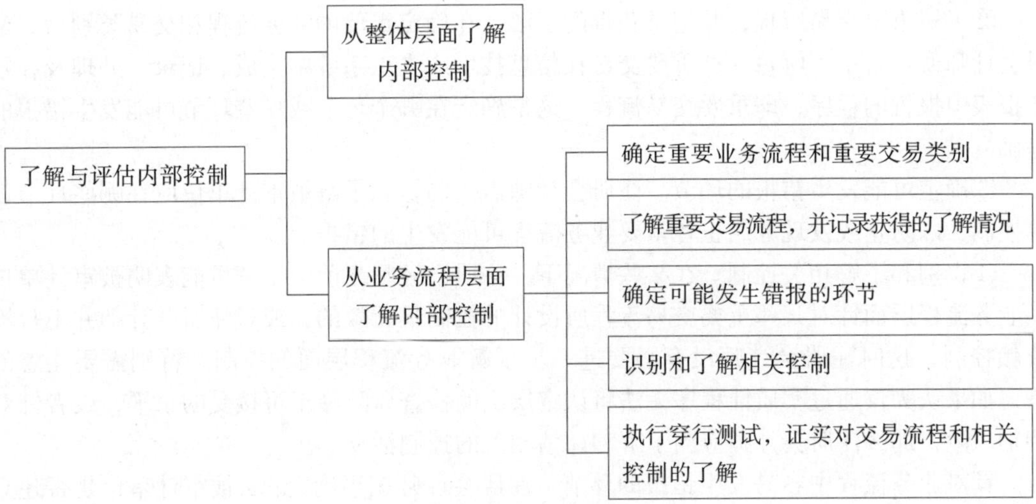

图4-3　了解与评估内部控制

（1）从整体层面了解内部控制。从整体层面了解和评估被审计单位的内部控制，通常由项目组中对被审计单位情况比较了解且较有经验的成员负责，同时需要项目组其他成员的参与和配合。

①注册会计师可以重点关注整体层面内部控制的变化情况，包括由于被审计单位及其环境的变化导致内部控制发生的变化以及采取的对策。注册会计师还需要特别考虑因舞弊导致重大错报的可能性及其影响。

②注册会计师可以考虑将询问被审计单位人员、观察特定控制的应用、检查文件和报告以及执行穿行测试等风险评估程序相结合，以获取审计证据。在了解上述内部控制的构成要素时，注册会计师应当对被审计单位整体层面的内部控制的设计进行评价，并确定其是否得到执行。

③注册会计师应当将对被审计单位整体层面内部控制各要素的了解要点和实施的风险评估程序及其结果等形成审计工作记录，并对影响注册会计师判断整体层面内部控制有效性的因素加以详细记录。

④财务报表层次的重大错报风险很可能源于薄弱的控制环境，因此，注册会计师在评估财务报表层次的重大错报风险时，应当将被审计单位整体层面的内部控制状况和了解到的被审计单位及其环境其他方面的情况结合起来考虑。

【提示】被审计单位整体层面的内部控制是否有效将直接影响重要业务流程层面控制的有效性，进而影响注册会计师拟实施的进一步审计程序的性质、时间和范围。

（2）从业务流程层面了解内部控制。在初步计划审计工作时，注册会计师需要确定在被审计单位财务报表中可能存在重大错报风险的重大账户及其相关认定。为实现此目的，通常采取下列步骤：

①确定重要业务流程和重要交易类别。在实务中，将被审计单位的整个经营活动划分为几个重要的业务循环，有助于注册会计师更有效地了解和评估重要业务流程及相关控制。重要交易类别是指可能对被审计单位财务报表产生重大影响的各类交易。重要交易应与重大账户及其认定相联系。

②了解重要交易流程，并记录获得的了解。在确定重要的业务流程和交易类别后，注册会计师便可着手了解每一类重要交易在信息技术或人工系统中生成、记录、处理及在财务报表中报告的程序，即重要交易流程。这是确定在哪个环节或哪些环节可能发生错报的基础。

③确定可能发生错报的环节。注册会计师需要确认和了解被审计单位应在哪些环节设置控制，以防止或发现并纠正各重要业务流程可能发生的错报。

④识别和了解相关控制。在某些情况下，注册会计师之前的了解可能表明被审计单位在业务流程层面针对某些重要交易流程所设计的控制是无效的，或者注册会计师并不打算依赖控制，这时注册会计师没有必要进一步了解业务流程层面的控制。特别需要注意的是，如果认为仅通过实质性程序无法将认定层次的检查风险降至可接受的水平，或者针对特别风险，那么注册会计师应当了解和评估相关的控制活动。

针对业务流程中容易发生错报的环节，注册会计师应当确定：a.被审计单位是否建立了有效的控制，防止或发现并纠正这些错报；b.被审计单位是否遗漏了必要的控制；c.是否识别了可以有效测试的控制。

⑤执行穿行测试，证实对交易流程和相关控制的了解。为了解各类重要交易在业务流程中发生、处理和记录的过程，通常注册会计师会每年执行穿行测试。如果不打算信赖控制，注册会计师仍需要执行穿行测试以确认以前对业务流程及可能发生错报环节的了解的准确性和完整性。对于所有重要的业务流程，注册会计师都要对整个流程执行穿行测试。

【提示】在实务中，上述步骤可能同时进行。例如，在询问相关人员的过程中，同时了解重要交易的流程和相关控制。

5.初步评价与决策

（1）对控制的初步评价。在识别和了解控制后，根据执行上述程序和获取的审计证据，注册会计师需要评价控制设计的合理性并确定其是否得到执行。注册会计师的评价结论可能是：①所设计的内部控制单独或连同其他控制能够防止或发现并纠正重大错报，并得到执行；②控制本身的设计是合理的，但没有得到执行；③控制本身的设计就是无效的或缺乏必要的控制。

【提示】由于对控制的了解和评价是在穿行测试完成后，但又在测试控制运行有效性之前，因此，上述评价结论只是初步结论，仍可能因控制测试后实质性程序的结果而发生变化。

【做中学4-10】（多选题）在识别和了解被审计单位内部控制后，注册会计师对控制的评价结论可能有（　　）。

A.所设计的控制单独或连同其他控制能够防止或发现并纠正重大错报，并得到执行

B.控制本身的设计不合理，但得到了执行

C.控制本身的设计是合理的，但没有得到执行

D.控制本身的设计就是无效的或缺乏必要的控制

答案：ACD。

（2）评价决策。在对控制进行初步评价及风险评估后，注册会计师需要利用实施上述程序获得的信息回答以下问题：①控制本身的设计是否合理；②控制是否得到执行；③是否更多地信赖控制并拟实施控制测试。

如果认为被审计单位的控制设计合理并得到执行，能够有效防止或发现并纠正重大错报，那么，注册会计师通常可以信赖这些控制，减少拟实施的实质性程序。如果拟更多地信赖这些控制，需要确信所信赖的控制在整个拟信赖期间都有效地发挥了作用，即注册会计师应对这些控制在该期间内是否得到一贯运行进行测试，即控制测试。如果控制测试进一步证实内部控制是有效的，注册会计师可以认为相关账户及认定发生错报的可能性较低，对相关账户及认定实施实质性程序的范围也将缩小。

【提示】有时，注册会计师也可能认为控制是无效的，包括控制本身设计不合理、不能实现控制目标，或者尽管控制设计合理，但没有得到执行。注册会计师不需要测试控制运行的有效性，直接实施实质性程序即可。但在评估重大错报风险时，需要考虑控制失效对财务报表及其审计的影响。

【做中学4-11】(单选题) 下列有关对内部控制了解的相关说法中，错误的是（　　）。

A.了解内部控制时可以实施重新执行程序

B.注册会计师在了解内部控制时，应当评价控制的设计，并确定其是否得到执行

C.除非存在某些可以使控制得到一贯运行的自动化控制，否则注册会计师对控制的了解并不足以测试控制运行的有效性

D.询问本身并不足以评价控制的设计以及确定其是否得到执行，注册会计师应当将询问与其他风险评估程序结合使用

答案：A。

（五）识别和评估重大错报风险

识别和评估重大错报风险是风险评估阶段的最后步骤。本项目前述内容阐述了注册会计师在财务报表审计中，应当如何实施风险评估程序获取对被审计单位及其环境等方面情况的了解。获取这些了解的目的是使用通过了解获得的、可能导致财务报表发生重大错报的风险因素（事项或情况）以及内部控制对相关风险的抵销信息，识别和评估财务报表层次以及各类交易、账户余额和披露认定层次的重大错报风险。对重大错报风险的识别和评估结果是注册会计师设计和实施应对措施的依据。

注册会计师识别和评估重大错报风险能为风险应对提供方向性指引，有助于注册会计师确定总体应对措施和用于获取充分、适当的审计证据的进一步审计程序的性质、时间安排和范围，这些证据使其最终能够以可接受的低审计风险水平对财务报表发表审计意见。

注册会计师在识别、评估和应对重大错报风险的过程中，应当将管理层的认定用于考虑可能发生的不同类型的错报。

1.识别和评估重大错报风险的步骤

（1）利用实施风险评估程序所了解的信息。

通过实施风险评估程序收集的信息可以作为审计证据，为注册会计师识别和评估重大错报风险提供基础。注册会计师还需要考虑利用执行有关客户关系和具体业务接受与保持的程序、以前审计以及通过其他途径所获取的与本期财务报表发生错报相关的信息。

（2）识别两个层次的重大错报风险。包括：

①要求分成两个层次识别。注册会计师应当利用了解获得的信息，判断确定某风险因素是与财务报表整体存在广泛的联系，并可能影响多项认定，进而识别该风险属于财务报表层次重大错报风险，还是与财务报表整体不存在广泛联系，进而识别该风险为认定层次

重大错报风险。

②要求考虑的风险因素。注册会计师应当在考虑相关控制之前识别重大错报风险（即固有风险），并以注册会计师对错报的初步考虑为基础，即错报的发生、错报如果发生将是重大的，均具有合理可能性。

（3）评估两个层次的重大错报风险。

①注册会计师在评估重大错报风险时，应当考虑相关控制的影响（即控制风险）。

②在识别和评估两个层次的重大错报风险时，都应当考虑固有风险和控制风险两个因素的影响，但审计准则要求针对识别出的认定层次重大错报风险，注册会计师应当分别评估固有风险和控制风险。

（4）评价审计证据的适当性。

①对于实施风险评估程序获取的审计证据，能否为识别和评估重大错报风险提供适当依据，注册会计师应当作出评价。

②如果不能提供适当依据，注册会计师应当实施追加的风险评估程序，直至获取的审计证据能够提供这样的依据。

③在识别和评估重大错报风险时，注册会计师应当考虑通过实施风险评估程序获取的所有审计证据，无论这些证据是佐证性的还是相矛盾的。也就是说，注册会计师不应当偏向于获取、使用佐证性的审计证据，而排斥、舍弃相矛盾的审计证据。审慎评价审计证据是保持职业怀疑的需要。

（5）修正识别或评估的结果。

随着审计过程的推进，如果注册会计师获取新信息（例如，执行控制测试或实质性程序后获得的新信息），与之前识别或评估重大错报风险时所依据的审计证据不一致，注册会计师应当修正之前对重大错报风险的识别或评估结果，并考虑对风险应对的影响。

2.识别和评估财务报表层次重大错报风险

（1）识别

如果判断某风险因素对财务报表整体存在广泛联系，并可能影响多项认定，注册会计师应当将其识别为财务报表层次重大错报风险。例如，在经济不稳定的国家和地区开展业务、资产的流动性出现问题、重要客户流失、融资能力受限等，可能导致注册会计师对被审计单位的持续经营能力产生重大疑虑。又如，管理层缺乏诚信，或承受异常的压力，或管理层凌驾于控制之上可能引发舞弊风险，这些风险与财务报表整体相关。

（2）评估

①评价这些风险对财务报表整体产生的影响；

②确定这些风险是否影响对认定层次风险的评估结果。

（3）考虑影响事项

①与财务报表存在广泛联系的风险，可能同时对认定产生广泛影响。

注册会计师应当评价，识别的风险是否与财务报表存在广泛联系，能够支持其对财务报表层次重大错报风险的评估。在其他情况下，注册会计师可能识别出多个易于发生错报的认定，并因此影响注册会计师对认定层次重大错报风险的识别和评估。

例如，被审计单位面临经营亏损且资产流动性出现问题，并依赖尚未获得保证的资金。在这种情况下，注册会计师可能确定持续经营假设产生了财务报表层次重大错报风险，可能需要使用财务报告编制基础中的清算基础，这可能对所有认定产生广泛影响。

②受到其对被审计单位内部控制体系各要素的了解的影响。

注册会计师对财务报表层次重大错报风险的识别和评估，受到其对被审计单位内部控制体系各要素的了解的影响，特别是对内部环境、风险评估和内部监督（这三要素主要属于间接控制）的了解，以及按照《中国注册会计师审计准则第1211号——重大错报风险的识别和评估》相关规定实施相关评价的结果和按照该准则规定识别的控制缺陷的影响。

③受到内部环境或某些外部事项或情况的影响。

财务报表层次的风险还可能源于内部环境存在的缺陷或某些外部事项或情况（如经济下滑）。

④考虑舞弊风险。

由舞弊导致的重大错报风险，可能与注册会计师对财务报表层次重大错报风险的考虑尤其相关。

例如，注册会计师通过询问管理层了解到，被审计单位的财务报表将用于申请贷款，从而确保被审计单位获得进一步融资以维持营运资本。注册会计师可能因此认为，影响固有风险的舞弊风险因素导致易于发生错报的可能性（即虚假财务报告风险导致的财务报表易于发生错报的可能性）更高，如为了确保被审计单位能够获得融资，多计资产和收入以及少计负债和费用。

（4）对风险应对的影响

①财务报表层次重大错报风险与总体应对措施。

注册会计师识别和评估财务报表层次重大错报风险，以确定风险是否对财务报表具有广泛的影响，有助于其决定是否需要按照《中国注册会计师审计准则第1231号——针对评估的重大错报风险采取的应对措施》的规定采取总体应对措施。

②认定层次重大错报风险与进一步审计程序。

由于财务报表层次重大错报风险还可能影响个别认定，因此，识别和评估这些风险，还可以帮助注册会计师评估认定层次重大错报风险，并设计进一步审计程序，以应对该风险。

3.识别和评估认定层次重大错报风险

（1）识别

①应当识别为认定层次的重大错报风险。

如果判断某固有风险因素可能导致某项认定发生重大错报，但与财务报表整体不存在广泛联系，注册会计师应当将其识别为认定层次的重大错报风险。例如，被审计单位存在复杂的联营或合资，这一事项表明长期股权投资账户的认定可能存在重大错报风险。又如，被审计单位存在重大的关联方交易，该事项表明关联方及关联方交易的披露认定可能存在重大错报风险。

②应当识别确定相关认定和相关交易类别、账户余额和披露。

注册会计师应当识别确定哪些认定是“相关认定”，进而确定哪些交易类别、账户余额和披露是“相关交易类别、账户余额和披露”。如果注册会计师识别出交易类别、账户余额和披露的某项认定存在重大错报风险，那么，该项认定是相关认定。存在相关认定的交易类别、账户余额和披露被称为“相关交易类别、账户余额和披露”。

注册会计师识别确定某项认定是否属于相关认定，应当依据其固有风险，而不考虑相关控制的影响。之所以不考虑相关控制的影响，是由审计工作的逻辑顺序决定的，即先识别出可能存在重大错报的风险领域，然后识别出与该错报的相关认定，在这一阶段，尚未对控制风险进行了解和评估，即逻辑顺序应当是先识别出相关认定，再去了解和评估相关的内部控制，然后才可能评估其相关的控制风险。如果在识别相关认定时就要求考虑控制风险，则上述逻辑关系将会发生混乱。此外，假设考虑相关控制的影响，则会因相关控制的抵销效果降低对重大错报风险的评估水平，提高审计风险。

注册会计师识别出相关认定后，在评估认定层次重大错报风险时，才应当考虑相关控制的影响。通俗地讲，就是先找到相关认定（"哪里可能有病?"），再评价相关认定的控制是否预期有效（是否存在缺陷）。审计准则规定，对于识别出的认定层次重大错报风险，注册会计师应当分别评估固有风险和控制风险。这里强调针对认定层次先依据固有风险识别出相关认定及相关交易类别、账户余额和披露，有利于全面了解财务报表（由被审计单位管理层认定组成）可能存在的所有重大错报风险，从源头上解决注册会计师在审计中可能遗漏某些重大错报风险点，或对重大错报风险的识别和评估可能过于简单化和模糊化或模板化和经验化的问题。

表4-4列示了识别重大错报风险时考虑的部分风险因素

表4-4　识别重大错报风险时考虑的部分风险因素

1.已识别的风险是什么?	
财务报表层次	（1）源于薄弱的被审计单位整体层面内部控制或信息技术一般控制；（2）与财务报表整体广泛相关的特别风险；（3）与管理层凌驾和舞弊相关的风险；（4）管理层愿意接受的风险，例如小企业因缺乏职责分离导致的风险
认定层次	（1）与完整性、准确性、存在或计价相关的特定风险：①收入、费用和其他交易；②账户余额；③财务报表披露。（2）可能产生多重错报的风险
相关内部控制程序	（1）特别风险；（2）用于预防、发现或减轻已识别风险的恰当设计并执行的内部控制程序；（3）仅通过执行控制测试应对的风险
2.错报（金额影响）可能发生的规模有多大?	
财务报表层次	什么事项可能导致财务报表重大错报?考虑管理层凌驾、舞弊、未预期事件和以往经验
认定层次	考虑： （1）交易、账户余额或披露的固有性质； （2）日常和例外事件； （3）以往经验
3.事项（风险）发生的可能性有多大?	
财务报表层次	考虑： （1）来自高层的基调； （2）管理层风险管理的方法； （3）采用的政策和程序； （4）以往经验
认定层次	考虑： （1）相关的内部控制活动； （2）以往经验
相关内部控制程序	识别对于降低事件发生的可能性非常关键的管理层风险应对要素

（2）评估

对于识别出的认定层次重大错报风险，注册会计师应当分别评估固有风险和控制风险，避免在认定层次将固有风险和控制风险简单混合起来作出粗略的、不适当的风险评估。

①评估固有风险

对于识别出的认定层次重大错报风险，注册会计师应当通过评估错报发生的可能性和重要程度来评估固有风险。在评估时，注册会计师应当考虑：

a. 固有风险因素如何以及在何种程度上影响相关认定易于发生错报的可能性；

b. 财务报表层次重大错报风险如何以及在何种程度上影响认定层次重大错报风险中固有风险的评估。

注册会计师在评估错报发生的可能性和重要程度时，应当根据错报发生的可能性和重要程度综合起来的影响程度确定所评估风险的固有风险等级，以帮助其设计进一步审计程序，应对重大错报风险。

【提示】固有风险等级是指注册会计师对固有风险水平在一个范围内作出的从低到高的判断。作出该判断应当考虑被审计单位的性质和具体情况，并考虑评估的错报发生的可能性和重要程度以及固有风险因素。在考虑错报发生的可能性时，注册会计师应当基于对固有风险因素的考虑，评估错报发生的概率。在考虑错报的重要程度时，注册会计师应当考虑错报的定性和定量两个方面（即注册会计师可能根据错报的金额大小、性质或情况，判断各类交易、账户余额和披露在认定层次的错报是不是重大的）。注册会计师应使用错报发生的可能性和重要程度综合起来的影响程度，确定固有风险等级（实务中风险等级一般按照最高、高、中、低进行描述，如图4-4所示）。综合起来的影响程度越高，评估的固有风险等级越高，反之亦然。

评估识别的重大错报风险的固有风险还有助于注册会计师识别和确定特别风险。某类交易、账户余额和披露越易于发生错报，评估的固有风险可能越高。注册会计师考虑固有风险因素在何种程度上影响认定易于发生错报的可能性有助于其适当评估认定层次重大错报风险的固有风险，并设计更精确的应对措施。

②评估控制风险

注册会计师在拟测试控制运行有效性的情况下，应当评估控制风险。如果拟不测试控制运行的有效性，则应当将固有风险的评估结果作为重大错报风险的评估结果。

注册会计师识别和评估被审计单位两个层次重大错报风险，如图4-4所示。

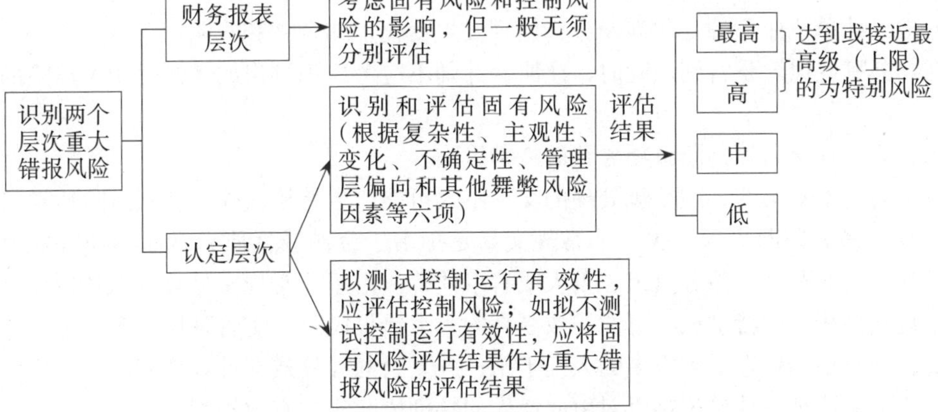

图4-4　识别和评估两个层次重大错报风险

【看图说话】在财务报表重大错报风险的识别和评估阶段，最重要的是能够有效地识别可能存在的固有风险因素，进而根据每个固有风险因素怎样影响错报发生的可能性和严重程度去评价一项固有风险因素的等级（水平）。这样可以把重大错报风险点识别出来，后面再采取有针对性的措施。对评价为最高等级或接近最高等级的固有风险，必须作为一种特别风险进行重点应对。注册会计师需要在了解被审计单位及其环境以及适用的财务报告编制基础时，收集与固有风险因素有关的信息。针对识别出的认定层次重大错报风险，综合考虑相关固有风险因素对错报发生可能性和重要程度的影响，确定相应固有风险等级评估结果，并结合相关控制风险评估情况（如涉及），形成相应重大错报风险的评估结果。在对经评估的重大错报风险设计审计应对措施时，注册会计师应当综合考虑在上述评估过程中获取的与固有风险因素判断有关的信息，设计更有针对性的审计程序。

4.需要特别考虑的重大错报风险

（1）特别风险的含义。

特别风险，是指注册会计师识别出的符合下列特征之一的重大错报风险：

①根据固有风险因素对错报发生的可能性和错报的严重程度的影响，注册会计师将固有风险评估为达到或接近固有风险等级的最高级，如图4-4所示。

②根据其他审计准则的规定，注册会计师应当将其作为特别风险。

在确定特别风险时，注册会计师可能首先识别评估固有风险等级较高的重大错报风险，作为考虑哪些风险可能达到或接近固有风险等级上限的基础。

（2）确定特别风险时应考虑的事项。

哪些风险是特别风险，通常需要注册会计师运用职业判断。注册会计师在评估固有风险等级时，应当考虑固有风险因素的相对影响。固有风险因素的影响越低，评估的风险等级可能也越低。以下事项可能导致注册会计师评估认为重大错报风险具有较高的固有风险等级，进而将其确定为特别风险：

①交易具有多种可接受的会计处理，因此涉及主观性；

②会计估计具有高度不确定性或模型复杂；

③支持账户余额的数据收集和处理较为复杂；

④账户余额或定量披露涉及复杂的计算；

⑤对会计政策存在不同的理解；

⑥被审计单位业务的变化涉及会计处理发生变化，如合并和收购。

在判断哪些风险是特别风险时，注册会计师不应考虑识别出的控制对相关风险的抵销效果。

（3）非常规交易和判断事项导致的特别风险。

日常的、不复杂的、经正规处理的交易不太可能产生特别风险。特别风险通常与重大的非常规交易和判断事项有关。非常规交易是指由于金额或性质异常而不经常发生的交易。例如，企业购并、债务重组、重大或有事项等。由于非常规交易具有下列特征，与重大非常规交易相关的特别风险可能导致更高的重大错报风险：①管理层更多地干预会计处理；②数据收集和处理受到更多的人工干预；③复杂的计算或会计处理方法；④非常规交易的性质可能使被审计单位难以对由此产生的特别风险实施有效控制。

判断事项通常包括作出的会计估计（具有计量的重大不确定性），如资产减值准备金额的估计、需要运用复杂估值技术确定的公允价值计量等。由于下列原因，与重大判断事项相关的特别风险可能导致更高的重大错报风险：①对涉及会计估计、收入确认等方面的会计原则存在不同理解；②所要求的判断可能是主观和复杂的，或需要对未来事项作出假设。

（4）考虑与特别风险相关的控制。

对特别风险，注册会计师应当评价相关控制的设计情况，并确定其是否已经得到执行。由于与重大非常规交易或判断事项相关的风险很少受到日常控制的约束，因此注册会计师应当了解被审计单位是否针对该特别风险设计和实施了控制。

【做中学4-12】（单选题）下列关于特别风险的说法中，错误的是（　　）。

A.确定哪些风险是特别风险时，应当在考虑识别出的控制对相关风险的抵销效果前，根据风险的性质、潜在错报的重要程度和发生的可能性进行判断

B.特别风险通常与重大的非常规交易和判断事项相关

C.管理层未能实施控制以恰当应对特别风险，并不一定表明内部控制存在重大缺陷

D.如果针对特别风险实施的程序仅为实质性程序，这些程序应当包括细节测试

答案：C。

5.仅实施实质性程序无法应对的重大错报风险

作为风险评估的一部分，如果认为仅通过实质性程序获取的审计证据无法将认定层次的重大错报风险降至可接受的低水平，注册会计师应当评价被审计单位针对这些风险设计的控制，并确定其执行情况。

在被审计单位对日常交易采用高度自动化处理的情况下，审计证据可能仅以电子形式存在，其充分性和适当性通常取决于自动化信息系统相关控制的有效性，注册会计师应当考虑仅通过实施实质性程序不能获取充分、适当审计证据的可能性。

例如，某企业通过高度自动化的系统确定采购品种和数量，生成采购订购单，并通过系统中设定的收货确认和付款条件进行付款。除了系统中的相关信息以外，该企业没有其他有关订购单和收货的记录。在这种情况下，如果认为仅实施实质性程序不能获取充分、适当的审计证据，注册会计师应当考虑依赖的相关控制的有效性，并对其进行了解、评估和测试。

对重大错报风险的识别见表4-5。

表4-5　识别的重大错报风险汇总表

识别的重大错报风险	对财务报表的影响	相关的各类交易、账户余额和披露认定	是否与财务报表整体广泛相关	是否属于特别风险	是否属于仅通过实质性程序无法应对的重大错报风险
记录识别的重大错报风险	描述对财务报表的影响和导致财务报表发生重大错报的可能性	列示相关的各类交易、账户余额和披露及其认定	考虑是否属于财务报表层次的重大错报风险	考虑是否属于特别风险	考虑是否属于仅通过实质性程序无法应对的重大错报风险
⋮	⋮	⋮	⋮	⋮	⋮

6.对风险评估的修正

注册会计师对认定层次重大错报风险的评估应以获取的审计证据为基础，并可能随着不断获取审计证据而作出相应的变化。如果通过实施进一步审计程序获取的审计证据与初始评估获取的审计证据相矛盾，注册会计师应当修正风险评估结果，并相应修改原计划实施的进一步审计程序。

【提示】评估重大错报风险与了解被审计单位及其环境一样，也是一个连续和动态地收集、更新与分析信息的过程，贯穿于整个审计过程。

【做中学4-13】（多选题）以下关于评估重大错报风险的说法中，错误的有（　　）。

A.注册会计师应当将识别的所有重大错报风险与特定的某类交易、账户余额和披露的认定相关联，从而为确定进一步审计程序的性质、范围和时间安排提供基础

B.在评估重大错报风险时，无须将所了解的控制与特定认定相联系

C.特别风险，是指注册会计师识别和评估的、根据判断认为需要特别考虑的重大错报风险，通常与非常规交易和判断事项有关

D.如果认为仅通过实质性程序获取的审计证据无法将认定层次的重大错报风险降至可接受的低水平，注册会计师应当评价被审计单位针对这些风险设计的控制，并确定其执行情况

答案：ABC。

【做中学4-14】（单选题）下列关于评估重大错报风险的说法中，错误的是（　　）。

A.控制环境薄弱，通常表明存在财务报表层次的重大错报风险

B.被审计单位存在复杂的联营或合资，通常表明存在财务报表层次的重大错报风险

C.管理层凌驾于控制之上的风险属于特别风险

D.日常的、不复杂的、常规交易不太可能产生特别风险

答案：B。

【做中学4-15】（案例题）注册会计师冯海霞负责审计清丰公司2023年度财务报告。冯海霞在审计工作底稿中记录了所了解的清丰公司的情况及其环境，部分内容摘录如下：

（1）在2022年实现销售收入增长10%的基础上，清丰公司董事会确定的2023年销售收入增长目标为20%。清丰公司管理层实行年薪制，总体薪酬水平根据上述目标的完成情况上下浮动。清丰公司所处行业2023年的平均销售收入增长率是15%。

（2）清丰公司财务总监已经在清丰公司工作超过8年，于2023年10月劳动合同到期后被清丰公司竞争对手高薪聘请。由于工作压力大，清丰公司会计部门人员流动频繁，除了会计主管服务期超过5年外，其余人员的平均服务期少于2年。

（3）2023年年初，清丰公司启用新的财务信息系统，并计划同时使用原系统6个月。由于同时运行两个系统的工作量很大，清丰公司相关部门人员无法应对。1个月后，清丰公司决定提前停用原系统。

（4）清丰公司于2023年7月发现在2023年6月购入的无形资产（管理用）没有记账，由于涉及金额1 000万元，所以在管理层审批前进行了会计调整，管理层于2023年12月予以批准。

（5）2023年年末，清丰公司所在地政府环境管理部门根据收到的群众投诉和调查结果，可能对清丰公司作出停业整顿1年的处理。

注册会计师冯海霞在审计工作底稿中记录了所获取的清丰公司的财务数据，部分内容

见表4-6。

表4-6 部分财务数据 单位：万元

项目	2022年	2023年
营业收入	58 480	70 176
营业成本	46 730	55 440
存货账面原价	8 723	8 892
减：存货跌价准备	480	370
存货账面价值	8 243	8 522

要求：根据给出的财务数据，假定不考虑其他条件，逐项指出上述所列5个事项是否可能表明存在重大错报风险。如果认为存在，简要说明理由，并分别说明该风险属于财务报表层次还是认定层次。如果认为属于认定层次，指出相关事项主要与哪些财务报表项目的哪些认定相关，见表4-7。

表4-7 事项认定

序号	是否可能表明存在重大错报风险	理由	重大错报风险属于财务报表层次还是认定层次	财务报表项目及相关认定
(1)				
(2)				
(3)				
(4)				
(5)				

答案：见表4-8。

表4-8 事项认定（答案）

序号	是否可能表明存在重大错报风险	理由	重大错报风险属于财务报表层次还是认定层次	财务报表项目及相关认定
(1)	是	销售收入增长目标与同行业其他公司相比偏高，并且管理层的薪酬与销售收入增长目标挂钩，可能导致管理层多计销售收入	认定层次	应收账款/存在；营业收入/发生
(2)	是	关键人员的变动和缺乏有经验的会计人员可能表明存在重大错报风险	财务报表层次	
(3)	是	更换财务系统、缩短试运行的时间增大了财务报表整体产生错报的风险	财务报表层次	
(4)	是	发生无形资产核算的重大会计调整，同时进行会计调整的处理原则存在先调整后审批的问题，可能存在重大错报风险	认定层次	无形资产/存在，准确性、计价和分摊；管理费用/准确性
(5)	是	清丰公司受到监管部门的调查，已经严重影响企业正常生产经营活动，存在广泛、严重的重大错报风险	财务报表层次	

【学思践悟】党的二十大报告指出："走过百年奋斗历程的中国共产党在革命性锻造中更加坚强有力，党的政治领导力、思想引领力、群众组织力、社会号召力显著增强，党同人民群众始终保持血肉联系，中国共产党在世界形势深刻变化的历史进程中始终走在时代前列，在应对国内外各种风险和考验的历史进程中始终成为全国人民的主心骨，在坚持和发展中国特色社会主义的历史进程中始终成为坚强领导核心。"

二、风险应对

微课

风险应对

注册会计师实施风险评估程序本身并不足以为发表审计意见提供充分、适当的审计证据，注册会计师应当针对评估的财务报表层次重大错报风险确定总体应对措施，并针对评估的认定层次重大错报风险设计和实施进一步审计程序（如图4-5所示），包括实施控制测试（必要时或决定测试时）和实质性程序来应对评估的重大错报风险，以将审计风险降至可接受的低水平。

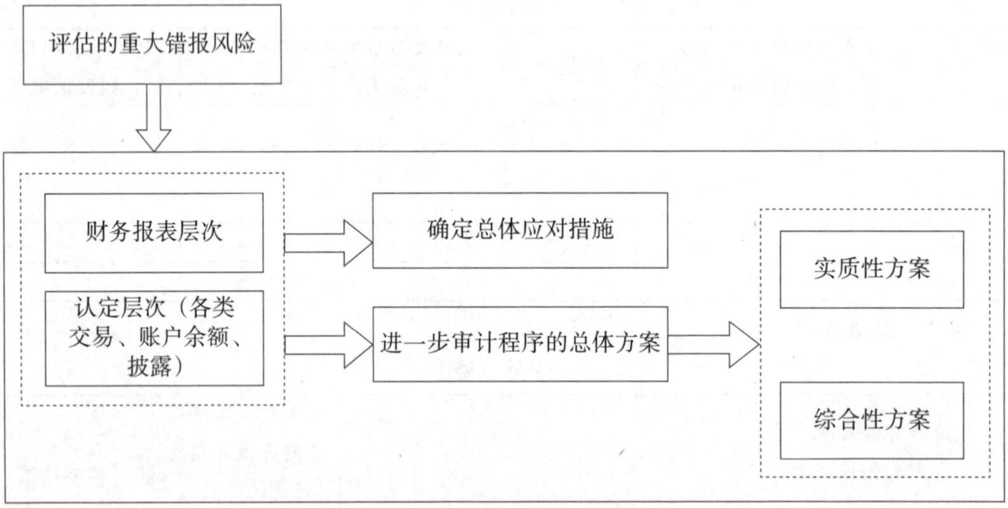

图4-5 应对评估的重大错报风险

（一）针对财务报表层次重大错报风险的总体应对措施

在财务报表重大错报风险的评估过程中，注册会计师应当确定识别的重大错报风险是认定层次的，还是财务报表层次的。如果是财务报表层次的，由于它与财务报表整体广泛相关，进而影响多项认定，所以注册会计师应当针对评估的财务报表层次重大错报风险采取总体应对措施。具体措施如下：

（1）向项目组强调在收集和评价审计证据过程中保持职业怀疑态度的必要性。职业怀疑态度是指注册会计师以质疑的思维方式评价所获取审计证据的有效性，并对相互矛盾的审计证据，以及对引起文件记录或管理层和治理层提供的信息的可靠性产生怀疑的审计证据保持警觉。

（2）分派更有经验或具有特殊技能的审计人员，或利用专家的工作。由于各行业在经营业务、经营风险、财务报告、法规要求等方面具有特殊性，审计人员的专业分工细化成为一种趋势。审计项目组成员中应有一定比例的人员曾经参与被审计单位以前年度的审计，或具有被审计单位所处特定行业的相关审计经验。必要时，要考虑利用信息技术、税务、评估、精算等方面的专家的工作。

（3）提供更多的督导。对于财务报表层次重大错报风险较高的审计项目，项目组的高级别成员，如项目负责人、项目经理等经验较丰富的人员，要对其他成员提供更详细、更经常、更及时的指导和监督并加强项目质量管理复核。

（4）在选择进一步审计程序时，应当注意使某些程序不被管理层预见或事先了解。被审计单位人员，尤其是管理层，如果熟悉注册会计师的审计套路，就可能采取种种规避手段，掩盖财务报告中的舞弊行为。因此，在设计拟实施审计程序的性质、时间和范围时，注册会计师要考虑使某些程序不被被审计单位管理层预见或事先了解。一些可能适用的具有不可预见性的审计程序见表4-9。

表4-9　　一些可能适用的具有不可预见性的审计程序

事项	一些可能适用的具有不可预见性的审计程序
存货	（1）向以前审计过程中接触不多的被审计单位员工询问，例如采购、销售、生产人员等 （2）在不事先通知被审计单位的情况下，选择一些以前未曾到过的盘点地点进行存货监盘
销售和应收账款	（1）向以前审计过程中接触不多或未曾接触过的被审计单位员工询问，例如负责处理大客户账户的销售部人员 （2）改变实施实质性分析程序的对象，例如对收入按细类进行分析 （3）针对销售和销售退回延长截止测试期间 （4）实施以前未曾考虑过的审计程序
采购和应付账款	（1）如果以前未曾对应付账款余额普遍进行函证，可考虑直接向供应商函证确认余额。如果经常采用函证方式，可考虑改变函证的范围或者时间 （2）对以前由于低于设定的重要性水平而未曾测试过的采购项目，进行细节测试 （3）使用计算机辅助审计技术审阅采购和付款账户，以发现一些特殊项目，例如是否有不同的供应商使用相同的银行账户
库存现金和银行存款	（1）多选几个月的银行存款余额调节表进行测试 （2）对有大量银行存款的，考虑改变抽样方法
固定资产	对以前由于低于设定的重要性水平而未曾测试过的固定资产进行测试，例如考虑实地盘查一些价值较低的固定资产，如汽车和其他设备等

（5）对拟实施审计程序的性质、时间和范围作出总体修改。财务报表层次的重大错报风险很可能源于薄弱的控制环境。有效的控制环境可以使注册会计师增强对内部控制和被审计单位内部产生的证据的信赖程度。

课程思政园地

孙子兵法与舞弊审计

在舞弊审计中，审计人员与被审计人员之间利益冲突凸显，对立情绪产生，心理博弈行为必然发生。此时，借鉴《孙子兵法》中的策略，开展舞弊审计，也能起到帮助作用。例如，《孙子兵法》曰：“攻其不备，出其不意。”审计人员可以制造假象，使他们不能真正掌握审计的意图和目的，从而给自己留有充足的审计空间和时间，在现金或实物资产的审计中，审计人员可以采用突击检查的方法，迅速发现疑点和问题。再如，“明知故问”“装聋作哑”。在审计现场，审计人员可以合理安排问题的先后顺序，故意询问已知答案的问题，以验证被审计单位的可信度和可靠度。

请思考：在工作中，为了维护法纪，如果你与他人产生冲突，该如何处理？

（二）针对认定层次重大错报风险的进一步审计程序

1.总体应对措施对拟实施进一步审计程序的总体审计方案的影响

财务报表层次重大错报风险难以限于某类交易、账户余额和披露的特点，意味着此类风险可能对财务报表的多项认定产生广泛影响，并相应增加注册会计师对认定层次重大错报风险的评估难度。因此，注册会计师评估的财务报表层次重大错报风险以及采取的总体应对措施，对拟实施进一步审计程序的总体审计方案具有重大影响。

拟实施进一步审计程序的总体审计方案包括实质性方案和综合性方案。其中，实质性方案是指注册会计师实施的进一步审计程序以实质性程序为主；综合性方案是指注册会计师在实施进一步审计程序时，将控制测试与实质性程序结合使用。当评估的财务报表层次重大错报风险属于高风险水平（并相应采取更强调审计程序不可预见性以及重视调整审计程序的性质、时间安排和范围等总体应对措施）时，拟实施进一步审计程序的总体方案往往更倾向于实质性方案。

2.进一步审计程序

（1）进一步审计程序的含义。

进一步审计程序相对于风险评估程序而言，是指注册会计师针对评估的各类交易、账户余额和披露认定层次重大错报风险实施的审计程序，包括控制测试和实质性程序。注册会计师应当针对评估的认定层次重大错报风险设计和实施进一步审计程序，包括审计程序的性质、时间安排和范围。注册会计师设计和实施的进一步审计程序的性质、时间安排和范围，应当与评估的认定层次重大错报风险具备明确的对应关系。注册会计师实施的审计程序应具有目的性和针对性，有的放矢地配置审计资源，有利于提高审计效率和效果。

需要说明的是，尽管在应对评估的认定层次重大错报风险时，拟实施的进一步审计程序的性质、时间安排和范围都应当确保其具有针对性，但其中进一步审计程序的性质是最重要的。例如，注册会计师评估的重大错报风险越高，实施进一步审计程序的范围通常越广；但是只有首先确保进一步审计程序的性质与特定风险相关时，扩大审计程序的范围才是有效的。

（2）设计进一步审计程序时的考虑因素。

在设计进一步审计程序时，注册会计师应当考虑下列因素：

①风险的重要性。风险的重要性是指风险造成的后果的严重程度。风险的后果越严重，就越需要注册会计师关注和重视，越需要精心设计有针对性的进一步审计程序。

②重大错报发生的可能性。重大错报发生的可能性越大，同样越需要注册会计师精心设计进一步审计程序。

③涉及的各类交易、账户余额和披露的特征。不同的交易、账户余额和披露，产生的认定层次的重大错报风险也会存在差异，适用的审计程序也有差别，需要注册会计师区别对待，并设计有针对性的进一步审计程序予以应对。

④被审计单位采用的特定控制的性质。不同性质的控制（尤其是人工控制或自动化控制）对注册会计师设计进一步审计程序具有重要影响。

⑤注册会计师是否拟获取审计证据，以确定内部控制在防止或发现并纠正重大错报方面的有效性。如果注册会计师在风险评估时预期内部控制运行有效，随后拟实施的进一步审计程序就必须包括控制测试，且实质性程序自然会受到之前控制测试结果的影响。

（3）进一步审计程序的性质。进一步审计程序的性质，是指进一步审计程序的目的和类型。其中，进一步审计程序的目的包括通过实施控制测试以确定内部控制运行的有效性，通过实施实质性程序以发现认定层次的重大错报。进一步审计程序的类型包括检查、观察、询问、函证、重新计算、重新执行和分析程序等，如图4-6所示。

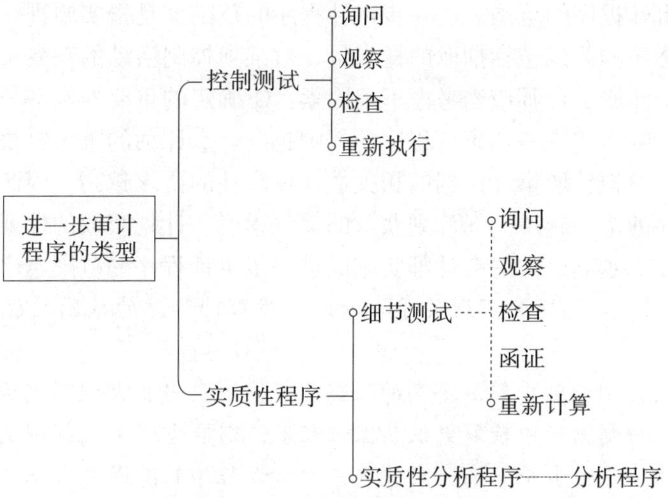

图4-6　进一步审计程序的类型

在确定进一步审计程序的性质时，注册会计师首先需要考虑的是认定层次重大错报风险的评估结果。评估的认定层次重大错报风险越高，对通过实质性程序获取的审计证据的相关性和可靠性的要求越高，从而可能影响进一步审计程序的类型及其综合运用。此外，注册会计师还应当考虑评估的认定层次重大错报风险产生的原因，包括考虑各类交易、账户余额和披露的具体特征以及内部控制。在应对评估的风险时，确定进一步审计程序的性质是最重要的。

【做中学4-16】（单选题）下列关于注册会计师拟设计的进一步审计程序的性质的说法中，不恰当的是（　　）。

A.如果预期控制运行有效，则应当实施控制测试

B.如果风险评估的结果是“仅实施实质性程序不能获取认定层次充分、适当的审计证

据”，则应当实施控制测试

C.如果风险评估的结果是“仅实施实质性程序不能获取认定层次充分、适当的审计证据”，则应当了解内部控制

D.无论评估的重大错报风险多低，均应对所有重大类别的交易、账户余额或披露实施实质性程序

答案：C。

（4）进一步审计程序的时间。进一步审计程序的时间，在某些情况下指的是审计程序的实施时间，在另一些情况下是指需要获取的审计证据适用的期间或时点。注册会计师可以在期中或期末实施控制测试或实质性程序。当重大错报风险较高时，注册会计师应当考虑在期末或接近期末实施实质性程序，或采用不通知的方式，或在管理层不能预见的时间实施审计程序。

【做中学4-17】（单选题）在确定进一步审计程序的时间时，注册会计师无须考虑的因素是（ ）。

A.评估的认定层次重大错报风险　　B.审计意见的类型

C.错报风险的性质　　D.审计证据适用的期间或时点

答案：B。

（5）进一步审计程序的范围。进一步审计程序的范围，是指实施进一步审计程序的数量。进一步审计程序的范围包括抽取的样本量、对某项控制活动的观察次数等。在确定审计程序的范围时，注册会计师应当考虑下列因素：①确定的重要性水平。确定的重要性水平越低，注册会计师实施进一步审计程序的范围越广。②评估的重大错报风险。评估的重大错报风险越高，对拟获取审计证据的相关性、可靠性的要求越高，因此注册会计师实施的进一步审计程序的范围越广。③计划获取的保证程度。计划获取的保证程度越高，对测试结果的可靠性要求越高，注册会计师实施的进一步审计程序的范围越广。

【做中学4-18】（多选题）下列关于设计进一步审计程序的范围的说法中，不恰当的有（ ）。

A.如果计划从控制测试中获取更高的保证程度，则应当扩大控制测试的范围

B.如果计划从控制测试中获取更低的保证程度，则应当扩大控制测试的范围

C.实际执行的重要性水平越高，实施进一步审计程序的范围应当越广

D.评估的认定层次重大错报风险越高，实施进一步审计程序的范围应当越广

答案：BC。

（三）控制测试

1.控制测试的含义

控制测试是指用于评价内部控制在防止或发现并纠正认定层次重大错报方面的运行有效性的审计程序。

控制测试针对的是了解内部控制后的评估结果。即预期控制运行有效，则应当实施控制测试；反之，拟不实施控制测试，只能更多地依赖实质性程序（不考虑仅实施实质性程序不可行的情况）。控制测试的目的是获取充分、适当的审计证据确认预期有效的内部控制是否真的有效运行，即如果控制测试的结果是控制运行有效，注册会计师按照原计划实施实质性程序。

【提示】控制测试与风险评估程序中的“了解内部控制”不同。“了解内部控制”包含两层含义：一是评价控制的设计；二是确定控制是否得到执行。测试控制运行有效性强调的是控制能够在各个不同时点按照既定设计得以一贯执行（见表4-10）。

表4-10　　了解内部控制与控制测试的区别

项目	了解内部控制	控制测试
目的	评价控制的设计并确定控制是否得到执行	控制运行是否有效
可能得出的结论	(1) 控制的设计有效，且得到执行（即预期控制运行有效），应当实施控制测试 (2) 控制的设计有效，但未得到执行，拟不实施控制测试 (3) 控制的设计无效，拟不实施控制测试	(1) 控制测试运行有效 (2) 控制测试运行无效
程序	询问、观察、检查、穿行测试	询问、观察、检查、穿行测试、重新执行
针对自动化信息处理控制		如果了解的信息技术一般控制有效，自动化信息处理控制一贯运行时，了解内部控制的同时也能得出控制运行有效的结论

控制测试并非在任何情况下都需要实施。当存在下列情形之一时，注册会计师应当实施控制测试：①在评估认定层次重大错报风险时，预期控制的运行是有效的。②仅实施实质性程序不足以提供认定层次充分、适当的审计证据。

【做中学4-19】（单选题）下列有关控制测试目的的说法中，正确的是（　　）。

A.控制测试旨在评价内部控制在防止或发现并纠正认定层次重大错报方面的运行有效性

B.控制测试旨在发现认定层次发生错报的金额

C.控制测试旨在验证实质性程序结果的可靠性

D.控制测试旨在确定控制是否得到执行

答案：A。

2.控制测试的性质

控制测试的性质，是指控制测试所使用的审计程序的类型及其组合。虽然控制测试与了解内部控制的目的不同，但两者采用的审计程序的类型通常相同，都包括询问、观察、检查和穿行测试。此外，控制测试的程序还包括重新执行。询问本身并不足以测试控制运行的有效性，需要与其他审计程序结合使用。观察提供的证据仅限于观察发生的时点，在不观察时可能未被有效执行。检查主要适用于对运行情况留有书面证据的控制。如果需要进行大量的重新执行，注册会计师就要考虑通过实施控制测试以缩小实质性程序的范围是否有效率。重新执行费时费力，只有当询问、观察和检查程序都不足以获取充分、适当的审计证据时才执行。

注册会计师在确定控制测试的性质时，通常会考虑以下因素：①特定控制的性质；

②测试与认定直接相关和间接相关的控制；③针对自动化应用控制实施的测试。

3.控制测试的时间

控制测试的时间包含两层含义：①何时实施控制测试；②测试所针对的控制适用的时点或期间。

（1）对期中审计证据的考虑。注册会计师可能在期中实施进一步审计程序。如果已获取有关控制在期中运行有效性的审计证据，并拟利用该证据，注册会计师应当实施下列审计程序：①获取这些控制在剩余期间变化情况的审计证据；②确定针对剩余期间还需获取的补充审计证据。除了测试剩余期间控制的运行有效性外，测试被审计单位对控制的监督也能够作为一项有益的补充证据，以便注册会计师更有把握地将控制在期中运行有效性的审计证据延伸至期末。

（2）对前期获取的审计证据的考虑。注册会计师在本期审计时可以适当考虑利用以前审计获取的有关控制运行有效性的审计证据。如果控制在本期发生变化，注册会计师应当考虑以前获取的有关控制运行有效性的审计证据是否与本期审计相关。如果拟信赖的控制自上次测试后未发生变化，且不属于旨在减轻特别风险的控制，注册会计师应当运用职业判断确定是否在本期审计中测试其运行有效性，以及本次测试与上次测试的时间间隔，但每三年至少对控制测试一次。

【做中学4-20】（单选题）下列关于控制测试时间的说法中，不正确的是（　　）。

A.如果需要获取控制在某一期间有效运行的审计证据，仅获取与时点相关的审计证据是不充分的，注册会计师应当辅以其他控制测试，包括测试被审计单位对控制的监督

B.注册会计师在期中实施控制测试具有积极作用，但是，即使注册会计师在期中获取了有关控制运行有效性的审计证据，仍然需要考虑如何能够将控制在期中运行有效性的审计证据合理延伸至期末

C.如果注册会计师拟信赖针对特别风险的控制，那么，所有关于该控制运行有效性的审计证据必须来自当年的控制测试

D.如果拟信赖以前审计获取的某些控制运行有效性的审计证据，注册会计师可以直接实施实质性程序，无须再选取一定数量的控制测试其运行有效性

答案：D。

【做中学4-21】（单选题）如果注册会计师拟利用以前年度获取的审计证据，下列说法中错误的是（　　）。

A.对于不属于旨在减轻特别风险的控制，如果在本年未发生变化，且上年经测试运行有效，本次审计中无须测试

B.对于旨在减轻特别风险的控制，如果在本年未发生变化，可以依赖上年的测试结果

C.如果拟利用以前审计中实施实质性程序获取的审计证据，注册会计师应在本期实施审计程序，以确定这些审计证据是否具有持续相关性

D.一般而言，上年通过实质性测试获取的审计证据对本年只有很弱的证据效力或没有证据效力，不足以应对本期的重大错报风险

答案：B。

【做中学4-22】（多选题）如果注册会计师在期中执行了控制测试，并获取了控制在

期中运行有效性的审计证据，下列说法中，不正确的有（ ）。

A.如果在期末实施实质性程序未发现某项认定存在错报，说明与该项认定相关的控制是有效的，不需要再对相关控制进行测试

B.如果某一控制在剩余期间内发生变动，在评价整个期间的控制运行有效性时，无须考虑期中测试的结果

C.对某些自动化运行的控制，可以通过测试信息系统一般控制的有效性获取控制在剩余期间运行有效性的审计证据

D.如果某一控制在剩余期间内未发生变动，不需要补充剩余期间控制运行有效性的审计证据

答案：ABD。

4.控制测试的范围

控制测试的范围，是指某项控制活动的测试次数。注册会计师应当设计控制测试范围，以获取控制在整个拟信赖的期间有效运行的充分、适当的审计证据。确定控制测试范围时应考虑：

（1）在整个拟信赖的期间，被审计单位执行控制的频率。控制执行的频率越高，控制测试的范围越广。

（2）在所审计期间，注册会计师拟信赖控制运行有效性的时间长度。拟信赖期间越长，控制测试的范围越广。

（3）为证实控制能够防止或发现并纠正认定层次的重大错报，所需获取审计证据的相关性和可靠性。对审计证据的相关性和可靠性要求越高，控制测试的范围越广。

（4）通过测试与认定相关的其他控制获取的审计证据的范围。针对同一认定，可能存在不同的控制。当针对其他控制获取审计证据的充分性和适当性较高时，测试该控制的范围可适当缩小。

（5）在风险评估时拟信赖控制运行有效性的程度。注册会计师在风险评估时对控制运行有效性的拟信赖程度越高，需要实施控制测试的范围越广。

（6）控制的预期偏差。控制的预期偏差率越高，需要实施控制测试的范围越广。如果控制的预期偏差率过高，注册会计师应当考虑控制可能不足以将认定层次的重大错报风险降至可接受的低水平，从而针对某一认定实施的控制测试可能是无效的。

【做中学4-23】（单选题）下列与控制测试的范围相关的说法中，错误的是（ ）。

A.注册会计师对控制的信赖程度越高，控制测试的范围越广

B.控制的预期偏差率越高，需要实施控制测试的范围越广

C.一项自动化控制在所审计期间执行频率越高，控制测试的范围越广

D.针对同一认定可能存在不同的控制，当针对其他控制获取审计证据的充分性和适当性较高时，测试该控制的范围可适当缩小

答案：C。

【做中学4-24】（案例题）天诚正信会计师事务所的注册会计师冯海霞于2023年12月对清丰公司销售与收款循环的内部控制进行了解和测试，并在相关工作底稿中对相关事项进行记录，摘录如下：

（1）清丰公司发出商品时，由销售部门填制一式四联的出库单。仓库发出商品后，将

第一联出库单留存登记产成品卡片，第二联交销售部门留存，第三联、第四联交会计部门会计人员李蔚然登记产成品总账和明细账。

（2）会计人员郑旺山负责开具销售发票。在开具销售发票之前，先取得仓库的发货记录和销售商品价目表，然后填写销售发票的数量、单价和金额。

要求：根据上述摘录，请代冯海霞指出清丰公司在销售与收款循环内部控制方面的缺陷，提出改进建议。

答案：

（1）会计人员李蔚然同时登记产成品总账和明细账，属于不相容职务未进行分离。建议清丰公司将产成品总账和明细账交由不同的会计人员登记。

（2）会计人员郑旺山开具销售发票不能只依据发货单和价目表，因为实际销售的数量和结算价格可能会与发货单数量和价目表上的价格不一致。建议清丰公司会计人员郑旺山先核对装运凭证和相应的经批准的销货单，并根据已授权批准的商品价格填写销售发票的价格，根据装运凭证上的数量填写销售发票上的数量，再根据数量和价格计算出金额。

（四）实质性程序

1. 实质性程序的含义和要求

（1）实质性程序的含义。实质性程序是指用于发现认定层次重大错报的审计程序，包括对各类交易、账户余额和披露的细节测试以及实质性分析程序。注册会计师实施的实质性程序应当包括下列与财务报表编制完成阶段相关的审计程序：

①将财务报表与其所依据的会计记录进行核对或调节。

②检查财务报表编制过程中作出的重大会计分录和其他调整。注册会计师对会计分录和其他会计调整检查的性质和范围，取决于被审计单位财务报告过程的性质和复杂程度以及由此产生的重大错报风险。

由于注册会计师对重大错报风险的评估是一种判断，可能无法充分识别所有的重大错报风险，并且由于内部控制存在固有局限性，无论评估的重大错报风险结果如何，注册会计师都应当针对所有重大类别的交易、账户余额和披露实施实质性程序。

（2）针对特别风险实施的实质性程序。如果认为评估的认定层次重大错报风险是特别风险，注册会计师应当专门针对该风险实施实质性程序。例如，认为管理层面临实现盈利指标的压力而可能提前确认收入，注册会计师在设计询证函时不仅应当考虑函证应收账款的账户余额，还应当考虑询证销售协议的细节条款（如交货、结算及退货条款）；注册会计师还可考虑在实施函证的基础上针对销售协议及其变动情况询问被审计单位的非财务人员。如果针对特别风险实施的程序仅为实质性程序，这些程序应当包括细节测试，或将细节测试和实质性分析程序结合使用，以获取充分、适当的审计证据。为应对特别风险需要获取具有高度相关性和可靠性的审计证据，仅实施实质性分析程序不足以获取有关特别风险的充分、适当的审计证据。

2. 实质性程序的性质

实质性程序的性质，是指实质性程序的类型及其组合。实质性程序包括细节测试和实质性分析程序两种类型。注册会计师应当根据各类交易、账户余额和披露的性质选择实质性程序的类型。

（1）在针对存在或发生认定设计细节测试时，注册会计师应当选择包含在财务报表金额中的项目，并获取相关审计证据（相当于“逆查”）；

（2）在针对完整性认定设计细节测试时，注册会计师应当选择有证据表明应包含在财务报表金额中的项目，并调查这些项目是否确实包括在内（相当于“顺查”）。

【做中学4-25】（单选题）在针对资产存在认定获取审计证据时，正确的测试方向是（　）。

A.从财务报表到尚未记录的项目　　B.从尚未记录的项目到财务报表

C.从会计记录到支持性证据　　D.从支持性证据到会计记录

答案：C。

3.实质性程序的时间

实质性程序的目的在于更直接地发现重大错报，在期中实施实质性程序时更需要考虑对成本效益的权衡；对于以前审计中通过实质性程序获取的审计证据，需要更加慎重的态度和更严格的限制。

（1）对期中审计证据的考虑。

①如果在期中实施了实质性程序，注册会计师应当针对剩余期间实施进一步的实质性程序，或将实质性程序和控制测试结合使用，以将期中测试得出的结论合理延伸至期末。

②如果拟将期中测试得出的结论延伸至期末，注册会计师应当考虑针对剩余期间仅实施实质性程序是否足够。如果认为实施实质性程序本身不充分，注册会计师还应测试剩余期间相关控制运行的有效性或针对期末实施实质性程序。对于舞弊导致的重大错报风险，被审计单位存在故意错报或操纵的可能性，那么注册会计师更应慎重考虑能否将期中测试得出的结论延伸至期末。

③如果在期中检查出某类交易或账户余额存在错报，注册会计师应当考虑修改与该类交易或账户余额相关的风险评估以及针对剩余期间拟实施实质性程序的性质、时间和范围，或考虑在期末扩大实质性程序的范围或重新实施实质性程序。

（2）对以前获取的审计证据的考虑。在以前审计中实施实质性程序获取的审计证据，通常对本期只有很弱的证据效力或没有证据效力，不足以应对本期的重大错报风险。只有当以前获取的审计证据及其相关事项未发生重大变动时（例如以前审计通过实质性程序测试过的某项诉讼在本期没有任何实质性进展），以前获取的审计证据才可能用作本期的有效审计证据。但即便如此，如果拟利用以前审计中实施实质性程序获取的审计证据，注册会计师应当在本期实施审计程序，以确定这些审计证据是否具有持续相关性。

4.实质性程序的范围

在确定实质性程序的范围时，注册会计师应当考虑评估的认定层次重大错报风险和实施控制测试的结果。注册会计师评估的认定层次的重大错报风险越高，需要实施实质性程序的范围越广。如果对控制测试结果不满意，注册会计师应当考虑扩大实质性程序的范围。

【做中学4-26】天诚正信会计师事务所的注册会计师冯海霞和李祥龙负责审计清丰公司2023年度财务报表。2024年1月，冯海霞和李祥龙对清丰公司的内部控制进行了初步了解和测试。通过对清丰公司内部控制的了解，冯海霞和李祥龙注意到下列情况：

（1）清丰公司主要生产和销售机电设备。

（2）清丰公司生产的机电设备全部发往各地办事处和境外销售分公司销售。办事处除自行销售外，还将一部分机电设备在各大城市的五金商城寄销。各月初，办事处将上月的收、发、存的数量汇总后上报清丰公司会计部门和销售部门，会计部门做相应账务处理。清丰公司生产的机电设备约有30%出口，出口的机电设备先发往境外销售分公司，再分销到世界各地。境外销售分公司历年未经审计，2023年度也计划不安排审计。

（3）鉴于各年年末均处于机电设备销售旺季，为保证各办事处和境外销售分公司货源充足，清丰公司本部仓库在各年年末不保留产成品。

通过对清丰公司内部控制的测试，冯海霞和李祥龙注意到，除下列情况表明存货相关内部控制可能存在缺陷外，其他内部控制均健全、有效：（1）清丰公司以前年度未对存货实施盘点，但有完整的存货会计记录和仓库记录；（2）清丰公司发出机电设备时未全部按顺序记录；（3）清丰公司生产机电设备所需的零星A材料（原材料）由盛旺公司代管，但清丰公司未对原材料的变动进行会计记录；（4）清丰公司每年12月25日后发出的存货在仓库的明细账上记录，但未在会计部门的会计账上反映；（5）清丰公司发出材料存在不按既定计价方法核算的现象；（6）清丰公司会计部门的会计记录和仓库明细账均反映了代鹏飞公司保管的B材料（原材料）的具体情况。

要求：冯海霞和李祥龙通过内部控制测试所注意到的各种情况是否实际构成存货内部控制的缺陷？简要说明理由，并填入表中的相应位置，见表4-11。

表4-11 情况说明

情况	是否构成缺陷	简要说明理由
（1）		
（2）		
（3）		
（4）		
（5）		
（6）		

答案：见表4-12。

表4-12 情况说明（答案）

情况	是否构成缺陷	简要说明理由
（1）	以前年度未对存货盘点，构成缺陷	保证存货账实相符是内部控制的重要目标，定期盘点是实现该目标的关键措施
（2）	不按顺序记录发出产成品，构成缺陷	可能导致销售业务记录不真实或不完整，进而导致销售业务提前或推后入账
（3）	不记录代管材料的变动情况，构成缺陷	不记录A材料的收发业务，既不能保证A材料的安全、完整，又不能保证存货成本的正确性
（4）	会计部门不记录材料发出，构成缺陷	发出材料只由存储部门记录而会计部门不记录，导致记录无法核对，不能保证账实相符
（5）	不按既定的计价方法核算，构成缺陷	导致账务处理方法不一致，不能保证存货成本和期末存货价值的正确性
（6）	将受托保管材料入账，构成缺陷	将不属于清丰公司的存货记入清丰公司明细账，导致存货记录及期末余额不真实

任务二　销售与收款循环的审计

以执行企业会计准则的企业的财务报表审计为例，介绍主要业务循环审计的具体内容，以及对这些业务循环中重要的财务报表项目如何进行审计测试。

财务报表审计的组织方式大致有两种：一是对财务报表的每个账户余额单独进行审计，此法称为账户法（account approach）；二是将财务报表分成几个循环进行审计，即把紧密联系的交易种类和账户余额归入同一循环中，按业务循环组织实施审计，此法称为循环法（cycle approach）。一般而言，账户法与多数被审计单位账户设置体系及财务报表格式相吻合，具有操作方便的优点，但它将紧密联系的相关账户（如存货和营业成本）人为地予以分割，容易造成整个审计工作的脱节和重复，不利于审计效率的提高；而循环法则更符合被审计单位的业务流程和内部控制设计的实际情况，不仅可加深审计人员对被审计单位经济业务的理解，而且由于将特定业务循环所涉及的财务报表项目分配给一个或数个审计人员，增强了审计人员分工的合理性，有助于提高审计工作的效率与效果。

控制测试是在了解被审计单位内部控制、实施风险评估程序基础上进行的，与被审计单位的业务流程关系密切，因此，对控制测试通常应采用循环法实施。一般而言，在财务报表审计中可将被审计单位的所有交易和账户余额划分为多个业务循环。由于各被审计单位的业务性质和规模不同，其业务循环的划分也有所不同。即使是同一被审计单位，不同注册会计师也可能有不同的循环划分方法。

对交易和账户余额的实质性程序，既可采用账户法实施，也可采用循环法实施。但由于控制测试通常按循环法实施，为有利于实质性程序与控制测试的衔接，提倡采用循环法。

课程思政园地

财务报表审计与退市风险警示制度

2003年，上海证券交易所和深圳证券交易所发布《关于对存在股票终止上市风险的公司加强风险警示等有关问题的通知》，开始实行退市风险警示制度，其中上市公司被实施退市风险警示的判断条件是“最近两年连续亏损，以最近两年年度报告披露的当年经审计净利润为依据”，即上市公司最近两年的净利润为负值，就要被施以退市风险警示了。退市风险警示制度是根据《中华人民共和国公司法》有关暂停上市和终止上市的规定，为了向投资者充分警示上市公司存在终止上市的风险，同时与其他异常状况实行特别处理的风险警示区别而制定的，用以警示投资者高度关注投资风险，提醒上市公司及其主要股东充分关注公司股票面临的退市风险。

请思考：我国建立和发展股票市场的根本目的是什么？如果你是一家上市公司的财务人员，在进行信息披露时，应该坚持哪些原则？

一、销售与收款循环的特点

（一）销售与收款循环涉及的主要账户

微课

销售与收款循环的审计1

销售与收款循环涉及可供销售商品和劳务的所有权转让的各项业务和过程。它由客户提出订货要求开始，将商品或劳务转化为应收账款，并以最终收回现金结束。销售与收款循环的审计通常可以相对独立于其他业务循环进行，但审计人员在最终判断被审计单位财务报表是否公允反映时，必须综合考虑审计发现的各业务循环的错误对财务报表产生的影响。因此，即使在单独执行销售与收款循环审计时，审计人员仍要经常地将该循环与其他循环的审计情况结合起来加以考虑。

根据财务报表项目与业务循环的相关程度，销售与收款循环涉及的资产负债表项目主要包括应收票据、应收账款、长期应收款、预收款项、应交税费；所涉及的利润表项目主要包括营业收入、税金及附加等。销售与收款循环涉及的账户及其对应关系如图4-7所示。

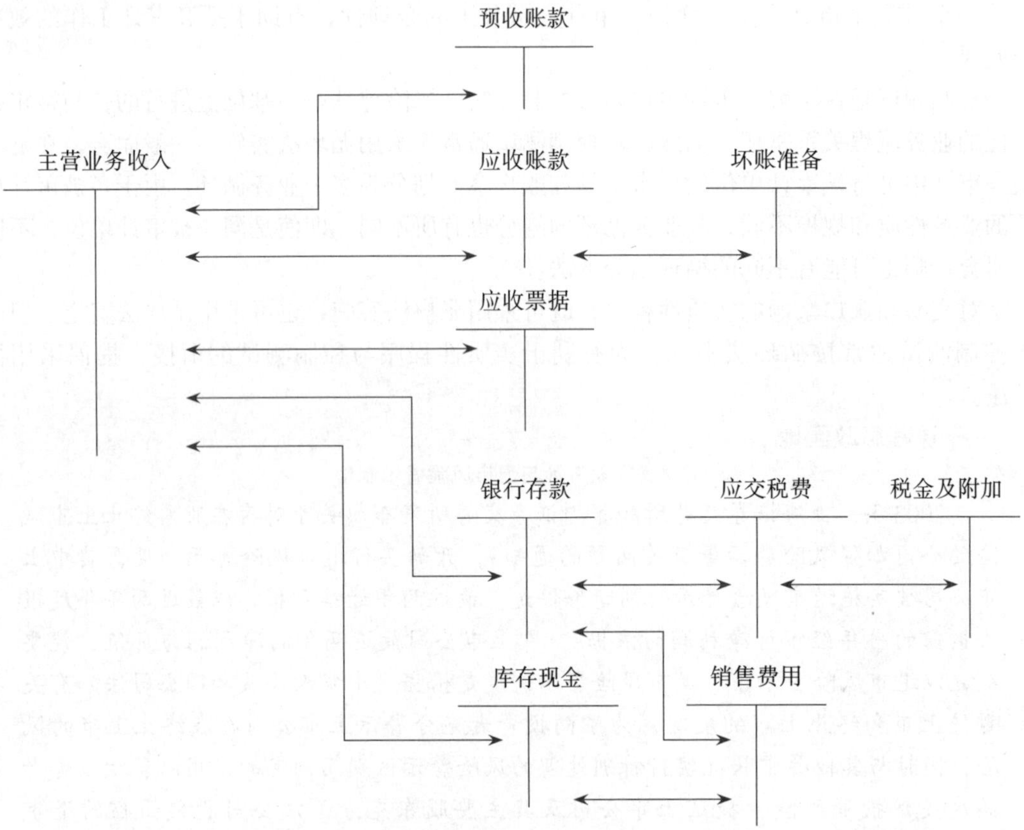

图4-7　销售与收款循环涉及的账户及其对应关系

（二）销售与收款循环涉及的主要单据与会计记录

在内部控制比较健全的企业，处理销售与收款业务通常需要使用很多单据与会计记录。典型的销售与收款循环所涉及的主要单据与会计记录有以下几种（不同被审计单位的单据名称可能不同）：

1. 客户订购单

客户订购单即客户提出的书面购货要求。企业可以通过销售人员或其他途径，如采用电话、信函、邮件和向现有的及潜在的客户发送订购单等方式接受订货，取得客户订购单（如图4-8所示）。

<table>
<tr><td colspan="9">××有限公司</td></tr>
<tr><td colspan="6">客户订购单</td><td colspan="3">No.</td></tr>
<tr><td colspan="2">客户名称</td><td colspan="2">联系人</td><td colspan="2">联系电话</td><td colspan="3">订货日期</td></tr>
<tr><td colspan="2"></td><td colspan="2"></td><td colspan="2"></td><td colspan="3"></td></tr>
<tr><td>序号</td><td>产品型号</td><td>规格</td><td>颜色</td><td>单位</td><td>数量</td><td>单价</td><td>金额</td><td>备注</td></tr>
<tr><td></td><td></td><td></td><td></td><td></td><td></td><td></td><td></td><td></td></tr>
<tr><td></td><td></td><td></td><td></td><td></td><td></td><td></td><td></td><td></td></tr>
<tr><td></td><td></td><td></td><td></td><td></td><td></td><td></td><td></td><td></td></tr>
<tr><td></td><td></td><td></td><td></td><td></td><td></td><td></td><td></td><td></td></tr>
<tr><td colspan="6">货款金额（大写）</td><td colspan="3">¥</td></tr>
<tr><td colspan="9">预收货款（大写）</td></tr>
<tr><td colspan="4">交货日期：</td><td colspan="5">交货地点：</td></tr>
<tr><td colspan="2">付款方式：</td><td colspan="2">□款到发货</td><td colspan="3">□送货付现金</td><td colspan="2">□其他：</td></tr>
<tr><td colspan="7">客户确认：</td><td colspan="2">签名：</td></tr>
<tr><td colspan="9">注：请收到“订购单”后，确认回传我公司。　联系人：</td></tr>
<tr><td colspan="9">联系电话：　传真：</td></tr>
</table>

图4-8　订购单

2. 销售单

销售单是列示客户所订商品的名称、规格、数量以及其他与客户订购单有关信息的凭证，作为销售方内部处理客户订购单的凭据（如图4-9所示）。

销 售 单

收货单位：　年　月　日

<table>
<tr><td>名　称</td><td>规 格</td><td>单位</td><td>数 量</td><td>单价</td><td>金 额</td><td>经 手 人</td></tr>
<tr><td></td><td></td><td></td><td></td><td></td><td></td><td></td></tr>
<tr><td></td><td></td><td></td><td></td><td></td><td></td><td></td></tr>
<tr><td></td><td></td><td></td><td></td><td></td><td></td><td></td></tr>
<tr><td></td><td></td><td></td><td></td><td></td><td></td><td></td></tr>
<tr><td></td><td></td><td></td><td></td><td></td><td></td><td></td></tr>
<tr><td></td><td></td><td></td><td></td><td></td><td></td><td></td></tr>
<tr><td></td><td></td><td></td><td></td><td></td><td></td><td></td></tr>
<tr><td colspan="7">合计金额：</td></tr>
</table>

图4-9　销售单

3. 发运凭证

发运凭证即在发运货物时填制的，用以反映发出商品的规格、数量和其他有关内容的凭据。发运凭证的一联留给客户，其余联（一联或数联）由企业保留，通常其中有一联由客户在收到商品时签字并返还给销售方，用作销售方确认收入及向客户收取货款的依据。

发运凭证如图4-10所示。

________物流有限公司运输结算凭证

托运日期：　　年　　月　　日　起运地点：　　到站：　　运单号：1702562

托运单位（人）：

收货单位（人）：　　手机：

收货地址：　　交付方式：现付

货物名称	包装	件数	计费重量	运费额	保费额	付款方式	
						已付	
						到付	
人民币（大写）　万　仟　佰　拾　元　¥						欠付	
特约事项	1.发货人必须如实说明货物名称，不准托运危险品和国家禁运物品。 2.本公司只负责外包装数量和完好，在外包装完好情况下，对货物数量、质量损坏均不负责。 3.发货人须声明货物价值，并交纳保险金，否则后果自负。 4.货物丢失由承运方按声明价格赔偿，未保价的按每千克5元赔偿，每单赔偿额最高不超过1 000元人民币。 5.货到指定地点后，收货人当场清点验收。如收货人当场对本货物没有提出异议可视为本次货物安全到达。 6.托运人和收货人如有查询、索赔或其他事宜，应在本单开出之日起十日内提出，过期本公司概不受理。						

托运人签字：　　承运经办人签字：　　收货人签字：

托运人电话：

一联存根（白）二联客户（粉）三联随货同行（黄）

图4-10　发运凭证

4.**销售发票**

销售发票通常包含已销售商品的名称、规格、数量、价格、销售金额等内容。以增值税专用发票为例，销售发票的两联（抵扣联和发票联）寄送给客户，一联由企业保留。销售发票也是在会计账簿中登记销售交易的基本凭据之一。销售发票如图4-11所示。

037021900104　青岛增值税普通发票　№07565849　037021900140 07565849

发票联

检验码 59279 49898 26201 01145　开票日期：2020年07月25日

购买方	名　称： 纳税人识别号：　（略） 地址、电话： 开户行及账号：中国建设银行股份有限公司淄博张店支行					密码区	（略）	
货物或应税劳务、服务名称	规格型号	单位	数量	单价	金额	税率	税额	
*住宿服务*住宿费			1	264.1509434	264.15	6%	15.85	
合计					¥264.15		¥15.85	
价税合计（大写）	⊗贰佰捌拾圆整					（小写）¥280.00		
销售方	名　称： 纳税人识别号：　（略） 地址、电话： 开户行及账号：					备注	7.24—7.25一人一晚住宿费	

收款人：　　复核：　　开票人：刘海洋　　销售方：（章）

税总函〔2018〕670号青岛市税务票证印刷所

第二联：发票联　购买方记账凭证

图4-11　销售发票

5. 商品价目表

商品价目表是列示已经授权批准的、可供销售的各种商品的价格清单。商品价目表见表4-13。

表4-13 商品价目表

品名	规格	出厂价	零售价

6. 贷项通知单

贷项通知单是一种用来表示由于销售退回或经批准的折让而导致应收货款减少的单据，其格式通常与销售发票的格式类似。贷项通知单如图4-12所示。

<table>
<tr><td colspan="3">贷项通知单</td><td>日期：
贷项编号 ［100］</td></tr>
<tr><td>［公司名称］
［街道地址］
［省/市/自治区，市/县，邮政编码］
［电话］
［传真］ ［000.000.0000］
［电子邮件］</td><td></td><td>接收方</td><td>［姓名］
［公司名称］
［街道地址］
［省/市/自治区，市/县，邮政编码］
［电话］
客户 ID ［ABC12345］</td></tr>
<tr><td>职位</td><td colspan="3">［职位说明］</td></tr>
<tr><td colspan="4"></td></tr>
</table>

数量	货品号	说明	单价	行合计
总计				

图4-12 贷项通知单

7. 应收账款账龄分析表

通常，应收账款账龄分析表按月编制，反映月末应收账款总额的账龄区间，并详细反映每个客户月末应收账款金额和账龄。它也是常见的计提应收账款坏账准备的重要依据之一。应收账款账龄分析表见表4-14。

表4-14　　应收账款账龄分析表

单位：　　　　　　　　　　　　　　日期：

序号	欠款单位名称（结算对象）	关联方关系类型	业务内容	发生日期	账龄						账面价值	坏账准备	应收账款净额
					1年以内金额	1~2年金额	2~3年金额	3~4年金额	4~5年金额	5年以上金额			
1													
2													
3													
4													
5													
6													
7													
8													
合　计													
减：应收账款坏账准备													
合　计													

8.应收账款明细账

应收账款明细账是用来记录每个客户各项赊销、还款、销售退回及折让交易的明细账，如图4-13所示。

应收账款明细账

年		凭证		摘要	借方											贷方											借或贷	余额											核对
月	日	种类	号数		亿	千	百	十	万	千	百	十	元	角	分	亿	千	百	十	万	千	百	十	元	角	分		亿	千	百	十	万	千	百	十	元	角	分	

图4-13　应收账款明细账

9.主营业务收入明细账

主营业务收入明细账是一种用来记录销售交易的明细账。它通常记载和反映不同类别商品或服务的营业收入的明细发生情况和总额（如图4-14所示）。

主营业务收入明细账

日期	凭证		摘要	贷方						
	类别	编号		A产品	B产品	C产品	D产品	E产品	其他	合计

图4-14 主营业务收入明细账

10. 折扣与折让明细账

折扣与折让明细账是一种用来核算企业销售商品时，按销售合同的规定为了及早收回货款而给予客户的销售折扣和因商品品种、质量等原因而给予客户的销售折让情况的明细账。企业也可以不设置折扣与折让明细账，而将该类业务直接记入主营业务收入明细账。

11. 汇款通知单

汇款通知单是一种与销售发票一起寄给客户，由客户在付款时再寄回销售单位的凭证。这种凭证注明了客户名称、销售发票号码、销售单位开户银行账号以及金额等内容。汇款通知单如图4-15所示。

汇款通知单

年 月 日 汇字 号

汇款单位编号		汇款单位名称（全称）		
开户银行			账号	
汇款事由				
人民币（大写）	拾 万 仟 佰 拾 元 角 分		¥	
销售发票号码				

审批： 部门主管： 经办：

图4-15 汇款通知单

12. 库存现金日记账和银行存款日记账

库存现金日记账和银行存款日记账是用来记录应收账款的收回或现销收入以及其他各种库存现金、银行存款收入和支出的日记账。库存现金日记账如图4-16所示。

库存现金日记账

年度　　　　第　　页

年		记账凭证		摘要（外汇收支应说明原币及汇率）	对方科目	总页	借方											核对（✓）	贷方											核对（✓）	结存											核对（✓）
月	日	收款	付款				亿	千	百	十	万	千	百	十	元	角	分		亿	千	百	十	万	千	百	十	元	角	分		亿	千	百	十	万	千	百	十	元	角	分	

图4-16　库存现金日记账

13.坏账核销审批表

坏账核销审批表是一种用来批准将无法收回的应收款项作为坏账予以核销的单据。坏账核销审批表如图4-17所示。

坏账核销审批表

申报单位：

<table>
<tr><td colspan="2">欠款单位</td><td>金额</td><td>原经办人</td></tr>
<tr><td colspan="2"></td><td></td><td></td></tr>
<tr><td>损失形成原因</td><td colspan="3">申办人：　会计审核：　年　月　日</td></tr>
<tr><td>申报单位</td><td colspan="3">主管：　年　月　日</td></tr>
<tr><td>审计部门</td><td colspan="3">主管：　年　月　日</td></tr>
<tr><td>总经理</td><td colspan="3">签字：　年　月　日</td></tr>
<tr><td>董事长</td><td colspan="3">签字：　年　月　日</td></tr>
</table>

图4-17　坏账核销审批表

14. 客户对账单

客户对账单是一种定期寄送给客户的用于购销双方核对账目的文件。客户对账单上通常注明应收账款的期初余额、本期销售交易的金额、本期已收到的货款、贷项通知单的金额以及期末余额等内容。对账单可能是月度、季度或年度的，取决于企业的经营管理需要。客户对账单见表4-15。

表4-15　　________与________往来账款对账单

截至　　年　　月　　日，本公司与贵公司的往来账项情况如下：　　单位：元

我公司		贵公司	
项　目	说　明	项　目	说　明
应付账款贷方：		应收账款借方：	
一、增加金额		一、增加金额	
1.		1.	
2.		2.	
3.		3.	
4.		4.	
5.		5.	
二、减少金额		二、减少金额	
1.		1.	
2.		2.	
3.		3.	
4.		4.	
5.		5.	
调整后金额		调整后金额	
金额大写：		金额大写：	
对账结果：	一致（　）不一致（　）	差异金额：	
对账人（盖章）：		对账人（盖章）：	

15. 转账凭证

转账凭证是指记录转账业务的记账凭证。它是根据有关转账业务（即不涉及库存现金、银行存款收付的各项业务）的原始凭证编制的。企业记录赊销交易的会计凭证即为一种转账凭证（如图4-18所示）。

转账凭证

年　　月　　日　　　　转字第　　号

摘要	总账科目	明细科目	记账	借方金额								贷方金额							
				十	万	千	百	十	元	角	分	十	万	千	百	十	元	角	分
金额合计（大写）																			

附件　　张

主管：　　　记账：　　　审核：　　　制证：

图4-18　转账凭证

16.现金和银行凭证

现金和银行凭证是指分别用来记录库存现金和银行存款收入业务和支付业务的记账凭证（如图4-19所示）。

收款凭证

借方科目：　　　　　　　　　　　　年　月　日　　　　　　　　　　收字第　　号

摘要	贷方科目		金额											记账
	总账科目	明细科目	亿	千	百	十	万	千	百	十	元	角	分	

附件　张

会计主管：　　　　记账：　　　　出纳：　　　　审核：　　　　制证：

图4-19　收款凭证

课程思政园地

公平买卖　童叟无欺

清代吴趼人在《二十年目睹之怪现状》第五回中写道：“但不知可有‘货真价实，童叟无欺’的字样没有？”童叟无欺的意思就是既不欺骗小孩也不欺骗老人，在买卖交易中做到公平。改革开放以来，我国出现了一系列国民品牌企业，如白象方便面、汇源果汁、鸿星尔克鞋业等，在自主创业的过程中，这些企业不仅严守“童叟无欺”的底线，而且积极履行社会责任，尤其是在2021年夏天河南暴雨中，倾尽全力进行支援，展现了中国民族企业的担当精神。

请思考：企业赚取盈利与承担社会责任之间是否存在冲突？我们为什么要支持民族企业的发展？

二、销售与收款循环的业务活动和相关内部控制

了解被审计单位的重大业务循环的业务活动及其相关内部控制是注册会计师在审计计划阶段实施的一项必要工作，其目的一方面是识别和评估认定层次的重大错报风险；另一方面是使注册会计师对相关内部控制的有效性作出初步判断，以便设计和实施应对重大错报风险的进一步审计程序。

对于大多数企业而言，销售与收款循环通常是重大的业务循环，注册会计师需要在审计计划阶段了解该循环涉及的业务活动及相关的内部控制。注册会计师通常通过实施下列程序，了解销售和收款循环的业务活动和相关内部控制：（1）询问参与销售与收款流程各业务活动的被审计单位人员，一般包括销售部门、仓储部门和财务部门的员工和管理人员；（2）获取并阅读企业的相关业务流程图或内部控制手册等资料；（3）观察销售与收款流程中特定控制的运用，例如观察仓储部门人员是否以及如何将装运的商品与销售单上的信息进行核对；（4）检查文件资料，例如检查销售单、发运凭证、客户对账单等；（5）实施穿行测试，即追踪销售交易从发生到最终被反映在财务报表中的整个处理过程，如选取一笔已收款的销售交易，追踪该笔交易从接受客户订购单直至收回货款的整个过程。

表4-16以一般制造业企业为例，分别针对销售与收款循环中的两个重要交易类别（即销售、收款两个交易类别）简要列示了它们通常包含的相关财务报表项目、涉及的主要业务活动及常见的主要凭证和会计记录。

表4-16 销售与收款循环涉及的交易类别、财务报表项目、主要业务活动及常见主要凭证和会计记录汇总表

交易类别	相关财务报表项目	主要业务活动	常见主要凭证和会计记录
销售	营业收入 应收账款	接受客户订购单 批准赊销信用 按销售单编制发运凭证并发货 按销售单装运货物 向客户开具发票 记录销售（赊销、现金销售等） 办理和记录销售退回、销售折扣与折让	客户订购单 销售单 发运凭证 销售发票 商品价目表 客户月末对账单 主营业务收入明细账 转账凭证 贷项通知单 折扣与折让明细账
收款	货币资金 应收账款 （含原值及坏账准备） 资产减值损失 信用减值损失	办理和记录现金、银行存款收入 提取坏账准备 核销坏账	应收账款账龄分析表 应收账款明细账 汇款通知单 库存现金日记账和银行存款日记账 客户月末对账单 收款凭证 坏账核销审批表 转账凭证

在审计工作的计划阶段，注册会计师应当对销售与收款循环中的业务活动进行充分了解和记录，通过分析业务流程中可能发生重大错报的环节，进而识别和了解被审计单位为应对这些可能的错报而设计的相关控制，并通过诸如穿行测试等方法对这些流程和相关控

制加以证实。

（一）销售与收款循环的主要业务活动

1.接受客户订购单

客户提出订货要求是整个销售与收款循环的起点，是购买某种货物或劳务的一项申请。客户订购单只有在符合企业管理层的授权标准时才能被接受。例如，管理层一般设有已批准销售的客户名单。销售单管理部门在决定是否同意接受某客户的订购单时，需要追查该客户是否被列入这张名单。如果该客户未被列入，则通常需要由销售单管理部门的主管来决定是否同意销售。

很多企业在批准了客户订购单之后，会编制一式多联的销售单。销售单是证明销售交易的“发生”认定的凭据之一，也是此笔销售交易轨迹的起点之一。此外，由于客户订购单是来自外部的引发销售交易的文件之一，有时也能为有关销售交易的“发生”认定提供补充证据。

概括来说，接受客户订单环节涉及的主要控制活动有：（1）通常情况下，仅接受符合企业管理层授权标准的订购单；（2）通常由销售部门负责人对客户订购单授权审批；（3）销售部门根据审批后的客户订购单，编制连续编号的销售单。

2.批准赊销信用

赊销业务的批准是由信用管理部门根据管理层的赊销政策在每个客户的已授权的信用额度内进行的。信用管理部门的员工在收到销售单管理部门的销售单后，应将销售单与该客户已被授权的赊销信用额度以及至今尚欠的账款余额加以比较。执行人工赊销信用检查时，还应合理划分工作职责，以避免销售人员为扩大销售额而使企业承受不适当的信用风险。

企业的信用管理部门通常应对每个新客户进行信用调查，包括获取信用评审机构对客户信用等级的评定报告。无论是否批准赊销，都要求被授权的信用管理部门人员在销售单上签署意见，然后将已签署意见的销售单送回销售单管理部门。

设计信用批准控制的目的是降低坏账风险，因此，这些控制与应收账款账面余额的“计价和分摊”认定有关。

在使用信息系统实现自动控制的企业，订购单涉及的客户是否已被列入经批准的客户名单，以及赊销金额是否仍在信用额度内这类控制往往通过系统设置得以实现。对于不满足条件的情形则要求具有管理层的特别批准。

概括来说，该环节涉及的控制活动有：（1）信用管理部门根据经管理层批准的赊销政策进行信用批准，并在销售单上签字；（2）对于超过既定信用政策规定范围的特殊销售交易，需要经过适当的授权；（3）信用管理部门与销售部门实行职责分离，二者不能是同一个部门。

3.根据销售单编制发运凭证并供货

企业管理层通常要求商品仓库管理人员只有在收到经过批准的销售单时才能编制发运凭证并供货。设立这项控制程序的目的是防止仓库在未经授权的情况下擅自发货。因此，已批准销售单的一联通常应送达仓库，作为仓库按销售单供货和发货给装运部门的授权依据。信息系统可以协助企业在销售单得到发货批准后才能生成连续编号的发运凭证，并能按照设定的要求核对发运凭证与销售单之间相关内容的一致性。

概括来说，该环节主要的控制活动有：（1）仓库管理人员根据已批准的销售单编制出库单并发货；（2）在使用信息技术的企业中，信息技术应用程序可能在销售单经批准后才生成连续编号的出库单，并按照设定的要求对出库单和销售单的相关内容进行核对。

4.按出库单装运货物

将按经批准的销售单供货与按销售单装运货物职责相分离，有助于避免负责装运货物的员工在未经授权的情况下装运产品。装运部门员工在装运货物之前，通常会进行独立验证，以确定从仓库提取的商品都附有经批准的销售单，且所提取商品的内容与销售单及发运凭证一致。

主要控制活动：产品配送人员在发货时清点货物，确认与出库单一致后在出库单上签字确认并进行货物运输。

5.向客户开具发票

开具发票是指开具并向客户寄送事先连续编号的销售发票。与这项活动相关的问题是：①是否对所有装运的货物都开具了发票（“完整性”认定）；②是否只对实际装运的货物开具发票，有无重复开具发票或虚开发票（“发生”认定）；③是否按已授权批准的商品价目表所列价格计价开具发票（“准确性”认定）。

为了降低开具发票过程中出现遗漏、重复、错误计价或其他差错的风险，通常需要设置以下控制：①负责开发票的员工在开具每张销售发票之前，都要检查是否存在发运凭证和相应的经批准的销售单；②依据已授权批准的商品价目表开具销售发票；③将发运凭证上的商品总数与相对应的销售发票上的商品总数进行比较。上述控制与销售交易（即营业收入）的“发生”、“完整性”以及“准确性”认定有关。企业通常保留销售发票的记账联。

信息系统也可以协助实现上述内部控制，在单证核对一致的情况下生成连续编号的销售发票，并对例外事项进行汇总，以供企业相关人员进行进一步的处理。

6.记录销售

在手工会计系统中，记录销售的过程区分赊销、现销，按销售发票编制转账凭证或现金、银行存款收款凭证，再据以登记主营业务收入明细账和应收账款明细账或库存现金、银行存款日记账。

记录销售的控制程序包括但不限于：①依据有效的发运凭证和销售单记录销售。这些发运凭证和销售单应能证明销售交易的发生及其发生的日期。②使用事先连续编号的销售发票并对发票使用情况进行监控。③独立检查销售发票上的销售金额与会计记录金额的一致性。④记录销售的职责应与处理销售交易的其他功能相分离。⑤对记录过程中所涉及的有关记录的接触权限予以限制，以减少未经授权批准的记录发生。⑥定期独立检查应收账款的明细账与总账的一致性。⑦由不负责现金出纳和销售及应收账款记账的人员定期向客户寄发对账单，对不符事项进行调查，必要时调整会计记录，编制对账情况汇总报告并交管理层审核。

7.办理和记录现金、银行存款收入

这项活动涉及的是货款收回，将导致现金、银行存款增加以及应收账款减少。在办理和记录现金、银行存款收入时，企业最关心的是货币资金的安全性。货币资金的失窃或被侵占可能发生在货币资金收入入账之前或入账之后。

主要的控制活动包括：（1）处理货币资金收入时，要保证全部货币资金如数、及时地记入库存现金、银行存款日记账或应收账款明细账，并如数、及时地将现金存入银行；（2）企业通过出纳与现金记账的职责分离、现金盘点、编制银行存款余额调节表、定期向客户发送对账单等控制来实现上述目的。

8.确认和记录可变对价的估计和结算情况

如果合同中存在可变对价，需要对计入交易价格的可变对价进行估计，并在每一资产负债表日重新估计应计入交易价格的可变对价金额，以如实反映报告期末存在的情况以及报告期内发生的情况变化

9.提取坏账准备

企业一般定期对应收票据/应收款项融资/应收账款的预期信用损失进行估计，根据估计结果确认信用减值损失并计提坏账准备，管理层对相关估计进行复核和批准。

10.核销坏账

如有证据表明某项货款已无法收回，企业即通过适当的审批程序注销该笔应收账款/应收款项融资。

销售与收款循环的主要业务活动如图4-20所示。

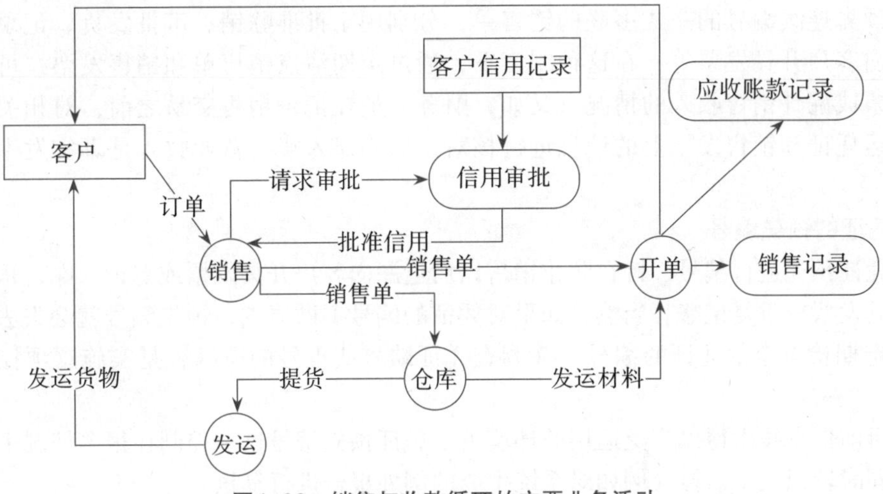

图4-20 销售与收款循环的主要业务活动

（二）销售与收款循环的相关内部控制

综合上述业务活动中设计的内部控制，可以看出，在销售与收款循环中企业通常从以下方面设计和执行内部控制：

1.适当的职责分离

（1）记账与对账。

主营业务收入明细账由记录应收账款明细账之外的员工独立登记，并由另一位不负责账簿记录的员工定期调节总账和明细账。

（2）赊销批准职能与销售职能分离。

（3）销售与收款。

①企业应当分别设立办理销售、发货、收款三项业务的部门（或岗位）。

②企业在销售合同订立前，应当指定专门人员就销售价格、信用政策、发货及收款方式等具体事项与客户进行谈判，谈判人员至少应有两人，并与订立合同的人员相分离。

③编制销售发票通知单的人员与开具销售发票的人员应相互分离。

④销售人员应当避免接触销货现款。

⑤企业应收票据的取得和贴现必须经由保管票据以外的主管人员书面批准。

⑥负责主营业务收入和应收账款记账的员工不得经手货币资金，也是防止舞弊的一项重要控制。

2.恰当的授权审批

（1）在销售发生之前，赊销已经正确审批。

（2）非经正当审批，不得发出货物。

（3）销售价格、销售条件、运费、折扣等必须经过审批。

（4）审批人应当根据销售与收款授权批准制度的规定，在授权范围内进行审批，不得超越审批权限。

3.充分的凭证和记录

充分的凭证和记录有助于企业实现控制目标。例如，企业在收到客户订购单后，编制一份预先连续编号的一式多联的销售单，分别用于批准赊销、审批发货、记录发货数量以及向客户开具发票等。在这种制度下，通过定期清点销售单和销售发票，可以避免漏开发票或漏计销售收入的情况。又如，财务人员在记录销售交易之前，对相关的销售单、发运凭证和销售发票上的信息进行核对，以确保入账的营业收入是真实发生的、准确的。

4.凭证的预先编号

对凭证预先进行编号，旨在防止销售以后遗漏向客户开具发票或登记入账，也可防止重复开具发票或重复记账。当然，如果对凭证的编号不做清点，预先编号就会失去其控制意义。定期检查全部凭证的编号，并调查凭证缺号或重号的原因，是实施这项控制的关键点。

在目前信息技术得以广泛运用的环境下，凭证预先编号这一控制在很多情况下由系统执行，同时辅以人工监控（例如对系统生成的例外报告进行复核）。

5.定期寄出对账单

（1）由不负责现金出纳和销售及应收票据/应收款项融资/应收账款/合同资产记账的人员定期向客户寄发对账单。

（2）最好将账户余额中出现的所有核对不符的账项，指定一位既不负责货币资金也不记录主营业务收入和应收票据/应收款项融资/应收账款/合同资产账目的主管人员处理，然后由独立人员定期编制对账情况汇总报告并交管理层审阅。

6.内部核查程序

由内部审计人员或其他独立人员核查销售和收款交易的处理和记录，是实现内部控制目标所不可缺少的一项控制措施。销售与收款内部控制检查的主要内容包括：

（1）销售与收款交易相关岗位及人员的设置情况。重点检查是否存在销售与收款交易不相容职务混岗的现象。

（2）销售与收款交易授权批准制度的执行情况。重点检查授权批准手续是否齐全，是否存在越权审批行为。

（3）销售的管理情况。重点检查信用政策、销售政策的执行是否符合规定。

（4）收款的管理情况。重点检查销售收入是否及时入账，应收账款的催收是否有效，坏账核销和应收票据的管理是否符合规定。

（5）销售退回的管理情况。重点检查销售退回手续是否齐全，退回货物是否及时入库。

三、销售与收款循环的重大错报风险的评估

被审计单位可能有各种各样的收入来源，处于不同的控制环境，存在复杂的合同安排，这些情况对收入交易的会计核算可能产生诸多影响，比如不同交易安排下的收入确认的时间和依据可能不尽相同。注册会计师结合销售与收款循环中的业务流程和相关控制，考虑在销售与收款循环中发生错报的可能性以及潜在错报的重大程度是否足以导致重大错报，从而评估销售与收款循环的相关交易和余额存在的重大错报风险，以为设计和实施进一步的审计程序提供基础。

微课

销售与收款循环的审计2

（一）销售与收款循环存在的重大错报风险

与销售与收款循环相关的财务报表项目主要为营业收入和应收账款，此外还有应收票据、预收款项、长期应收款、应交税费、税金及附加等（不对销售交易涉及的税务问题进行阐述）。以一般制造业企业的赊销为例，相关交易和余额存在的重大错报风险通常包括：

（1）收入确认存在的舞弊风险。收入是利润的来源，直接关系到企业的财务状况和经营成果。有些企业往往为了达到粉饰财务报表的目的而采用虚增（“发生”认定）或隐瞒收入（“完整性”认定）等方式实施舞弊。在财务报表舞弊案件中，涉及收入确认的舞弊占有很大比例，收入确认已成为注册会计师审计的高风险领域。中国注册会计师审计准则要求注册会计师基于收入确认存在舞弊风险的假定，评价哪些类型的收入、收入交易或认定导致舞弊风险。

（2）收入的复杂性可能导致的错误。例如，被审计单位可能针对一些特定的产品或者服务提供一些特殊的交易安排（如可变对价安排、特殊的退货约定、特殊的服务期限安排等），但管理层可能对这些不同安排下所涉及的交易风险的判断缺乏经验，在收入确认上就容易发生错误。

（3）发生的收入交易未能得到准确记录。

（4）期末收入交易和收款交易可能未计入正确的期间，包括销售退回交易的截止错误。

（5）收款未及时入账或记入不正确的账户，因而导致应收账款（或应收票据/银行存款）的错报。

（6）应收账款坏账准备的计提不准确。

某些重大错报风险可能与财务报表整体广泛相关，进而影响多项认定，如舞弊风险；某些重大错报风险可能与特定的某类交易、账户余额和披露的认定相关，如会计期末的收

入交易和收款交易的截止错误（“截止”认定），或应收账款坏账准备的计提（“计价”认定）。在评估重大错报风险时，注册会计师应当落实该风险所涉及的相关认定，从而更有针对性地设计进一步审计程序。

（二）评估固有风险

针对识别出的销售与收款循环相关交易类别和账户余额存在的重大错报风险，注册会计师应当通过评估错报发生的可能性和重要程度来评估固有风险。在评估时，注册会计师运用职业判断确定错报发生的可能性和重要程度综合起来的影响程度。

例如，某被审计单位从事连锁超市经营，允许消费者以现金、电子支付或银行卡方式支付货款。对于以现金方式取得的收入，注册会计师认为发生错报的可能性较高，其原因是现金属于易被侵占的资产。但是，由于消费者极少采用现金方式支付货款，因此，如果发生错报，其严重程度很低。综合考虑错报发生的可能性和严重程度，注册会计师将与现金收入相关的固有风险等级评估为低水平。

又如，某被审计单位本年度与新客户签订了一项重大合同，包含向客户转让多项商品和服务的承诺。在评估固有风险时，注册会计师认为与该项交易相关的固有风险因素包括：（1）复杂性。例如，被审计单位需要识别合同中包含几个单项履约义务。（2）主观性。例如，在确定单独售价时，被审计单位需要对采用的方法和参数作出选择。（3）不确定性。例如，在确定涉及可变对价的交易价格和单项履约义务的履约进度时，涉及重大的管理层判断，存在估计不确定性。（4）其他因素。被审计单位以往年度未签订过这类合同，财务人员对相关的会计处理缺乏经验。基于上述因素，注册会计师认为错报发生的可能性较高，并且由于合同金额重大，如果发生错报，其严重程度较高。综合这些考虑，注册会计师将与该项交易相关的固有风险等级评估为最高级，即存在特别风险。

（三）评估控制风险

如果计划测试销售与收款循环中相关控制的运行有效性，注册会计师应当评估控制风险。如果注册会计师拟不测试控制运行的有效性，则应当将固有风险的评估结果作为重大错报风险的评估结果。

例如，被审计单位的仓库管理人员只有在收到经过批准的销售单后才能编制出库单并安排发货。注册会计师计划测试该项控制的运行有效性，考虑到该项控制属于常规性控制，执行控制时不涉及重大判断，因此，将该项控制的控制风险等级评估为低水平。

又如，被审计单位建造部门的人员每月测量产品完工进度，经该部门经理复核签字后交财务部门，作为确定履约进度和收入的依据。注册会计师计划测试该项控制的运行有效性，认为虽然执行控制的人员具备相应的知识和技能，但该项控制非常重要，且控制的运行涉及较高的主观程度，因此，综合考虑确定该项控制的控制风险等级为高水平。

（四）根据重大错报风险评估结果设计进一步审计程序

注册会计师基于销售与收款循环的重大错报风险评估结果，制订实施进一步审计程序的总体方案（包括综合性方案和实质性方案）（见表4-17），继而实施控制测试和实质性程序，以应对识别出的认定层次的重大错报风险。注册会计师通过控制测试和实质性程序获取的审计证据综合起来应足以应对识别出的认定层次的重大错报风险。

表4-17　　　　销售与收款循环的重大错报风险和进一步审计程序总体方案

重大错报风险描述	相关财务报表项目及认定	固有风险等级	控制风险等级	进一步审计程序的总体方案	拟从控制测试中获取的保证程度	拟从实质性程序中获取的保证程度
销售收入可能未真实发生	营业收入：发生 应收账款/合同资产：存在	最高	高	实质性方案	无	高
销售收入记录可能不完整	营业收入/应收账款/合同资产：完整性	中	最高	实质性方案	无	高
期末收入交易可能未计入正确的期间	营业收入：截止 应收账款/合同资产：存在、完整性	高	最高	实质性方案	无	高
发生的收入交易未能得到准确记录	营业收入：准确性 应收账款/合同资产：准确性、计价和分摊	低	中	综合性方案	中	低
应收账款坏账准备的计提不准确	应收账款/合同资产：计价和分摊	中	最高	实质性方案	无	高

注："控制风险等级"一列中所列示的"最高"，表示注册会计师拟不测试控制运行的有效性，而是将固有风险的评估结果作为重大错报风险的评估结果。因此，在"拟从控制测试中获取的保证程度"列的相应栏次中显示为"无"。

"拟从控制测试中获取的保证程度"一列所列示的"高、部分和无"以及"拟从实质性程序中获取的保证程度"一列所列示的"高、中、低"的级别的确定属于注册会计师的职业判断。针对不同的风险级别，其对应的拟获取的保证程度并非一定如表4-19所示。表4-19中的内容仅为向读者演示注册会计师基于特定情况所作出的对应的审计方案的评价结果，从而基于该结果确定控制测试和实质性程序的性质、时间安排和范围。

注册会计师根据重大错报风险的评估结果初步确定实施进一步审计程序的具体审计计划，因为风险评估和审计计划都是贯穿于审计全过程的动态的活动，而且控制测试的结果可能导致注册会计师改变对内部控制的信赖程度，因此，具体审计计划并非一成不变，可能需要在审计过程中进行调整。

然而，无论是采用综合性方案还是实质性方案，获取的审计证据都应当能够从认定层面应对所识别的重大错报风险，直至针对该风险所涉及的全部相关认定，都获取了足够的保证程度。我们将在本任务四、五部分，说明内部控制测试和实质性程序是如何通过"认定"与识别的重大错报风险相对应的。

四、销售与收款循环的控制测试

风险评估和风险应对是整个审计过程的核心，因此，注册会计师通常以识别的重大错报风险为起点，选取拟测试的控制并实施控制测试。表4-18列示了通常情况下，注册会计师对销售与收款循环实施的控制测试。

表4-18　　销售与收款循环的风险、存在的控制及控制测试程序

可能发生错报的环节	相关的财务报表项目及认定	存在的内部控制（自动）	存在的内部控制（人工）	内部控制测试程序
订单处理和赊销的信用控制				
可能向没有获得赊销授权或超出了其信用额度的客户赊销	营业收入：发生；应收账款：存在	订购单上的客户代码与应收账款主文档记录的代码一致。目前未偿付余额加上本次销售额在信用限额范围内。上述两项均满足才能生成销售单	对于不在主文档中的客户或是超过信用额度的客户订购单，需要经过适当授权批准，才可生成销售单	询问员工销售单的生成过程，检查是否所有生成的销售单均有对应的客户订购单作为依据。检查系统中自动生成销售单的生成逻辑，是否确实满足了客户范围及其信用控制的要求。对于系统外授权审批的销售单，检查是否经过适当批准
发运商品				
可能在没有批准发货的情况下发出了商品	营业收入：发生；应收账款：存在	当客户销售单在系统中获得发货批准时，系统自动生成连续编号的发运凭证	保安人员只有当货物附有经批准的销售单和发运凭证时才能放行	检查系统内发运凭证的生成逻辑以及发运凭证是否连续编号。 询问并观察发运时保安人员的放行检查
发运商品与客户销售单可能不一致	营业收入：准确性；应收账款：计价与分摊	计算机把发运凭证中所有准备发出的商品与销售单上的商品种类和数量进行比对。打印种类或数量不符的例外报告，并暂缓发货	管理层复核例外报告和暂缓发货的清单，并解决问题	检查例外报告和暂缓发货的清单

续表

可能发生错报的环节	相关的财务报表项目及认定	存在的内部控制（自动）	存在的内部控制（人工）	内部控制测试程序
已发出商品可能与发运凭证上的商品种类和数量不符	营业收入：准确性；应收账款：计价与分摊		商品打包发运前，装运部门对商品和发运凭证内容进行独立核对，并在发运凭证上签字以示商品已与发运凭证核对且种类和数量相符。 客户要在发运凭证上签字以作为收到商品且商品与订购单一致的证据	检查发运凭证上相关员工及客户的签名，作为发货一致的证据
已销售商品可能未实际发运给客户	营业收入：发生；应收账款：存在		客户要在发运凭证上签字以作为收到商品，且商品与订购单一致的证据	检查发运凭证上客户的签名，作为收货的证据
开具发票				
商品发运可能未开具销售发票或已开具发票没有发运凭证的支持	应收账款：存在、完整性、权利和义务；营业收入：发生、完整性	发货以后，系统根据发运凭证及相关信息自动生成连续编号的销售发票。系统自动复核连续编号的发票和发运凭证的对应关系，并定期生成例外报告	复核例外报告并调查原因	检查系统生成发票的逻辑。 检查例外报告及跟进情况
由于定价或产品摘要不正确，以及销售单或发运凭证或销售发票代码输入错误，可能导致销售价格不正确	营业收入：准确性；应收账款：计价与分摊	通过逻辑登录限制控制定价主文档的更改。只有得到授权的员工才能进行更改。系统通过使用和检查主文档版本序号，确定正确的定价主文档版本已经被上传。系统检查录入的产品代码的合理性	核对经授权的有效的价格更改清单与计算机获得的价格更改清单是否一致。 如果发票由手工填写或没有定价主文档，则有必要对发票的价格进行独立核对	检查文件以确定价格更改是否经授权。重新执行以确定打印出的更改后价格与授权是否一致。 通过检查IT的一般控制和收入交易的应用控制，确定正确的定价主文档版本是否已被用来生成发票。如果发票由手工填写，检查发票中价格复核人员的签名。通过核对经授权的价格清单与发票上的价格，重新执行该核对过程

续表

可能发生错报的环节	相关的财务报表项目及认定	存在的内部控制（自动）	存在的内部控制（人工）	内部控制测试程序
发票上的金额可能出现计算错误	营业收入：准确性；应收账款：计价与分摊	每张发票的单价、金额、商品代码、商品摘要和客户账户代码均由计算机程序控制。 如果由计算机控制的发票开具程序的更改是受监控的，在操作控制的帮助下，可以确保使用的是正确的发票生成程序版本。 系统代码有密码保护，只有经授权的员工才可以更改。 定期打印所有系统上作出的更改	上述程序的所有更改由上级复核和审批。 如果由手工开具发票，独立复核发票上计算的增值税和总额的正确性	自动：询问发票生成程序更改的一般控制情况，确定是否经授权以及现有的版本是否正在被使用。 检查有关程序更改的复核审批程序。 手工：检查与发票计算金额正确性相关的人员的签名。 重新计算发票金额，证实其是否正确
记录赊销				
销售发票入账的会计期间可能不正确	营业收入：截止、发生；应收账款：存在、完整性、权利和义务	系统根据销售发票的信息自动汇总生成当期销售入账记录	定期执行人工销售截止检查程序。 向客户发送月末对账单，调查并解决客户质询的差异	检查系统中销售记录生成的逻辑。 重新执行销售截止检查程序。 检查客户质询信件并确定问题是否已得到解决
销售发票入账金额可能不准确	营业收入：准确性；应收账款：计价和分摊	系统根据销售发票的信息自动汇总生成当期销售入账记录	复核明细账与总账间的调节。 向客户发送月末对账单，调查并解决客户质询的差异	检查系统销售入账记录的生成逻辑，对手工调节项目进行检查，并调查原因是否合理。 检查客户质询信件并确定问题是否已得到解决

续表

可能发生错报的环节	相关的财务报表项目及认定	存在的内部控制（自动）	存在的内部控制（人工）	内部控制测试程序
销售发票可能被记入不正确的应收账款明细账户	应收账款：计价与分摊	系统将客户代码、商品发送地址、发运凭证、发票与应收账款主文档中的相关信息进行比对	应收账款主文档中明细账的汇总金额应与应收账款总分类账核对。对于二者之间的调节项需要调查原因并解决。 向客户发送月末对账单，调查并解决客户质询的差异	检查应收账款主文档中明细余额汇总金额的调节结果与应收账款总分类账是否核对相符，以及负责该项工作的员工签名。 检查客户质询信件并确定问题是否已得到解决
记录应收账款/合同资产的收款				
应收账款记录的收款与银行存款可能不一致	应收账款/货币资金：完整性、存在、权利和义务、计价与分摊	在每日编制电子版收款清单时，系统自动贷记应收账款	将每日收款汇总表、电子版收款清单和银行存款清单相比较。 定期取得银行对账单，独立编制银行存款余额调节表。 向客户发送月末对账单，对客户质询的差异应予以调查并解决	检查核对每日收款汇总表、电子版收款清单和银行存款清单的核对记录和核对人签名。 检查银行存款余额调节表和负责编制的员工的签名。 检查客户质询信件并确定问题是否已被解决
收款可能被记入不正确的应收账款账户	应收账款：计价与分摊	电子版的收款清单与应收账款明细账之间建立连接界面，根据对应的客户名称、代码、发票号等将收到的款项对应到相应的客户账户。对于无法对应的款项生成例外事项报告。 系统定期生成按客户细分的应收账款账龄分析表	将生成的例外事项报告的项目进行手工核对，或调查产生的原因并解决。 向客户发送月末对账单，对客户质询的差异应予以调查并解决。 管理层每月复核按客户细分的应收账款账龄分析表，并调查长期余额或其他异常余额	检查系统中的对应关系审核设置是否合理。 检查对例外事项报告中的信息进行核对的记录以及无法核对事项的解决情况。 检查客户质询信件并确定问题是否已被解决。 检查管理层对应收账款账龄分析表的复核及跟进措施

续表

可能发生错报的环节	相关的财务报表项目及认定	存在的内部控制（自动）	存在的内部控制（人工）	内部控制测试程序
坏账准备计提及坏账核销				
坏账准备的计提可能不充分	应收账款：计价与分摊	系统自动生成应收账款账龄分析表	管理层对财务人员基于账龄分析表，采用预期信用损失模型计算编制的坏账准备计提表进行复核。复核无误后需在坏账准备计提表上签字。 管理层复核坏账核销的依据，并进行审批	检查系统计算账龄分析表的规则是否正确。 询问管理层如何复核坏账准备计提表的计算，检查是否有复核人员的签字。 检查坏账核销是否经过管理层的恰当审批
记录现金销售				
登记入账的现金收入与企业已经实际收到的现金不符	营业收入：完整性、发生、截止、准确性；货币资金：完整性、存在	现金销售通过统一的收款台用收银机集中收款，并自动打印销售小票	销售小票应交予客户确认金额一致。 通过监视器监督收款台。 每个收款台都打印每日现金销售汇总表。 盘点每个收款台收到的现金，并与相关销售汇总表调节相符。 独立检查所有收到的现金已存入银行。 将每日现金销售汇总表与银行存款单相比较。 定期取得银行对账单，独立编制银行存款余额调节表	实地观察收款台、销售点的收款过程，并检查在这些地方是否有足够的物理监控。 检查收款台打印销售小票和现金销售汇总表的程序设置和修改权限设置。 检查盘点记录和结算记录上负责计算现金和销售汇总表上的签字，证明已实施复核。 检查银行存款余额调节表的编制和复核人员的复核记录

在上述控制测试中，如果人工控制在执行时，依赖信息系统生成的报告，那么注册会计师还应当针对系统生成报告的准确性执行测试。例如，与坏账准备计提相关的管理层控制中使用了系统生成的应收账款账龄分析表，其准确性影响管理层控制的有效性，因此，注册会计师需要同时测试应收账款账龄分析表的准确性。

需要说明的是，表4-18列示的为销售与收款循环中一些较为常见的内部控制和相应的控制测试程序，目的在于帮助注册会计师根据具体情况设计能够应对已识别风险、实现审计目标的控制测试。该表既未包含销售和收款循环所有的内部控制和控制测试，也并不意味着审计实务应当按此执行。一方面，被审计单位所处行业不同、规模不一、内部控制制度的设计和执行方式不同，以前期间接受审计的情况也各不相同；另一方面，受审计时间、审计成本的限制，注册会计师除了确保审计质量、审计效果外，还需要提高审计效率，尽可能地消除重复的测试程序，保证检查某一凭证时能够一次性完成对该凭证的全部审计测试程序，并按最有效的顺序实施审计测试。因此，在审计实务工作中，注册会计师需要从实际出发，设计适合被审计单位具体情况的实用、高效的控制测试计划。

五、销售与收款循环的实质性程序

在完成控制测试之后，注册会计师基于控制测试的结果（即控制运行是否有效），确定从控制测试中已获得的审计证据及其保证程度，确定是否需要对具体审计计划中设计的实质性程序的性质、时间安排和范围作出适当调整。如果控制测试的结果表明内部控制未能有效运行，注册会计师需要从实质性程序中获取更多的相关审计证据，注册会计师可以修改实质性程序的性质，如采用细节测试而非实质性分析程序、获取更多的外部证据等，或修改实质性审计程序的范围，如扩大样本规模。

微课

销售与收款循环的审计3

在实务中，注册会计师通过计划阶段执行的风险评估程序，已经确定与已识别重大错报风险相关的认定。下面将从风险应对的具体审计目标和相关认定的角度出发，对实务中较为常见的针对营业收入和应收账款的实质性程序进行阐述。这些程序可以从一个或多个认定方面应对识别的重大错报风险。

（一）营业收入的审计目标和实质性程序

1.营业收入的审计目标

营业收入项目核算企业在销售商品、提供劳务等主营业务活动中所产生的收入，以及企业确认的除主营业务活动以外的其他经营活动实现的收入，包括出租固定资产、出租无形资产、出租包装物和商品、销售材料等实现的收入。其审计目标一般包括：确定利润表中记录的营业收入是否已发生，且与被审计单位有关（“发生”认定）；确定所有应当记录的营业收入是否均已记录（“完整性”认定）；确定与营业收入有关的金额及其他数据是否已恰当记录，包括对销售退回、销售折扣与折让的处理是否适当（“准确性”认定）；确定营业收入是否已记录于正确的会计期间（“截止”认定）；确定营业收入是否已按照企业会计准则的规定在财务报表中作出恰当的列报。营业收入包括主营业务收入和其他业务收入，下面分别介绍这两部分的实质性程序。

2.主营业务收入的一般实质性程序

（1）获取营业收入明细表，并执行以下工作：①复核加计是否正确，并与总账数和明细账合计数核对是否相符；②检查以非记账本位币结算的主营业务收入使用的折算汇率及折算是否正确。

（2）实施实质性分析程序。

①针对已识别需要运用分析程序的有关项目，并基于对被审计单位及其环境的了解，通过进行以下比较，同时考虑有关数据间关系的影响，以建立有关数据的期望值：

a.将本期的主营业务收入与上期的主营业务收入、销售预算或预测数等进行比较，分析主营业务收入及其构成的变动是否异常，并分析异常变动的原因；

b. 计算本期重要产品的毛利率，与上期预算或预测数据比较，检查是否存在异常，各期之间是否存在重大波动，查明原因；

c. 比较本期各月各类主营业务收入的波动情况，分析其变动趋势是否正常，是否符合被审计单位季节性、周期性的经营规律，查明异常现象和重大波动的原因；

d. 将本期重要产品的毛利率与同行业企业进行对比分析，检查是否存在异常。

②确定可接受的差异额。

③将实际金额与期望值相比较，计算差异。

④如果差异额超过确定的可接受差异额，调查并获取充分的解释和恰当的、佐证性质的审计证据（如通过检查相关的凭证等）。需要注意的是，如果差异额超过可接受差异额，注册会计师需要对差异额的全额进行调查证实，而非仅针对超出可接受差异额的部分。

⑤评估实质性分析程序的结果。

（3）检查主营业务收入确认方法是否符合《企业会计准则》的规定。

根据《企业会计准则第14号——收入》的规定，企业应当在履行了合同中的履约义务，即在客户取得相关商品控制权时确认收入。取得相关商品控制权，是指能够主导该商品的使用并从中获得几乎全部的经济利益。

当企业与客户之间的合同同时满足下列条件时，企业应当在客户取得商品控制权时确认收入：①合同各方已批准该合同并承诺将履行各自义务；②该合同明确了合同各方与所转让商品或提供劳务相关的权利和义务；③该合同有明确的与所转让的商品相关的支付条款；④该合同具有商业实质，即履行该合同将改变企业未来现金流量的风险、时间分布或金额；⑤企业因向客户转让商品而有权取得的对价很可能收回。

《企业会计准则》分别对"在某一时段内履行的履约义务"和"在某一时点履行的履约义务"的收入确认作出了规定。

对于在某一时段内履行的履约义务，企业应当在该段时间内按照履约进度确认收入。当履约进度能够合理确定时，采用产出法或投入法确定恰当的履约进度。当履约进度不能合理确定时，企业已经发生的成本预计能够得到补偿的，应当按照已经发生的成本金额确认收入，直到履约进度能够合理确定为止。

对于在某一时点履行的履约义务，企业应当在客户取得相关商品的控制权时确认收入。在判断客户是否已取得商品控制权时，企业应当考虑下列迹象：①企业就该商品享有现时收款权利，即客户就该商品负有现时付款义务；②企业已将该商品的法定所有权转移给客户，即客户已拥有该商品的法定所有权；③企业已将该商品实物转移给客户，即客户已实物占有该商品；④企业已将该商品所有权上的主要风险和报酬转移给客户，即客户已取得该商品所有权上的主要风险和报酬；⑤客户已接受该商品；⑥其他表明客户已取得商品控制权的迹象。

因此，注册会计师需要基于对被审计单位商业模式和日常经营活动的了解，判断被审计单位的合同履约义务是在某一时段内履行还是在某一时点履行，据以评估被审计单位确认产品销售收入的会计政策是否符合《企业会计准则》的规定，并测试被审计单位是否按照其既定的会计政策确认产品销售收入。

注册会计师通常对所选取的交易，检查销售合同及与履行合同相关的单据和文件记录，而对于某些特定的收入交易，注册会计师可能还需要根据被审计单位的具体情况和重大错报风险的评估结果，评价收入确认方法是否符合《企业会计准则》的规定。例如：

①对于附有销售退回条款的销售，评价对退回部分的估计是否合理，确定其是否按照因向客户转让商品而预期有权收取的对价金额（即不包含预期因销售退回将退还的金额）确认收入。

②对于附有质量保证条款的销售，评价该质量保证是否在向客户保证所销售商品符合既定标准之外提供了一项单独的服务，如果是额外的服务，是否作为单项履约义务进行会计处理。

③对于售后回购交易，评价回购安排是否属于远期安排，企业拥有回购选择权还是客户拥有回售选择权等因素，确定企业是否根据不同的安排进行了恰当的会计处理。

本项目假定被审计单位在某一时点履行履约义务，在商品发运至客户并签收时确认收入（客户在该时点取得对商品的控制权）。

（4）检查交易价格。

交易价格，指企业因向客户转让商品而预期有权收取的对价金额。由于合同标价不一定代表交易价格，被审计单位需要根据合同条款，并结合以往的习惯做法等确定交易价格。注册会计师针对交易价格的实质性程序通常为：

①询问管理层对交易价格的确定方法，在确定时管理层如何考虑可变对价、合同中存在的重大融资成分、非现金对价、应付客户对价等因素的影响。

②选取和阅读部分合同，确定合同条款是否表明需要将交易价格分摊至各单项履约义务，以及合同中是否包含可变对价、非现金对价、应付客户对价以及重大融资成分等。

③检查管理层的处理是否恰当，例如，测试管理层对非现金对价公允价值的估计。

（5）检查收入交易的原始凭证与会计分录。

以主营业务收入明细账中的会计分录为起点，检查相关原始凭证如订购单、销售单、发运凭证、发票等，以评价已入账的营业收入是否真实发生。检查订购单和销售单，用以确认存在真实的客户购买要求，销售交易已经过适当的授权批准。销售发票存根上所列的单价，通常还要与经过批准的商品价目表进行比较核对，对其金额小计和合计数也要进行复算。发票中列出的商品的规格、数量和客户代码等，则应与发运凭证进行比较核对，尤其是由客户签收商品的一联，确定已按合同约定履行了履约义务，可以确认收入。同时，还要检查原始凭证中的交易日期（客户取得商品控制权的日期），以确认收入计入了正确的会计期间。

（6）从出库单（客户签收联）中选取样本，追查至主营业务收入明细账，以确定是否存在遗漏事项（“完整性”认定）。也就是说，如果注册会计师测试收入的“完整性”目标，起点应是发运凭证。为使这一程序有意义，注册会计师需要确认全部发运凭证均已归档，这一点一般可以通过检查发运凭证的顺序编号来查明。

（7）结合对应收账款实施的函证程序，选择主要客户函证本期销售额。

（8）实施销售截止测试。对销售实施截止测试，其目的主要在于确定被审计单位主营业务收入的会计记录归属期是否正确：应计入本期或下期的主营业务收入是否被推延至下期或提前至本期。注册会计师对销售交易实施的截止测试可能包括以下程序：①选取资产负债表日前后若干天的发运凭证，与应收账款和收入明细账进行核对；同时，从应收账款和收入明细账中选取资产负债表日前后若干天的凭证，与发运凭证核对，以确定销售是否存在跨期现象。②复核资产负债表日前后销售和发货水平，确定业务活动水平是否异常，并考虑是否有必要追加实施截止测试程序。③取得资产负债表日后所有的销售退回记录，检查是否存在提前确认收入的情况。④结合对资产负债表日应收账款的函证程序，检查有无未取得对方认可的销售。实施截止测试的前提是注册会计师充分了解被审计单位的收入确认会计实务，并识别能够证明某笔销售符合收入确认条件的关键单据。例如，货物出库时，与货物所有权相关的主要风险和报酬可能尚未转移，即客户尚未取得商品的控制权，不符合收入确认的条件，因此，仓储部门留存的发运凭证可能不是实现收入的充分证据，注册会计师需要检查有客户签字的那一联发运凭证。销售发票与收入相关，但是发票开具日期不一定与收入实现的日期一致。实务中，由于增值税发票涉及企业的纳税和抵扣问题，开票日期滞后于收入确认日期的情况并不少见，因此，通常不能将开票日期作为收入确认的日期。

假定某一般制造业企业在货物送达客户并由客户签收时确认收入，注册会计师可以考虑选择两条审计路径实施主营业务收入的截止测试。一是以账簿记录为起点。从资产负债表日前后若干天的账簿记录追查至记账凭证和客户签收的发运凭证，目的是证实已入账收入是否在同一期间已发货并由客户签收，有无多计收入。这种方法的优点是比较直观，容易追查至相关凭证记录，以确定其是否应在本期确认收入，特别是在连续审计两个以上会计期间时，检查跨期收入十分便捷，可以提高审计效率。缺点是缺乏全面性和连贯性，只能查多计，无法查漏计，尤其是当本期漏计收入延至下期而审计时被审计单位尚未及时登账时，不易发现应计入而未计入报告期收入的情况。因此，使用这种方法主要是为了防止多计收入。二是以发运凭证为起点。从资产负债表日前后若干天的已经客户签收的发运凭证查至账簿记录，确定主营业务收入是否已计入恰当的会计期间。上述两条审计路径在实务中均被广泛采用，它们并不是孤立的，注册会计师可以考虑在同一主营业务收入科目审计中并用这两条路径。实际上，由于被审计单位的具体情况各异，管理层意图各不相同，有的为了完成利润目标、承包指标，更多地享受税收等优惠政策，便于筹资等，可能会多计收入；有的则为了以丰补歉、留有余地、推迟缴税时间等而少计收入。因此，注册会计师需要凭借专业经验和所掌握的信息进行风险评估，作出正确判断，选择适当的审计路径实施有效的收入截止测试。收入截止测试的两条审计路径见表4-19。

表4-19 收入截止测试的两条审计路径

起点	路径	目的	优点	缺点
账簿记录	从报表日前后若干天的账簿记录查至记账凭证，检查发票存根与发运凭证	证实已入账收入是否在同一期间已开具发票发货，有无多计收入，防止高估营业收入	比较直观，容易追查至相关凭证记录	缺乏全面性和连贯性，只能查多计，无法查漏计
发运凭证	从报表日前后若干天的发运凭证查至发票开具情况与账簿记录	确认收入是否已计入适当的会计期间，防止低估收入	较全面、连贯，容易发现漏计收入	较费时、费力，尤其难以查找相应的发货及账簿记录，不易发现多计收入

（9）存在销货退回的，检查相关手续是否符合规定，结合原始销售凭证检查其会计处理是否正确，结合存货项目审计关注其真实性。

（10）检查可变对价的会计处理。

①获取可变对价明细表，选取项目与相关合同条款进行核对，检查合同中是否确定存在可变对价。

②检查被审计单位对可变对价的估计是否恰当，例如，是否在整个合同期间内一致地采用同一种方法进行估计。

③检查计入交易价格的可变对价金额是否满足限制条件。

④检查资产负债表日被审计单位是否重新估计了应计入交易价格的可变对价金额。如果可变对价金额发生变动，是否按照《企业会计准则第14号——收入》的规定进行了恰当的会计处理。

（11）检查主营业务收入在财务报表中的列报和披露是否符合《企业会计准则》的规定。

3.营业收入的“延伸检查”程序

如果识别出被审计单位收入的真实性存在重大异常情况，且通过常规审计程序无法获取充分、适当的审计证据，注册会计师需要考虑实施“延伸检查”程序，即对检查范围进行合理延伸，以应对识别出的舞弊风险。例如，对所销售产品或服务及其所涉及资金的来源和去向进行追踪，对交易参与方（含代为收付款方）的最终控制人或其真实身份进行查询。

注册会计师在判断是否需要实施“延伸检查”程序及如何实施时，应当根据审计准则的规定，并考虑有经验的专业人士在该场景下通常会作出的合理职业判断。《中国注册会计师审计准则第1131号——审计工作底稿》对“有经验的专业人士”进行了定义。此外，实施“延伸检查”程序的可行性和效果受诸多因素影响，注册会计师设计的具体“延伸检查”程序的性质、时间安排和范围，应当针对被审计单位的具体情况，与评估的舞弊风险相称，并体现重要性原则。例如，被审计单位所处行业的下游产业链较长，如果对下游产业链的某个或某几个环节实施“延伸检查”程序获取的审计证据，可以应对与收入确认相关的舞弊风险，则“延伸检查”程序无须覆盖所有环节。再者，相对于常规年度财务报表审计而言，在首次公开发行股票并上市审计（IPO审计）中，由于存在监管要求和相关方的配合，注册会计师实施“延伸检查”程序通常相对可行。

实务中，注册会计师可以实施的“延伸检查”程序举例如下：

（1）在获取被审计单位配合的前提下，对相关供应商、客户进行实地走访，针对相关采购、销售交易的真实性获取进一步的审计证据。在实施实地走访程序时，注册会计师通常需要关注以下事项：

①被访谈对象身份的真实性和适当性；

②相关供应商、客户是否与被审计单位存在关联方关系或“隐性”关联方关系；

③观察相关供应商、客户的生产经营场地，判断其与被审计单位之间的交易规模是否和其生产经营规模匹配；

④相关客户向被审计单位进行采购的商业理由；

⑤相关客户采购被审计单位商品的用途和去向，是否存在销售给被审计单位指定单位

的情况；

⑥相关客户从被审计单位采购的商品的库存情况，必要时进行实地察看；

⑦是否存在“抽屉协议”，如退货条款、价格保护机制等；

⑧相关供应商向被审计单位销售的产品是否来自被审计单位的指定单位；

⑨相关供应商、客户与被审计单位是否存在除购销交易以外的资金往来，如有，了解资金往来的性质。

注册会计师应当充分考虑被审计单位与被访谈对象串通舞弊的可能性，根据实际情况仔细设计访谈计划和访谈提纲，并对在访谈过程中注意到的可疑迹象保持警觉。注册会计师在访谈前应注意对访谈提纲保密，必要时，选择两名或不同层级的被访谈人员访谈相同或类似问题，进行相互印证。

（2）利用企业信息查询工具，查询主要供应商和客户的股东至其最终控制人，以识别相关供应商和客户与被审计单位是否存在关联方关系。

（3）在采用经销模式的情况下，检查经销商的最终销售实现情况。

（4）当注意到存在关联方（例如，被审计单位控股股东、实际控制人、关键管理人员）配合被审计单位虚构收入的迹象时，获取并检查相关关联方的银行账户资金流水，关注是否存在与被审计单位相关的供应商或客户的异常资金往来。

如果识别出收入舞弊或获取的信息表明可能存在舞弊，注册会计师可与被审计单位治理层沟通，并要求治理层就舞弊事项进行调查。

审计程序的性质、时间安排和范围应当能够应对评估的由于舞弊导致的认定层次重大错报风险。如果注册会计师认为“延伸检查”程序是必要的，但受条件限制无法实施，或实施“延伸检查”程序后仍不足以获取充分、适当的审计证据，注册会计师应当考虑审计范围是否受限，并考虑对审计报告意见类型的影响或解除业务约定。

【做中学4-27】（案例题）天诚正信会计师事务所审计清丰公司2023年度财务报表时，注册会计师冯海霞发现清丰公司于2023年12月5日向恒祥公司赊销含税价款为1 525 500元的一批产品，销售发票已开具，并已按规定确认了主营业务收入、结转了相应的主营业务成本。会计处理如下：

借：应收账款——恒祥公司	1 525 500	
贷：主营业务收入		1 350 000
应交税费——应交增值税（销项税额）		175 500
借：主营业务成本	1 200 000	
贷：库存商品		1 200 000

经查，截至2023年12月31日，该笔业务的货款尚未收回。按照清丰公司的会计政策，无须对此笔应收账款计提坏账准备。2024年1月5日，恒祥公司因产品质量不合格将所购产品全部退回。2024年3月初，冯海霞发现清丰公司尚未对此笔销货退回业务进行会计处理。

要求：审查上述业务，并代注册会计师冯海霞提出审计处理建议。

答案：尽管商品退回于2024年，但因销售发生于2023年，故上述销售退回事项作为“需要调整的日后事项”，应在清丰公司2023年度财务报表中反映，即清丰公司应将原已确认的主营业务收入和原已结转的主营业务成本冲回（如果清丰公司对此笔应收账款计提了坏账准备，还应对信用减值损失等项目做相应调整）。建议的审计调整分录为：

（1）冲回原已确认的应收账款、主营业务收入和应缴纳的增值税：

借：主营业务收入　　1 350 000

　　应交税费——应交增值税（销项税额）　　175 500

　　贷：应收账款——恒祥公司　　1 525 500

（2）冲回原已结转的成本：

借：存货　　1 200 000

　　贷：主营业务成本　　1 200 000

如果涉及坏账准备，还应冲减已计提的坏账准备：

借：应收账款（替代坏账准备）

　　贷：信用减值损失

【做中学4-28】（案例题）天诚正信会计师事务所注册会计师李祥龙于2024年2月11日审查清丰公司2023年度财务报表的主营业务收入项目，通过分析程序发现，2023年度被审计单位的产品销售收入总体情况基本正常。李祥龙对第四季度（销售旺季）抽查了10张大额记账凭证，其中3笔业务如下：

（1）10月12日，销售给大海公司甲产品100件，单价4 200元，金额420 000元，11月8日收回货款；

（2）11月28日，收回11月21日销售给凯拓公司乙产品200件，单价3 500元，金额700 000元的货款；

（3）12月20日，销售给海河公司甲产品180件，单价4 280元，金额770 400元，收回货款。

这10张记账凭证，共计8 847 000元，占销售收入的30%。

上述业务合同履行良好，均有发运凭证。

要求：根据上述抽查的记账凭证等资料编制主营业务收入检查情况表（见表4-20）。

表4-20　主营业务收入检查情况表

<table>
<tr><td colspan="6">被审计单位：
审计项目：
编制人：
编制日期：</td><td colspan="6">索引号：
财务报表截止日/期间：
复核人：
复核日期：</td></tr>
<tr><td colspan="2">记账凭证</td><td colspan="7">销售发票</td><td rowspan="2">发运凭证</td><td rowspan="2">销售合同</td><td rowspan="2">收款情况</td></tr>
<tr><td>日期</td><td>编号</td><td>购货单位</td><td>品名及规格</td><td>单位</td><td>数量</td><td>单价</td><td>金额（元）</td><td>发票号码</td></tr>
<tr><td></td><td></td><td></td><td></td><td></td><td></td><td></td><td></td><td></td><td></td><td></td><td></td></tr>
<tr><td></td><td></td><td></td><td></td><td></td><td></td><td></td><td></td><td></td><td></td><td></td><td></td></tr>
<tr><td></td><td></td><td></td><td></td><td></td><td></td><td></td><td></td><td></td><td></td><td></td><td></td></tr>
<tr><td></td><td></td><td></td><td></td><td></td><td></td><td></td><td></td><td></td><td></td><td></td><td></td></tr>
<tr><td></td><td></td><td></td><td></td><td></td><td></td><td></td><td></td><td></td><td></td><td></td><td></td></tr>
<tr><td colspan="12">审计说明：</td></tr>
</table>

答案：见表4-21。

表4-21　　主营业务收入检查情况表

被审计单位：清丰公司							索引号：				
审计项目：主营业务收入							财务报表截止日/期间：2023年度				
编制人：李祥龙							复核人：				
编制日期：							复核日期：				
记账凭证		销售发票							发运凭证	销售合同	收款情况
日期	编号	购货单位	品名及规格	单位	数量	单价	金额（元）	发票号码			
10.12		大海公司	甲产品	件	100	4 200	420 000				11.08收回
11.21		凯拓公司	乙产品	件	200	3 500	700 000				11.28收回
12.20		海河公司	甲产品	件	180	4 280	770 400				收回
		合计					8 847 000				
审计说明：未发现虚假销售，无跨期销售情况											

【做中学4-29】（案例题）天诚正信会计师事务所的注册会计师李祥龙于2024年2月9日审查清丰公司2023年度财务报表时，发现该公司2023年12月28日有一笔销售甲产品的记账凭证，金额为600 000元，所附原始凭证为银行进账单，但未见增值税专用发票、发货单与发运凭证等单据，所做的会计分录为：

借：银行存款　　600 000

　　贷：主营业务收入　　600 000

要求：（1）指出上述会计记录存在的问题；（2）作出审计调整分录；（3）作出建议被审计单位的会计调整分录。

答案：（1）该公司违背《企业会计准则第14号——收入》的规定，其所收货款应为预收货款，将预收货款计入主营业务收入的目的是虚增收入和利润。

（2）注册会计师作出的审计调整分录为：

借：主营业务收入　　600 000

　　贷：预收账款　　600 000

借：应交税费——应交所得税　　150 000

　　贷：所得税费用　　150 000

（报表项目随之调整）

（3）建议被审计单位作出的会计调整分录为：

借：以前年度损益调整　　600 000

　　贷：预收账款　　600 000

借：应交税费——应交所得税　　150 000

　　贷：以前年度损益调整　　150 000

借：利润分配——未分配利润　　450 000

　　贷：以前年度损益调整　　450 000

（登记账簿，报表项目亦随之调整）

4.其他业务收入的实质性程序

其他业务收入的实质性程序一般包括以下内容：

（1）获取其他业务收入明细表，复核加计是否正确，并与总账数和明细账合计数核对是否相符，结合主营业务收入科目与营业收入报表数核对是否相符。

（2）计算本期其他业务收入与其他业务成本的比率，并与上期该比率比较，检查是否有重大波动，并查明原因。

（3）检查其他业务收入是否真实准确，收入确认原则及会计处理是否符合规定，抽查原始凭证予以核实。

（4）对异常项目，追查入账依据及有关法律文件是否充分。

（5）抽查资产负债表日前后一定数量的记账凭证，实施截止测试，确定入账时间是否正确。

（6）确定其他业务收入在财务报表中的列报是否恰当。

在年度财务报表审计过程中，注册会计师发现被审计单位的会计处理方法与会计准则、财经法规有重大不一致时，涉及被审计年度损益的事项，需要作出审计调整，并建议被审计单位进行会计调整。审计调整的特点是“调表不调账”，即只调整被审计期间的财务报表，审计调整分录的编制视调整事项在当期发生一样，记录在某审计项目的审计工作底稿中，汇总于审计差异调整表内，据此调整被审计财务报表。会计调整的特点是“既调表又调账”，由于年度财务报表的审计要在年度终了以后才能进行，此时被审计单位已结账，故会计调整只能通过“以前年度损益调整”账户进行，登记新账簿并按审计调整重编年度财务报表（实务中，可由注册会计师编制已审财务报表）。

（二）应收账款的审计目标和实质性程序

应收账款余额一般包括应收账款账面余额和相应的坏账准备两部分。

应收账款是指企业因销售商品、提供劳务而形成的现时收款权利，即由于企业销售商品、提供劳务等原因，应向购货客户或接受劳务的客户收取的款项。

坏账是指企业无法收回或收回可能性极小的应收款项（包括应收票据、应收账款、预付款项、其他应收款和长期应收款等）。由于发生坏账而产生的损失称为坏账损失。企业通常应采用备抵法按期估计坏账损失。企业通常应当于资产负债表日评估应收款项的信用风险，合理预计各项应收款项可能发生的坏账，相应计提坏账准备。

企业的应收账款是在销售交易或提供劳务过程中产生的。因此，应收账款的审计需要结合销售交易的审计来进行。一方面，收入的“发生”认定直接影响应收账款的“存在”认定；另一方面，由于应收账款代表了尚未收回货款的收入，通过审计应收账款获取的审计证据也能够为收入提供审计证据。

1.应收账款的审计目标

应收账款的审计目标一般包括：确定资产负债表中记录的应收账款是否存在（“存在”认定）；确定所有应当记录的应收账款是否均已记录（“完整性”认定）；确定记录的应收账款是否由被审计单位拥有或控制（“权利和义务”认定）；确定应收账款是否可收回，坏账准备的计提方法和比例是否恰当，计提是否充分（“准确性”“计价和分摊”认定）；确定应收账款及其坏账准备是否已按照《企业会计准则》的规定在财务报表中作出恰当列报（“列报”认定）。

2.应收账款的实质性程序

针对应收账款的实质性程序通常有以下几种：

（1）取得应收账款明细表。

①复核加计是否正确，并与总账数和明细账合计数核对是否相符；结合坏账准备科目与报表数核对是否相符。应收账款报表数反映企业因销售商品、提供劳务等应向购买单位收取的各种款项，减去已计提的相应的坏账准备后的净额。

②检查非记账本位币应收账款的折算汇率及折算是否正确。对于用非记账本位币（通常为外币）结算的应收账款，注册会计师检查被审计单位外币应收账款的增减变动是否采用交易发生日的即期汇率将外币金额折算为记账本位币金额，或者采用按照系统合理的方法确定的、与交易发生日即期汇率近似的汇率折算，选择汇率的方法前后各期是否一致；期末外币应收账款余额是否采用期末即期汇率折算为记账本位币金额；折算差额的会计处理是否正确。

③分析有贷方余额的项目，查明原因，必要时，建议进行重分类调整。

④结合其他应收款、预收款项等往来项目的明细余额，调查有无同一客户多处挂账、异常余额或与销售无关的其他款项（如代销账户、关联方账户或员工账户），必要时提出调整建议。

（2）分析与应收账款相关的财务指标。

①复核应收账款借方累计发生额与主营业务收入关系是否合理，并将当期应收账款借方发生额占销售收入净额的百分比与管理层考核指标和被审计单位相关赊销政策比较，如存在异常查明原因。

②计算应收账款周转率、应收账款周转天数等指标，并与被审计单位相关赊销政策、被审计单位以前年度指标、同行业同期相关指标对比，分析是否存在重大异常并查明原因。

（3）检查应收账款账龄分析是否正确。

①获取应收账款账龄分析表。被审计单位通常会编制应收账款账龄分析表，以监控货款收回情况、及时识别可能无法收回的应收账款并作为计提坏账准备的依据之一。注册会计师可以通过查看应收账款账龄分析表了解和评估应收账款的可收回性。应收账款账龄分析表的参考格式见表4-22。

表4-22 应收账款账龄分析表

年 月 日 货币单位：

客户名称	期末余额	账龄			
		1年以内	1~2年	2~3年	3年以上
合计					

②测试应收账款账龄分析表计算的准确性，并将应收账款账龄分析表中的合计数与应收账款总分类账余额相比较，并调查重大调节项目。

③从账龄分析表中抽取一定数量的项目，追查至相关销售原始凭证，测试账龄划分的准确性。本项程序与坏账准备的实质性程序紧密相关。

（4）对应收账款实施函证程序。

函证应收账款的目的在于证实应收账款账户余额是否真实准确。通过第三方提供的函证回复，可以比较有效地证明被询证者的存在和被审计单位记录的可靠性。注册会计师根据被审计单位的经营环境、内部控制的有效性、应收账款账户的性质、被询证者处理询证函的习惯做法及回函的可能性等，确定应收账款函证的范围、对象、方式和时间。

①函证决策。除非有充分证据表明应收账款对被审计单位财务报表而言是不重要的，或者函证很可能是无效的，否则，注册会计师应当对应收账款进行函证。如果注册会计师不对应收账款进行函证，应当在审计工作底稿中说明理由。如果认为函证很可能是无效的，注册会计师应当实施替代审计程序，获取相关、可靠的审计证据。

②函证的范围和对象。函证范围是由诸多因素决定的，主要有：

a. 应收账款在全部资产中的重要程度。若应收账款在全部资产中所占的比重较大，则函证的范围应相应大一些。

b. 被审计单位内部控制的有效性。若相关内部控制有效，则可以相应缩小函证范围；反之，则扩大函证范围。

c. 以前期间的函证结果。若以前期间函证中发现过重大差异，或欠款纠纷较多，则函证范围应相应扩大一些。

注册会计师在选择函证项目时，除了考虑金额较大的项目外，还需要考虑风险较高的项目，如账龄较长的项目；与债务人发生纠纷的项目；重大关联方项目；主要客户（包括关系密切的客户）项目；新增客户项目；交易频繁但期末余额较小甚至余额为零的项目；可能产生重大错报或舞弊的非正常项目。这种基于一定的标准选取样本的方法具有针对性，比较适用于应收账款余额金额和性质差异较大的情况。如果应收账款余额由大量金额较小且性质类似的项目构成，则注册会计师通常采用抽样技术选取函证样本。

③函证的方式。注册会计师可采用积极的或消极的函证方式实施函证，也可将两种方式结合使用。由于应收账款通常存在高估风险，且与之相关的收入确认存在舞弊风险假定，因此，实务中通常对应收账款采用积极的函证方式。下文均假设为积极式函证。

【提示】对大额账项采用积极式函证，对小额账项采用消极式函证。有时候两种函证方式结合起来使用可能更适宜。

参考格式4-1、参考格式4-2列示了积极式询证函的格式；参考格式4-3列示了消极式询证函的格式。

参考格式4-1积极式询证函（格式一）：

企业询证函

编号：

××（公司）：

本公司聘请的××会计师事务所正在对本公司××年度财务报表进行审计，按照中国注册会计师审计准则的要求，应当询证本公司与贵公司的往来账项等事项。下列数据出自本公司账簿记录，如与贵公司记录相符，请在本函下端“信息证明无误”处签章证明；如有不符，请在“信息不符”处列明不符金额。回函请直接寄至××会计师事务所。

回函地址：

邮编：　　电话：　　传真：　　联系人：

1.本公司与贵公司的往来账项列示如下：

单位：元

截止日期	贵公司欠	欠贵公司	备注

2.其他事项。

本函仅为复核账目之用，并非催款结算。若款项在上述日期之后已经付清，仍请及时函复为盼。

（公司盖章）

年　月　日

结论：1.信息证明无误。

（公司盖章）

年　月　日

经办人：

2.信息不符，请列明不符的详细情况：

（公司盖章）

年　月　日

经办人：

参考格式4-2积极式询证函（格式二）：

企业询证函

编号：

××（公司）：

本公司聘请的××会计师事务所正在对本公司××年度财务报表进行审计，按照中国注册会计师审计准则的要求，应当询证本公司与贵公司的往来账项等事项。请列示截至××××年××月××日贵公司与本公司往来款项余额。回函请直接寄至××会计师事务所。

回函地址：

邮编：　　电话：　　传真：　　联系人：

本函仅为复核账目之用，并非催款结算。若款项在上述日期之后已经付清，仍请及时函复为盼。

（公司盖章）

年　月　日

1.贵公司与本公司的往来账项列示如下：

单位：元

截止日期	贵公司欠	欠贵公司	备注

2.其他事项。

（公司盖章）

年　月　日

经办人：

参考格式4-3消极式询证函：

企业询证函

编号：

××（公司）：

本公司聘请的××会计师事务所正在对本公司××年度财务报表进行审计，按照中国注册会计师审计准则的要求，应当询证本公司与贵公司的往来账项等事项。下列数据出自本公司账簿记录，如与贵公司记录相符，则无须回复；如有不符，请直接通知会计师事务所，并请在空白处列明贵公司认为正确的信息。回函请直接寄至××会计师事务所。

回函地址：

邮编：　　电话：　　传真：　　联系人：

1.本公司与贵公司的往来账项列示如下：

单位：元

截止日期	贵公司欠	欠贵公司	备注

2.其他事项。

本函仅为复核账目之用，并非催款结算。若款项在上述日期之后已经付清，仍请及时核对为盼。

（公司盖章）

年　月　日

××会计师事务所：

上面的信息不正确，差异如下：

（公司盖章）

年　月　日

经办人：

④函证时间的选择。注册会计师通常以资产负债表日为截止日，在资产负债表日后适当时间内实施函证。如果重大错报风险评估为低水平，注册会计师可以资产负债表日前适当日期为截止日实施函证，并对所函证项目自该截止日起至资产负债表日止发生的变动实施其他实质性程序。

⑤函证的控制。注册会计师通常利用被审计单位提供的应收账款明细账户名称及客户地址等资料编制询证函，但注册会计师应当对函证全过程保持控制，并对确定需要确认或填列的信息、选择适当的被询证者、设计询证函以及发出和跟进（包括收回）询证函保持控制。

注册会计师可通过函证结果汇总表的方式对询证函的收回情况加以汇总。函证结果汇总表见表4-23。

⑥对不符事项的处理。对回函中出现的不符事项，注册会计师需要调查核实原因，确定其是否构成错报。注册会计师不能仅通过询问被审计单位相关人员对不符事项的性质和原因得出结论，而是要在询问原因的基础上，检查相关的原始凭证和文件资料予以证实。必要时与被询证方联系，获取相关信息和解释。对于应收账款而言，登记入账的时间不同而产生的不符事项主要表现为：a.客户已经付款，被审计单位尚未收到货款；b.被审计单位的货物已经发出并已做销售记录，但货物仍在途中，客户尚未收到货物；c.客户由于某种原因将货物退回，而被审计单位尚未收到；d.客户对收到的货物的数量、质量及价格等

方面有异议而全部或部分拒付货款等。

表4-23 应收账款函证结果汇总表

被审计单位名称： 制表： 日期：

结账日： 年 月 日 复核： 日期：

询证函编码	客户名称	地址及联系方式	账面金额	函证方式	函证日期		回函日期	替代程序	确认余额	差异金额及说明	备注
					第一次	第二次					
合计											

⑦对未回函项目实施替代程序。如果未收到被询证方的回函，注册会计师应当实施替代审计程序，例如：

a. 检查资产负债表日后收回的货款。值得注意的是，注册会计师不能仅查看应收账款的贷方发生额，而是要查看相关的收款单据，以证实付款方确为该客户且确与资产负债表日的应收账款相关。

b. 检查相关的销售合同、销售单、发运凭证等文件。注册会计师需要根据被审计单位的收入确认条件和时点，确定能够证明收入发生的凭证。

c. 检查被审计单位与客户之间的往来邮件，如有关发货、对账、催款等事宜的邮件。

在某些情况下，注册会计师可能认为取得积极式函证回函是获取充分、适当的审计证据的必要程序，尤其是识别出有关收入确认的舞弊风险，导致注册会计师不能信赖从被审计单位取得的审计证据，则替代程序不能提供注册会计师需要的审计证据。在这种情况下，如果未获取回函，注册会计师应当确定其对审计工作和审计意见的影响。需要指出的是，注册会计师应当将询证函回函作为审计证据，纳入审计工作底稿管理，询证函回函的所有权归属于注册会计师所在的会计师事务所。

（5）对应收账款余额实施函证以外的细节测试。在未实施应收账款函证的情况下（例如，由于实施函证不可行），注册会计师需要实施其他审计程序获取有关应收账款的审计证据。这种程序通常与上述未收到回函情况下实施的替代程序相似。

（6）检查坏账的冲销和转回。首先，注册会计师检查有无债务人破产或者死亡的，以及破产或以遗产清偿后仍无法收回的，或者债务人长期未履行清偿义务的应收账款；其次，应检查被审计单位坏账的处理是否经授权批准，有关会计处理是否正确。

（7）确定应收账款的列报是否恰当。除了《企业会计准则》要求的披露之外，如果被审计单位为上市公司，注册会计师还要评价其披露是否符合证券监管部门的特别规定。

3. 坏账准备的实质性程序

应收账款属于以摊余成本计量的金融资产，企业应当以预期信用损失为基础，对其进行减值会计处理并确认损失准备。以下阐述坏账准备审计常用的实质性程序。

（1）取得坏账准备明细表，复核加计是否正确，与坏账准备总账数、明细账合计数核对是否相符。

（2）将应收账款坏账准备本期计提数与信用减值损失相应明细项目发生额核对是否相符。

（3）检查应收账款坏账准备计提和核销的批准程序，取得书面报告等证明文件，结合应收账款函证回函结果，评价计提坏账准备所依据的资料、假设及方法是否齐全合理。企业应合理预计信用减值损失并计提坏账准备，不得多提或少提，否则应视为滥用会计估计，按照前期差错更正的方法进行会计处理。

（4）实际发生坏账损失的，检查转销依据是否符合有关规定，会计处理是否正确。对于被审计单位在被审计期间内发生的坏账损失，注册会计师应检查其原因是否清楚，是否符合有关规定，有无授权批准，有无已做坏账处理后又重新收回的应收账款，相应的会计处理是否正确。对有确凿证据表明确实无法收回的应收账款，如债务单位已撤销、破产、资不抵债、现金流量严重不足等，企业应根据管理权限，经股东（大）会或董事会，或经理（厂长）办公会或类似机构批准作为坏账损失，冲销提取的坏账准备。

（5）已经确认并转销的坏账重新收回的，检查其会计处理是否正确。

（6）确定应收账款坏账准备的披露是否恰当。企业应当在财务报表附注中清晰地说明坏账的确认标准、计提方法和计提比例。

【做中学4-30】（案例题）清丰公司2023年12月31日应收账款的部分明细资料见表4-24。

表4-24　清丰公司部分应收账款明细资料

客户名称	账龄	期末余额（元）
A	5个月	1 250 000
B	3个月	180 000
C	1年	320 000
D	2年3个月	85 000
E	6个月	580 000
F	2年	100 000
G	9个月	1 480 000

要求：如果注册会计师冯海霞决定对上述客户进行函证，准备采用积极式函证和消极式函证两种方法。说明上述账户哪些适用积极式函证，哪些适用消极式函证，并简要说明理由。

答案：客户A、D、F、G适合采用积极式函证，因为这些账户的余额较大或账龄较长；客户B、C、E适合采用消极式函证，因为这些账户的余额较小或账龄较短。

【做中学4-31】（案例题）审计人员2024年2月14日审查清丰公司2023年度财务报表时，取得应收账款明细表，见表4-25。

表4-25 应收账款明细表 单位：元

债务单位	账面余额	
	年初数	年末数
电脑开发公司	65 000	31 000
食品公司	35 400	21 000
物资公司	27 000	17 000
商场	90 900	36 000
商业中心	21 000	45 000
合计	239 300	150 000

审计人员于2024年2月对该公司应收账款全部进行了函证，截止到2月25日除物资公司外，审计人员收到了全部回函，除下列存在异议外，其他均与应收账款明细表相符。

（1）电脑开发公司回函，仅欠款11 000元，其余已于2023年12月30日支付，经审计人员追查，该笔款项已于2023年12月31日收到。

（2）商业中心回函称2023年12月所欠18 000元因商品质量问题，只能支付70%，财务部经理已同意。

要求：（1）作出审计调整分录；（2）作出建议被审计单位作出的会计调整分录；（3）分析物资公司欠款可能存在的问题，提出处理意见。

答案：

（1）注册会计师作出的审计调整分录为：

借：银行存款 20 000

　　贷：应收账款——电脑开发公司 20 000

借：主营业务收入 4 778.76

　　应交税费——应交增值税（销项税额） 621.24

　　贷：应收账款——商业中心（18 000×30%） 5 400

借：应交税费——应交所得税（4 778.76×0.25） 1 194.69

　　贷：所得税费用（4 778.76×0.25） 1 194.69

（报表项目随之调整）

（2）建议被审计单位作出的会计调整分录为：

借：银行存款 20 000

　　贷：应收账款——电脑开发公司 20 000

借：以前年度损益调整 4 778.76

　　应交税费——应交增值税（销项税额） 621.24

　　贷：应收账款——商业中心 5 400

借：应交税费——应交所得税 1 194.69

　　贷：以前年度损益调整 1 194.69

借：利润分配——未分配利润 3 584.07

贷：以前年度损益调整　　3 584.07

（登记账簿，报表项目亦随之调整）

（3）此项货款可能是物资公司为虚增收入而虚构的；也可能是记账错误；或者该款项已收回，但未销账。针对上述情况，审计人员应先抽查有关原始凭据，如销售合同、销售订单、销售发票副本及发运凭证等，以验证该笔应收账款的真实性。如果是记账错误，应及时更正；如是虚构的货款，要严肃处理，并及时调整有关账目。

【做中学4-32】（案例题）注册会计师通常依据各类交易、账户余额和列报的相关认定确定审计目标，根据审计目标设计审计程序。应收账款的相关认定见表4-26。

表4-26　应收账款的相关认定

应收账款的相关认定	审计目标	审计程序
存在		（1） （2）
权利		（1） （2）
完整性		（1） （2）
准确性、计价和分摊		（1） （2）

要求：请根据表4-26中给出的应收账款的相关认定确定审计目标，并针对每一审计目标简要设计两项审计程序。

答案：见表4-27。

表4-27　应收账款的相关认定（答案）

应收账款的相关认定	审计目标	审计程序
存在	应收账款是否存在	（1）向客户函证 （2）从应收账款明细账追查到相应的销售发票和发运凭证
权利	应收账款是否归被审计单位所有	（1）检查销售合同、销售发票和发运凭证 （2）以应收账款明细账为起点，检查有关合同，确定是否已出售或质押
完整性	所有应当记录的应收账款是否均已记录	（1）选取发运凭证，追查至销售发票和银行存款日记账、应收账款明细账 （2）选取销售发票，追查至发运凭证和银行存款日记账、应收账款明细账
准确性、计价和分摊	应收账款是否可以收回，计提的坏账准备是否适当	（1）检查期后已收回应收账款情况 （2）分析应收账款账龄，确定坏账准备的计提是否适当

任务三　采购与付款循环的审计

一、采购与付款循环的特点

（一）采购与付款循环涉及的主要账户

微课

采购与付款循环的审计1

企业的采购与付款循环包括购买商品和劳务，以及企业在经营活动中为获取收入而发生的直接或间接的支出。采购业务是企业生产经营活动的起点，企业的支出从性质、数量和发生频率上看是多种多样的。

采购与付款循环是企业从外部购置商品和劳务等并支付款项的经营业务活动，该业务循环通常涉及的资产负债表项目主要包括预付款项、固定资产、在建工程、无形资产、开发支出、商誉、长期待摊费用、应付票据、应付账款和长期应付款等。采购与付款循环中涉及的主要账户及其对应关系如图4-21所示。

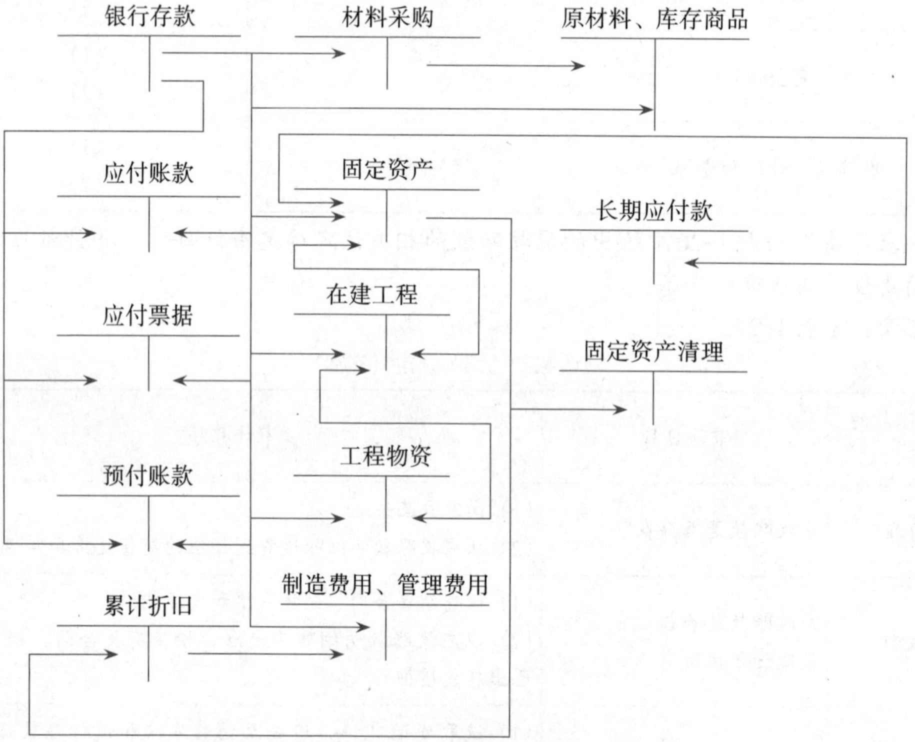

图4-21　采购与付款循环涉及的账户及其对应关系

（二）采购与付款循环涉及的主要单据与会计记录

采购与付款交易通常要经过请购-订货-验收-付款这样的程序，同销售与收款交易一样，在内部控制比较健全的企业，处理采购与付款交易通常需要使用很多单据与会计记录。以一般制造业企业为例，其典型的采购与付款循环所涉及的主要单据与会计记录有以下几种（不同被审计单位的单据名称可能不同）：

1. 采购计划

企业以销售和生产计划为基础，考虑供需关系及市场变化等因素，制订采购计划，并经适当的管理层审批后执行（如图4-22所示）。

序号	商品名称	规格/型号	单位	采购单价	库存数	采购数量	交货时间	备注

图4-22　采购计划表

2. 供应商清单

企业通过文件审核及实地考察等方式对合作的供应商进行认证，将通过认证的供应商信息进行手工或系统维护，并及时进行更新，形成供应商清单（如图4-23所示）。

供应商清单

年　月　日　　　　第　页

序号	物料名称	供应商名称	地址	联系人	电话/传真	质保	试订购结果	等级	备注
登录：				批准：					

图4-23　供应商清单

3.请购单

请购单由生产、仓库等相关部门的有关人员填写，送交采购部门，是申请购买商品、劳务或其他资产的书面凭据（如图4-24所示）。

请购单

部门： 年 月 日

序号	请购物名称	购物商店	品牌	型号	规格	单价	数量	合计	备注

请购人： 采购小组组长： 审核： 审批：

图4-24 请购单

4.订购单

订购单由采购部门填写，经适当的管理层审核后发送给供应商，是向供应商购买订购单上所指定的商品和劳务的书面凭据（如图4-25所示）。

订购单号：

订购单 订购日期：

合同编号：

供应商：________采购部门：________

联系人：________采购员：________

电　话：________电　　话：________

邮　箱：________邮　　箱：________

序号	物品编号	物品名称	规格型号	单位	数量	单价	金额	状态	收货确认
汇总金额（大写）									

相关约定：

期望交货日期：________

交货方式：________交货地址：________

是否开票：________发票类别：________

支付方式：________付款约定：________

图4-25 订购单

5.验收及入库单

验收单是收到商品时所编制的凭据，列示通过质量检验的、从供应商处收到的商品的种类和数量等内容（如图4-26所示）。入库单是由仓库管理人员填写的验收合格品入库的凭证（如图4-27所示）。

验收单

供货单位				
收货单位				
收货地址				
送货清单				
货物名称	型号规格	送达数量	合格（打钩）	备注
数量合计				

验收内容：

1.供应商应在合同规定日期内送货，收货方验收货物的外观完好；能正常使用。

2.需要安装、施工的项目是否文明安装、施工。

图4-26 验收单

入库单

购货单位： NO.：

货物名称	规格	数量	重量（kg）	单价（元）	总金额（元）	产地
合计						
价税合计（大写）						
支付方式					审批人	
提单说明	此单加盖销售合同章后方为有效，手写、涂改无效。					
地址			电话			

图4-27 入库单

6.卖方发票

卖方发票（供应商发票）是供应商开具的，交给买方以载明发运的货物或提供的劳务、应付款金额和付款条件等事项的凭证（如图4-28所示）。

3300083620　　××增值税普通发票　　№ 0123456789

国家税务总局 ××市税务局

校验码93484 56892 10548 44080　　发票联　　开票日期：2021年03月15日

购买方		密码区	
名　　称：个人 纳税人识别号： 地 址 、电 话： 开户行及账号：			033- *7- *73* >2170608870>2/>09 7/3/+86<9><>990498/72132*7+ <>931329*894++897/8>+570*5-> >6<589/47*019>/306>26+006<89

货物或应税劳务、服务名称	规格型号	单位	数量	单价	金额	税率	税额
×××	88888KD	套	1	100.00	100.00	13%	13.00
合计					¥100.00		¥13.00
价税合计（大写）	⊗壹佰壹拾叁圆整					（小写）¥113.00	

销售方		备注	
名　　称：×××××有限公司 纳税人识别号：10024580015571515 地 址 、电 话：××市××区××路××号 12458788 开户行及账号：××市××银行×××支行 88888888888888			×××××有限公司 10024580015571515 发票专用章

收款人：×××　　复核：×××　　开票人：×××　　销售方：（章）

第二联：发票联　购买方记账凭证

图4-28　卖方发票

7.付款凭单

付款凭单是采购方企业的应付凭单部门编制的，载明已收到的商品、资产或接受的劳务、应付款金额和付款日期的凭证。付款凭单是采购方企业内部记录和支付款项的授权证明文件（如图4-29所示）。

付款凭单

年　月　日　　　　编号

附件　　张

受款人		
付款用途		
金额	人民币 （大写）	¥

会计主管：　记账：　出纳：　部门主管：　制单：　受款人签收：

图4-29　付款凭单

8.转账凭证

转账凭证是指记录转账交易的记账凭证，它是根据有关转账交易（即不涉及库存现金、银行存款收付的各项交易）的原始凭证编制的（如图4-30所示）。

转账凭证

年　　月　　日　　　　　　　　　　　　转字第　　号

摘要	总账科目	明细科目	√	借方金额										√	贷方金额								
				千	百	十	万	千	百	十	元	角	分		千	百	十	万	千	百	十	元	角	分
合计																								

附单据　张

会计主管：　　　　记账：　　　　审核：　　　　制单：

图4-30　转账凭证

9. 付款凭证

付款凭证包括现金付款凭证和银行存款付款凭证，是指用来记录库存现金和银行存款支出交易的记账凭证（如图4-31所示）。

银行存款付款凭证　　　　　　　　　　第　　号

年　　月　　日　　　　　　　　　　附件　　张

摘要	借　方		借方金额											记账√
	总账科目	明细科目	亿	千	百	十	万	千	百	十	元	角	分	
合　计														

会计主管：　　　　记账：　　　　出纳：　　　　复核：　　　　制单：

图4-31　付款凭证

10. 应付账款明细账

应付账款科目核算企业因购买材料、商品和接受劳务供应等而应付给供应单位的款项，设置三栏式明细账进行明细分类核算（如图4-32所示）。

11. 库存现金日记账和银行存款日记账

库存现金日记账和银行存款日记账是用来记录各种现金、银行存款收入和支出的日记账（如图4-33所示）。

应付账款明细账

年		凭证		摘要	借方											贷方											借或贷	余额											核对
月	日	种类	号数		亿	千	百	十	万	千	百	十	元	角	分	亿	千	百	十	万	千	百	十	元	角	分		亿	千	百	十	万	千	百	十	元	角	分	

图4-32 应付账款明细账

库存现金日记账

年度

第　　页

年		记账凭证		摘要（外汇收支应说明原币及汇率）	对方科目	总页	借方											记账(√)	贷方											记账(√)	结存											记账(√)
月	日	收款	付款				亿	千	百	十	万	千	百	十	元	角	分		亿	千	百	十	万	千	百	十	元	角	分		亿	千	百	十	万	千	百	十	元	角	分	

图4-33　库存现金日记账

12.供应商对账单

实务中，对采购及应付账款的定期对账通常由供应商发起。供应商对账单是由供应商编制的、用于核对与采购企业往来款项的凭据，通常标明期初余额、本期购买、本期支付给供应商的款项和期末余额等信息。供应商对账单是供应商对有关交易的陈述，如果不考虑买卖双方在收发货物上可能存在的时间差等因素，其期末余额通常应与采购方相应的应付账款期末余额一致（如图4-34所示）。

供应商（客户）对账单（月份）

收件公司（TO）：××集团　收件人（ATTN）：　收件人传真（FAX）：　传自（FROM）：　日期（DATE）：

供应商（客户）名称：　本页第1页，共1页

收货情况												付款情况		
订单号	送货日期	入库日期	入库单号	料号	物料名称	规格型号	单位	数量	单价	金额	备注	日期	金额	备注
总计										—			—	

上期余额（截至　年　月　日）□预付　□尚欠	本期进货净额（　年　月　日至　年　月　日）	
本期付款（　年　月　日至　年　月　日）	其他项目（　）	备注（　）
本期余额（截至　年　月　日）□预付　□尚欠	（大写金额）	
需方核对确认栏	供方（供应商）核对确认栏	
需方单位名称：	供方单位（人）名称：	
需方核对人与核对日期：	供方（供应商）确认处： （盖章与签名）	
需方审核人与审核日期：	供方（供应商）确认日期：	

图4-34　供应商对账单

二、采购与付款循环的业务活动和相关内部控制

（一）采购与付款循环的主要业务活动

微课

采购与付款循环的审计2

以一般制造业企业的商品采购为例，简要介绍采购与付款循环通常涉及的主要业务活动及其相关的内部控制。

制造业被审计单位的采购与付款循环通常包含的相关财务报表项目、涉及的主要业务活动及常见的主要单据及会计记录见表4-28。

表4-28 采购与付款循环涉及的交易类别、相关财务报表项目、主要业务活动和主要单据及会计记录

交易类别	相关财务报表项目	主要业务活动	主要单据及会计记录
采购	存货、其他流动资产、销售费用、管理费用、应付账款、其他应付款、预付款项等	①编制采购计划 ②维护供应商清单 ③请购商品和劳务 ④编制订购单 ⑤验收商品 ⑥储存已验收的商品 ⑦编制付款凭单 ⑧确认与记录负债	①采购计划 ②供应商清单 ③请购单 ④订购单 ⑤验收单 ⑥卖方发票 ⑦付款凭单
付款	应付账款、其他应付款、应付票据、货币资金等	①办理付款 ②记录现金、银行存款支出 ③与供应商定期对账	①转账凭证/付款凭证 ②应付账款明细账 ③库存现金日记账和银行存款日记账 ④供应商对账单

1.制订采购计划

基于企业的生产经营计划，生产、仓库等部门定期编制采购计划，经部门负责人等适当的管理人员审批后提交给采购部门，具体安排商品及劳务采购。

2.供应商认证及信息维护

企业通常对合作的供应商事先进行资质等审核、将通过审核的供应商信息录入系统，形成完整的供应商清单，并及时对其信息变更进行更新。采购部门只能向通过审核的供应商进行采购。

3.请购商品和劳务

生产部门根据采购计划、对需要购买的已列入存货清单的原材料等项目填写请购单，其他部门也可以对所需要购买的商品或劳务编制请购单。大多数企业对正常经营所需物资的购买均做一般授权，例如，生产部门在现有库存达到再订购点时就可提出采购申请，其他部门也可为正常的维修工作和类似工作直接申请采购有关物品。请购单可由手工或计算机编制。由于企业内不少部门都可以填列请购单，可以分部门设置请购单的连续编号，每张请购单必须经过对这类支出预算负责的主管人员签字批准。

请购单是证明有关采购交易的“发生”认定的凭据之一，也是采购交易轨迹的起点。

4.编制订购单

采购部门在收到请购单后，只能对经过恰当批准的请购单发出订购单。对于每张订购单，采购部门应确定最佳的供应来源。对一些大额、重要的采购项目，应采取竞价方式来确定供应商，以保证供货的质量、及时性和成本的低廉。

订购单应正确填写所需要的商品品名、数量、价格、厂商名称和地址等，预先予以顺序编号并经过被授权的采购人员签名。其正联应送交供应商，副联则送至企业内部的验收部门、应付凭单部门和编制请购单的部门。随后，应独立检查订购单的处理，以确定是否确实收到商品并正确入账。这项检查与采购交易的“完整性”和“发生”认定有关。

5.验收商品

有效的订购单代表企业已授权验收部门接受供应商发运来的商品。验收部门首先应比较所收商品与订购单上的要求是否相符，如商品的品名、摘要、数量、到货时间等，然后盘点商品并检查商品有无损坏。

验收后，验收部门应对已收货的每张订购单编制一式多联、预先按顺序编号的验收单，作为验收和检验商品的依据。验收人员将商品送交仓库或其他请购部门时，应取得经过签字的收据，或要求其在验收单的副联上签收，以确立他们对所采购的商品应负的保管责任。验收人员还应将其中的一联验收单送交应付凭单部门。

验收单是支持资产以及与采购有关的负债的“存在或发生”认定的重要凭据。定期独立检查验收单的顺序以确定每笔采购交易都已编制凭单，与采购交易的“完整性”认定有关。

6.储存已验收的商品

将已验收商品的保管与采购的其他职责相分离，可减少未经授权的采购和盗用商品的风险。存放商品的仓储区应相对独立，限制无关人员接近。这些控制与商品的“存在”认定有关。

7.编制付款凭单

记录采购交易之前，应付凭单部门应核对订购单、验收单和卖方发票的一致性并编制付款凭单。这项控制的功能包括：

（1）确定供应商发票的内容与相关的验收单、订购单的一致性。

（2）确定供应商发票计算的正确性。

（3）编制预先顺序编号的付款凭单，并附上支持性凭证（如订购单、验收单和供应商发票等）。这些支持性凭证的种类，因交易对象的不同而不同。

（4）独立检查付款凭单计算的正确性。

（5）在付款凭单上填入应借记的资产或费用账户名称。

（6）由被授权人员在凭单上签字，以示批准照此凭单要求付款。所有未付凭单的副联应保存在未付凭单档案中，以待日后付款。经适当批准和有预先编号的凭单为记录采购交易提供了依据，因此，这些控制与“存在”、“发生”、“完整性”、“权利和义务”、“准确性”和“计价和分摊”等认定有关。

8.确认与记录负债

正确确认已验收货物和已接受劳务的债务，对企业财务报表和实际现金支出具有重大影响。与应付账款确认和记录相关的部门一般有责任核查购置的财产，并在应付凭单登记簿或应付账款明细账中加以记录。在收到供应商发票时，应付账款部门应将发票上所记载的品名、规格、价格、数量、条件及运费与订购单上的有关资料核对，如有可能，还应与验收单上的资料进行比较。

应付账款确认与记录的一项重要控制是要求记录现金支出的人员不得经手现金、有价证券和其他资产。恰当的凭证、记录与记账手续，对业绩的独立考核和应付账款职能而言是必不可少的控制。

在手工系统下，应将已批准的未付凭单送达会计部门，据以编制有关记账凭证和登记有关账簿。会计主管应监督为采购交易而编制的记账凭证中账户分类的适当性；通过定期核对编制记账凭证的日期与凭单副联的日期，监督入账的及时性。而独立检查会计人员则应核对所记录的凭单总数与应付凭单部门送来的每日凭单汇总表是否一致，并定期独立检查应付账款总账余额与应付凭单部门未付凭单档案中的总金额是否一致。

对于每月月末尚未收到供应商发票的情况，则需根据验收单和订购单暂估相关的负债。

9.办理付款

通常是由应付凭单部门负责确定未付凭单在到期日付款。企业有多种款项结算方式，以支票结算方式为例，编制和签署支票的有关控制包括：

（1）独立检查已签发支票的总额与所处理的付款凭单的总额的一致性。

（2）应由被授权的财务部门的人员负责签署支票。

（3）被授权签署支票的人员应确定每张支票都附有一张已经适当批准的未付凭单，并确定支票收款人姓名和金额与凭单内容的一致性。

（4）支票一经签署就应在其凭单和支持性凭证上用加盖印戳或打洞等方式将其注销，以免重复付款。

（5）支票签署人不应签发无记名甚至空白的支票。

（6）支票应预先顺序编号，保证支出支票存根的完整性和作废支票处理的恰当性。

（7）应确保只有被授权的人员才能接近未经使用的空白支票。

10.记录现金、银行存款支出

仍以支票结算方式为例，在手工系统下，会计部门应根据已签发的支票编制付款记账凭证，并据以登记银行存款日记账及其他相关账簿。以记录银行存款支出为例，有关控制包括：（1）会计主管应独立检查记入银行存款日记账和应付账款明细账的金额的一致性，以及与支票汇总记录的一致性；（2）通过定期比较银行存款日记账记录的日期与支票副本的日期，独立检查入账的及时性；（3）独立编制银行存款余额调节表。

采购与付款循环主要业务流程图如图4-35所示。

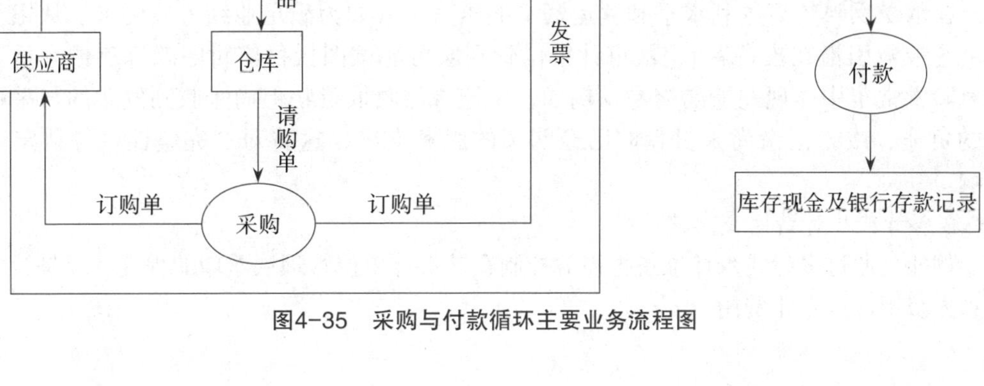

图4-35　采购与付款循环主要业务流程图

（二）采购与付款循环的相关内部控制

在内部控制的设置方面，采购与付款循环和销售与收款循环存在很多类似之处。以下仅就采购交易内部控制的特殊之处予以说明。

1.适当的职责分离

适当的职责分离有助于防止各种有意或无意的错误。与销售和收款交易一样，采购与付款交易也需要适当的职责分离。企业应当建立采购与付款交易的岗位责任制，明确相关部门和岗位的职责、权限，确保办理采购与付款交易的不相容岗位相互分离、制约和监督。采购与付款交易不相容岗位至少包括：请购与审批；询价与确定供应商；采购合同的订立与审批；采购与验收；采购、验收与相关会计记录；付款审批与付款执行。这些都是对企业提出的、有关采购与付款交易相关职责适当分离的基本要求。

2.恰当的授权审批

付款需要由经授权的人员审批，审批人员在审批前需检查相关支持性文件，并对其发现的例外事项进行跟进处理。

3.凭证的预先编号及对例外报告的跟进处理

微课

采购与付款循环的审计3

通过对入库单的预先编号以及对例外情况的汇总处理，被审计单位可以应对存货和负债记录方面的完整性风险。如果该控制是人工执行的，被审计单位可以安排入库单编制人员以外的独立复核人员定期检查已经进行会计处理的入库单记录，确认是否存在遗漏或重复记录的入库单，并对例外情况予以跟进。如果是在IT环境下，系统可以定期生成列明跳号或重号的入库单统计例外报告，由经授权的人员对例外报告进行复核和跟进，可以确认所有入库单都进行了处理，且没有重复处理。

三、采购与付款循环的重大错报风险的评估

（一）采购与付款循环存在的重大错报风险

注册会计师基于在了解被审计单位及其环境的整个过程中所识别的相关风险，结合对采购与付款循环中拟测试控制的了解，考虑在采购与付款循环中发生错报的可能性以及潜在错报的重大程度是否足以导致重大错报，从而评估采购与付款循环的相关交易和余额存在的重大错报风险，以为设计和实施进一步审计程序提供基础。

影响采购与付款交易和余额的重大错报风险可能包括：

1.没有完整记录负债的风险

在承受反映较高盈利水平和营运资本的压力下（如为满足业绩考核要求、从银行获得资金或吸引潜在投资者），被审计单位管理层可能试图低估应付账款等负债。重大错报风险常常集中体现在遗漏交易，例如，未记录已收取货物但尚未收到发票的与采购相关的负债，或未记录尚未付款的已经购买的服务支出，这将对“完整性”等认定产生影响。

2.多计或少计费用支出的风险

例如，通过多计或少计准备把损益控制在被审计单位管理层希望的程度，或是管理层把私人费用计入企业费用。

3.费用支出记录不准确的风险

例如，被审计单位以复杂的交易安排购买一定期间的多种服务，管理层对于涉及的服务收益与付款安排所涉及的复杂性缺乏足够的了解。这可能导致费用支出分配或计提的错误。

4.不正确地记录外币交易

当被审计单位进口用于出售的商品时，可能由于采用不恰当的外币汇率而导致该项采购的记录出现差错。此外，还存在未能将诸如运费、保险费和关税等与存货相关的进口费用进行正确分摊的风险。

5.存在未记录的权利和义务

这可能导致资产负债表分类错误以及财务报表附注不正确或披露不充分。

（二）评估固有风险和控制风险

针对识别出的相关交易类别和账户余额存在的重大错报风险，注册会计师应当通过评估错报发生的可能性和重要程度来评估固有风险。在评估时，注册会计师运用职业判断确定错报发生的可能性和重要程度综合起来的影响程度。例如，某被审计单位从事农产品加工业务，部分原材料系向农户个人采购。在评估固有风险时，注册会计师认为与该类交易相关的固有风险因素主要是复杂性，如采购交易涉及多个农户，并且交易价格的季节性波动较大，导致核算较为复杂。此外，由于与农户的交易多为现金交易，以往年度存在白条交易的情况，存在较高的舞弊风险。基于上述因素，注册会计师认为错报发生的可能性较高，并且由于采购金额重大，如果发生错报，其严重程度较高，因此，将与该类交易相关的风险的固有风险等级评估为最高级，即存在特别风险。

如果注册会计师计划测试采购与付款循环中相关控制的运行有效性，应当评估相关控制的控制风险。例如，被审计单位每月由不负责应付账款核算的财务人员向供应商寄发对账单，就对账差异进行调查并编写说明，报经财务经理复核。注册会计师计划测试该项控制的运行有效性，考虑到该项控制属于常规性控制，不涉及重大判断，执行控制的人员具备相应的知识和技能并且保持了适当的职责分离，因此，注册会计师将该项控制的控制风险等级评估为低水平。

需要说明的是，如果注册会计师拟不测试控制运行的有效性，则应当将固有风险的评估结果作为重大错报风险的评估结果。

（三）根据重大错报风险的评估结果设计进一步审计程序

注册会计师根据对相关交易类别和账户余额存在重大错报风险的评估结果，制订实施进一步审计程序的总体方案，包括确定是采用综合性方案还是实质性方案，并考虑审计程序的性质、时间安排和范围，继而实施控制测试和实质性程序，以应对识别出的认定层次的重大错报风险。

表4–29为假定评估应付账款为重要账户，且相关认定包括存在/发生、完整性、准确性及截止的前提下，注册会计师计划实施的进一步审计程序总体方案示例。

需要说明的是，上面的示例是根据注册会计师对重大错报风险的初步评估安排的，如果在审计过程中注册会计师了解的情况或获取的证据导致其更新相关风险的评估，则注册会计师需要执行的进一步审计程序也需要相应更新。例如，注册会计师通过控制测试发现

表4-29 采购与付款循环的重大错报风险及进一步审计程序总体方案

重大错报风险描述	相关财务报表项目及认定	固有风险等级	控制风险等级	进一步审计程序的总体方案	拟从控制测试中获取的保证程度	拟从实质性程序中获取的保证程度
确认的负债及费用并未实际发生	应付账款/其他应付款：存在；销售费用/管理费用：发生	中	低	综合性方案	高	低
不记录与采购相关的负债或不记录尚未付款的已经购买的服务支出	应付账款/其他应付款：完整性；销售费用/管理费用：完整性	最高	低	综合性方案	高	中
采用不正确的费用支出截止期，例如将本期的支出延迟到下期确认	应付账款/其他应付款：存在/完整性；销售费用/管理费用：截止	高	最高	实质性方案	无	高
发生的采购未能以正确的金额记录	应付账款/其他应付款：准确性、计价和分摊；销售费用/管理费用：准确性	低	低	综合性方案	中	低

被审计单位针对计价认定的相关控制存在缺陷，导致其需要提高对相关控制风险的评估水平，则注册会计师可能需要提高相关重大错报风险的评估水平，并进一步修改实质性审计程序的性质、时间安排和范围。

四、采购与付款循环的控制测试

以采购与付款循环的主要业务活动和相关内部控制描述以及表4-30的重大错报风险评估和计划实施的进一步审计程序总体方案为基础，进一步举例说明采购与付款循环中常见的内部控制的具体测试方法。需要说明的是，是否执行内部控制测试是注册会计师根据其风险评估确定的。在某些情况下，例如被审计单位的采购是根据IT系统事先设定的规则（包括购买的商品及数量）自动发起的，付款也是根据收到商品后系统设置的付款期限自动确定的，该过程在IT系统之外没有其他相关凭据的情形下，注册会计师可能判断无法仅通过执行实质性程序获取充分、适当的审计证据；在其他情况下，是否执行控制测试则是注册会计师根据审计效率作出的总体判断。如果采取依赖有效的内部控制减少实质性程序测试的方法，比仅依赖实质性程序更能够提高审计的总体效率，则选择执行控制测试就是适当的。另外，有效的内部控制仅能降低而不能消除重大错报风险，因此仅依赖控制测试而不执行实质性程序也不能为相关的重要账户及其认定提供充分、适当的审计证据。

（一）以风险为起点的控制测试（见表4-30）

表4-30　　采购与付款循环的风险、存在的控制及控制测试程序

可能发生错报的环节	相关的财务报表项目及认定	存在的内部控制（自动）	存在的内部控制（人工）	内部控制测试程序
采购计划未经适当审批	存货：存在；其他费用：发生；应付账款：存在		生产、仓储等部门根据生产计划制订需求计划，采购部门汇总需求计划，按采购类型制订采购计划，经复核人复核后执行	询问复核人复核采购计划的过程，检查采购计划是否经复核人恰当复核
新增供应商或供应商信息变更未经恰当的认证	存货：存在；其他费用：发生；应付账款：存在	采购订单上的供应商代码必须在系统供应商清单中存在匹配的代码，才能生效并发送至供应商	复核人复核并批准每个供应商数据的变更请求，包括供应商地址或银行账户的变更以及新增供应商等。复核时，评估拟进行的供应商数据变更是否得到合适文件的支持，诸如由供应商提供的新地址或银行账户明细或经批准新供应商的授权表格。当复核完成且复核人提出的问题/要求的修改已经得到满意的解决后，复核人在系统中确认复核工作完成	询问复核人复核供应商数据变更请求的过程，抽样检查变更需求是否有相关文件支持及复核人的复核确认。检查系统中采购订单的生成逻辑，确认是否存在供应商代码匹配的要求
录入系统的供应商数据可能未经恰当复核	存货：存在；其他费用：发生；应付账款/其他应付款：存在	系统定期生成对供应商信息所有新增变更的报告（包括新增供应商、更改银行账户等）	复核人员定期复核系统生成报告中的项目是否均经恰当授权，当复核工作完成或要求的修改得到满意解决后签字确认复核工作完成	检查系统报告的生成逻辑及完整性。询问复核人对报告的检查过程，确认其是否签署确认
采购订单与有效的请购单不符	存货：存在、准确性；其他费用：发生、准确性；应付账款/其他应付款：存在、准确性、计价和分摊		复核人复核并批准每一个采购订单，包括复核采购订单是否有经适当权限人员签署的请购单支持。复核人也确认采购订单的价格与供应商协商一致且该供应商已通过审批。当复核完成且复核人提出的问题/要求的修改已经得到满意的解决后，签署确认复核工作完成	询问复核人复核采购订单的过程，包括复核人提出的问题及其跟进记录。抽样检查采购订单是否有对应的请购单及复核人签署确认

续表

可能发生错报的环节	相关的财务报表项目及认定	存在的内部控制（自动）	存在的内部控制（人工）	内部控制测试程序
订单未被录入系统或在系统中重复录入	存货：存在、完整性；其他费用：发生、完整性；应付账款/其他应付款：存在、完整性	系统每月月末生成列明跳码或重码的采购订单的例外报告	复核人定期复核列明重码或跳码的采购系统每月月末生成的例外报告，以确定是否有遗漏、重复的记录。该复核确定所有采购订单的例外报告是否都输入系统，且仅输入了一次	检查系统例外报告的生成逻辑。 询问复核人对例外报告的检查过程，确认发现的问题是否及时得到了跟进处理
接收了缺乏有效采购订单或未经验收的商品	应付账款：存在、完整性；存货：存在、完整性；其他费用：发生、完整性	入库确认后，系统生成连续编号的入库单	收货人员只有完成以下程序后才能在系统中确认商品入库：①检查是否存在有效的采购订单；②检查是否存在有效的验收单；③检查收到的货物的数量是否与发货单一致	检查系统入库单编号的连续性。 询问收货人员的收货过程，抽样检查入库单是否有对应一致的采购订单及验收单
临近会计期末的采购未被记录在正确的会计期间	应付账款：完整性；存货/其他费用：完整性	系统每月月末生成列明跳码或重码的入库单的例外报告	复核人复核系统生成的例外报告，检查是否有遗漏、重复入库的记录。当复核完成且复核人提出的问题/要求的修改已经得到满意的解决后，签署确认复核已经完成	检查系统例外报告的生成逻辑。 询问复核人对例外报告的检查过程，确认发现的问题是否及时得到了跟进处理
	应付账款：存在、完整性；存货：存在、完整性；其他费用：发生、完整性	系统每月月末生成包含所有已收货但相关发票未录入系统的货物信息的例外报告	复核人复核该例外报告中的项目，确定采购是否被记录在正确的期间以及负债计提是否有效。当复核完成且复核人提出的问题/要求的修改已经得到满意的解决后，签署确认复核已经完成	检查系统例外报告的生成逻辑。 询问复核人对报告的复核过程，核对报告中的采购是否计提了相应负债，检查复核人的签署确认

续表

可能发生错报的环节	相关的财务报表项目及认定	存在的内部控制（自动）	存在的内部控制（人工）	内部控制测试程序
发票未被正确编码，导致在成本或费用之间的错误分类	存货：准确性、计价和分摊、完整性；其他费用：准确性、完整性；应付账款：存在、完整性	系统自动将相关的发票归集入对应的总分类账费用科目	每张发票开具前均经复核人复核并批准，复核人评估正确的总分类账代码是否被应用到该项目	询问复核人对发票编号/总分类账代码的复核过程，抽样检查相关发票是否被恰当分类到相关费用
	费用/成本：完整性、准确性；应付账款：完整性、计价和分摊		定期编制所选定关键绩效指标（例如，成本中心/部门的费用、费用占收入的比例等）与管理层预期（包括以前期间或预算等信息）相比较的报告，复核人识别关键绩效指标与预期之间差异的相关问题（例如波动、例外或异常调整），并与相关人员跟进。所有问题会被合理应对，复核人通过签署关键绩效指标报告以证明完成复核	根据样本量要求选取关键绩效报告，确定是否经管理层复核；复核是否在合理的时间内完成；检查关键绩效指标的计算是否准确，是否与账面记录核对一致；评估用于调查重大差异的界限是否适当。向复核人询问其复核方法，对于其提出的问题，检查是否经恰当处理。评价使用数据的完整性和准确性
批准付款的发票上存在价格/数量错误或劳务尚未提供的情形	应付账款：完整性、计价和分摊；存货/成本：完整性、计价和分摊	当入库单录入系统后，系统将其与采购订单进行核对。当发票录入系统后，系统将其详细信息与采购订单及入库单进行核对。如信息相符或差异不超过可接受差异，系统将自动批准发票可以付款。如信息不符，发票将被列示于例外报告中，由人工跟进	负责应付账款且无职责冲突的人员负责跟进例外报告中的所有项目。仅当不符信息从例外报告中消除后发票才可以付款	检查系统报告的生成逻辑，确认例外报告的完整性及准确性。与复核人讨论其复核过程，抽样选取例外/删改情况报告。检查每一份报告并确定：①是否存在管理层复核的证据；②复核是否在合理的时间范围内完成；③复核人提出问题的跟进是否适当、是否能使交易恰当记录于会计系统。抽样选取采购发票，检查是否与入库单和采购订单所记载的价格、供应商、日期、描述及数量一致

续表

可能发生错报的环节	相关的财务报表项目及认定	存在的内部控制（自动）	存在的内部控制（人工）	内部控制测试程序
现金支付未记录、未记录在正确的供应商账户（串户）或记录金额不正确	应付账款：计价与分摊、存在；存货：计价和分摊；其他费用：准确性		独立于负责现金交易处理的会计人员每月月末编制银行存款余额调节表。所有重大差异由调节表编制人跟进，并根据具体情形进行跟进处理。经授权的管理人员复核所编制的银行存款余额调节表，当复核工作完成或复核人提出的问题/要求的修改已得到满意的解决后，签署确认复核工作已完成	询问复核人对银行存款余额调节表的复核过程。抽样检查银行存款余额调节表，检查其是否及时得到复核、复核的问题是否得到了恰当跟进处理、复核人是否签署确认
	应付账款：存在、完整性、计价和分摊；存货：存在、完整性、计价和分摊；其他费用：发生、完整性、计价和分摊		应付账款会计人员对供应商提供的对账单与应付账款明细表进行核对，并对差异进行跟进处理。复核人定期复核供应商对账结果，该对账通过从应付账款明细账中抽取的一定数量的应付供应商余额与供应商提供的对账单进行核对。当复核工作完成或复核人提出的问题/要求的修改已得到满意的解决后，签署确认复核工作已完成	询问复核人对供应商对账结果的复核过程，抽样选取供应商对账单，检查其是否与应付账款明细账得到了正确的核对，差异是否得到了恰当的跟进处理。检查复核人的相关签署确认
员工具有不适当的访问权限，使其能够实施违规交易或隐瞒错误	应付账款：存在、完整性、准确性；存货：存在、完整性、计价和分摊；其他费用：发生、完整性、计价和分摊	采购系统根据管理层的授权进行权限设置，以支持采购职能所要求的上述职责分离	管理层分离以下活动：①供应商主信息维护；②请购授权；③输入采购订单；④开具供应商发票；⑤按照订单收取货物；⑥存货盘点调整等	检查系统中相关人员的访问权限。复核管理层的授权职责分配表，对不相容职位（申请与审批等）是否设置了恰当的职责分离
总账与明细账中的记录不一致	应付账款：完整性、准确性；其他费用：完整性、准确性	应付账款/费用明细账的总余额与总账账户间的调节表会在每个期间末及时执行	任何差异都会被调查，如恰当，将进行调整。复核人会复核调节表及相关支持性文档，任何差异及/或调整都会被批准	核对总账与明细账的一致性，检查复核人的复核及差异跟进记录

（二）对选择拟测试的控制和测试方法的考虑

表4-30以一般制造业企业为例，列示了其采购和付款流程中常见的内部控制。注册会计师在实际工作中，并不需要对该流程的所有控制点进行测试，而是应该针对识别的可能发生错报的环节，选择足以应对评估的重大错报风险的关键控制进行控制测试。

例如，针对存货及应付账款的存在认定，企业制订的采购计划及审批主要是企业为提高经营效率效果设置的流程及控制，不能直接应对该认定，注册会计师不需要对其执行专门的控制测试；请购单的审批与存货及应付账款的存在认定相关，但如果企业存在将订购单、验收单和卖方发票的一致性进行核对的“三单核对”控制，该控制足以应对存货及应付账款的存在风险，则可以直接选择“三单核对”控制作为关键控制进行测试更能提高审计效率。

控制测试的具体方法则需要根据具体控制的性质确定。例如，对于验收单连续编号的控制，如果该控制是人工控制，注册会计师可以根据样本量选取几个月经复核人复核的入库单清单。检查入库单的编号是否完整。若入库单编号跳号，与复核人跟进并通过询问确认跳号的原因。如需要，进行佐证并考虑是否对审计存在影响。如果该控制是系统设置的，则注册会计师可以选取系统生成的例外/删改报告，检查每一份报告并确定是否存在管理层复核的证据以及复核是否在合理的时间内完成；与复核人讨论其复核和跟进过程，如适当，确定复核人采取的行动以及这些行动在此环境下是否恰当。确认是否出现了任何调整，调整如何得以解决以及采取的行动是否恰当。同时，由专门的信息系统测试人员测试系统的相关控制以确认例外/删改报告的完整性和准确性。

【做中学4-33】（案例题）注册会计师冯海霞对清丰公司采购与付款循环的内部控制进行了解，发现如下情况：

（1）公司的材料采购由采购部门负责，根据自己编制的采购单采购，货物进厂后由隶属于采购部门的验收部门负责验收。

（2）如果货物验收合格，验收部门就在采购单上盖“货已验讫”的印章，交给会计部门付款。

（3）验收不合格的货物由验收部门直接退给供货商，验收部门不负责开验收单。

（4）验收后的货物直接堆放在机器旁准备加工。

要求：根据上述情况，针对该公司采购与付款循环内部控制提出改进建议。

答案：该公司采购与付款循环内部控制方面应改进的有：

（1）采购部门的采购应根据存储或其他授权部门填制的请购单采购，验收部门应独立于采购和存储部门。

（2）验收部门应在验收完毕后填制一式多联的验收报告单，在报告单上预留空格，注明完全合格或拒收数量及原因；验收单分送采购、存储和会计等部门；应由会计部门编制付款凭单，通过会计部门开票付款。

（3）验收部门应在验收报告单中注明退回数量，并请供应商签名后方可退货。

（4）货物先经存储部门点验和检查后签收存储，再凭完善的发货控制系统进行领料加工。

微课

采购与付款循环的审计4

五、采购与付款循环的实质性程序

（一）应付账款的审计目标和实质性程序

应付账款是企业在正常经营过程中，因购买材料、商品和接受劳务供应等经营活动而应付给供应商的款项。注册会计师应结合赊购交易进行应付账款的审计。

1.应付账款的审计目标

应付账款的审计目标一般包括：确定资产负债表中记录的应付账款是否存在（存在认定）；确定所有应当记录的应付账款是否均已记录（完整性认定）；确定资产负债表中记录的应付账款是否为被审计单位应当履行的现时义务；确定应付账款是否以恰当的金额包括在财务报表中，与之相关的计价调整是否已恰当记录（计价认定）；确定应付账款是否已按照企业会计准则的规定在财务报表中作出恰当的列报。

微课

采购与付款循环的审计5

具体的审计程序计划则需要根据评估的重大错报风险确定。对于一般以营利为导向的企业而言，采购与付款交易的重大错报风险常见的情况是通过低估费用和应付账款高估利润、粉饰财务状况。但某些企业可能为平滑各年度利润，在经营情况和预算完成情况较好的年度倾向于高估费用，则高估费用和负债可能是其相关年度审计时需要应对的重大错报风险。

2.应付账款的实质性程序

（1）获取或编制应付账款明细表，并执行以下工作：

①复核加计是否正确，并与报表数、总账数和明细账合计数核对是否相符；

②检查非记账本位币应付账款的折算汇率及折算是否正确；

③分析出现借方余额的项目，查明原因，必要时，建议做重分类调整；

④结合预付账款、其他应付款等往来项目的明细余额，检查有无针对同一交易在应付账款和预付账款同时记账的情况、异常余额或与购货无关的其他款项（如关联方账户或雇员账户）。

（2）函证应付账款。

获取适当的供应商相关清单，例如本期采购量清单、所有现存供应商名单或应付账款明细账。询问该清单是否完整并考虑该清单是否应包括预期负债等附加项目。选取样本进行测试并执行如下程序：

①向债权人发送询证函。注册会计师应根据审计准则的规定对询证函保持控制，包括确定需要确认或填列的信息、选择适当的被询证者、设计询证函，包括正确填列被询证者的姓名和地址，以及被询证者直接向注册会计师回函的地址等信息，必要时再次向被询证者寄发询证函等。

②将询证函回函确认的余额与已记录金额相比较，如存在差异，检查支持性文件，评价已记录金额是否适当。

③对未作回复的函证实施替代程序：如检查付款文件（如现金支出、电汇凭证和支票复印件）、相关的采购文件（如采购订单、验收单、发票和合同）或其他适当文件。

④如果认为回函不可靠，评价对评估的重大错报风险以及其他审计程序的性质、时间

安排和范围的影响。

【提示】应付账款函证和应收账款函证一样，注册会计师都必须对函证过程进行控制，并要求将回函寄往会计师事务所。根据回函的情况，编制与分析函证结果汇总表，对未回函的，决定是否采用替代程序。

(3) 检查应付账款是否计入了正确的会计期间，是否存在未入账的应付账款。

①对本期发生的应付账款增减变动，检查至相关支持性文件，确认会计处理是否正确。

②检查资产负债表日后应付账款明细账贷方发生额的相应凭证，关注其验收单、购货发票的日期，确认其入账时间是否合理。

③获取并检查被审计单位与其供应商之间的对账单以及被审计单位编制的差异调节表，确定应付账款金额的准确性。

④针对资产负债表日后付款项目，检查银行对账单及有关付款凭证（如银行汇款通知、供应商收据等），询问被审计单位内部或外部的知情人员，查找有无未及时入账的应付账款。

⑤结合存货监盘程序，检查被审计单位在资产负债表日前后的存货入库资料（验收报告或入库单），检查相关负债是否计入了正确的会计期间。

如果注册会计师通过这些审计程序发现某些未入账的应付账款，应将有关情况详细记入审计工作底稿，并根据其重要性确定是否需建议被审计单位进行相应的调整。

(4) 寻找未入账负债的测试。

为寻找未入账负债，应获取期后收取、记录或支付的发票明细，包括获取支票登记簿/电汇报告/银行对账单（根据被审计单位的不同情况）以及入账的发票和未入账的发票，从中选取项目（尽量接近审计报告日）进行测试并实施以下程序：

①检查支持性文件，如相关的发票、采购合同/申请、收货文件以及接受劳务明细，以确定收到商品/接受劳务的日期及应在期末之前入账的日期。

②追踪已选取项目至应付账款明细账、货到票未到的暂估入账，并关注费用所计入的会计期间。调查并跟进所有已识别的差异。

③评价费用是否被记录于正确的会计期间，并相应确定是否存在期末未入账的负债。

(5) 检查应付账款长期挂账的原因并作出记录，检查对确实无须支付的应付账款的会计处理是否正确。

(6) 检查应付账款是否已按照企业会计准则的规定在财务报表中作出恰当列报和披露。

(二) 除折旧/摊销、人工费用以外的一般费用的审计目标和实质性程序

1. 一般费用的审计目标

一般费用的审计目标一般包括：确定利润表中记录的一般费用是否确认发生（发生认定）；确定所有应当记录的费用是否均已记录（完整性认定）；确定一般费用是否以恰当的金额包括在财务报表中（准确性认定）；确定一般费用是否已计入恰当的会计期间（截止认定）。

2.一般费用的实质性程序

（1）获取一般费用明细表，复核其加计数是否正确，并与总账和明细账合计数核对是否正确。

（2）实质性分析程序：

①考虑可获取信息的来源、可比性、性质和相关性以及与信息编制相关的控制，评价在对记录的金额或比率作出预期时使用数据的可靠性。

②将一般费用细化到适当层次，根据关键因素和相互关系（例如本期预算、费用类别与销售数量、职工人数的变化之间的关系等）设定预期值，评价预期值是否足够精确以识别重大错报。

③确定已记录金额与预期值之间可接受的、无须做进一步调查的差异额。

④将已记录金额与期望值进行比较，识别需要进一步调查的差异。

⑤调查差异，询问管理层，针对管理层的答复获取适当的审计证据；根据具体情况在必要时实施其他审计程序。

（3）从资产负债表日后的银行对账单或付款凭证中选取项目进行测试，检查支持性文件（如合同或发票），关注发票日期和支付日期，追踪已选取项目至相关费用明细表，检查一般费用所计入的会计期间，评价一般费用是否被记录于正确的会计期间。

（4）对本期发生的一般费用选取样本，检查其支持性文件，确定原始凭证是否齐全，记账凭证与原始凭证是否相符以及账务处理是否正确。

（5）抽取资产负债表日前后的凭证，实施截止测试，评价一般费用是否被记录于正确的会计期间。

（6）检查一般费用是否已按照企业会计准则及其他相关规定在财务报表中作出恰当的列报和披露。

【做中学4-34】（案例题）审计人员2024年年初在审查清丰公司2023年12月“应付账款”明细账时发现下列分录：

借：银行存款	1 130 000	
贷：应付账款——清丰公司		1 130 000

该笔业务所附原始凭证为银行进账单和向清丰公司开出的发票。发票注明货款1 000 000元、增值税130 000元。审计人员审查该年度主营业务收入明细账，发现该企业下半年销售收入下滑幅度较大。该批商品的成本为800 000元。

要求：（1）指出上述会计记录存在的问题；（2）作出审计调整分录；（3）作出建议被审计单位作出的会计调整分录。

答案：（1）该企业利用应付账款隐瞒业务收入，不但少缴增值税，也人为压低了利润导致少缴了所得税。应建议该企业按规定调整有关账簿记录，并补缴相关税金。

（2）注册会计师作出的审计调整分录为：

借：应付账款——清丰公司	1 130 000	
贷：主营业务收入		1 000 000
应交税费——应交增值税（销项税额）		130 000
借：主营业务成本	800 000	
贷：库存商品		800 000

借：所得税费用 50 000

  贷：应交税费——应交所得税 50 000

（报表项目随之调整）

（3）建议被审计单位作出的会计调整分录为：

借：应付账款——清丰公司 1 130 000

  贷：应交税费——应交增值税（销项税额） 130 000

    以前年度损益调整 1 000 000

借：以前年度损益调整 800 000

  贷：库存商品 800 000

借：以前年度损益调整 50 000

  贷：应交税费——应交所得税 50 000

借：以前年度损益调整 150 000

  贷：利润分配——未分配利润 150 000

（登记账簿，报表项目亦随之调整）

【做中学4-35】（案例题）天诚正信会计师事务所注册会计师冯海霞带领审计助理赵海刚于2024年2月10日对清丰公司2023年度财务报表的应付账款项目进行审计，主要审计程序及记录如下：

（1）向清丰公司获取应付账款明细表，经复核加计正确，并与报表数、总账数和明细账合计数核对相符。

（2）通过应付账款明细表分析，有2家公司有借方余额（大成公司借方余额500 000元、北海公司借方余额120 000元），经查属正常经济业务往来款项，建议编制重分类调整分录：

借：预付账款 620 000

  贷：应付账款 620 000

（3）结合预付账款、其他应付款项目的明细余额，调查未发现有同时挂账的项目、异常余额或与购货无关的其他款项。

（4）通过对应付账款明细表实施分析程序，将期末余额与期初余额进行比较，其波动基本正常；计算应付账款与存货的比率，与上年对比，应付账款余额整体合理。

（5）对应付账款余额超过50万元、年末余额不大甚至为0，但年内进货金额较大和挂账时间较长的账户，在与清丰公司沟通情况后发出积极式函证，共发函10户，回函9户，对未回函的应付账款注册会计师采取了替代审计程序，编制了应付账款函证汇总表、应付账款替代测试表。

（6）从清丰公司采购部门获取其与供应商之间的对账单，经核对记账凭证、入库单、购货发票、明细账，未发现未入账的应付账款，编制了应付账款核对表。

要求：根据应付账款明细表等编制应付账款审定表，见表4-31。

表4-31　　天诚正信会计师事务所审计工作底稿

应付账款审定表

被审计单位：					索引号：			
审计项目：					财务报表截止日/期间：			
编制人：					复核人：			
编制日期：					复核日期：			
项目名称	期末未审数	调整		重分类		期末审定数	上期期末审定数	索引号
		借方	贷方	借方	贷方			
一、报表数 二、明细账数								
审计结论								

答案：见表4-32。

表4-32　　天诚正信会计师事务所审计工作底稿

应付账款审定表（答案）

被审计单位：清丰公司					索引号：			
审计项目：应付账款					财务报表截止日/期间：2023/12/31			
编制人：冯海霞					复核人：			
编制日期：2024/2/16					复核日期：			
项目名称	期末未审数	调整		重分类		期末审定数	上期期末审定数	索引号
		借方	贷方	借方	贷方			
一、报表数	7 400 000				620 000	8 020 000	（略）	（略）
二、明细账数	7 400 000				620 000	8 020 000		
审计结论								

任务四　生产与存货循环的审计

一、生产与存货循环的特点

（一）生产与存货循环涉及的主要账户

生产与存货循环同其他业务循环的联系非常密切，因而十分独特。原材料经过采购与付款循环进入生产与存货循环，生产与存货循环又随销售与收款循环中产成品的销售而结束。原材料的采购入库在采购与付款循环中涉及，产成品的出库销售在销售与收款循环中涉及，本部分侧重于原材料入库之后至产成品发出之间的业务活动。

生产与存货循环涉及的内容主要是存货的管理及生产成本的计算等。考虑财务报表项目与业务循环的相关程度，该循环所涉及的资产负债表项目主要有存货、应付职工薪酬等；所涉及的利润表项目主要有营业成本、管理费用、所得税费用等。其中，存货又包括：材料采购或在途物资、原材料、材料成本差异、库存商品、发出商品、商品进销差价、委托加工物资、委托代销商品、受托代销商品、周转材料、生产成本、制造费用、劳务成本、存货跌价准备等。生产与存货循环所涉及的主要账户及其对应关系如图4-36所示。

微课

生产与存货循环的审计1

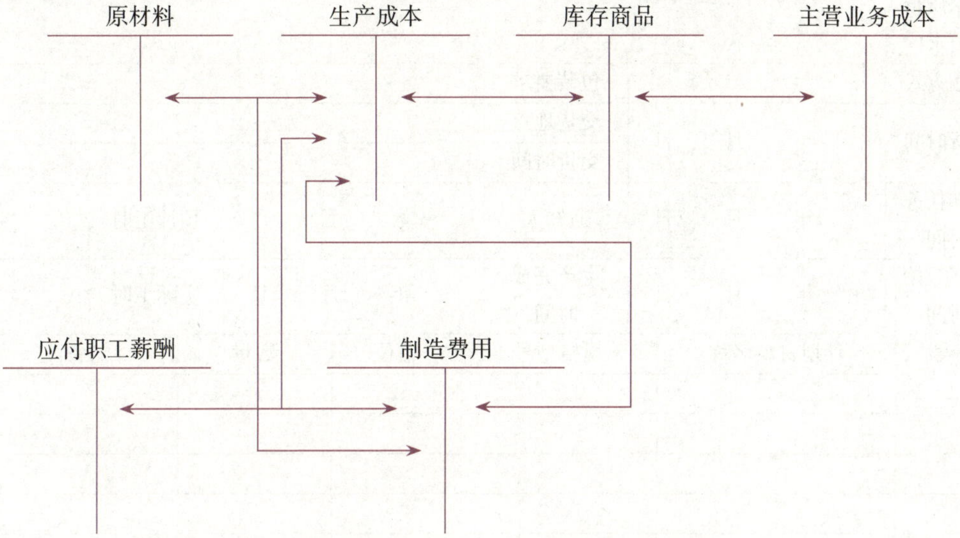

图4-36　生产与存货循环所涉及的主要账户及其对应关系

（二）涉及的主要凭证与会计记录

在内部控制比较健全的企业，处理生产和存货业务通常需要使用很多单据与会计记录。典型的生产与存货循环所涉及的主要单据与会计记录有以下几种（不同被审计单位的单据名称可能不同）：

1.生产指令

生产指令又称“生产任务通知单”或“生产通知单”，是企业下达制造产品等生产任务的书面文件，用以通知供应部门组织材料发放，生产车间组织产品制造，会计部门组织成本计算。广义的生产指令也包括用于指导产品加工的工艺规程，如机械加工企业的“路线图”等（如图4-37所示）。

2.领发料凭证

领发料凭证是企业为控制材料发出所采用的各种凭证，如材料发出汇总表、领料单、限额领料单、领料登记簿、退料单等（如图4-38所示）。

3.产量和工时记录

产量和工时记录是登记工人或生产班组在出勤时间内完成产品数量、质量和生产这些产品所耗费工时数量的原始记录。产量和工时记录的内容与格式是多种多样的，在不同的生产企业中，甚至在同一企业的不同生产车间中，也会由于生产类型不同而采用不同格式的产量和工时记录。常见的产量和工时记录主要有工作通知单、工序进程单、工作班组产量报告、产量通知单、产量明细表、废品通知单、生产工时产量统计记录（如图4-39所示）等。

生产通知单

客户名称			合同号		
联系人			联系电话		
序号	订购产品名称	规格型号	单位	订购数量	备注
1					
2					
3					
技术质量要求					
运输方式		包装要求			
发货时间	年 月 日	交货地点			
		交货时间			
通知任务时间	年 月 日	通知人		预计工时	小时
生产起始时间	年 月 日	生产完成时间	年 月 日	实际工时	小时
序号	计划材料名称	规格型号	单位	数量	备注
项目负责人		技术负责人		生产部负责人	

注：本通知单一式三份，分别由库房、批准人、生产部负责人备存，相关人员必须按规定要求认真填写并检查执行，不得有误。

图4-37 生产通知单

材料类别　　　　　　　　　　　　　　　　　　　　总号：

材料科目　　　　　　　　领料单　　　　　　　　　字第　　号

年　月　日　　　　　　　　　　　　　　　　　　　分号：

材料编号	材料名称	规格	生产通知单号	用途	数量		计量单位	单价	金额
					请领	实领			

一存根

主管：　　记账：　　发料：　　领料部门：　　领料人：

图4-38 领料单

生产工时产量统计记录

线别：　　　　　　　　　　　　表格编号：KL-PD-0001　　　　　　　　　　　日期：

姓名	工位	型号	生产数量	计件单价	生产工时	计件/计时工资	备注

填表：　　　　　　　　审核：　　　　　　　　批准：

图4-39　生产工时产量统计记录

4.工薪汇总表及工薪费用分配表

工薪汇总表是为了反映企业全部工薪的结算情况，并据以进行工薪总分类核算和汇总整个企业工薪费用而编制的，是企业进行工薪费用分配的依据。月份工资表反映了各生产车间各产品应负担的生产工人工薪及福利费（如图4-40所示）。

月份工资表　　　　　　　　　　第1页共　　页

顺序号	姓名	基本工资	出勤天数	班长费	超产奖	夜班费	全勤奖	迟到	早退	饭票	其他	罚款	实发金额	领款人签章	
1														1	2
2															
3														3	4
4															
5														5	6
6															
7														7	8
8															
9														9	10
10															
合计															

图4-40　月份工资表

5.材料费用分配表

材料费用分配表是用来汇总反映各生产车间各产品所耗费的材料费用的原始记录（如图4-41所示）。

材料费用分配表

年　　月　　　　　　　　　　　　　　　　　　　　金额单位：元

应借账户	成本或费用明细项目	间接计入			直接计入	合计
		耗用材料（千克）	分配率	分配额		
基本生产成本						
	小计					
辅助生产成本						
	小计					
制造费用						
	小计					
管理费用						
合计						

图4-41　材料费用分配表

6.制造费用分配表

制造费用分配表是用来汇总反映各生产车间各产品所应负担的制造费用的原始记录（如图4-42所示）。

制造费用分配表

单位名称：　　　公司　　　　　　　日期：　　年　　月　　　　　　　　　金额单位：元

费用名称		金额	分配率	产品项目					
				A产品		B产品		C产品	
				产量（　）	分配金额	产量（　）	分配金额	产量（　）	分配金额
工资									
福利费									
燃料动力									
制造费用	维修费用								
	折旧费								
	铲车费								
	劳保品								
	易耗品								
	材料费								
	养老保险								
	失业保险								
	工伤保险								
	生育保险								
	医疗保险								
	⋮								

图4-42　制造费用分配表

7.成本计算单

成本计算单是用来归集某一成本计算对象所应承担的生产费用，计算该成本计算对象的总成本和单位成本的记录（如图4-43所示）。

成本计算单

摘要	产量	直接材料	直接人工	制造费用	合计
期初在产品成本					
本月生产费用					
生产费用合计					
单位成本					
完工转出产成品成本					
月末在产品成本					

图4-43　成本计算单

8.产成品入库单和出库单

产成品入库单是产品生产完成并经检验合格后从生产部门转入仓库的凭证（如图4-44所示）。产成品出库单是根据经批准的销售单发出产成品的凭证（如图4-45所示）。

入库单

年　　月　　日　　　　　　　　供应商：　　　　　　　　NO.××××××××

编码	品名	品牌	型号	规格	单位	数量	单价	金额	附注
采购员	验货员	负责人			仓管员		合计		

第一联　存根联

注：第一联存根，第二联财务，第三联仓库。

图4-44　入库单

出库单

年　　月　　日　　　　　　　　　　　　　　　　NO.××××××××

编码	品名	品牌	型号	规格	单位	数量	单价	金额	附注
领用部门	领用人	负责人			仓管员		合计		

第一联　存根联

注：第一联存根，第二联财务，第三联仓库。

图4-45　出库单

9. 存货明细账

存货明细账是用来反映各种存货增减变动情况和期末库存数量及相关成本信息的会计记录（如图4-46所示）。

存货明细账

编号：

存储地点：　　　　　　　　　　　　计量单位：　　　　品名：

年		出入库单		摘要	借方（入库）			贷方（出库）			余额		
月	日	种类	编号		数量	单价	金额	数量	单价	金额	数量	单价	金额

图4-46　存货明细账

10. 存货盘点指令、盘点表及盘点标签

一般制造业企业通常会定期对存货实物进行盘点，将实物盘点数量与账面数量进行核对，对差异进行分析调查，必要时进行账务调整，以确保账实相符。在实施存货盘点之前，管理人员通常编制存货盘点指令，对存货盘点的时间、人员、流程及后续处理等方面作出安排。在盘点过程中，通常会使用盘点表（如图4-47所示）记录盘点结果，使用盘点标签（如图4-48所示）对已盘点存货及数量作出标识。

共　　页

第　　页

产品库存盘点表

账存金额________

实盘金额________

溢余金额________

短损金额________

部门：　　　　　　　　　　年　　月　　日

品名	规格	单位	数量	单价	金额							
					十	万	千	百	十	元	角	分

图4-47　产品库存盘点表

存货盘点标签

盘点区域	储运部
序号	
仓库	
时间	
盘点人：	财务部：

图4-48　存货盘点标签

11.存货货龄分析表

很多制造业企业通过编制存货货龄分析表（如图4-49所示），识别流动较慢或滞销的存货，并根据市场情况和经营预测，确定是否需要计提存货跌价准备。这对于管理具有保质期的存货（如食物、药品、化妆品等）尤其重要。

存货货龄分析表

编制单位：　　　　　　　　　　　　年　　月　　日　　　　　　　　　　　　金额单位：元

项目	期初库存		期末库存		期末比期初增减	
	金额	比重（%）	金额	比重（%）	金额	比重（%）
存货总额						
1.畅销存货						
2.平销存货						
3.滞销存货						
4.残损变质存货						
5.其他						

图4-49　存货货龄分析表

二、生产与存货循环的业务活动和相关内部控制

（一）生产与存货循环的主要业务活动

微课

生产与存货循环的审计2

对于一般制造业企业而言，生产与存货循环通常是重大的业务循环，注册会计师需要在审计计划阶段了解该循环涉及的业务活动及相关的内部控制。注册会计师通常通过实施下列程序，了解生产与存货循环的业务活动和相关内部控制：（1）询问参与生产与存货循环各业务活动的被审计单位人员，一般包括生产部门、仓储部门、人力资源部门和财务部门的员工和管理人员；（2）获取并阅读企业的相关业务流程图或内部控制手册等资料；（3）观察生产与存货循环中特定控制的运用，例如观察生产部门如何将完工产品移送入库并办理手续；（4）检查文件资料，例如检查原材料领料单、成本计算表、产成品出入库单等；（5）实施穿行测试，即追踪一笔交易在财务报告信息系统中的处理过程，例如选取某种产成品，追踪该产品制订生产计划、领料生产、成本核算、完工入库的整个过程。

表4-33以一般制造业企业为例，针对生产与存货循环中的两个主要方面，即生产及成本核算和存货管理两个方面，分别简要列示了它们通常涉及的财务报表项目、主要业务活动及常见的主要凭证和会计记录。

表4-33 生产与存货循环涉及的交易类别、财务报表项目、主要业务活动及常见的主要凭证和会计记录汇总表

交易类别	涉及的财务报表项目	主要业务活动	常见的主要凭证和会计记录
生产及成本核算	存货	（1）计划和安排生产 （2）发出原材料 （3）生产产品和成本核算	（1）生产通知单 （2）原材料通知单 （3）领料单 （4）产量统计记录表 （5）生产统计报告 （6）入库单 （7）材料费用分配表 （8）工时统计记录表 （9）人工费用分配汇总表 （10）制造费用分配汇总表 （11）存货明细账
存货管理	存货 营业成本	（1）产成品入库及存货保管 （2）发出产成品 （3）提取存货跌价准备	（1）验收单 （2）入库单 （3）存货台账 （4）盘点计划 （5）盘点表单 （6）盘点明细表 （7）出库单 （8）营业成本明细账 （9）存货货龄分析表 （10）可变现净值计算表

在审计工作的计划阶段，注册会计师应当对生产与存货循环中的业务活动进行充分了解和记录，通过分析业务流程中可能发生重大错报的环节，进而识别和了解被审计单位为应对这些可能的错报而设计的相关控制，并通过诸如穿行测试等方法对这些流程和相关控制加以证实。

下面我们以一般制造业企业为例简要地介绍生产与存货循环通常涉及的主要业务活动及相关的内部控制。

生产与存货循环涉及的主要业务活动包括：计划和安排生产；发出原材料；生产产品；核算产品成本；产成品入库及储存；发出产成品；存货盘点；计提存货跌价准备等。上述业务活动通常涉及以下部门：生产计划部门、仓储部门、生产部门、人力资源部门、销售部门、会计部门等。

1.计划和安排生产

生产计划部门的职责是根据客户订购单或者销售部门对销售预测和产品需求的分析来决定生产授权。如决定授权生产，即签发预先顺序编号的生产通知单。该部门通常应将发

出的所有生产通知单顺序编号并加以记录控制。此外，通常该部门还需编制一份材料需求报告，列示所需要的材料和零件及其库存。

2. 发出原材料

仓储部门的责任是根据从生产部门收到的领料单发出原材料。领料单上必须列示所需的材料数量和种类，以及领料部门的名称。领料单可以一料一单，也可以多料一单，通常需一式三联。仓库管理人员发料并签署后，将其中一联连同材料交给领料部门（存根联），一联留在仓库登记材料明细账（仓库联），一联交会计部门进行材料收发核算和成本核算（财务联）。

3. 生产产品

生产部门在收到生产通知单及领取原材料后，便将生产任务分解到每一个生产工人，并将所领取的原材料交给生产工人，据以执行生产任务。生产工人在完成生产任务后，将完成的产品交生产部门统计人员查点，然后转交检验员验收并办理入库手续；或是将所完成的半成品移交下一个部门，做进一步加工。

4. 核算产品成本

为了正确核算并有效控制产品成本，必须建立健全成本会计制度，将生产控制和成本核算有机结合在一起。一方面，生产过程中的各种记录、生产通知单、领料单、计工单、产量统计记录表、生产统计报告、入库单等文件资料都要汇集到会计部门，由会计部门对其进行检查和核对，了解和控制生产过程中存货的实物流转；另一方面，会计部门要设置相应的会计账户，会同有关部门对生产过程中的成本进行核算和控制。成本会计制度可以非常简单，只是在期末记录存货余额；也可以是完善的标准成本制度，持续地记录所有材料处理、在产品和产成品，并形成对成本差异的分析报告。完善的成本会计制度应该提供原材料转为在产品，在产品转为产成品，以及按成本中心、分批次生产任务通知单或生产周期所消耗的材料、人工和间接费用的分配与归集的详细资料。

5. 产成品入库及储存

产成品入库，须由仓储部门先行点验和检查，然后签收。签收后，将实际入库数量通知会计部门。据此，仓储部门确立了本身应承担的责任，并对验收部门的工作进行验证。除此之外，仓储部门还应根据产成品的品质特征分类存放，并填制标签。

6. 发出产成品

产成品的发出须由独立的发运部门进行。装运产成品时必须持有经有关部门核准的发运通知单，并据此编制出库单。出库单一般一式四联，一联交仓储部门；一联由发运部门留存；一联送交客户；一联作为开具发票的依据。

7. 存货盘点

管理人员编制盘点指令，安排适当人员对存货实物（包括原材料、在产品和产成品等所有存货类别）进行定期盘点，将盘点结果与存货账面数量进行核对，调查差异并进行适当调整。

8. 计提存货跌价准备

会计部门根据存货货龄分析表信息及相关部门提供的有关存货状况的信息，结合存货盘点过程中对存货状况的检查结果，对出现损毁、滞销、跌价等降低存货价值的情况进行分析计算，计提存货跌价准备。

生产与存货循环所涉及的主要业务活动如图4-50所示。

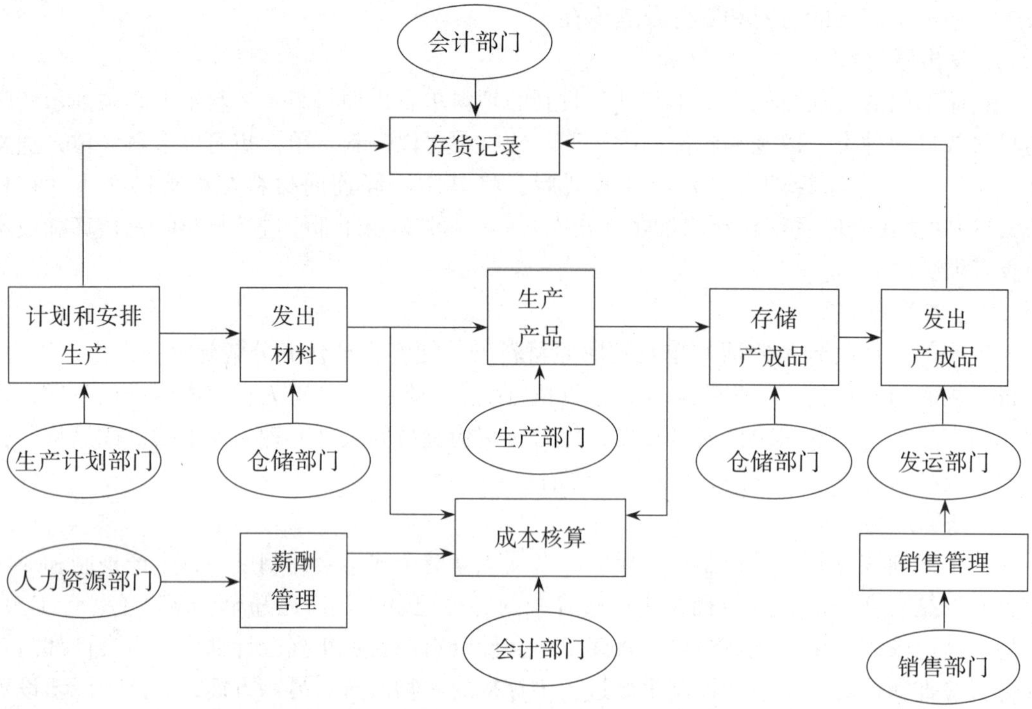

图4-50　生产与存货循环所涉及的主要业务活动

（二）生产与存货循环的相关内部控制

以下对上述8个业务活动中可能存在的内部控制举例说明。

1.对于计划和安排生产这项主要业务活动，有些被审计单位的内部控制要求：根据经审批的月度生产计划书，由生产计划经理签发预先按顺序编号的生产通知单。

2.对于发出原材料这项主要业务活动，有些被审计单位的内部控制要求：

（1）领料单应当经生产主管批准，仓库管理员凭经批准的领料单发料；领料单一式三联，分别为存根联、仓库联和财务联。

（2）仓库管理员应把领料单编号、领用数量、规格等信息输入计算机系统，经仓储经理复核并以电子签名方式确认后，系统自动更新材料明细台账。

3.对于生产产品和核算产品成本这两项主要业务活动，有些被审计单位的内部控制要求：

（1）生产成本记账员应根据原材料领料单财务联，编制原材料领用日报表，与计算机系统自动生成的生产记录日报表核对材料耗用和流转信息；由会计主管审核无误后，生成记账凭证并过账至生产成本及原材料明细账和总分类账。

（2）生产部门记录生产各环节所耗用工时数，包括人工工时数和机器工时数，并将工时信息输入生产记录日报表。

（3）每月月末，由生产车间与仓库核对原材料和产成品的转出和转入记录，如有差异，仓库管理员应编制差异分析报告，经仓储经理和生产经理签字确认后交会计部门进行调整。

（4）每月月末，由计算机系统对生产成本中各项组成部分进行归集，按照预设的分摊公式和方法，自动将当月发生的生产成本在完工产品和在产品之间按比例分配；同时，将完工产品成本在各不同产品类别之间分配，由此生成产品成本计算表和生产成本分配表；由生产成本记账员编制生产成本结转凭证，经会计主管审核批准后进行账务处理。

4.对于产成品入库和储存这项主要业务活动，有些被审计单位的内部控制要求：

（1）产成品入库时，质量检验员应检查并签发预先按顺序编号的产成品验收单，由生产小组将产成品送交仓库，仓库管理员应检查产成品验收单，并清点产成品数量，填写预先顺序编号的产成品入库单，经质检经理、生产经理和仓储经理签字确认后，由仓库管理员将产成品入库单信息输入计算机系统，计算机系统自动更新产成品明细台账并与订购单编号核对。

（2）存货存放在安全的环境（如上锁、使用监控设备）中，只有经过授权的工作人员才可以接触及处理存货。

5.对于发出产成品这项主要业务活动，在销售与收款循环中涉及了产成品出库这一环节，此外还有后续的结转销售成本环节。有些被审计单位可能设计以下内部控制要求：

（1）产成品出库时，由仓库管理员填写预先顺序编号的出库单，并将产成品出库单信息输入计算机系统，经仓储经理复核并以电子签名方式确认后，计算机系统自动更新产成品明细台账并与发运通知单编号核对。

（2）产成品装运发出前，由运输经理独立检查出库单、订购单和发运通知单，确定从仓库提取的商品附有经批准的订购单，并且，所提取商品的内容与订购单一致。

（3）每月月末，生产成本记账员根据计算机系统内状态为“已处理”的订购单数量，编制销售成本结转凭证，结转相应的销售成本，经会计主管审核批准后进行账务处理。

6.对于盘点存货这项业务活动，有些被审计单位的内部控制要求：

（1）生产部门和仓储部门在盘点日前对所有存货进行清理和归整，便于盘点顺利进行。

（2）每一组盘点人员中应包括仓储部门以外的其他部门人员，即不能由负责保管存货的人员单独负责盘点存货；安排不同的工作人员分别负责初盘和复盘。

（3）盘点表和盘点标签事先连续编号，发放给盘点人员时登记领用人员；盘点结束后收回并清点所有已使用和未使用的盘点表和盘点标签。

（4）为防止存货被遗漏或重复盘点，所有盘点过的存货应贴上盘点标签，注明存货品名、数量和盘点人员，完成盘点前检查现场确认的所有存货均已贴上盘点标签。

（5）将不属于本单位的代其他方保管的存货单独堆放并作标识；将盘点期间需要领用的原材料或出库的产成品分开堆放并作标识。

（6）汇总盘点结果，与存货账面数量进行比较，调查分析差异原因，并对认定的盘盈和盘亏提出账务调整，经仓储经理、生产经理、财务经理和总经理复核批准后入账。

7.对于计提存货跌价准备这项业务活动，有些被审计单位的内部控制要求：

（1）定期编制存货货龄分析表，管理人员复核该分析表，确定是否有必要对滞销存货计提存货跌价准备，并计算存货可变现净值，据此计提存货跌价准备。

（2）生产部门和仓储部门每月上报残冷背次存货明细表，采购部门和销售部门每月上报原材料和产成品最新价格信息，财务部门据此分析存货跌价风险并计提跌价准备，由财务经理和总经理复核批准并入账。

三、生产与存货循环的重大错报风险

（一）生产与存货循环存在的重大错报风险

一般制造业企业的存货的重大错报风险通常包括：

（1）存货实物可能不存在（存在认定）；

（2）属于被审计单位的存货可能未在账面反映（完整性认定）；

（3）存货的所有权可能不属于被审计单位（权利和义务认定）；

（4）存货的单位成本可能存在计算错误（计价和分摊认定/准确性认定）；

（5）存货的账面价值可能无法实现，即跌价准备的计提可能不充分（计价和分摊认定）。

（二）根据重大错报风险评估结果设计进一步审计程序

注册会计师基于生产与存货循环的重大错报风险评估结果，制订实施进一步审计程序的总体方案（包括综合性方案和实质性方案），继而实施控制测试和实质性程序，以应对识别出的认定层次的重大错报风险。注册会计师通过控制测试和实质性程序获取的审计证据综合起来应足以应对识别出的认定层次的重大错报风险。

注册会计师根据重大错报风险的评估结果初步确定实施进一步审计程序的具体审计计划，因为风险评估和审计计划都是贯穿于审计全过程的动态的活动，而且控制测试的结果可能导致注册会计师改变对内部控制的信赖程度，因此，具体审计计划并非一成不变的，可能需要在审计过程中进行调整。

微课

生产与存货循环的审计3

然而，无论是采用综合性方案还是实质性方案，获取的审计证据都应当能够从认定层次应对所识别的重大错报风险，直至针对该风险所涉及的全部相关认定均已获取足够的保证程度。我们将在本任务四、五的讲解中，说明内部控制测试和实质性程序是如何通过“认定”与识别的重大错报风险相对应的。

四、生产与存货循环的控制测试

总体上看，生产与存货循环的内部控制主要包括存货数量的内部控制和存货单价的内部控制两方面。由于生产与存货循环与其他业务循环紧密联系，生产与存货循环中某些审计程序，特别是对存货余额的审计程序，与其他相关业务循环的审计程序同时进行将更为有效。例如，原材料的采购和记录是作为采购与付款循环的一部分进行测试的，人工成本（包括直接人工成本和制造费用中的人工费用）是作为工薪循环的一部分进行测试的。因此，在对生产与存货循环的内部控制实施测试时，要考虑其他业务循环的控制测试是否与本循环相关，避免重复测试。

风险评估和风险应对是整个审计过程的核心，因此，注册会计师通常以识别的重大错报风险为起点，选取拟测试的控制并实施控制测试。表4-34列示了通常情况下注册会计师对生产与存货循环实施的控制测试。

表4-34　　生产与存货循环的风险、存在的控制及控制测试程序

可能发生错报的环节	相关的财务报表项目及认定	存在的内部控制（自动）	存在的内部控制（人工）	内部控制测试程序
发出原材料				
原材料的发出可能未经授权	生产成本：存在		所有领料单由生产主管签字批准，仓库管理员凭经批准的领料单发出原材料	选取领料单，检查是否有生产主管的签字授权
发出的原材料可能未正确计入相应产品的生产成本中	生产成本：计价和分摊	领料单信息输入系统时须输入对应的生产任务单编号和所生产的产品代码，每月月末系统自动归集生成材料成本明细表	生产主管每月月末将生产任务单及相关领料单存根联与材料成本明细表进行核对，调查差异并处理	检查生产主管核对材料成本明细表的记录，并询问其核对过程及结果
记录人工成本				
生产工人的人工成本可能未得到准确反映	生产成本：准确性	所有员工有专属员工代码和部门代码，员工的考勤记录填写相应员工代码	人力资源部门每月编制工薪费用分配表，按员工所属部门将工薪费用分配至生产成本、制造费用、管理费用和销售费用，经财务经理复核后入账	检查系统中员工的部门代码设置是否与其实际职责相符。 询问并检查财务经理复核工薪费用分配表的过程和记录
记录制造费用				
发生的制造费用可能没有得到完整归集	制造费用：完整性	系统根据输入的成本和费用代码自动识别制造费用并进行归集	成本会计每月复核系统生成的制造费用明细表并调查异常波动。必要时由财务经理批准进行调整	检查系统的自动归集设置是否符合有关成本和费用的性质，是否合理。 询问并检查成本会计复核制造费用明细表的过程和记录，检查财务经理对调整制造费用的分录的批准记录
计算产品成本				
生产成本和制造费用在不同产品之间、在产品和产成品之间的分配可能不正确	存货：计价和分摊； 营业成本：准确性		成本会计执行产品成本核算及日常成本核算，财务经理每月审核产品成本计算表及相关资料（原材料成本核算表、工薪费用分配表、制造费用分配表等），并调查异常项目	询问财务经理如何执行复核及调查。选取产品成本计算表及相关资料，检查财务经理的复核记录

续表

可能发生错报的环节	相关的财务报表项目及认定	存在的内部控制（自动）	存在的内部控制（人工）	内部控制测试程序
产成品入库				
已完工产品的生产成本可能没有转移到产成品中	存货：计价和分摊	系统根据当月输入的产成品入库单和出库单信息自动生成产成品收（入库）发（出库）存（余额）报表	成本会计将产成品收发存报表中的产成品入库数量与当月成本计算表中结转的产成品成本对应的数量进行核对	询问和检查成本会计将产成品收发存报表与成本计算表进行核对的过程和记录
发出产成品				
销售发出的产成品的成本可能没有准确转入营业成本	存货：计价和分摊；营业成本：准确性	系统根据确认的营业收入所对应的售出产品成本自动结转营业成本	财务经理和总经理每月对毛利率进行比较分析，对异常波动进行调查和处理	检查系统设置的自动结转功能是否正常运行，成本结转方式是否符合公司的成本核算政策。 询问和检查财务经理和总经理进行毛利率分析的过程和记录，并对异常波动的调查和处理结果进行核实
盘点存货				
存货可能被盗或因材料领用/产品销售未入账而出现账实不符	存货：存在		仓库保管员每月月末盘点存货并与仓库台账核对并调节一致；成本会计监督其盘点与核对，并抽查部分存货进行复盘。 每年年末盘点所有存货，根据盘点结果分析盘盈盘亏并进行账面调整	
计提存货跌价准备				
可能存在残冷背次的存货，影响存货的价值	存货：计价和分摊；资产减值损失：完整性	系统根据存货入库日期自动统计货龄，每月月末生成存货货龄分析表	财务部根据系统生成的存货货龄分析表，结合生产和仓储部门上报的存货损毁情况及存货盘点中对存货状况的检查结果，计提存货跌价准备，报总经理审核批准后入账	询问财务经理识别跌价风险并确定跌价准备的过程，检查总经理的复核批准记录

在上述控制测试中，如果人工控制在执行时依赖信息系统生成的报告，注册会计师还应当针对系统生成报告的准确性执行测试，例如与计提存货跌价准备相关的管理层控制中使用了系统生成的存货货龄分析表，其准确性影响管理层控制的有效性，因此，注册会计师需要同时测试存货货龄分析表的准确性。

有些被审计单位采用信息系统执行全程自动化成本核算。在这种情况下，注册会计师通常需要对信息系统中的成本核算流程和参数设置进行了解和测试（可能需要利用信息技术专家的工作），并测试相关信息系统一般控制的运行有效性。

需要说明的是，表4-33列示的是生产与存货循环一些较为常见的内部控制和相应的控制测试程序，目的在于帮助注册会计师根据具体情况设计能够实现审计目标的控制测试。该表既未包含生产与存货循环所有的内部控制和控制测试，也并不意味着审计实务应当按此执行。一方面，被审计单位所处行业不同、规模不一、内部控制制度的设计和执行方式不同，以前期间接受审计的情况也各不相同；另一方面，受审计时间、审计成本的限制，注册会计师除了要确保审计质量、审计效果外，还需要提高审计效率，尽可能地消除重复的测试程序，保证检查某一凭证时能够一次性完成对该凭证的全部审计测试程序，并按最有效的顺序实施审计测试。因此，在审计实务工作中，注册会计师需要从实际出发，设计适合被审计单位具体情况的实用高效的控制测试计划。

【做中学4-36】（案例题）天诚正信会计师事务所的注册会计师冯海霞和李祥龙带领审计助理李丽君审计清丰公司2023年度财务报表。2023年11月，他们对清丰公司的内部控制进行了初步了解和测试。通过对清丰公司经营情况的了解，注意到下列情况：

（1）清丰公司主要生产和销售甲产品。

（2）清丰公司生产的甲产品全部发往各地办事处销售。办事处除自行销售外，还将一部分甲产品在各商场寄销。各月月初，办事处将上月的收、发、存的数量汇总后，报清丰公司会计部门和销售部门，会计部门做相应会计处理。清丰公司生产的甲产品约有30%出口，先发往境外销售分公司，再分销到世界各地。境外销售分公司历年未经审计，2023年度也计划不安排审计。

（3）鉴于各年年末均处于甲产品销售旺季，为保证各办事处和境外销售分公司货源，清丰公司本部仓库在各年年末都不保留产成品。

在冯海霞和李祥龙的指导下，通过对清丰公司内部控制的了解和测试，李丽君注意到，与存货相关的内部控制可能存在以下缺陷（其他内部控制均健全、有效）：

（1）清丰公司在以前年度从未对存货实施盘点，但有完整的存货会计记录和仓库记录；

（2）清丰公司发出产品时未全部按顺序记录；

（3）清丰公司生产所需的零星C材料由大海公司代管，但清丰公司未对C材料的变动进行会计记录；

（4）清丰公司每年12月25日后发出的存货在仓库的明细账上记录，但有的未在会计部门的会计账上反映；

（5）清丰公司发出材料存在不按既定计价方法核算的现象；

（6）清丰公司会计部门的会计记录反映了部分代红旗公司保管的E材料。

要求：（1）李丽君通过内部控制测试所注意到的各种情况是否构成存货内部控制缺

陷？并简要说明理由。

（2）对于上述情况中存在内部控制缺陷的，为了证实其可能导致的会计报表错误，请代李丽君分别确定一项最主要的实质性程序，并分别说明实施各项程序能够实现的审计目标。

答案：（1）李丽君通过内部控制测试注意到的存货内部控制缺陷见表4-35。

表4-35 存货内部控制缺陷

情况序号	是否构成缺陷	理由
（1）	构成缺陷（清丰公司在以前年度从未对存货实施盘点）	保证存货账实相符是内部控制的重要目标之一，而定期盘点是实现该目标的重要内部控制。所以，未对存货进行盘点属于严重的内部控制缺陷
（2）	构成缺陷（发出产品时未全部按顺序记录）	发出产品时未全部按顺序记录、出库单等原始凭证未连续编号，会导致销售业务不完整；未按顺序记录可能导致出现销售业务提前或推后入账的情况
（3）	构成缺陷（对委托代管材料的变动从未进行会计记录）	只要是属于企业的存货就应在账上进行相应的记录，而清丰公司未对由大海公司代管的C材料的变动进行记录，不能反映C材料的购入和发出，会导致存货成本不正确，也不能保证C材料的安全、完整
（4）	构成缺陷（12月25日后收发存货的明细账与会计部门的会计记录不符）	根据会计准则关于会计分期的要求，会计核算截止日为12月31日，12月25日后收发存货应及时进行会计处理，否则会造成实物保管部门的明细账与会计部门的会计记录在同一期间内不完全相符，导致资产负债表日账实不符，并影响存货成本及利润计算的正确性
（5）	构成缺陷（发出材料没有全部按既定计价方法核算）	发出材料存在不按既定计价方法核算的现象，导致会计处理方法的选用不一致，直接影响存货成本和期末存货价值的正确性
（6）	构成缺陷（受托保管的材料有的被记入企业会计记录）	代保管材料并非清丰公司的存货，因为其不符合存货的定义，清丰公司不应在会计账上予以记录，应只在仓库账上记录，以加强对代保管材料的实物管理

（2）李丽君确定需进行的实质性程序及实现的审计目标见表4-36。

表4-36 需进行的实质性测试程序及实现的审计目标

情况序号	实质性程序	审计目标
（1）	监盘存货	存货的存在、完整性等
（2）	销售业务的截止测试（将12月31日前后的产品出库单、发票和账簿记录进行核对），并检查存货账簿	存货的完整性、真实性及存货成本的正确性
（3）	向大海公司函证C材料及增减变动情况；并检查C材料的明细账及原始凭证	C材料的所有权及价值
（4）	检查12月25日后的出库单，核对仓库明细账和会计部门的存货明细账，进行截止测试	存货的真实性、完整性及存货成本的正确性
（5）	对发出存货进行计价审计	存货估价的正确性和计价方法的一贯性
（6）	向红旗公司函证E材料，并检查E材料明细账	E材料的所有权

五、生产与存货循环的实质性程序

在完成控制测试之后，注册会计师基于控制测试的结果（即控制运行是否有效），确定从控制测试中已获得的审计证据及其保证程度，确定是否需要对具体审计计划中设计的实质性程序的性质、时间安排和范围作出适当调整。如果控制测试的结果表明内部控制未能有效运行，注册会计师需要从实质性程序中获取更多的相关审计证据，注册会计师可以修改实质性程序的性质，如采用细节测试而非实质性分析程序、获取更多的外部证据等，或修改实质性审计程序的范围，如扩大样本规模。

微课

生产与存货循环的审计4

在实务中，注册会计师通过计划阶段执行的风险评估程序，已经确定了已识别重大错报风险的相关认定。在下面的介绍中，我们将从风险应对的具体审计目标和相关认定的角度出发，对实务中较为常见的针对存货和营业成本的实质性程序进行阐述。这些程序可以从一个或多个认定方面应对识别的重大错报风险。

（一）存货的审计目标

存货审计，尤其是对年末存货余额的测试，通常是审计中最复杂也最费时的部分。对存货存在和存货价值的评估常常十分困难。导致存货审计复杂性的主要原因包括：

（1）存货通常是资产负债表中的一个主要项目，而且通常是构成营运资本的最大项目。

（2）存货存放于不同的地点，这使得对它的实物控制和盘点都很困难。企业必须将存货置放于便于产品生产和销售的地方，但是这种分散也带来了审计的困难。

（3）存货项目的多样性也给审计带来了困难。例如，化学制品、宝石、电子元件以及其他高科技产品都属于存货。

（4）存货本身的陈旧以及存货成本的分配也使得对存货估价存在困难。

（5）不同企业采用的存货计价方法存在多样性。

正是由于存货对企业的重要性、存货问题的复杂性以及存货与其他项目密切的关联度，要求注册会计师对存货项目的审计应当予以特别的关注。相应地，要求实施存货项目审计的注册会计师应具备较高的专业素质和相关业务知识，分配较多的审计工时，运用多种有针对性的审计程序。

存货审计涉及数量和单价两个方面。针对存货数量的实质性程序主要是存货监盘。此外，还包括对第三方保管的存货实施函证等程序，对在途存货检查相关凭证和期后入库记录等。针对存货单价的实质性程序包括对购买和生产成本的审计程序和对存货可变现净值的审计程序。其中原材料成本的计量较为简单，通常通过对采购成本的审计进行测试；在产品和产成品的单价较为复杂，包括测试原材料成本、人工成本和制造费用的归集和分摊。

审计存货的另一个考虑就是其与采购、销售收入及销售成本间的关系，因为就存货认定取得的证据同时为其对应项目的认定提供了证据。例如，通过存货监盘和对已收存货的截止测试取得的，与外购商品或原材料存货的完整性和存在认定相关的证据，自动为同一期间原材料和商品采购的完整性和发生提供了证据。类似地，销售收入的截止测试也为期末之前的销售成本已经从期末存货中扣除并正确计入销售成本提供了证据。

存货的审计目标一般包括：（1）账面存货余额对应的实物是否真实存在（存在认定）；（2）属于被审计单位的存货是否均已入账（完整性认定）；（3）存货是否属于被审计单位（权利和义务认定）；（4）存货单位成本的计量是否准确（计价和分摊认定）；（5）存货的账面价值是否可以实现（计价和分摊认定）。

（二）存货的一般审计程序

1. 复核单项存货金额的计算（单位成本×数量）和明细表的加总计算是否准确。

2. 将本年年末存货余额与上年年末存货余额进行比较，总体分析变动原因。

（三）存货监盘

1. 存货监盘的作用

微课

生产与存货循环的审计5

如果存货对财务报表是重要的，注册会计师应当实施下列审计程序，对存货的存在和状况获取充分、适当的审计证据：（1）在存货盘点现场实施监盘（除非不可行）；（2）对期末存货记录实施审计程序，以确定其是否准确反映实际的存货盘点结果。

在存货盘点现场实施监盘时，注册会计师应当实施下列审计程序：（1）评价管理层用以记录和控制存货盘点结果的指令和程序；（2）观察管理层制定的盘点程序的执行情况；（3）检查存货；（4）执行抽盘。

存货监盘的相关程序可以用作控制测试或者实质性程序。注册会计师可以根据风险评估结果、审计方案和实施的特定程序作出判断。例如，只有少数项目构成了存货的主要部分，注册会计师可能选择将存货监盘用作实质性程序。

需要说明的是，尽管实施存货监盘，获取有关期末存货数量和状况的充分、适当的审计证据是注册会计师的责任，但这并不能取代被审计单位管理层定期盘点存货、合理确定存货的数量和状况的责任。事实上，管理层通常制定程序，对存货每年至少进行一次实物盘点，以作为编制财务报表的基础，并用以确定被审计单位永续盘存制的可靠性（如适用）。

注册会计师监盘存货的目的在于获取有关存货数量和状况的审计证据。因此，存货监盘针对的主要是存货的存在认定，对存货的完整性认定及计价和分摊认定，也能提供部分审计证据。此外，注册会计师还可能在存货监盘中获取有关存货所有权的部分审计证据。例如，注册会计师在监盘中注意到某些存货已经被法院查封，需要考虑被审计单位对这些存货的所有权是否受到了限制。但如《〈中国注册会计师审计准则第1311号——对存货、诉讼和索赔、分部信息等特定项目获取审计证据的具体考虑〉应用指南》第6段所述，存货监盘本身并不足以供注册会计师确定存货的所有权，注册会计师可能需要执行其他实质性审计程序以应对所有权认定的相关风险。

2. 存货监盘计划

（1）制订存货监盘计划的基本要求。注册会计师应当根据被审计单位存货的特点、盘存制度和存货内部控制的有效性等情况，在评价被审计单位管理层制定的存货盘点程序的基础上，编制存货监盘计划，对存货监盘作出合理安排。

有效的存货监盘需要制订周密、细致的计划。为了避免误解并有助于有效地实施存货监盘，注册会计师通常需要与被审计单位就存货监盘等问题达成一致意见。因此，注册会计师首先应当充分了解被审计单位存货的特点、盘存制度和存货内部控制的有效性等情况，并考虑获取、审阅和评价被审计单位预定的盘点程序。计划过程中搜集到的信息，有助于注册会计师合理确定参与监盘的地点以及存货监盘的程序。

（2）制订存货监盘计划应考虑的相关事项。在编制存货监盘计划时，注册会计师需要考虑以下事项：

①与存货相关的重大错报风险。存货通常具有较高水平的重大错报风险，影响重大错报风险的因素具体包括：存货的数量和种类、成本归集的难易程度、陈旧过时的速度或易损坏程度、遭受偷窃的难易程度。由于制造过程和成本归集制度的差异，制造业企业的存货与其他企业（如批发企业）的存货相比往往具有更高的重大错报风险，对于注册会计师的审计工作而言则更具复杂性。外部因素也会对重大错报风险产生影响。例如，技术进步可能导致某些产品过时，从而导致存货价值更容易发生高估。以下类别的存货就可能增加审计的复杂性与风险：

a. 具有漫长制造过程的存货。制造过程漫长的企业（如飞机制造和酒类产品酿造企业）的审计重点包括递延成本、预期发生成本以及未来市场波动可能对当期损益的影响等事项。

b. 具有固定价格合约的存货。预期发生成本的不确定性是重要的审计问题。

c. 与时装相关的服装行业。由于服装产品的消费者对服装风格或颜色的偏好容易发生变化，因此，存货是否过时是重要的审计事项。

d. 鲜活、易腐商品存货。因为物质特性和保质期短暂，此类存货变质的风险很高。

e. 具有高科技含量的存货。由于技术更新迭代快，此类存货容易过时。

f. 单位价值高昂、容易被盗窃的存货。例如，珠宝存货的错报风险通常高于铁制纽扣之类存货的错报风险。

②与存货相关的内部控制的性质。在制订存货监盘计划时，注册会计师应当了解被审计单位与存货相关的内部控制，并根据内部控制的完善程度确定进一步审计程序的性质、时间安排和范围。与存货相关的内部控制涉及被审计单位供、产、销各个环节，包括采购、验收、仓储、领用、加工、装运出库等方面。需要说明的是，与存货内部控制相关的措施有很多，其有效程度也存在差异。

与采购相关的内部控制的总体目标是所有交易都已获得适当的授权与批准。使用订购单是一项基本的内部控制措施。订购单应当预先连续编号，事先确定采购价格并获得批准。此外，还应当定期清点订购单。

与存货验收相关的内部控制的总体目标是所有收到的商品都已得到记录。使用验收报告单是一项基本的内部控制措施。被审计单位应当设置独立的部门负责验收商品，该部门具有验收存货实物、确定存货数量、编制验收报告、将验收报告传送至会计核算部门以及运送商品至仓库等一系列职能。

与仓储相关的内部控制的总体目标是确保与存货实物的接触必须得到管理层的指示和批准。被审计单位应当采取实物控制措施，使用适当的存储设施，以使存货免受意外损毁、盗窃或破坏。

与领用相关的内部控制的总体目标是所有存货的领用均应得到批准和记录。使用存货领用单是一项基本的内部控制措施。对存货领用单，应当定期进行清点。

与加工（生产）相关的内部控制的总体目标是对所有的生产过程作出适当的记录。使用生产报告是一项基本的内部控制措施。在生产报告中，应当对产品质量缺陷和零部件使用及报废情况及时作出说明。

与装运出库相关的内部控制的总体目标是所有的装运都得到了记录。使用发运凭证是一项基本的内部控制措施。发运凭证应当预先顺序编号，定期进行清点，并作为日后开具收款账单的依据。

被审计单位与存货实地盘点相关的内部控制通常包括：制订合理的存货盘点计划，确定合理的存货盘点程序，配备相应的监督人员，对存货进行独立的内部验证，将盘点结果与永续盘存记录进行独立的调节，对盘点表和盘点标签进行充分控制。

③对存货盘点是否制定了适当的程序，并下达了正确的指令。注册会计师一般需要复核或与管理层讨论其存货盘点程序。在复核或与管理层讨论其存货盘点程序时，注册会计师应当考虑下列主要因素，以评价其能否合理地确定存货的数量和状况：盘点的时间安排；存货盘点范围和场所的确定；盘点人员的分工及胜任能力；盘点前的会议及任务布置；存货的整理和排列，对毁损、陈旧、过时、残次及所有权不属于被审计单位的存货的区分；存货的计量工具和计量方法；在产品完工程度的确定方法；存放在外单位的存货的盘点安排；存货收发截止的控制；盘点期间存货移动的控制；盘点表单的设计、使用与控制；盘点结果的汇总以及盘盈或盘亏的分析、调查与处理。

如果认为被审计单位的存货盘点程序存在缺陷，注册会计师应当提请被审计单位调整。

④存货盘点的时间安排。如果存货盘点在财务报表日以外的其他日期进行，注册会计师除实施存货监盘等相关审计程序外，还应当实施其他审计程序，以获取审计证据，确定存货盘点日与财务报表日之间的存货变动是否已得到恰当的记录。

⑤被审计单位是否一贯采用永续盘存制。存货数量的盘存制度一般分为实地盘存制和永续盘存制。存货盘存制度不同，注册会计师需要作出的存货监盘安排也不同。如果被审计单位通过实地盘存制确定存货数量，则注册会计师要参加此种盘点。如果被审计单位采用永续盘存制，注册会计师应在年度中一次或多次参加盘点。

⑥存货的存放地点（包括不同存放地点的存货的重要性和重大错报风险），以确定适当的监盘地点。

如果被审计单位的存货存放在多个地点，注册会计师可以要求被审计单位提供一份完整的存货存放地点清单（包括期末库存量为零的仓库、租赁的仓库，以及第三方代被审计单位保管存货的仓库等），并考虑其完整性。根据具体情况下的风险评估结果，注册会计师可以考虑执行以下一项或多项审计程序：

a. 询问被审计单位除管理层和财务部门以外的其他人员，如营销人员、仓库人员等，以了解有关存货存放地点的情况；

b. 比较被审计单位不同时期的存货存放地点清单，关注仓库变动情况，以确定是否存在因仓库变动而未将存货纳入盘点范围的情况发生；

c. 检查被审计单位存货的出、入库单，关注是否存在被审计单位尚未告知注册会计师的仓库（如期末库存量为零的仓库）；

d. 检查费用支出明细账和租赁合同，关注被审计单位是否租赁仓库并支付租金，如果有，该仓库是否已包括在被审计单位提供的仓库清单中；

e. 检查被审计单位“固定资产——房屋建筑物”明细清单，了解被审计单位可用于存放存货的房屋建筑物。

在获取完整的存货存放地点清单的基础上，注册会计师可以根据不同地点所存放存货的重要性以及对各个地点与存货相关的重大错报风险的评估结果（例如，注册会计师在以往审计中可能注意到某些地点存在与存货相关的错报，因此，在本期审计时对其予以特别关注），选择适当的地点进行监盘，并记录选择这些地点的原因。

如果识别出由于舞弊导致的影响存货数量的重大错报风险，注册会计师在检查被审计单位存货记录的基础上，可能决定在不预先通知的情况下对特定存放地点的存货实施监盘，或在同一天对所有存放地点的存货实施监盘。

同时，在连续审计中，注册会计师可以考虑在不同期间的审计中变更所选择实施监盘的地点。

⑦是否需要专家协助。注册会计师可能不具备其他专业领域的专长与技能。在确定资产数量或资产实物状况（如矿石堆），或在收集特殊类别存货（如艺术品、稀有玉石、房地产、电子器件、工程设计等）的审计证据时，注册会计师可以考虑利用专家的工作。

当在产品存货金额较大时，可能面临如何评估在产品完工程度的问题。注册会计师可以了解被审计单位的盘点程序，如果有关在产品的完工程度未被明确列出，注册会计师应当考虑采用其他有助于确定完工程度的措施，如获取零部件明细清单、标准成本表以及作业成本表，与工厂的有关人员进行讨论等，并运用职业判断。注册会计师也可以根据存货生产过程的复杂程度考虑利用专家的工作。

（3）存货监盘计划的主要内容。

存货监盘计划应当包括以下主要内容：

①存货监盘的目标、范围及时间安排。存货监盘的主要目标包括获取被审计单位资产负债表日有关存货数量和状况以及有关管理层存货盘点程序可靠性的审计证据，检查存货的数量是否真实完整，是否归属于被审计单位，存货有无毁损、陈旧、过时、残次和短缺等状况。

存货监盘范围的大小取决于存货的内容、性质以及与存货相关的内部控制的完善程度和重大错报风险的评估结果。

存货监盘的时间，包括实地察看盘点现场的时间、观察存货盘点的时间和对已盘点存货实施检查的时间等，应当与被审计单位实施存货盘点的时间相协调。

②存货监盘的要点及关注事项。存货监盘的要点主要包括注册会计师实施存货监盘程序的方法、步骤，各个环节应注意的问题以及所要解决的问题。注册会计师需要重点关注的事项包括盘点期间的存货移动、存货的状况、存货的截止确认、存货的各个存放地点及金额等。

③参加存货监盘人员的分工。注册会计师应当根据被审计单位参加存货盘点人员分工及分组情况、存货监盘工作量的大小和人员素质情况，确定参加存货监盘的人员组成以及各组成人员的职责和具体的分工情况，并加强督导。

④抽盘存货的范围。注册会计师应当根据对被审计单位存货盘点和对被审计单位内部控制的评价结果确定抽盘存货的范围。在实施观察程序后，如果认为被审计单位内部控制

设计良好且得到有效实施，存货盘点组织良好，可以相应缩小实施抽盘的范围。

3.存货监盘程序

在存货盘点现场实施监盘时，注册会计师应当实施下列审计程序。

（1）评价管理层用以记录和控制存货盘点结果的指令和程序。注册会计师需要考虑这些指令和程序是否包括下列方面：

①适当控制活动的运用，例如，收集已使用的存货盘点记录，清点未使用的存货盘点表单，实施盘点和复盘程序；

②准确认定在产品的完工程度，流动缓慢（呆滞）、过时或毁损的存货项目，以及第三方拥有的存货（如寄存货物）；

③在适用的情况下用于估计存货数量的方法，如可能需要估计煤堆的重量；

④对存货在不同存放地点之间的移动以及截止日前后出入库的控制。

一般而言，被审计单位在盘点过程中停止生产并关闭存货存放地点以确保停止存货的移动，有利于保证盘点的准确性。但特定情况下，被审计单位可能由于实际原因无法停止生产或收发货物。在这种情况下，注册会计师可以根据被审计单位的具体情况考虑其无法停止存货移动的原因及其合理性。

同时，注册会计师可以通过询问管理层以及阅读被审计单位的盘点计划等方式，了解被审计单位对存货移动所采取的控制程序和对存货收发截止影响的考虑。例如，被审计单位在盘点过程中无法停止生产，可以考虑在仓库内划分出独立的过渡区域，将预计在盘点期间领用的存货移至过渡区域、对盘点期间办理入库手续的存货暂时存放在过渡区域，以此确保相关存货只被盘点一次。

在实施存货监盘程序时，注册会计师需要观察被审计单位有关存货移动的控制程序是否得到执行。同时，注册会计师可以向管理层索取盘点期间与存货移动相关的书面记录以及出、入库资料作为执行截止测试的资料，以为监盘结束的后续工作提供证据。

（2）观察管理层制定的盘点程序（如对盘点时及其前后的存货移动的控制程序）的执行情况。这有助于注册会计师获取有关管理层指令和程序是否得到适当设计和执行的审计证据。尽管盘点存货时最好能保持存货不发生移动，但在某些情况下存货的移动是难以避免的。如果在盘点过程中被审计单位的生产经营仍将持续进行，注册会计师应通过实施必要的检查程序，确定被审计单位是否已经对此设置了相应的控制程序，确保在适当的期间内对存货作出了准确记录。

此外，注册会计师可以获取有关截止信息（如存货移动的具体情况）的复印件，有助于日后对存货移动的会计处理实施审计程序。具体来说，注册会计师一般应当获取盘点日前后存货收发及移动的凭证，检查库存记录与会计记录期末截止是否正确。

注册会计师需要关注，所有在盘点日以前入库的存货项目是否均已包括在盘点范围内，所有已确认为销售但尚未装运出库的商品是否均未包括在盘点范围内。

在途存货和被审计单位直接向顾客发运的存货是否均已得到适当的会计处理。

注册会计师通常可观察存货的验收入库地点和装运出库地点以执行截止测试。在存货入库和装运过程中采用连续编号的凭证时，注册会计师应当关注盘点日前的最后编号。如果被审计单位没有使用连续编号的凭证，注册会计师应当列出盘点日以前的最后几笔装运和入库记录。如果被审计单位使用运货车厢或拖车进行存储、运输或验收入库，注册会计师应当详细列出存货场地上满载和空载的车厢或拖车，并记录各自的存货状况。

（3）检查存货。在存货监盘过程中检查存货，虽然不一定能确定存货的所有权，但有助于确定存货的存在，以及识别过时、毁损或陈旧的存货。注册会计师应当把所有过时、毁损或陈旧存货的详细情况记录下来，这既便于进一步追查这些存货的处置情况，也能为测试被审计单位存货跌价准备计提的准确性提供证据。

（4）执行抽盘。在对存货盘点结果进行测试时，注册会计师可以从存货盘点记录中选取项目追查至存货实物，以及从存货实物中选取项目追查至盘点记录，以获取有关盘点记录准确性和完整性的审计证据。需要说明的是，注册会计师应尽可能避免让被审计单位事先了解将抽盘的存货项目。除记录注册会计师对存货盘点结果进行的测试情况外，获取管理层完成的存货盘点记录的复印件也有助于注册会计师日后实施审计程序，以确定被审计单位的期末存货记录是否准确地反映了存货的实际盘点结果。

注册会计师在实施抽盘程序时发现差异，很可能表明被审计单位的存货盘点在准确性或完整性方面存在错误。由于检查的内容通常仅仅是已盘点存货中的一部分，所以在检查中发现的错误很可能意味着被审计单位的存货盘点还存在着其他错误。一方面，注册会计师应当查明原因，并及时提请被审计单位更正；另一方面，注册会计师应当考虑错误的潜在范围和重大程度，在可能的情况下，扩大检查范围以减少错误的发生。注册会计师还可要求被审计单位重新盘点。重新盘点的范围可限于某一特殊领域的存货或特定盘点小组。

（5）需要特别关注的情况。具体包括：

①存货盘点范围。在被审计单位盘点存货前，注册会计师应当观察盘点现场，确定应纳入盘点范围的存货是否已经适当整理和排列，并附有盘点标识，防止遗漏或重复盘点。对未纳入盘点范围的存货，注册会计师应当查明未纳入的原因。

对所有权不属于被审计单位的存货，注册会计师应当取得其规格、数量等有关资料，确定是否已单独存放、标明，且未被纳入盘点范围。在存货监盘过程中，注册会计师应当根据取得的所有权不属于被审计单位的存货的有关资料，观察这些存货的实际存放情况，确保其未被纳入盘点范围。即使在被审计单位声明不存在受托代存存货的情形下，注册会计师在存货监盘时也应当关注是否存在某些存货不属于被审计单位的迹象，以避免盘点范围不当。

②对特殊类型存货的监盘。对某些特殊类型的存货而言，被审计单位通常使用的盘点方法和控制程序并不完全适用。这些存货通常或者没有标签，或者数量难以估计，或者质量难以确定，或者盘点人员无法对其移动实施控制。在这些情况下，注册会计师需要运用职业判断，根据存货的实际情况，设计恰当的审计程序，对存货的数量和状况获取审计证据。

表4-37列举了被审计单位特殊存货的类型、通常采用的盘点方法与存在的潜在问题，以及可供注册会计师实施的审计程序。注册会计师在审计实务中，应当根据被审计单位所处行业的特点、存货的类别和特点以及内部控制等具体情况，并在通用的存货监盘程序基础上，设计关于特殊类型存货监盘的具体审计程序。

表4-37 特殊类型存货的监盘程序

存货类型	盘点方法与潜在问题	可供实施的审计程序
木材、钢筋盘条、管子	通常无标签，但在盘点时会做上标记或用粉笔标识。 难以确定存货的数量或等级	检查标记或标识。 利用专家或被审计单位内部有经验人员的工作
堆积型存货（如糖、煤、钢废料）	通常既无标签也不做标记。 在估计存货数量时存在困难	运用工程估测、几何计算、高空勘测等方法，并依赖详细的存货记录
使用磅秤测量的存货	在估计存货数量时存在困难	在监盘前和监盘过程中均应检验磅秤的精准度，并留意磅秤的位置移动与重新调校程序。 将检查和重新称量程序相结合。 检查称量尺度的换算问题
散装物品（如贮窖存货，使用桶、箱、罐、槽等容器储存的液体、气体、谷类粮食、流体存货等）	在盘点时通常难以识别和确定。 在估计存货数量时存在困难。 在确定存货质量时存在困难	使用容器进行监盘或通过预先编号的清单列表加以确定。 使用浸蘸、测量棒、工程报告以及依赖永续盘存记录。 选择样品进行化验与分析，或利用专家的工作
贵金属、玉器、艺术品与收藏品	在存货辨认与质量确定方面存在困难	
生产纸浆用木材、牲畜	在存货辨认与数量确定方面存在困难。 可能无法对此类存货的移动实施控制	通过高空摄影以确定其存在，对不同时点的数量进行比较，并依赖永续盘存记录

（6）存货监盘结束时的工作。在被审计单位存货盘点结束前，注册会计师应当：

①再次观察盘点现场，以确定所有应纳入盘点范围的存货是否均已盘点。

②取得并检查已填用、作废及未使用盘点表单的号码记录，确定其是否连续编号，查明已发放的表单是否均已收回，并与存货盘点的汇总记录进行核对。注册会计师应当根据自己在存货监盘过程中获取的信息对被审计单位最终的存货盘点结果汇总记录进行复核，并评估其是否正确地反映了实际盘点结果。

如果存货盘点日不是财务报表日，注册会计师应当实施适当的审计程序，确定盘点日与财务报表日之间存货的变动是否已得到恰当的记录。

在实务中，注册会计师可以结合盘点日至财务报表日之间间隔期的长短、相关内部控制的有效性等因素进行风险评估，设计和执行适当的审计程序。在实质性程序方面，注册会计师可以实施的程序示例包括：

①比较盘点日和财务报表日之间的存货信息以识别异常项目，并对其执行适当的审计程序（例如实地察看等）；

②对存货周转率或存货周转天数等实施实质性分析程序；

③对盘点日至财务报表日之间的存货采购和存货销售分别实施双向检查（例如，对存

货采购从入库单查至相应的永续盘存记录及从永续盘存记录查至相应的入库单等支持性文件，对存货销售从货运单据查至相应的永续盘存记录及从永续盘存记录查至相应的货运单据等支持性文件）；

④测试存货销售和采购在盘点日和财务报表日的截止是否正确。

4.特殊情况的处理

（1）在存货盘点现场实施存货监盘不可行。在某些情况下，实施存货监盘可能是不可行的。这可能是由存货性质和存放地点等因素造成的，例如，存货存放在对注册会计师的安全有威胁的地点。然而，对注册会计师带来不便的一般因素不足以支持注册会计师作出实施存货监盘不可行的决定。审计中的困难、时间或成本等事项本身，不能作为注册会计师省略不可替代的审计程序或满足于说服力不足的审计证据的正当理由。

如果在存货盘点现场实施存货监盘不可行，注册会计师应当实施替代审计程序（如检查盘点日后出售盘点日之前取得或购买的特定存货的文件记录），以获取有关存货的存在和状况的充分、适当的审计证据。

但在其他一些情况下，如果不能实施替代审计程序，或者实施替代审计程序可能无法获取有关存货的存在和状况的充分、适当的审计证据，注册会计师需要按照《中国注册会计师审计准则第1502号——在审计报告中发表非无保留意见》的规定发表非无保留意见。

（2）因不可预见的情况导致无法在存货盘点现场实施监盘。有时，由于不可预见情况而可能导致无法在预定日期实施存货监盘，两种比较典型的情况包括：一是注册会计师无法亲临现场，即由于不可抗力导致其无法到达存货存放地实施存货监盘；二是气候因素，即由于恶劣的天气导致注册会计师无法实施存货监盘程序，或由于恶劣的天气无法观察存货，如木材被积雪覆盖。

如果由于不可预见的情况无法在存货盘点现场实施监盘，注册会计师应当另择日期实施监盘，并对间隔期内发生的交易实施审计程序。

（3）由第三方保管或控制的存货。如果由第三方保管或控制的存货对财务报表是重要的，注册会计师应当实施下列一项或两项审计程序，以获取有关该存货存在和状况的充分、适当的审计证据：

①向持有被审计单位存货的第三方函证存货的数量和状况。

②实施检查或其他适合具体情况的审计程序。根据具体情况（如获取的信息使注册会计师对第三方的诚信和客观性产生疑虑），注册会计师可能认为实施其他审计程序是适当的。其他审计程序可以作为函证的替代程序，也可以作为追加的审计程序。

其他审计程序的示例包括：Ⅰ.实施或安排其他注册会计师实施对第三方的存货监盘（如可行）；Ⅱ.获取其他注册会计师或服务机构注册会计师针对用以保证存货得到恰当盘点和保管的内部控制的适当性而出具的报告；Ⅲ.检查与第三方持有的存货相关的文件记录，如仓储单；Ⅳ.当存货被作为抵押品时，要求其他机构或人员进行确认。

考虑到第三方仅在特定时点执行存货盘点工作，在实务中，注册会计师可以事先考虑实施函证的可行性。如果预期不能通过函证获取相关审计证据，可以事先计划和安排存货监盘等工作。

此外，注册会计师可以考虑由第三方保管存货的商业理由的合理性，以进行存货相关风险（包括舞弊风险）的评估，并计划和实施适当的审计程序，例如检查被审计单位和第三方所签署的存货保管协议的相关条款、复核被审计单位调查及评价第三方工作的程序等。

（四）存货计价测试

存货监盘程序主要是对存货的数量进行测试。为验证财务报表上存货余额的真实性，还应当对存货的计价进行审计。存货计价测试包括两个方面：一是被审计单位所使用的存货单位成本是否正确；二是是否恰当计提了存货跌价准备。

在对存货的计价实施细节测试之前，注册会计师通常先要了解被审计单位本年度的存货计价方法与以前年度是否保持一致。如发生变化，变化的理由是否合理，是否经过适当的审批。

1.存货单位成本的测试

针对原材料的单位成本，注册会计师通常基于企业的原材料计价方法（如先进先出法、加权平均法等），结合原材料的历史购买成本，测试其账面成本是否正确，测试程序包括核对原材料采购的相关凭证（主要是与价格相关的凭证，如合同、采购订单、发票等）以及验证原材料计价方法的运用是否正确。

针对产成品和在产品的单位成本，注册会计师需要对成本核算过程实施测试，包括直接材料成本测试、直接人工成本测试、制造费用测试和生产成本在当期完工产品与在产品之间分配的测试四项内容，具体如下：

（1）直接材料成本测试。对采用定额单耗的企业，可选择某一成本报告期若干种具有代表性的产品成本计算单，获取样本的生产指令或产量统计记录及直接材料单位消耗定额，根据材料明细账或采购业务测试工作底稿中各该直接材料的单位实际成本，计算直接材料的总消耗量和总成本，与该样本成本计算单中的直接材料成本核对。

对未采用定额单耗的企业，可获取材料费用分配汇总表、材料发出汇总表（或领料单）、材料明细账（或采购业务测试工作底稿）中各该直接材料的单位成本，做如下检查：

成本计算单中直接材料成本与材料费用分配汇总表中该产品负担的直接材料费用是否相符，分配标准是否合理；将抽取的材料发出汇总表或领料单中若干种直接材料的发出总量和各该种材料的实际单位成本之积，与材料费用分配汇总表中各该种材料费用进行比较。

对采用标准成本法的企业，获取样本的生产指令或产量统计记录、直接材料单位标准用量、直接材料标准单价及发出材料汇总表或领料单，检查下列事项：根据生产量、直接材料单位标准用量和标准单价计算的标准成本与成本计算单中的直接材料成本核对是否相符；直接材料成本差异的计算与账务处理是否正确。

（2）直接人工成本测试。对采用计时工资制的企业，获取样本的实际工时统计记录、员工分类表和员工工薪手册（工资率）及人工费用分配汇总表，做如下检查：成本计算单中直接人工成本与人工费用分配汇总表中该样本的直接人工费用核对是否相符；样本的实际工时统计记录与人工费用分配汇总表中该样本的实际工时核对是否相符；抽取生产部门若干天的工时台账与实际工时统计记录核对是否相符；当没有实际工时统计记录时，则可根据员工分类表及员工工薪手册中的工资率，计算复核人工费用分配汇总表中该样本的直接人工费用是否合理。

对采用计件工资制的企业，获取样本的产量统计报告、个人（小组）产量记录和经批准的单位工薪标准或计件工资制度，检查下列事项：根据样本的统计产量和单位工薪标准计算的人工费用与成本计算单中直接人工成本核对是否相符；抽取若干直接人工（小组）的产量记录，检查是否被汇总计入产量统计报告。

对采用标准成本法的企业，获取样本的生产指令或产量统计报告、工时统计报告和经批准的单位标准工时、标准工时工资率、直接人工的工薪汇总表等资料，检查下列事项：将根据产量和单位标准工时计算的标准工时总量与标准工时工资率之积同成本计算单中直接人工成本核对是否相符；核对直接人工成本差异的计算与账务处理是否正确，并注意直接人工的标准成本在当年度内有无重大变更。

（3）制造费用测试。获取样本的制造费用分配汇总表、按项目分列的制造费用明细账、与制造费用分配标准有关的统计报告及其相关原始记录，做如下检查：在制造费用分配汇总表中，样本分摊的制造费用与成本计算单中的制造费用核对是否相符；制造费用分配汇总表中的合计数与样本所属成本报告期的制造费用明细账总计数核对是否相符；制造费用分配汇总表选择的分配标准（机器工时数、直接人工工资、直接人工工时数、产量等）与相关的统计报告或原始记录核对是否相符，并对费用分配标准的合理性作出评估；如果企业采用预计费用分配率分配制造费用，则应针对制造费用分配过多或过少的差额，检查其是否进行了适当的账务处理；如果企业采用标准成本法，则应检查样本中标准制造费用的确定是否合理，计入成本计算单的数额是否正确，制造费用差异的计算与账务处理是否正确，并注意标准制造费用在当年度内有无重大变更。

（4）生产成本在当期完工产品与在产品之间分配的测试。检查成本计算单中在产品数量与生产统计报告或在产品盘存表中的数量是否一致；检查在产品约当产量计算或其他分配标准是否合理；计算复核样本的总成本和单位成本。

2.存货跌价准备的测试

注册会计师在测试存货跌价准备时，需要从以下两个方面进行测试：

（1）识别需要计提跌价准备的存货项目。

注册会计师可以通过询问管理层和相关部门（生产、仓储、财务、销售等）员工，了解被审计单位如何收集有关滞销、过时、陈旧、毁损、残次存货的信息并为之计提必要的跌价准备。如被审计单位编制存货货龄分析表，则可以通过审阅分析表识别滞销或陈旧的存货。此外，注册会计师还要结合存货监盘过程中检查存货状况而获取的信息，以判断被审计单位的存货跌价准备计算表是否有遗漏。

（2）检查可变现净值的计量是否合理。

在存货计价审计中，由于被审计单位对期末存货采用成本与可变现净值孰低的方法计价，所以注册会计师应充分关注其对存货可变现净值的确定及存货跌价准备的计提。

可变现净值是指企业在日常活动中，存货的估计售价减去至完工时估计将要发生的成本、估计的销售费用以及相关税费后的金额。企业在确定存货的可变现净值时，应当以取得的确凿证据为基础，并且考虑持有存货的目的以及资产负债表日后事项的影响等因素。

【做中学4-37】清丰公司采用月末一次加权平均法计算结转耗用材料成本，2023年12月A材料月初结存数量5 200千克，金额为7 800元；12月份购入A材料数量7 300千克，金额为14 600元。12月份基本生产车间耗料A材料5 000千克，结转A材料成本10 000元。假设该公司适用的所得税税率为25%。

要求：（1）说明应采用的审计方法；（2）指出上述会计处理存在的问题；（3）作出审计调整分录；（4）建议被审计单位作出的会计调整分录。

答案：（1）应采用的审计方法：审阅A材料明细账，抽查有关会计凭证，重新计算结转发出材料实际成本。

（2）经重新计算发现：

加权平均单价=（7 800+14 600）÷（5 200+7 300）=1.79（元/千克）

发出材料实际成本=5 000×1.79= 8 950（元）

多转材料实际成本=10 000−8 950=1 050（元）

存在的问题为：该公司按进料价格多转耗用材料成本1 050元。

（3）处理意见：多转发出材料实际成本，最终影响当期发出产品的成本。审计调整分录是：

借：原材料　　1 050
　　贷：主营业务成本　　1 050
借：所得税费用　　262.50
　　贷：应交税费——应交所得税　　262.50

（被审计年度报表项目随之调整）

（4）建议被审计单位作出的会计调整分录为：

借：原材料　　1 050
　　贷：以前年度损益调整　　1 050
借：以前年度损益调整　　262.50
　　贷：应交税费——应交所得税　　262.50
借：以前年度损益调整　　787.50
　　贷：利润分配——未分配利润　　787.50

（登记账簿，年度报表项目亦随之调整）

【做中学4-38】天诚正信会计师事务所对清丰公司2023年度财务报表进行审计，该公司11月和12月第一车间制造费用明细表登记的内容见表4-38和表4-39。

表4-38　第一车间制造费用明细表

2023年11月　　单位：元

日期	凭证	摘要	职工薪酬	折旧费	修理费	办公费	水电费	机物料消耗	合计
30	转3	职工薪酬表转来	11 270						11 270
30	转4	折旧分配表转来		47 100					47 100
30	转5	摊提分配表转来			3 600				3 600
×	××	据各付款凭证				8 360			8 360
30	转6	动力分配表转来					26 580		26 580
30	转7	材料分配表转来						4 250	4 250
		合计	11 270	47 100	3 600	8 360	26 580	4 250	101 160
30	转8	本月转出	11 270	47 100	3 600	8 360	26 580	4 250	101 160

表4-39　　第一车间制造费用明细表

2023年12月

单位：元

日期	凭证	摘要	职工薪酬	折旧费	修理费	办公费	水电费	机物料消耗	合计
31	转2	职工薪酬表转来	18 430						18 430
31	转3	折旧分配表转来		47 100					47 100
31	转4	摊提分配表转来			600				600
×	××	据各付款凭证				14 510			14 510
31	转5	动力分配表转来					21 070		21 070
31	转6	材料分配表转来						3 390	3 390
		合计	18 430	47 100	600	14 510	21 070	3 390	105 100
31	转7	本月转出	18 430	47 100	600	14 510	21 070	3 390	105 100

要求：针对11月份和12月份的制造费用明细表，提出应审查的问题，确定应抽查的会计凭证。

答案：对比两个月的制造费用明细表，应对下述问题提出疑问并抽查相应的会计凭证：

（1）12月份职工薪酬比11月份增长幅度大，应抽查两个月的转账凭证，以查明工资发放有无确切依据、有无管理层批准。

（2）12月份发生的修理费用明显小于正常金额，应核查12月份辅助生产部门修理费用分配情况的记录，以查找原因。

（3）12月份发生的办公费比11月份高出近一倍，应对12月份与办公费有关的付款凭证进行详查，看有无违反公司规定及费用支出计划的开支项目。

【学思践悟】党的二十大报告指出："必须坚持守正创新。我们从事的是前无古人的伟大事业，守正才能不迷失方向、不犯颠覆性错误，创新才能把握时代、引领时代。我们要以科学的态度对待科学、以真理的精神追求真理，坚持马克思主义基本原理不动摇，坚持党的全面领导不动摇，坚持中国特色社会主义不动摇，紧跟时代步伐，顺应实践发展，以满腔热忱对待一切新生事物，不断拓展认识的广度和深度，敢于说前人没有说过的新话，敢于干前人没有干过的事情，以新的理论指导新的实践。"

任务五　货币资金循环的审计

一、货币资金循环的特点

（一）货币资金循环的主要账户

微课

货币资金循环的审计1

货币资金是企业资产的重要组成部分，是企业资产中流动性最强的一种资产。任何企业进行生产经营活动都必须拥有一定数额的货币资金，持有货币资金是企业生产经营活动的基本条件，可能关乎企业的命脉。货币资金主要来源于股东投入、债权人借款和企业经营累积，主要用于资产的取得和费用的结付。总的来说，只有保持健康的、正的现金流，企业才能够继续生存；如果出现现金流逆转迹象，产生了不健康的、负的现金流，长此以往，企业将会陷入财务困境，并导致对企业的持续经营能力产生疑虑。

根据货币资金存放地点及用途的不同，货币资金分为库存现金、银行存款及其他货币资金。企业资金营运过程，从资金流入企业形成货币资金开始，到通过销售收回货币资金、成本补偿确定利润、部分资金流出企业为止。企业资金的不断循环，构成企业的资金周转。

课程思政园地

挪用公款——会计不能碰触的底线

2017年，王某入职某单位从事出纳工作，但是因为结交了很多出手阔绰的朋友，王某也养成了及时行乐、大肆挥霍的不良消费观念，入职不到一个月，就开始想方设法侵吞、骗取公共财物，比如通过假的银行对账单，模仿单位领导的签字，使用现金支票，把公款转移到个人的银行账户。而整个单位对王某的违法犯罪行为毫无察觉，致使其更加肆无忌惮。不到一年半的时间，王某利用职务便利，伪造报销申请，骗取、侵吞了单位资金达700余万元，用于个人奢侈消费。案发后，王某因犯贪污罪受到了应有的惩处，断送了自己的前途。

请思考：为了在工作中做到廉洁自律，我们应该培育哪些职业素养？

（二）货币资金循环涉及的主要单据和会计记录

货币资金循环涉及的单据和会计记录主要有：

1.现金盘点表

盘点库存现金是证实资产负债表中所列现金是否存在的一项重要程序。盘点库存现金通常包括对已收到但未存入银行的现金、零用金、找换金等进行的盘点。在什么时间盘点、有哪些人员参与盘点，应视被审计单位的具体情况而定，但必须有出纳员和被审计单位会计主管人员参加，并由注册会计师进行监盘（如图4-51所示）。

现金盘点表

一、	盘点日期：　　　年　　月　　日			
二、	清点现金情况			
	面值（币种RMB）	张数	金额（元）	
1	100元			
2	50元			
3	20元			
4	10元			
5	5元			
6	2元			
7	1元			
8	5角			
9	1角			
	盘点日库存现金实有金额合计			
三、	盘点日库存现金账面金额			
	盘点日现金账面金额			
	+至盘点日未入账现金收入			
	-至盘点日未入账现金支出			

图4-51　现金盘点表

2.银行对账单

银行对账单是银行和企业核对账务的联系单，也是证实企业业务往来的记录，也可以作为企业资金流动的依据，最重要的是可以认定企业某一时段的资金规模（如图4-52所示）。

3205000112015043000010301467

交通银行
对账专用章

邮　　编：210016

存款人地址：南京市黄浦路×号黄博科技大厦A-×楼

存款人名称：江苏××金融信息服务有限公司

交通银行（交通银行江苏省分行）对账单

BANK OF COMMUNICATIONS STATEMENT OF ACCOUNT

机构：交通银行南京中央门支行　　币种：人民币　　第11页
Branch　　Currency　　Page

账号：320006：15018010053235　　单位名称：江苏××金融信息服务有限公司
Account No　　Account Name

2023年 Year		凭证种类 Voucher Type	凭证号码 Voucher No	发生额 Amount		余额 Balance	卡号 Card No	记账部门 Accounting Department	流水号 Serial No
日期 Date	摘要 Abstract			借方 Debit	贷方 Credit				
	承前 From Previous Statement					10 278.16			
04-27	汇款入账				20 000.00	30 278.16		01320500999	EBG0000009044725
04-27	汇款入账				1 000 000.00	1 030 278.16		01320500999	EBG0000009106625
04-27	转账汇款			1 000 000.00		30 278.16		01320500999	EBG0000009153830
04-27	转账			23 600.00		6 678.16		01320500999	EBG0000009500623
04-28				20.00		6 658.16		01320500999	315CD48900854009
04-28	汇款入账				1 880 000.00	1 886 658.16		01320500999	315CD48900854044
04-30	转账汇款			5 340.00		1861 318.16		01320500999	EBG0000008548834

本页累计借方发生额　1 028 960.00　　本页累计贷方发生额　2 900 000.00

图4-52　银行对账单

3.银行存款余额调节表

银行存款余额调节表可作为银行存款科目的附列资料保存。该表主要用于核对企业账目与银行账目的差异，也用于检查企业与银行账目的差错（如图4-53所示）。

银行存款余额调节表

账号：　　　　年　　月　　日

项　目	金　额	项　目	金　额
银行存款日记账余额		银行对账单余额	
调节后余额		调节后余额	

图4-53　银行存款余额调节表

4.有关科目的记账凭证

涉及现金或银行存款的业务，需要编制收款凭证和付款凭证。

5.有关会计账簿

货币资金循环涉及的账簿包括库存现金、银行存款、其他货币资金总账以及库存现金日记账、银行存款日记账等。

二、货币资金循环的业务活动和相关内部控制

（一）货币资金循环的主要业务活动

注册会计师通常实施以下程序，以了解与货币资金相关的内部控制：（1）询问参与货币资金业务活动的被审计单位人员，如销售部门、采购部门和财务部门的员工和管理人员。（2）观察货币资金业务流程中特定控制的执行，例如观察被审计单位的出纳人员如何进行现金盘点。（3）检查相关文件和报告，例如检查银行存款余额调节表是否恰当编制以及其中的调节项是否经会计主管的恰当复核等。

实施穿行测试，即追踪货币资金业务在财务报告信息系统中的处理过程。穿行测试通常综合了询问、观察、检查、重新执行等多种程序。通过实施穿行测试，注册会计师通常能获取充分的信息以评价控制的设计和执行。例如选取一笔已收款的银行借款，追踪该笔交易从借款预算审批直至收到银行借款的整个过程。

下面以一般制造业企业为例，介绍与货币资金业务相关的主要业务活动，如现金盘点表、银行存款余额调节表的编制等。需要说明的是，以下业务活动要点仅为举例，在实务中可能由于每家企业的货币资金管理方式或内部控制的不同而有所不同。

1.现金管理

出纳员每日对库存现金自行盘点，编制现金日报表，计算当日现金收入、支出及结余额，并将结余额与实际库存额进行核对，如有差异及时查明原因。会计主管不定期检查现金日报表。

每月月末，会计主管指定出纳员以外的人员对现金进行盘点，编制现金盘点表，将盘点金额与库存现金日记账余额进行核对。对冲抵库存现金的借条、未提现支票、未做报销的原始票证，在库存现金盘点报告表中予以注明。会计主管复核现金盘点表，如果盘点金额与库存现金日记账余额存在差异，需查明原因并报经财务经理批准后进行账务处理。

2.银行存款管理

（1）银行账户管理。

企业银行账户的开立、变更或注销须经财务经理审核，报总经理审批。

（2）编制银行存款余额调节表。

每月月末，会计主管指定出纳员以外的人员核对银行存款日记账和银行对账单，编制银行存款余额调节表，使银行存款账面余额与银行对账单余额调节相符。如调节不符，查明原因。会计主管复核银行存款余额调节表，对需要进行调整的项目及时进行处理。

3.票据管理

财务部门设置银行票据登记簿，防止票据遗失或被盗用。出纳员登记银行票据的购买、领用、背书转让及注销等事项。空白票据存放在保险柜中。每月月末，会计主管指定出纳员以外的人员对空白票据、未办理收款和承兑的票据进行盘点，编制银行票据盘点

表，并与银行票据登记簿进行核对。会计主管复核库存银行票据盘点表，如果存在差异，需查明原因。

4. 印章管理

企业的财务专用章由财务经理保管，办理相关业务时使用的个人名章由出纳员保管。

（二）货币资金循环的内部控制

由于货币资金是企业流动性最强的资产，企业必须加强对货币资金的管理，建立良好的货币资金内部控制，以确保全部应收取的货币资金均能收取，并及时正确地予以记录；全部货币资金支出都是按照经批准的用途进行的，并及时正确地予以记录；库存现金、银行存款报告正确，并得以恰当保管；正确预测企业正常经营所需的货币资金收支额，确保企业有充足又不过剩的货币资金余额。

在实务中，库存现金、银行存款和其他货币资金的转换比较频繁，三者的内部控制目标、内部控制制度的制定与实施大致相同，因此，先统一对货币资金的内部控制做一个概述，各自内部控制的特点以及控制测试将在后面分述。一般而言，一个良好的货币资金内部控制应该达到以下几点：（1）货币资金收支与记账的岗位分离。（2）货币资金收支要有合理、合法的凭据。（3）全部收支及时准确入账，并且资金支付应严格履行审批、复核制度。（4）控制现金坐支，当日收入现金应及时送存银行。（5）按月盘点现金，编制银行存款余额调节表，以做到账实相符。（6）对货币资金进行内部审计。

尽管每家企业的性质、所处行业、规模以及内部控制健全程度等不同，与货币资金相关的内部控制内容也有所不同，但以下要求是通常应当共同遵循的：

1. 岗位分工及授权批准

（1）企业应当建立货币资金业务的岗位责任制，明确相关部门和岗位的职责权限，确保办理货币资金业务的不相容岗位相互分离、制约和监督。出纳人员不得兼任稽核、会计档案保管和收入、支出、费用、债权债务账目的登记工作。企业不得由一人办理货币资金业务的全过程。

（2）企业应当对货币资金业务建立严格的授权审批制度，明确审批人对货币资金业务的授权批准方式、权限、程序、责任和相关控制措施，规定经办人办理货币资金业务的职责范围和工作要求。审批人应当根据货币资金授权批准制度的规定，在授权范围内进行审批，不得超越审批权限。经办人应当在职责范围内，按照审批人的批准意见办理货币资金业务。对于审批人超越授权范围审批的货币资金业务，经办人员有权拒绝办理，并及时向审批人的上级授权部门报告。

（3）企业应当按照规定的程序办理货币资金支付业务。

微课

货币资金循环的审计2

①支付申请。企业有关部门或个人用款时，应当提前向审批人提交货币资金支付申请，注明款项的用途、金额、预算、支付方式等内容，并附有效经济合同或相关证明。

②支付审批。审批人根据其职责、权限和相应程序对支付申请进行审批，审核付款业务的真实性、付款金额的准确性，以及申请人提交票据或者证明的合法性，严格监督资金支付。对不符合规定的货币资金支付申请，审批人应当拒绝批准。

③支付复核。财务部门收到经审批人审批签字的相关凭证或证明后，应再次复核业务

的真实性、金额的准确性，以及相关票据的齐备性，相关手续的合法性和完整性，并签字认可。复核无误后，交由出纳人员办理支付手续。

④办理支付。出纳人员应当根据复核无误的支付申请，按规定办理货币资金支付手续，及时登记库存现金和银行存款日记账（如图4-54所示）。

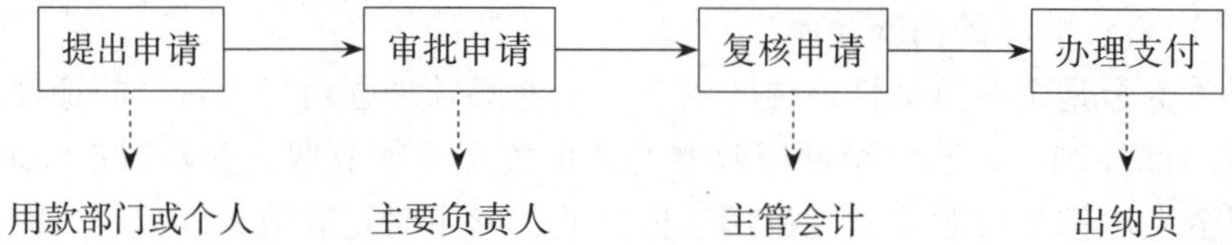

图4-54　货币资金支付业务流程图

（4）企业对重要货币资金支付业务，应当实行集体决策和审批制度，并建立责任追究制度，防范贪污、侵占、挪用货币资金等行为。

（5）严禁未经授权的机构或人员办理货币资金业务或直接接触货币资金。

2.现金和银行存款的管理

（1）企业应当加强对现金库存限额的管理，超过库存限额的现金应及时存入银行。

（2）企业必须根据《现金管理暂行条例》的规定，结合本企业的实际情况，确定本企业现金的开支范围。不属于现金开支范围的业务应当通过银行办理转账结算。

（3）企业现金收入应当及时存入银行，不得从企业的现金收入中直接支付（即坐支）。因特殊情况需坐支现金的，应事先报经开户银行审查批准，由开户银行核定坐支范围和限额。企业借出款项必须执行严格的授权批准程序，严禁擅自挪用、借出货币资金。

（4）企业取得的货币资金收入必须及时入账，不得私设“小金库”，不得账外设账，严禁收款不入账。

（5）企业应当严格按照《支付结算办法》等国家有关规定，加强对银行账户的管理，严格按照规定开立账户，办理存款、取款和结算。银行账户的开立应当符合企业经营管理的实际需要，不得随意开立多个账户，禁止企业内设管理部门自行开立银行账户。企业应当定期检查、清理银行账户的开立及使用情况，发现问题应及时处理。企业应当加强对银行结算凭证的填制、传递及保管等环节的管理与控制。

（6）企业应当严格遵守银行结算纪律，不准签发没有资金保证的票据或远期支票，套取银行信用；不准签发、取得和转让没有真实交易和债权债务的票据，套取银行和他人资金；不准违反规定开立和使用银行账户。

（7）企业应当指定专人定期核对银行账户（每月至少核对一次），编制银行存款余额调节表，使银行存款账面余额与银行对账单调节相符。如调节不符，应查明原因，及时处理。出纳人员一般不得同时从事银行对账单的获取、银行存款余额调节表的编制工作。确需出纳人员办理上述工作的，应当指定其他人员定期进行审核、监督。

实行网上交易、电子支付等方式办理资金支付业务的企业，应当与承办银行签订网上银行操作协议，明确双方在资金安全方面的责任与义务、交易范围等。操作人员应当根据操作授权和密码进行规范操作。使用网上交易、电子支付方式的企业办理资金支付业务，不应因支付方式的改变而随意简化、变更所必需的授权审批程序。企业在严格实行网上交易、电子支付操作人员不相容岗位相互分离控制的同时，应当配备专人加强对交易和支付行为的审核。

（8）企业应当定期和不定期地进行现金盘点，确保现金账面余额与实际库存相符。发现不符，应及时查明原因并作出处理。

3.票据及有关印章的管理

（1）企业应当加强对与货币资金相关的票据的管理，明确各种票据的购买、保管、领用、背书转让、注销等环节的职责权限和程序，并专设登记簿进行记录，防止空白票据的遗失和被盗用。

企业因填写、开具失误或者其他原因导致作废的法定票据，应当按规定予以保存，不得随意处置或销毁。对超过法定保管期限、可以销毁的票据，在履行审核手续后进行销毁，但应当建立销毁清册并由授权人员监销。

（2）企业应当加强对银行预留印鉴的管理。财务专用章应由专人保管，个人名章必须由本人或其授权人员保管。严禁一人保管支付款项所需的全部印章。

按规定需要有关负责人签字或盖章的经济业务，必须严格履行签字或盖章手续。

4.监督检查

（1）企业应当建立对货币资金业务的监督检查制度，明确监督检查机构或人员的职责权限，定期和不定期地进行检查。

（2）货币资金监督检查的内容主要包括：

①货币资金业务相关岗位及人员的设置情况。重点检查是否存在货币资金业务不相容岗位职责未分离的现象。

②货币资金授权批准制度的执行情况。重点检查货币资金支出的授权批准手续是否健全，是否存在越权审批行为。

③支付款项印章的保管情况。重点检查是否存在办理付款业务所需的全部印章交由一人保管的现象。

④票据的保管情况。重点检查票据的购买、领用、保管手续是否健全，票据保管是否存在漏洞。

（3）对监督检查过程中发现的货币资金内部控制中的薄弱环节，应当及时采取措施，加以纠正和完善。

三、货币资金循环的重大错报风险的评估

货币资金主要包括库存现金、银行存款及其他货币资金。

库存现金包括企业的人民币现金和外币现金。现金是企业流动性最强的资产，尽管其在企业资产总额中所占的比重不大，但企业发生的舞弊事件大多与现金有关，因此，注册会计师应该重视库存现金审计。

银行存款是指企业存放在银行或其他金融机构的各种款项。按照国家有关规定，凡是独立核算的企业都必须在当地银行开设账户。企业在银行开设账户以后，除按核定的限额保留库存现金外，超过限额的现金必须存入银行；除了在规定的范围内可以用现金直接支付款项外，在经营过程中所发生的一切货币收支业务，都必须通过银行存款账户进行结算。

（一）货币资金可能发生错报的环节

与货币资金相关的会计项目主要为库存现金、银行存款、应收（付）款项、短（长）

期借款、财务费用、长期股权投资等。以一般制造业企业为例，与库存现金、银行存款相关的交易和余额可能发生错报的环节通常包括（括号内为相应的认定）：

（1）被审计单位资产负债表的货币资金项目中的库存现金和银行存款在资产负债表日不存在（存在）；

（2）被审计单位所有应当记录的现金收支业务和银行存款收支业务未得到完整记录，存在遗漏（完整性）；

（3）被审计单位的现金收款通过舞弊手段被侵占（完整性）；

（4）记录的库存现金和银行存款不为被审计单位所拥有或控制（权利和义务）；

（5）库存现金和银行存款的金额未被恰当地包括在财务报表的货币资金项目中，与之相关的计价调整未得到恰当记录（计价和分摊）；

（6）库存现金和银行存款未按照企业会计准则的规定在财务报表中作出恰当列报（列报）。

（二）识别应对可能发生错报环节的内部控制

为评估与货币资金的交易、余额和列报相关的认定层次的重大错报风险，注册会计师应了解与货币资金相关的内部控制，这些控制主要是为防止、发现并纠正相关认定发生重大错报的固有风险（即可能发生错报环节）而设置的。注册会计师可以通过审阅以前年度审计工作底稿、观察内部控制执行情况、询问管理层和员工、检查相关的文件和资料等方法对这些控制进行了解，此外，对相关文件和资料进行检查也可以提供审计证据，例如通过检查财务人员编制的银行存款余额调节表，可以发现差错并加以纠正。

需要强调的是，在评估与货币资金的交易、余额和列报相关的认定层次的重大错报风险时，注册会计师之所以需要充分了解被审计单位对货币资金的控制活动，目的在于使计划实施的审计程序更加有效。也就是说，注册会计师必须恰当评估被审计单位的重大错报风险，在此基础上设计并实施进一步审计程序，才能有效应对重大错报风险。

1.库存现金内部控制

由于现金是企业流动性最强的资产，加强现金管理对于保护企业资产安全完整具有重要的意义。在良好的现金内部控制下，企业的现金收支记录应及时、准确、完整；全部现金支出均按经批准的用途进行使用；现金得以安全保管。一般而言，一个良好的现金内部控制应该达到以下几点：（1）现金收支与记账的岗位分离。（2）现金收支要有合理、合法的凭据。（3）全部收入及时准确入账，并且现金支出应严格履行审批、复核制度。（4）控制现金坐支，当日收入现金应及时送存银行。（5）按月盘点现金，以做到账实相符。（6）对现金收支业务进行内部审计。

注册会计师通常通过内部控制流程图来了解企业对现金的内部控制。编制现金内部控制流程图是了解企业对库存现金内部控制的重要步骤。注册会计师在编制内部控制流程图之前应通过询问、观察、检查、重新执行等程序收集必要的资料，然后根据所了解的情况编制流程图。对中小企业，也可采用编写现金内部控制说明的方法。

若以前年度审计时已经编制现金内部控制流程图，注册会计师可根据本年了解的情况对以前年度的内部控制流程图加以更新，以供本年度审计之用。一般地，了解现金内部控制时，注册会计师应当注意检查库存现金内部控制的建立和执行情况，重点包括：（1）库存现金的收支是否按规定的程序和权限办理；（2）是否存在与被审计单位经营无关的款项收支情况；（3）出纳与会计的职责是否严格分离；（4）库存现金是否妥善保管，是否定期盘点、核对等；

2.银行存款内部控制

良好的银行存款的内部控制同库存现金的内部控制类似，具备以下几点：（1）银行存款收支与记账的岗位分离；（2）银行存款收支要有合理、合法的凭据；（3）全部收支要及时准确入账，全部支出要有核准手续；（4）按月编制银行存款余额调节表，以做到账实相符；（5）加强对银行存款收支业务的内部审计。

按照我国现金管理的有关规定，超过规定限额的现金支出一律使用支票。因此，企业应建立相应的支票申领制度，明确申领范围、申领批准及支票签发、支票报销等相关事宜。

对于支票报销和现金报销，企业应建立报销制度。报销人员报销时应当有正常的报批手续、适当的付款凭据，有关采购支出还应具有验收手续。会计部门应对报销单据加以审核，出纳员见到加盖核准戳记的支出凭据后方可付款。

付款应及时登记入账，相关凭证应按顺序或内容编制并作为会计记录的附件。

注册会计师对银行存款内部控制的了解一般与了解现金的内部控制同时进行。注册会计师应当注意的内容包括：（1）银行存款的收支是否按规定的程序和权限办理；（2）银行账户的开立是否符合《人民币银行结算账户管理办法》等相关法律法规的要求；（3）银行账户是否存在与本单位经营无关的款项收支情况；（4）是否存在出租、出借银行账户的情况；（5）出纳与会计的职责是否严格分离；（6）是否定期取得银行对账单并编制银行存款余额调节表等。

（三）与货币资金相关的重大错报风险

在评价货币资金业务的交易、账户余额和列报的认定层次的重大错报风险时，注册会计师通常运用职业判断，依据因货币资金业务的交易、账户余额和列报的具体特征而导致重大错报风险的可能性（即固有风险），以及风险评估是否考虑了相关控制（即控制风险），形成对与货币资金相关的重大错报风险的评估，进而影响进一步审计程序。

货币资金业务交易、账户余额和列报的认定层次的重大错报风险可能包括：

（1）被审计单位存在虚假的货币资金余额或交易，因而导致银行存款余额的存在或交易的发生存在重大错报风险。

（2）被审计单位存在大额的外币交易和余额，可能存在外币交易或余额未被准确记录的风险。例如，对于有外币现金或外币银行存款的被审计单位，企业有关外币交易的增减变动或年底余额可能因未采用正确的折算汇率而导致计价错误（计价和分摊/准确性）。

（3）银行存款的期末收支存在大额的截止错误（截止）。例如，被审计单位期末存在金额重大且异常的银付企未付、企收银未收事项。

（4）被审计单位可能存在未能按照企业会计准则的规定对货币资金作出恰当披露的风险。例如，被审计单位期末持有使用受限制的大额银行存款，但在编制财务报表时未在财务报表附注中对其进行披露。

在实施货币资金审计的过程中，如果被审计单位存在以下事项或情形，注册会计师需要保持警觉：（1）被审计单位的现金交易比例较高，并与其所在的行业常用的结算模式不同；（2）库存现金规模明显超过业务周转所需资金；（3）银行账户开立数量与企业实际的业务规模不匹配；（4）在没有经营业务的地区开立银行账户；（5）企业资金存放于管理层或员工个人账户；(6) 货币资金收支金额与现金流量表不匹配；(7) 不能提供银行对账单或银行存款余额调节表；(8) 存在长期或大量银行未达账项；(9) 银行存款明细账存在非正常转账的“一借一贷”；(10) 违反货币资金存放和使用规定（如上市公司未经批准开立账户转移募集资金、未经许可将募集资金转作其他用途等）；(11) 存在大额外币收付记录，而被审计单位并不涉足外贸业务；(12) 被审计单位以各种理由不配合注册会计师实施银行函证。

除上述与货币资金项目直接相关的事项或情形外，注册会计师在审计其他财务报表项目时，还可能关注到其他一些也需保持警觉的事项或情形。例如：(1) 存在没有具体业务支持或与交易不相匹配的大额资金往来；(2) 长期挂账的大额预付款项；(3) 存在大额自有资金的同时，向银行高额举债；(4) 付款方账户名称与销售客户名称不一致、收款方账户名称与供应商名称不一致；(5) 开具的银行承兑汇票没有银行承兑协议支持；(6) 银行承兑票据保证金余额与应付票据余额比例不合理。当被审计单位存在以上事项或情形时，可能表明存在舞弊风险。

（四）拟实施的进一步审计程序的总体方案

注册会计师基于以上识别的重大错报风险评估结果，制订实施进一步审计程序的总体方案（包括综合性方案和实质性方案），继而实施控制测试和实质性审计程序，以应对识别出的重大错报风险。注册会计师通过综合性方案或实质性方案获取的审计证据应足以应对识别出的认定层次的重大错报风险。

四、货币资金循环的控制测试

（一）库存现金的控制测试

如果在评估认定层次重大错报风险时预期控制的运行是有效的，或仅实施实质性程序不能够提供认定层次充分、适当的审计证据，注册会计师应当实施控制测试，以就与认定相关的控制在相关期间或时点的运行有效性获取充分、适当的审计证据。如果根据注册会计师的判断，决定对货币资金采取实质性审计方案，在此情况下，无须实施本节所述的测试内部控制运行的有效性的程序。

在已识别的重大错报风险的基础上，注册会计师选取拟测试的控制并实施控制测试。以下举例说明几种常见的库存现金内部控制以及注册会计师相应可能实施的内部控制测试程序。

1.现金付款的审批和复核

例如，被审计单位针对现金付款审批作出以下内部控制要求：部门经理审批本部门的付款申请，审核付款业务是否真实发生、付款金额是否准确，以及后附票据是否齐备，并在复核无误后签字认可。财务部门在安排付款前，财务经理再次复核经审批的付款申请及后附相关凭据或证明，如核对一致，进行签字认可并安排付款。针对该内部控制，注册会计师可以在选取适当样本的基础上实施以下控制测试程序：(1) 询问相关业务部门的部门经理和财务经理在日常现金付款业务中执行的内部控制，以确定其是否与被审计单位内部控制政策要求保持一致。(2) 观察财务经理复核付款申请的过程，是否核对了付款申请的用途、金额及后附相关凭据，以及在核对无误后是否进行了签字确认。(3) 重新核对经审批及复核的付款申请及其相关凭据，并检查是否经签字确认。

2.现金盘点

注册会计师针对被审计单位的现金盘点实施的现金监盘可能涉及：(1) 检查现金以确

定其是否存在，并检查现金盘点结果。(2) 观察执行现金盘点的人员对盘点计划的遵循情况，以及用于记录和控制现金盘点结果的程序的实施情况。(3) 获取有关被审计单位现金盘点程序可靠性的审计证据。现金监盘程序是用作控制测试还是实质性程序，取决于注册会计师对风险评估结果、审计方案和实施的特定程序的判断。注册会计师可以将现金监盘同时用作控制测试和实质性程序。如被审计单位库存现金存放部门有两处或两处以上，应同时进行盘点。例如，被审计单位针对现金盘点作出了以下内部控制要求：会计主管指定应付账款会计每月月末的最后一天对库存现金进行盘点，根据盘点结果编制现金盘点表，将盘点余额与库存现金日记账余额进行核对，并对差异调节项进行说明。会计主管复核现金盘点表，如盘点金额与库存现金日记账余额存在差异且差异金额超过2万元，需查明原因并报财务经理批准后进行账务处理。针对该内部控制，注册会计师可以在选取适当样本的基础上实施以下控制测试程序：(1) 在月末最后一天参与被审计单位的现金盘点，检查是否由应付账款会计进行现金盘点；(2) 观察现金盘点程序是否按照盘点计划的指令和程序执行，是否编制了现金盘点表并根据内控要求经财务部门相关人员签字复核；(3) 检查现金盘点表中记录的现金盘点余额是否与实际盘点金额保持一致、现金盘点表中记录的库存现金日记账余额是否与被审计单位库存现金日记账中的余额保持一致；(4) 针对调节差异金额超过2万元的调节项，检查是否经财务经理批准后进行账务处理。

如果被审计单位的现金交易比例较高，注册会计师可以考虑在了解和评价被审计单位现金交易内部控制的基础上，针对相关控制运行的有效性获取充分、适当的审计证据。

(二) 银行存款的控制测试

在已识别的重大错报风险的基础上，注册会计师选取拟测试的控制并实施控制测试。以下举例说明几种常见的银行存款内部控制以及注册会计师相应可能实施的内部控制测试程序。

微课

货币资金循环的审计3

1.银行账户的开立、变更和注销

例如，被审计单位针对银行账户的开立、变更和注销作出了以下内部控制要求：会计主管根据被审计单位的实际业务需要就银行账户的开立、变更和注销提出申请，经财务经理审核后报总经理审批。针对该内部控制，注册会计师可以实施以下控制测试程序：(1) 询问会计主管被审计单位本年账户开立、变更、撤销的整体情况。(2) 取得本年度账户开立、变更、撤销申请项目清单，检查清单的完整性，并在选取适当样本的基础上检查账户的开立、变更、撤销项目是否已经财务经理和总经理审批。

2.银行付款的审批和复核

例如，被审计单位针对银行付款审批作出以下内部控制要求：部门经理审批本部门的付款申请，审核付款业务是否真实发生、付款金额是否准确，以及后附票据是否齐备，并在复核无误后签字认可。财务部门在安排付款前，财务经理再次复核经审批的付款申请及后附的相关凭据或证明，如核对一致，进行签字认可并安排付款。针对该内部控制，注册会计师可以在选取适当样本的基础上实施以下控制测试程序：(1) 询问相关业务部门的部门经理和财务经理在日常银行付款业务中执行的内部控制，以确定其是否与被审计单位内部控制政策要求保持一致；(2) 观察财务经理复核付款申请的过程，是否核对了付款申请的用途、金额及后附的相关凭据，以及在核对无误后是否进行了签字确认；(3) 重新核对经审批及复核的付款申请及其相关凭据，并检查是否经签字确认。

3.编制银行存款余额调节表

例如，被审计单位为保证财务报表中银行存款余额的存在、完整性和准确性作出了以下内部控制要求：每月月末，会计主管指定应收账款会计核对银行存款日记账和银行对账单，编制银行存款余额调节表，使银行存款账面余额与银行对账单调节相符。如存在差异项，查明原因并进行差异调节说明。会计主管复核银行存款余额调节表，对需要进行调整的项目及时进行处理，并签字确认。针对该内部控制，注册会计师可以实施以下控制测试程序：

（1）询问应收账款会计和会计主管，以确定其执行的内部控制是否与被审计单位内部控制政策要求保持一致，特别是针对未达账项的编制及审批流程。

（2）针对选取的样本，检查银行存款余额调节表，查看调节表中记录的企业银行存款日记账余额是否与银行存款日记账余额保持一致、调节表中记录的银行对账单余额是否与被审计单位提供的银行对账单中的余额保持一致。

（3）针对调节项目，检查是否经会计主管的签字复核。

（4）针对大额未达账项进行期后收付款的检查。

五、货币资金循环的实质性程序

（一）库存现金的实质性程序

根据重大错报风险的评估和从控制测试（如实施）中所获取的审计证据和保证程度，注册会计师就库存现金实施的实质性程序可能包括：

1.核对库存现金日记账与总账的金额是否相符，检查非记账本位币库存现金的折算汇率及折算金额是否正确

注册会计师测试现金余额的起点是，核对库存现金日记账与总账的金额是否相符。如果不相符，应查明原因，必要时应建议作出适当调整。

2.监盘库存现金

对被审计单位现金盘点实施的监盘程序是用作控制测试还是实质性程序，取决于注册会计师对风险评估结果、审计方案和实施的特定程序的判断。如注册会计师可能基于风险评估的结果判断无须对现金盘点实施控制测试，仅实施实质性程序。

企业盘点库存现金，通常包括对已收到但未存入银行的现金、零用金、找换金等的盘点。盘点库存现金的时间和人员应视被审计单位的具体情况而定，但现金出纳员和被审计单位会计主管人员必须参加，并由注册会计师进行监盘。监盘库存现金的步骤与方法主要有：

（1）查看被审计单位制订的盘点计划，以确定监盘时间。对库存现金的监盘最好实施突击性的检查，时间最好选择在上午上班前或下午下班时，监盘范围一般包括被审计单位各部门经管的所有现金。

（2）查阅库存现金日记账并同时与现金收付款凭证相核对。一方面检查库存现金日记账的记录与凭证的内容和金额是否相符；另一方面了解凭证日期与库存现金日记账日期是否相符或接近。

（3）检查被审计单位现金实存数，并将该监盘金额与库存现金日记账余额进行核对，如有差异，应要求被审计单位查明原因，必要时应提请被审计单位作出调整；如无法查明原因，应要求被审计单位按管理权限批准后作出调整。若有冲抵库存现金的借条、未提现支票、未作报销的原始凭证，应在“库存现金监盘表”中注明，必要时应提请被审计单位作出调整。

（4）在非资产负债表日进行监盘时，应将监盘金额调整至资产负债表日，并对变动情况实施审计程序。

库存现金监盘表的格式见表4-40。

表4-40　　　　库存现金监盘表

客户：________编制人：________日期：________索引号：________

项目：________复核人：________日期：________页　次：________

财务报表截止日/期间________

<table>
<tr><th colspan="6">检查盘点记录</th><th colspan="7">实有库存现金盘点记录</th></tr>
<tr><th colspan="2" rowspan="2">项目</th><th rowspan="2">项次</th><th rowspan="2">人民币</th><th rowspan="2">美元</th><th rowspan="2">某外币</th><th>币种</th><th colspan="2">人民币</th><th colspan="2">美元</th><th colspan="2">某外币</th></tr>
<tr><th>面额</th><th>张</th><th>金额</th><th>张</th><th>金额</th><th>张</th><th>金额</th></tr>
<tr><td colspan="2">上一日账面库存余额</td><td>1</td><td></td><td></td><td></td><td>1 000元</td><td></td><td></td><td></td><td></td><td></td><td></td></tr>
<tr><td colspan="2">盘点日未记账传票收入金额</td><td>2</td><td></td><td></td><td></td><td>500元</td><td></td><td></td><td></td><td></td><td></td><td></td></tr>
<tr><td colspan="2">盘点日未记账传票支出金额</td><td>3</td><td></td><td></td><td></td><td>100元</td><td></td><td></td><td></td><td></td><td></td><td></td></tr>
<tr><td colspan="2">盘点日账面应有余额</td><td>4=1+2-3</td><td></td><td></td><td></td><td>50元</td><td></td><td></td><td></td><td></td><td></td><td></td></tr>
<tr><td colspan="2">盘点日实有库存现金数额</td><td>5</td><td></td><td></td><td></td><td>10元</td><td></td><td></td><td></td><td></td><td></td><td></td></tr>
<tr><td colspan="2">盘点日应有与实有差额</td><td>6=4-5</td><td></td><td></td><td></td><td>5元</td><td></td><td></td><td></td><td></td><td></td><td></td></tr>
<tr><td rowspan="5">差异原因分析</td><td>白条抵库（　　张）</td><td></td><td></td><td></td><td></td><td>1元</td><td></td><td></td><td></td><td></td><td></td><td></td></tr>
<tr><td></td><td></td><td></td><td></td><td></td><td>0.5元</td><td></td><td></td><td></td><td></td><td></td><td></td></tr>
<tr><td></td><td></td><td></td><td></td><td></td><td>0.1元</td><td></td><td></td><td></td><td></td><td></td><td></td></tr>
<tr><td></td><td></td><td></td><td></td><td></td><td>分币</td><td></td><td></td><td></td><td></td><td></td><td></td></tr>
<tr><td>调整后库存现金余额</td><td></td><td></td><td></td><td></td><td>合计</td><td></td><td></td><td></td><td></td><td></td><td></td></tr>
<tr><td rowspan="5">追溯调整</td><td colspan="2">报表日至审计日库存现金支出总额</td><td></td><td></td><td></td><td colspan="7"></td></tr>
<tr><td colspan="2">报表日至审计日库存现金收入总额</td><td></td><td></td><td></td><td colspan="7"></td></tr>
<tr><td colspan="2">报表日库存现金应有余额</td><td></td><td></td><td></td><td colspan="7"></td></tr>
<tr><td colspan="2">报表日账面汇率</td><td></td><td></td><td></td><td colspan="7"></td></tr>
<tr><td colspan="2">报表日余额折合本位币金额</td><td></td><td></td><td></td><td colspan="7"></td></tr>
<tr><td colspan="3"></td><td></td><td></td><td></td><td colspan="7"></td></tr>
<tr><td colspan="3">本位币合计</td><td></td><td></td><td></td><td colspan="7"></td></tr>
<tr><td colspan="13">出纳员：　　　　会计主管人员：　　　　监盘人：　　　　检查日期：</td></tr>
<tr><td colspan="13">审计说明：</td></tr>
</table>

3.抽查大额库存现金收支

查看大额现金收支，并检查原始凭证是否齐全、原始凭证内容是否完整、有无授权批准、记账凭证与原始凭证是否相符、账务处理是否正确、是否记录于恰当的会计期间等项内容。

4.检查库存现金是否在财务报表中作出恰当列报

根据有关规定，库存现金在资产负债表的“货币资金”项目中反映，注册会计师应在实施上述审计程序后，确定“库存现金”账户的期末余额是否恰当，进而确定库存现金是否在资产负债表中恰当披露。

【做中学4-39】注册会计师冯海霞和李祥龙于2024年1月16日上午上班前对清丰公司库存现金进行突击审查。经过清点，实际库存情况如下：

（1）现钞有：100元币9张、50元币12张、10元币28张、5元币50张、1元币21张、

5角币8张、1角币8张，总计2 055.80元。

（2）尚未入账的收款凭证3张，计232.00元。

（3）尚未入账的支出凭证8张，计559.70元。

（4）职工赵智慧借据一张，金额为900元，未经批准，也没有说明用途。

（5）银行核定该公司库存现金限额为3 000元。

2024年1月15日的库存现金账面余额为3 283.50元，2024年1月1日至盘点日收入现金3 226.00元，支出现金3 075.82元。2023年12月31日库存现金账面余额2 881.62元。

要求：编制清丰公司库存现金监盘表，验证2023年12月31日库存现金账面余额的正确性。

答案：注册会计师根据库存现金盘点情况，编制库存现金监盘表，见表4-41。

表4-41　　库存现金监盘表

客户：清丰公司　　编制人：冯海霞　　日期：2024年1月16日　　索引号：

项目：库存现金　　复核人：李祥龙　　日期：2024年1月16日　　页　次：1

财务报表截止日/期间：2023年12月31日

检查盘点记录						实有库存现金盘点记录						
项目		项次	人民币	美元	某外币	币种	人民币		美元		某外币	
						面额	张	金额	张	金额	张	金额
上一日账面库存余额		1	3 283.50			1 000元						
盘点日未记账传票收入金额		2	232.00			500元						
盘点日未记账传票支出金额		3	559.70			100元	9	900				
盘点日账面应有余额		4=1+2−3	2 955.80			50元	12	600				
盘点日实有库存现金数额		5	2 055.80			10元	28	280				
盘点日应有与实有差额		6=4−5	900.00			5元	50	250				
差异原因分析	白条抵库（1张）		900.00			1元	21	21				
						0.5元	8	4				
						0.1元	8	0.80				
						分币						
	调整后库存现金余额		2 955.80			合计		2 055.80				
追溯调整	加：报表日至审计日库存现金支出总额		3 075.82									
	减：报表日至审计日库存现金收入总额		3 226.00									
	报表日库存现金应有余额		2 805.62									
	报表日库存现金账面余额		2 881.62									
	审计差异		−76.00									
本位币合计												

出纳员：李国辉　会计主管人员：刘洪明　监盘人：冯海霞、高晓彤　检查日期：2024年1月16日

审计说明：

（1）该公司现金收支、余额存在不合理现象：一是白条抵库900元，违反现金管理制度；二是现金收支入账不及时；三是2024年1月15日的库存现金超出限额283.50元，违反现金库存限额的有关规定。

（2）该公司盘点日库存现金短缺。库存现金账面余额应为2 955.80元，而现金实有数为2 055.80元，库存现金短缺900元，属于白条抵库。

（3）2023年12月31日库存现金账面余额应为2 805.62元，与2023年12月31日库存现金账面余额2 881.62元不符，短缺76.00元。

（4）经查明库存现金短缺属于出纳员李国辉管理不善造成，应由其赔偿。编制如下调整分录：

借：其他应收款——李国辉　　76

　　贷：库存现金　　76

（二）银行存款的实质性程序

根据重大错报风险的评估和从控制测试（如实施）中所获取的审计证据和保证程度，注册会计师就银行存款实施的实质性程序可能包括：

1.获取银行存款余额明细表，复核加计是否正确，并与总账数和日记账合计数核对是否相符；检查非记账本位币银行存款的折算汇率及折算金额是否正确

注册会计师核对银行存款日记账与总账的余额是否相符。如果不相符，应查明原因，必要时应建议作出适当调整。

如果对被审计单位银行账户的完整性存有疑虑，例如，当被审计单位可能存在账外账或资金体外循环时，注册会计师可以考虑额外实施以下实质性程序：

（1）注册会计师亲自到中国人民银行或基本存款账户开户行查询并打印“已开立银行结算账户清单”，以确认被审计单位账面记录的银行人民币结算账户是否完整。

（2）结合其他相关细节测试，关注原始单据中被审计单位的收（付）款银行账户是否包含在注册会计师已获取的“已开立银行结算账户清单”内。

2.实施实质性分析程序

计算银行存款累计余额应收利息收入，分析比较被审计单位银行存款应收利息收入与实际利息收入的差异是否恰当，评估利息收入的合理性，检查是否存在高息资金拆借，确认银行存款余额是否存在，利息收入是否已经完整记录。

3.检查银行存款账户发生额

注册会计师还可以考虑对银行存款账户的发生额实施以下程序：

（1）分析不同账户发生银行存款日记账漏计银行交易的可能性，获取相关账户相关期间的全部银行对账单。

（2）如果对被审计单位银行对账单的真实性存有疑虑，注册会计师可以在被审计单位的协助下亲自到银行获取银行对账单。在获取银行对账单时，注册会计师要全程关注银行对账单的打印过程。

（3）从银行对账单中选取交易的样本与被审计单位银行存款日记账记录进行核对；从被审计单位银行存款日记账中选取样本，核对至银行对账单。

（4）浏览银行对账单，选取大额异常交易，如银行对账单上有一收一付相同金额，或分次转出相同金额等的交易，检查被审计单位银行存款日记账上有无该项收付金额记录。

4.取得并检查银行对账单和银行存款余额调节表

取得并检查银行对账单和银行存款余额调节表是证实资产负债表货币资金项目中所列银行存款是否存在的重要程序。银行存款余额调节表通常应由被审计单位根据不同的银行账户及货币种类分别编制，其格式见表4-42。

具体测试程序通常包括：

（1）取得并检查银行对账单。

①取得被审计单位加盖银行印章的银行对账单，注册会计师应对银行对账单的真实性保持警觉，必要时，亲自到银行获取对账单，并对获取过程保持控制；

②将获取的银行对账单余额与银行存款日记账余额进行核对，如存在差异，获取银行存款余额调节表；

③将被审计单位资产负债表日的银行对账单与银行询证函回函核对，确认是否一致。

表4-42 银行存款余额调节表

年 月 日

编制人：______	日期：______	索引号：______
复核人：______	日期：______	页次：______
开户银行：______	账号：______	币别：______

项 目
银行对账单余额（ 年 月 日）
加：企业已收、银行尚未入账金额
其中：1.______元
2.______元
减：企业已付、银行尚未入账金额
其中：1.______元
2.______元
调节后银行对账单余额
企业银行存款日记账余额（ 年 月 日）
加：银行已收、企业尚未入账金额
其中：1.______元
2.______元
减：银行已付、企业尚未入账金额
其中：1.______元
2.______元
调节后企业银行存款日记账余额
经办会计人员：（签字） 会计主管：（签字）

（2）取得并检查银行存款余额调节表。

①检查调节表中加计数是否正确，调节后银行存款日记账余额与银行对账单余额是否一致。

②检查调节事项。对于企业已收付、银行尚未入账的事项，检查相关收付款凭证，并取得期后银行对账单，确认未达账项是否存在，银行是否已于期后入账；对于银行已收付、企业尚未入账的事项，检查期后企业入账的收付款凭证，确认未达账项是否存在，如果企业的银行存款余额调节表存在大额或较长时间的未达账项，注册会计师应查明原因并确定是否需要提请被审计单位进行调整。

③关注长期未达账项，查看是否存在挪用资金等事项。

④特别关注银付企未付、企付银未付中支付异常的领款事项，包括没有载明收款人、签字不全等支付事项，确认是否存在舞弊。

5.函证银行存款余额，编制银行函证结果汇总表，检查银行回函

在函证银行存款的过程中应注意：

银行函证程序是证实资产负债表货币资金项目中所列银行存款是否存在的重要程序。通过向往来银行函证，注册会计师不仅可了解企业资产是否存在，还可了解企业账面反映所欠银行债务的情况，并有助于发现企业未入账的银行借款和未披露的或有负债。

注册会计师应当对银行存款（包括零余额账户和在本期内注销的账户）、借款及与金融机构往来的其他重要信息实施函证程序，除非有充分证据表明某一银行存款、借款及与金融机构往来的其他重要信息对财务报表不重要且与之相关的重大错报风险很低。如果不对这些项目实施函证程序，注册会计师应当在审计工作底稿中说明理由。

当实施函证程序时，注册会计师应当对询证函保持控制，当函证信息与银行回函结果不符时，注册会计师应当调查不符事项，以确定是否表明存在错报。

在实施银行函证时，注册会计师需要以被审计单位的名义向银行发函询证，以验证被审计单位的银行存款是否真实、合法、完整。根据《关于进一步规范银行函证及回函工作的通知》（财会〔2020〕12号）（以下简称《通知》），各银行应对询证函列示的全部项目作出回应，并在收到询证函之日起10个工作日内，将回函直接寄往会计师事务所。表4-43列示了《通知》中给出的银行询证函格式（通用格式）。

表4-43　　审计业务银行询证函（通用格式）

编号：

××（银行）：

本公司聘请的××会计师事务所正在对本公司　　年度（或期间）的财务报表进行审计，按照中国注册会计师审计准则的要求，应当询证本公司与贵行相关的信息。下列第1~14项信息出自本公司的记录：

（1）如与贵行记录相符，请在本函“结论”部分签字、签章；

（2）如有不符，请在本函“结论”部分列明不符项目及具体内容，并签字和签章。

本公司谨授权贵行将回函直接寄至××会计师事务所，地址及联系方式如下：

回函地址：

联系人：　　　　电话：　　　　传真：　　　　邮编：

电子邮箱：

本公司谨授权贵行可从本公司××账户支取办理本询证函回函服务的费用。

截至　　年　　月　　日，本公司与贵行相关的信息列示如下：

1.银行存款

账户名称	银行账户	币种	利率	账户类型	余额	起止日期	是否用于担保或存在其他使用限制	备注

除上述列示的银行存款外，本公司并无在贵行的其他存款。

注：“起止日期”一栏仅适用于定期存款，如为活期或保证金存款，可只填写“活期”或“保证金”字样。“账户类型”列明账户性质，如基本户、一般户等。

2.银行借款

借款人名称	银行账户	币种	余额	借款日期	到期日期	利率	抵（质）押品/担保人	备注

除上述列示的银行借款外，本公司并无自贵行的其他借款。

注：如存在本金或利息逾期未付行为，在“备注”栏中予以说明。

续表

3. 自　　年　　月　　日起至　　年　　月　　日期间内注销的账户

账户名称	银行账户	币种	注销账户日

除上述列示的注销账户外，本公司在此期间并未在贵行注销其他账户。

4. 本公司作为贷款方的委托贷款

账户名称	银行账户	资金借入方	币种	利率	余额	贷款起止日期	备注

除上述列示的委托存款外，本公司并无通过贵行办理的其他委托存款。

注：如资金借入方存在本金或利息逾期未付行为，在“备注”栏中予以说明。

5. 本公司作为借款方的委托贷款

账户名称	银行账户	资金借出方	币种	利率	本金	利息	贷款起止日期	备注

除上述列示的委托贷款外，本公司并无通过贵行办理的其他委托贷款。

注：如存在本金或利息逾期未付行为，在“备注”栏中予以说明。

6. 担保（包括保函）

（1）本公司为其他单位提供的、以贵行为担保受益人的担保

被担保人	担保方式	担保金额	担保到期日	担保事由	担保合同编号	备注

除上述列示的担保外，本公司并无其他以贵行为担保受益人的担保。

注：如采用抵押或质押方式提供担保，应在“备注”栏中说明抵押物或质押物情况。如被担保方存在本金或利息逾期未付行为，在“备注”栏中予以说明。

（2）贵行向本公司提供的担保

被担保人	担保方式	担保金额	担保到期日	担保合同编号	备注

除上述列示的担保外，本公司并无贵行提供的其他担保。

续表

7.本公司为出票人且由贵行承兑而尚未支付的银行承兑汇票

银行承兑汇票编号	承兑银行名称	结算账户账号	票面金额	出票日	到期日

除上述列示的承兑汇票外，本公司并无由贵行承兑而尚未支付的其他银行承兑汇票。

8.本公司向贵行已贴现而尚未到期的商业汇票

商业汇票号码	付款人名称	承兑人名称	票面金额	出票日	到期日	贴现日	贴现率	贴现净值

除上述列示的商业汇票外，本公司并无向贵行已贴现而尚未到期的其他商业汇票。

9.本公司为持票人且由贵行托收的商业汇票

商业汇票号码	承兑人名称	票面金额	出票日	到期日

除上述列示的商业汇票外，本公司并无由贵行托收的其他商业汇票。

10.本公司为申请人、由贵行开具的、未履行完毕的不可撤销信用证

信用证号码	受益人	信用证金额	到期日	未使用金额

除上述列示的不可撤销信用证外，本公司并无由贵行开具的、未履行完毕的不可撤销信用证。

11.本公司与贵行之间未履行完毕的外汇买卖合同

类别	合约号码	买卖币种	未履行合同的买卖金额	汇率	交收日期
贵行卖予本公司					
本公司卖予贵行					

除上述列示的外汇买卖合同外，本公司并无与贵行之间未履行完毕的其他外汇买卖合同。

12.本公司存放于贵行的有价证券或其他产权文件

有价证券或其他产权文件名称	产权文件编号	数量	金额

除上述列示的有价证券或其他产权文件外，本公司并无存放于贵行的有价证券或其他产权文件。

续表

13.本公司购买的由贵行发行的未到期银行理财产品

产品名称	产品类型	认购金额	购买日	到期日	币种

除上述列示的银行理财产品外，本公司并无购买其他由贵行发行的理财产品。

14.其他

注：此项应填列注册会计师认为重大且应予函证的其他事项，如欠银行的其他负债、或有负债、除外汇买卖的其他衍生交易、贵金属交易等。

（预留印鉴）　　　　年　月　日

经办人：

职务：

电话：

结论：

经本行核对，所函证项目与本行记载信息相符。特此函复。 年　月　日 经办人：　职务：　电话： 复核人：　职务：　电话： （银行盖章）
经本行核对，存在以下不符之处。 年　月　日 经办人：　职务：　电话： 复核人：　职务：　电话： （银行盖章）

说明：

a.对本询证函（包括回函）中所列信息应严格保密，仅用于注册会计师审计目的。

b.注册会计师可根据审计的需要，从本函所列第1~14项中选择所需询证的项目，对于不适用的项目，应当将该项目中的表格用斜线划掉。

c.本函应由被审计单位加盖骑缝章。

6.检查银行存款账户存款人是否为被审计单位，若存款人非被审计单位，应获取该账户户主和被审计单位的书面声明，确认资产负债表日是否需要提请被审计单位进行调整

7.关注是否存在质押、冻结等对变现有限制或存在境外的款项。如果存在，是否已提请被审计单位做必要的调整和披露

8.对不符合现金及现金等价物条件的银行存款在审计工作底稿中应予以列明，以考虑对现金流量表的影响

9.抽查大额银行存款收支的原始凭证，检查原始凭证是否齐全、记账凭证与原始凭证是否相符、账务处理是否正确、是否记录于恰当的会计期间等项内容

检查是否存在非营业目的的大额货币资金转移，并核对相关账户的进账情况；如有与被审计单位生产经营无关的收支事项，应查明原因并进行相应的记录。

10.检查银行存款收支的截止是否正确

选取资产负债表日前后若干张、一定金额以上的凭证实施截止测试，关注业务内容及对应项目，如有跨期收支事项，应考虑是否提请被审计单位进行调整。

11.检查银行存款是否在财务报表中作出恰当列报

根据有关规定，企业的银行存款在资产负债表中的“货币资金”项目反映，所以，注册会计师应在实施上述审计程序后，确定银行存款账户的期末余额是否恰当，进而确定银行存款是否在资产负债表中恰当披露。此外，如果企业的银行存款存在抵押、冻结等使用受限情况或者潜在收回风险，注册会计师应关注企业是否已经恰当披露有关情况。

【做中学4-40】（案例题）注册会计师冯海霞和李祥龙于2024年1月16日对清丰公司2023年财务报表进行审计时，发现该公司2023年12月31日的银行存款日记账的余额为525 000元，银行对账单余额为485 000元。另外，查到下列未达账项：

（1）12月25日公司送存转账支票65 000元，银行尚未入账。

（2）12月27日公司开出转账支票50 000元，持票人尚未到银行办理转账手续。

（3）12月28日委托银行代收款35 000元，银行已收，公司尚未收到收款通知。

（4）12月30日委托银行代付款25 000元，银行已付，公司尚未收到付款通知。

（5）12月30日公司送存转账支票35 000元，银行尚未入账。

要求：（1）编制银行存款余额调节表；（2）注册会计师冯海霞和李祥龙审计后确认该账户银行存款日记账余额是否正确？

答案：

（1）注册会计师编制银行存款余额调节表，见表4-44。

表4-44 银行存款余额调节表

2023年12月31日

编制人：冯海霞　　日期：2024年1月16日　　索引号：

复核人：李祥龙　　日期：2024年1月16日　　页　次：

户别：清丰公司　　币别：人民币

项　　目
银行对账单余额（2023年12月31日）　485 000元 加：企业已收、银行尚未入账金额 　其中：1. 65 000 元 　　　　2. 35 000 元 减：企业已付、银行尚未入账金额 　其中：1. 50 000 元 　　　　2. ______ 元 调节后银行对账单余额：535 000元 企业银行存款日记账余额（2023年12月31日）：525 000元 加：银行已收、企业尚未入账金额 　其中：1. 35 000 元 　　　　2. ______ 元 减：银行已付、企业尚未入账金额 　其中：1. 25 000 元 　　　　2. ______ 元 调节后企业银行存款日记账余额：535 000元
经办会计人员：李国辉　　会计主管：高晓彤

（2）从银行存款余额调节表可以看出，注册会计师冯海霞和李祥龙审计后可确认该公司银行存款日记账余额正确。

【案例】区块链技术应用于银行函证

为了实现国家推进函证数字化工作的需求，满足数字化生产的生产力需要，会计师事务所、银行、科创企业及行业协会等多方积极部署，其中函证数字化平台建设作为推动函证数字化的核心环节在目前已经卓有成效。

1.我国数字化函证平台实践现状

从当前函证数字化平台建设的示范性工作来看，根据主体的不同可以将其分为三类。

（1）会计师事务所自研或联合开发的函证数字化平台。会计师事务所函证数字化从目前来看主要可分为两种类型。一是会计师事务所自行研制电子化函证平台。这一类主要适合函证业务量大，对函证流程控制严格的大型事务所，例如正中珠江会计师事务所自行研发的函证中心。二是审计软件自带函证平台功能。这一种类型针对审计业务少、函证业务少的会计师事务所。函证平台功能嵌入审计软件不仅成本低且便于管理，现阶段已有北京用友审计软件公司研发的函证中心。三是选择采用第三方机构研制的电子化函证平台。这一种类型对各种类型会计师事务所都适用，审计人员在学习平台操作指引之后也能快速上手。如2019年11月久其软件联合立信会计师事务所发布“基于区块链的电子函证云平台V1.0”。

（2）银行自研与行业协会开发的函证数字化平台。2019年中国工商银行推出函证e信平台打开了探索银行函证数字化的大门，2022年5月中国平安银行推出平安银行数字函证进一步推动银行数字化进程。利用区块链技术，可以很好地进行数据的存储、记录和保存。在会计师事务所函证平台与银行函证平台链接中增加区块链服务平台，以此加强对函证信息的保密和监管工作，极大程度提高了金融安全。

（3）第三方企业的函证数字化平台。相较于会计师事务所自研和联合研发，第三方函证数字化平台成本低，不需要花费大量成本研制，同时也不用考虑后期的维护。目前研发较为成熟的第三方函证数字化平台包括北京币码科技网络有限公司币码E函证服务平台、北京网证科技有限公司研发的函证通等。

2.银行函证区块链服务平台

银行函证区块链服务平台是由中注协和中国银行业协会合作建设，于2020年12月18日正式推出试运行。这是首个由官方协会响应并推动建设的函证数字化平台，对推动银行函证数字化具有重要意义。

银行函证区块链服务平台的核心工作日志包括两个方面：一是为会计师事务所和银行提供对接互通传送函证信息的网络平台。二是保证函证信息在传输的过程中实现任一环节可追溯和保密性。从实际工作流程来看，会计师事务所和银行向服务平台提出对接申请，中注协和中国银行业协会分别对双方进行身份验证。实施函证程序的会计师事务所向服务平台提出工作要求，服务平台接收要求并反馈至目标银行。目标银行收到要求后对函证进行回复，将反馈信息提交至服务平台，服务平台再将函证信息传送回会计师事务所。

银行函证区块链服务平台是函证数字化的重要成果。一方面实现了函证程序的线上操作，忽略了中心化函证程序的成本高、周期长等弊端；另一方面实现了函证程序的可追溯和保密性。区块链技术使得服务平台仅仅保留传送函证的信息，而不保存函证数据，这为函证程序的真实有效提供充足保证。

资料来源：环渤海经济瞭望。

（三）其他货币资金的实质性程序

（1）如果被审计单位有定期存款，注册会计师可以考虑实施以下审计程序：

①向管理层询问定期存款存在的商业理由并评估其合理性。

②获取定期存款明细表，检查是否与账面记录金额一致，存款人是否为被审计单位，定期存款是否被质押或限制使用。

③在监盘库存现金的同时，监盘定期存款凭据。如果被审计单位在资产负债表日有大额定期存款，基于对风险的判断考虑选择在资产负债表日实施监盘。

④对未质押的定期存款，检查开户证实书原件，以防止被审计单位提供的复印件是未质押（或未提现）前原件的复印件。在检查时，还要认真核对相关信息，包括存款人、金额、期限等，如有异常，需实施进一步审计程序。

⑤对已质押的定期存单，检查定期存单复印件，并与相应的质押合同核对。对于质押借款的定期存单，关注定期存单对应的质押借款有无入账，对于超过借款期限但仍处于质押状态的定期存款，还应关注相关借款的偿还情况，了解相关质权是否已被行使；对于为他人担保的定期存单，关注担保是否逾期及相关质权是否已被行使。

⑥函证定期存款的相关信息。

⑦结合财务费用审计测算利息收入的合理性，判断是否存在体外资金循环的情形。

⑧对于在资产负债表日后提取的定期存款，核对相应的兑付凭证等。

⑨关注被审计单位是否在财务报表附注中对定期存款给予充分披露。

（2）除定期存款外，注册会计师对其他货币资金实施审计程序时，通常可能特别关注以下事项：

①对于保证金存款，检查开立银行承兑汇票的协议或银行授信审批文件。可以将保证金账户对账单与相应的交易进行核对，根据被审计单位应付票据的规模合理推断保证金数额，检查保证金与相关债务的比例和合同约定是否一致，特别关注是否存在有保证金发生而被审计单位无对应保证事项的情形。

②对于存出投资款，跟踪资金流向，并获取董事会决议等批准文件、开户资料、授权操作资料等。如果投资于证券交易业务，通常结合相应金融资产项目审计，核对证券账户名称是否与被审计单位相符，获取证券公司证券交易结算资金账户的交易流水，抽查大额的资金收支，关注资金收支的账面记录与资金流水是否相符。

项目小结

本项目主要知识点归纳总结见表4-45。

表4-45 主要知识点归纳总结

主要知识点	内容
审计测试流程	注册会计师实施审计，其目标是对财务报表整体不存在由于错误或舞弊导致的重大错报获取合理保证。风险导向审计是当今主流的审计方法，它要求注册会计师实施风险评估程序，了解被审计单位及其环境、适用的财务报告编制基础和内部控制体系各要素，并识别和评估财务报表层次及认定层次的重大错报风险，为设计和实施总体应对措施和进一步审计程序，应对评估的重大错报风险提供依据
销售与收款循环的审计	销售与收款循环涉及可供销售商品和劳务的所有权转让的各项业务和过程。它由客户提出订货要求开始，将商品或劳务转化为应收账款，并以最终收回现金结束。审计人员可以通过询问、观察和检查等方法来了解被审计单位销售与收款循环的控制政策和程序，根据所了解的情况，采用适当的方法，包括文字表述法、调查表法或流程图法，加以描述，并纳入审计工作底稿
采购与付款循环的审计	采购与付款循环是企业从外部购置商品和劳务等并支付款项的经营业务活动，该业务循环通常涉及的资产负债表项目主要包括预付款项、固定资产、在建工程、无形资产、开发支出、商誉、长期待摊费用、应付票据、应付账款和长期应付款。审计人员可以凭借以往与客户交往的经验，通过运用询问、观察和检查凭证等审计程序取得对被审计单位采购与付款业务的了解，并将了解的情况用文字叙述、调查表或流程图的方式记录于审计工作底稿中
生产与存货循环的审计	生产与存货循环涉及的内容主要是存货的管理及生产成本的计算等。生产与存货循环的内部控制主要包括存货内部控制、成本会计制度内部控制及工薪内部控制三项内容。生产与存货循环与其他业务循环的内在联系非常密切，相关的内部控制制度联系也较密切。特别是与存货相关的内部控制涉及被审计单位供、产、销各个环节，包括采购、验收、存储、领用、加工、装运出库等方面，还包括存货数量的盘存制度
货币资金循环的审计	对货币资金的检查是财务报表审计中很重要的一个方面。货币资金是企业资产的重要组成部分，包括库存现金、银行存款和其他货币资金。在企业日常经营活动中，货币资金是流动性最强的资产，可以作为流通手段和支付手段，容易导致贪污、挪用、盗窃等行为的发生。货币资金与其他交易或业务活动均有密切的联系，几乎各项资产、负债的增减变动和收入、费用的形成，最终都要反映为货币资金的收支，因而容易出现记账差错

阅读篇目

《中国注册会计师审计准则第1101号——注册会计师的总体目标和审计工作的基本要求》

《中国注册会计师审计准则第1131号——审计工作底稿》

《中国注册会计师审计准则第1211号——重大错报风险的识别与评估》

《中国注册会计师审计准则第1231号——针对评估的重大错报风险采取的应对措施》

项目五
终结审计

学习目标

【知识目标】
1. 了解完成审计工作阶段的主要内容；
2. 理解期后事项的种类及处理方式；
3. 掌握审计报告的作用、类型及基本结构；
4. 掌握各种意见类型审计报告的撰写；
5. 了解管理建议书的主要内容。

【技能目标】
1. 能编写标准审计报告；
2. 能编写带强调事项段的无保留意见的审计报告；
3. 能编写保留意见的审计报告；
4. 能编写否定意见的审计报告；
5. 能编写无法表示意见的审计报告。

【态度目标】
1. 正确处理审计终结阶段与客户的关系；
2. 保持审计独立性；
3. 加强与审计项目组成员的沟通。

工作情境与工作任务

注册会计师在完成财务报表所有循环的进一步审计程序后，还应当按照有关审计准则的规定做好审计完成阶段的工作，并根据所获取的各种证据，合理运用职业判断，形成适当的审计意见。注册会计师在终结审计阶段需要完成哪些审计工作？

注册会计师签发的审计报告，具有鉴证、保护和证明三方面的主要作用，反映了审计工作的质量和注册会计师履行审计责任的情况，因此与整个审计过程密切相关。注册会计师如何编写各种不同类型的审计报告呢？

项目五的主要内容如图5-1所示。

图5-1　本项目的主要内容

任务一　完成审计工作

一、审计评价和复核

审计完成阶段是审计的最后一个阶段。注册会计师按业务循环完成各财务报表项目的审计测试和一些特殊项目的审计工作后，在审计完成阶段汇总审计测试结果，进行更具综合性的审计工作，如评价审计中的重大发现、评价审计过程中发现的错报、关注期后事项对财务报表的影响、复核审计工作底稿和财务报表等。在此基础上，评价审计结果，在与客户沟通以后，获取管理层声明，确定应出具的审计报告的意见类型和措辞，进而编制并致送审计报告，终结审计工作。

需要说明的是，以上只是对审计完成阶段注册会计师主要工作的列举，并不完整。并且，在审计实务中，这些工作有的在审计实施阶段就已经开始，比如对或有事项的关注，有的即使主要在审计完成阶段执行，也未必机械地按照上述列示顺序依次进行。为便于阐述，把主要工作有选择地汇总在本任务中介绍，而把与持续经营假设、或有事项、期后事项和管理层声明相关的内容分别在随后几个任务中予以阐述。

（一）评价审计中的重大发现

在审计完成阶段，项目合伙人和审计项目组考虑的重大发现和事项的例子包括：

（1）期中复核中的重大发现及其对审计方法的影响；

（2）涉及会计政策的选择、运用和一贯性的重大事项，包括相关披露；

（3）就识别出的重大错报风险，对审计策略和计划的审计程序所作的重大修正；

（4）在与管理层和其他人员讨论重大发现和事项时得到的信息；

（5）与注册会计师的最终审计结论相矛盾或不一致的信息。

对实施的审计程序的结果进行评价，可能全部或部分地揭示出以下事项：

（1）为了实现计划的审计目标，是否有必要对重要性进行修订；

（2）对审计策略和计划的审计程序的重大修正，包括对重大错报风险评估结果的重要变动；

微课

完成审计工作1

（3）对审计方法有重要影响的值得关注的内部控制缺陷和其他缺陷；

（4）财务报表中存在的重大错报；

（5）在项目组成员内部，或在项目组与项目质量管理复核人员或提供咨询的其他人员之间，就重大会计和审计事项达成最终结论所存在的意见分歧；

（6）在实施审计程序时遇到的重大困难；

（7）向事务所内部有经验的专业人士或外部专业顾问咨询的事项；

（8）与管理层或其他人员就重大发现以及与注册会计师的最终审计结论相矛盾或不一致的信息进行的讨论。

（二）评价审计过程中发现的错报

在评价审计过程中识别出错报时，注册会计师的目标是：（1）评价识别出的错报对审计的影响；（2）评价未更正错报对财务报表的影响。未更正错报，是指注册会计师在审计过程中累积的且被审计单位未予更正的错报。

1.累积识别出的错报

注册会计师应当累积审计过程中识别出的错报，除非错报明显微小。

2.随着审计的推进考虑识别出的错报

如果出现下列情形之一，注册会计师应当确定是否需要修改总体审计策略和具体审计计划：

（1）识别出的错报的性质以及错报发生的环境表明可能存在其他错报，并且可能存在的其他错报与审计过程中累积的错报合计起来可能是重大的；

（2）审计过程中累积的错报合计数接近按照《中国注册会计师审计准则第1221号——计划和执行审计工作时的重要性》的规定确定的重要性。

如果管理层应注册会计师的要求，检查了某类交易、账户余额或披露并更正了已发现的错报，注册会计师应当实施追加的审计程序，以确定错报是否仍然存在。

3.错报的沟通和更正

除非法律法规禁止，注册会计师应当及时将审计过程中累积的所有错报与适当层级的管理层进行沟通。注册会计师还应当要求管理层更正这些错报。及时与适当层级的管理层沟通错报事项是重要的，因为这能使管理层评价这些事项是否为错报，并采取必要行动，如有异议则告知注册会计师。适当层级的管理层通常是指有责任和权限对错报进行评价并采取必要行动的人员。

法律法规可能限制注册会计师向管理层或被审计单位内部的其他人员通报某些错报。例如，法律法规可能专门规定禁止通报某事项或采取其他行动，这些通报或行动可能不利于有关权力机构对实际存在的或怀疑存在的违法行为展开调查。在某些情况下，注册会计师的保密义务与通报义务之间存在的潜在冲突可能很复杂。此时，注册会计师可以考虑征询法律意见。

管理层更正所有错报（包括注册会计师通报的错报），能够保持会计账簿和记录的正确性，降低由于与本期相关的、非重大的且尚未更正的错报的累积影响而导致未来期间财务报表出现重大错报的风险。

如果管理层拒绝更正沟通的部分或全部错报，注册会计师应当了解管理层不更正错报的理由，并在评价财务报表整体是否不存在重大错报时考虑该理由。《中国注册会计师审计准则第1501号——对财务报表形成审计意见和出具审计报告》要求注册会计师评价财务报表是否在所有重大方面按照适用的财务报告编制基础编制。这项评价包括考虑被审计单位会计实务的质量（包括表明管理层的判断可能出现偏向的迹象）。注册会计师对管理层不更正错报的理由的理解，可能影响其对被审计单位会计实务质量的考虑。

微课

完成审计工作2

4. 评价未更正错报的影响

未更正错报，是指注册会计师在审计过程中累积的且被审计单位未予更正的错报。注册会计师在确定重要性时，通常依据对被审计单位财务结果的估计，因为此时可能尚不知道实际的财务结果。

（1）重新评估重要性

在评价未更正错报的影响之前，注册会计师可能有必要依据实际的财务结果对重要性作出修改。如果在审计过程中获知了某项信息，而该信息可能导致注册会计师确定与原来不同的财务报表整体重要性或者特定类别交易、账户余额或披露的一个或多个重要性水平（如适用），注册会计师应当予以修改。因此，在注册会计师评价未更正错报的影响之前，可能已经对重要性或重要性水平（如适用）作出重大修改。但是，如果注册会计师对重要性或重要性水平（如适用）进行的重新评价导致需要确定较低的金额，则应重新考虑实际执行的重要性和进一步审计程序的性质、时间安排和范围的适当性，以获取充分、适当的审计证据，作为发表审计意见的基础。

【案例】对重要性的修改

（1）计划的重要性。ABC会计师事务所的A注册会计师负责审计甲公司2023年度财务报表。在审计计划阶段，A注册会计师选定经常性业务的税前利润4 000万元作为基准，经验百分比为5%，确定财务报表整体的重要性为200万元（4 000×5%），实际执行的重要性为100万元（200×50%）。

（2）获知新的信息。在审计过程中，A注册会计师识别出若干项重大错报，管理层已同意调整，合计调减税前利润1 000万元。

（3）修改重要性。根据调整后的经常性业务的税前利润3 000万元，重新计算财务报表整体的重要性（150万元）和实际执行的重要性（75万元）。

（4）考虑错报。A注册会计师审计中识别出的重大错报（1 000万元）远远超出财务报表整体的重要性（200万元），表明存在比可接受的低风险水平更大的风险，A注册会计师需要重新考虑对重大错报风险的评估结果及其应对措施。

（5）考虑审计程序充分性。基于调整后的财务报表整体的重要性和实际执行的重要性，A注册会计师需要考虑已经实施的审计程序是否充分。例如，实际执行的重要性降低到75万元，可能意味着在采用审计抽样实施细节测试时需要增加样本量，针对75万元至100万元的项目实施测试。

（6）评价未更正错报。A注册会计师应当用调整后的财务报表整体的重要性150万元评价未更正错报是否重大。

重要性示意图如图5-2所示。

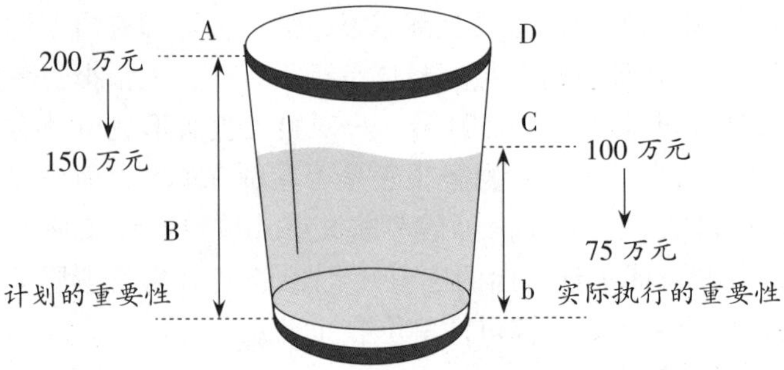

图5-2 重要性示意图

【看图说话】

（1）财务报表整体重要性（A）由200万元调整为150万元。

（2）实际执行的重要性（C）由100万元调整为75万元。

（3）注册会计师需要考虑是否需要对75万元至100万元之间（以前未测试的范围）增加样本量或者扩大测试范围。

（4）注册会计师用调整后的财务报表整体重要性150万元评价未更正错报对审计意见的影响。

（2）确定未更正错报单独或汇总起来是否重大

①考虑因素。

注册会计师应当确定未更正错报单独或汇总起来是否重大。在确定时，注册会计师应当考虑：

a.相对特定类别的交易、账户余额或披露以及财务报表整体而言，错报的金额和性质以及错报发生的特定环境。注册会计师在评价未更正错报是否重大时，除考虑未更正错报单独或连同其他未更正错报的金额是否超过财务报表整体的重要性（即定量因素）外，还需要考虑错报的性质以及错报发生的特定环境（即定性因素）。具体而言，注册会计师需要考虑每一项与金额相关的错报，以评价其对相关类别的交易、账户余额或披露的重要性水平（如适用）的影响。

b.与以前期间相关的未更正错报对相关类别的交易、账户余额或披露以及财务报表整体的影响。与以前期间相关的非重大未更正错报的累积影响，可能对本期财务报表产生重大影响。有多种可接受的方法供注册会计师评价这些未更正错报对本期财务报表的影响。在不同期间使用相同的评价方法可以保持一致性。

②错报能否被抵销。

a.如果注册会计师认为某一单项错报是重大的，则该项错报不太可能被其他错报抵销列入，如收入存在重大高估，即使这项错报对收益的影响完全可被相同金额的费用高估所抵销，注册会计师仍认为财务报表整体存在重大错报。

b.对于同一账户余额或同一类别的交易内部的错报，这种抵销可能是适当的。在得出抵销非重大错报是适当的这一结论之前，需要考虑可能存在其他未被发现的错报的风险。

③确定一项分类错报是否重大，需要进行定性评估。

例如，分类错报对负债或其他合同条款的影响，对单个财务报表项目或小计数的影响，以及对关键比率的影响。即使分类错报超过了在评价其他错报时运用的重要性水平，注册会计师可能仍然认为该分类错报对财务报表整体不产生重大影响。

例如，资产负债表项目之间的分类错报金额相对于所影响的资产负债表项目金额较小，并且对利润表或所有关键比率以及披露不产生影响，注册会计师可能认为这种分类错报对财务报表整体不产生重大影响。

④单独或连同审计过程中累积的其他错报一并考虑。

在某些情况下，即使某些错报低于财务报表整体的重要性，但因与这些错报相关的某些情况，在将其单独或连同在审计过程中累积的其他错报一并考虑时，注册会计师也可能将这些错报评价为重大错报。

例如，某项错报的金额虽然低于财务报表整体的重要性，但对被审计单位的盈亏状况有决定性的影响，注册会计师应认为该项错报是重大错报。假如财务报表整体的重要性为200万元，审计前税前利润为150万元，注册会计师识别出的一笔导致高估利润的营业收入为180万元，管理层未更正。该笔错报对被审计单位的盈亏状况有决定性的影响，注册会计师因此对财务报表发表否定意见，即定性评估该错报为重大错报。

5.书面声明

（1）必要性。注册会计师应当要求管理层和治理层（如适用）提供书面声明，说明其是否认为未更正错报单独或汇总起来对财务报表整体的影响不重大。

（2）错报项目概要。未更正错报项目的概要应当包含在书面声明中或附在其后。

（3）管理层和治理层（如适用）不认同未更正错报时增加的说明。在某些情况下，管理层和治理层（如适用）可能并不认为注册会计师提出的某些未更正的错报是错报。基于这一原因，他们可能在书面声明中增加以下表述："因为［描述理由］，我们不同意……事项和……事项构成错报。"然而，即使获取了这一声明，注册会计师仍需要对未更正错报的影响形成结论。

（三）复核审计工作底稿和财务报表

1.对财务报表总体合理性进行总体复核

在审计结束或临近结束时，注册会计师需要运用分析程序的目的是确定经审计调整后的财务报表整体是否与对被审计单位的了解一致，是否具有合理性。注册会计师应当围绕这一目的运用分析程序。

微课

完成审计工作3

在运用分析程序进行总体复核时，如果识别出以前未识别的重大错报风险，注册会计师应当重新考虑对全部或部分各类交易、账户余额、披露评估的风险是否恰当，并在此基础上重新评价之前计划的审计程序是否充分，是否有必要追加审计程序。

2.复核审计工作底稿

《会计师事务所质量管理准则第5101号——业务质量管理》对会计师事务所业务复核与项目质量管理复核的质量管理制度作出了规定。《中国注册会计师审计准则第1121号——对财务报表审计实施的质量管理》对注册会计师执行财务报表审计的复核与审计项目质量管理复核的质量管理程序作出了规定。遵循准则要求执行复核是确保注册会计师执业质量的重要手段之一。会计师事务所需要按照《会计师事务所质量管理准则第5101号——业务质量管理》和《中国注册会计师审计准则第1121号——对财务报表审计实施的质量管理》的相关规定，结合事务所自身组织架构特点和质量管理体系建设需要，制定相关的质量管理政策和程序，对审计项目复核（包括项目组内部复核和项目质量管理复核）的级次以及人员、时间、范围和工作底稿记录等作出规定。

（1）项目组内部复核

①复核人员

《会计师事务所质量管理准则第5101号——业务质量管理》规定，会计师事务所在安排复核工作时，应当由项目组内经验较多的人员复核经验较少的人员的工作。会计师事务所应当根据这一原则，确定有关复核责任的政策和程序。项目组需要在制订审计计划时确定复核人员的指派，以确保所有工作底稿均得到适当层级人员的复核。

对一些较为复杂、审计风险较高的领域，例如，舞弊风险的评估与应对、重大会计估计及其他复杂的会计问题、审核会议记录和重大合同、关联方关系和交易、持续经营存在的问题等，需要指派经验丰富的项目组成员执行复核，必要时可以由项目合伙人执行复核。

②复核范围

执行复核时，复核人员需要考虑的事项包括：

（a）审计工作是否已按照职业准则和适用的法律法规的规定执行；

（b）重大事项是否已提请进一步考虑；

（c）相关事项是否已进行适当咨询，由此形成的结论是否已得到记录和执行；

（d）是否需要修改已执行审计工作的性质、时间安排和范围；

（e）已执行的审计工作是否支持形成的结论，并已得到适当记录；

（f）已获取的审计证据是否充分、适当；

（g）审计程序的目标是否已实现。

③复核时间

审计项目复核贯穿于审计全过程，随着审计工作的开展，复核人员应在审计计划阶段、执行阶段和完成阶段及时复核相应的工作底稿。例如，在审计计划阶段复核记录审计策略和审计计划的工作底稿，在审计执行阶段复核记录控制测试和实质性程序的工作底稿，在审计完成阶段复核记录重大事项、审计调整及未更正错报的工作底稿等。

④项目合伙人复核（见表5-1）

表5-1　项目合伙人复核

项　目	内　容
承担责任	（1）项目合伙人应当对管理和实现审计项目的高质量承担总体责任 （2）项目合伙人应当在审计过程中的适当时点复核审计工作底稿
复核内容	复核与下列方面相关的审计工作底稿： （1）重大事项 （2）重大判断，包括与在审计中遇到的困难或有争议事项相关的判断以及得出的结论 （3）根据项目合伙人的职业判断，与项目合伙人的职责有关的其他事项
与项目组讨论	在审计报告日或审计报告日之前，项目合伙人应当通过复核审计工作底稿与项目组讨论，确信已获取充分、适当的审计证据，支持得出的结论和拟出具的审计报告
签署报告前复核	在审计报告日或审计报告日之前，项目合伙人应当通过复核审计工作底稿与项目组讨论，确信已获取充分、适当的审计证据，支持得出的结论和拟出具的审计报告

（2）项目质量管理复核

根据《会计师事务所质量管理准则第5101号——业务质量管理》的规定，会计师事务所应当制定政策和程序，要求对特定业务（包括所有上市实体财务报表审计）实施项目质量管理复核，以客观评价项目组作出的重大判断以及在编制报告时得出的结论。

会计师事务所应当制定政策和程序，以明确项目质量管理复核的性质、时间安排和范围。这些政策和程序应当要求，只有完成项目质量管理复核，才可以签署业务报告。

①质量管理复核人员

《会计师事务所质量管理准则第5101号——业务质量管理》规定，会计师事务所应当制定政策和程序，解决项目质量管理复核人员的委派问题，明确项目质量管理复核人员的资格要求，包括：

（a）履行职责需要的技术资格，包括必要的经验和权限；

（b）在不损害其客观性的前提下，项目质量管理复核人员能够提供业务咨询的程度。

会计师事务所在确定质量管理复核人员的资格要求时，需要充分考虑质量管理复核工作的重要性和复杂性，安排经验丰富的注册会计师，如有一定执业经验的合伙人，或专门负责质量管理复核的注册会计师等担任项目质量管理复核人员。

②质量管理复核范围

《中国注册会计师审计准则第1121号——对财务报表审计实施的质量管理》规定，项目质量管理复核人员应当客观地评价项目组作出的重大判断以及在编制审计报告时得出的结论。

评价工作应当涉及下列内容：a.与项目合伙人讨论重大事项；b.复核财务报表和拟出具的审计报告；c.复核选取的与项目组作出的重大判断和得出的结论相关的审计工作底稿；d.评价在编制审计报告时得出的结论，并考虑拟出具审计报告的恰当性。

对于上市实体财务报表审计，项目质量管理复核人员在实施项目质量管理复核时，还应当考虑：a.项目组就具体审计业务对会计师事务所的独立性作出的评价；b.项目组是否已就涉及意见分歧的事项，或者其他疑难问题或争议事项进行适当咨询，以及咨询得出的结论；c.选取的用于复核的审计工作底稿，是否反映了项目组针对重大判断执行的工作，以及是否支持得出的结论。

③质量管理复核时间

《中国注册会计师审计准则第1121号——对财务报表审计实施的质量管理》规定，只有完成了项目质量管理复核，才能签署审计报告。

按照《中国注册会计师审计准则第1501号——对财务报表形成审计意见和出具审计报告》的规定，审计报告的日期不得早于注册会计师获取充分、适当的审计证据，并在此基础上对财务报表形成审计意见的日期。对于上市实体财务报表审计业务或符合标准需要实施项目质量管理复核的其他业务，这种复核有助于注册会计师确定是否已获取充分、适当的审计证据。

项目质量管理复核人员在执业过程中的适当阶段及时实施项目质量管理复核，有助于重大事项在审计报告日之前得到迅速、满意的解决。

注册会计师要考虑在审计过程中与项目质量复核人员积极协调配合，使其能够及时实施质量管理复核，而非在出具审计报告前才实施复核。例如，在审计计划阶段，质量管理复核人员复核项目组对会计师事务所独立性作出的评价、项目组在制定审计策略和审计计划时作出的重大判断及发现的重大事项等。

二、期后事项的审计

企业的经营活动是连续不断、持续进行的，但财务报表的编制却是建立在“会计分期假设”基础之上的。也就是说，作为主要审计对象的财务报表，其编制基础不过是对连续不断的经营活动的一种人为划分。因此，注册会计师在审计被审计单位某一会计年度的财务报表时，除了对所审会计年度内发生的交易和事项实施必要的审计程序外，还必须考虑所审会计年度之后发生和发现的事项对财务报表和审计报告的影响，以保证一个会计期间的财务报表的真实性和完整性。

课程思政园地

百年老字号的传承与发展

我们经常说企业处于持续经营中，而在现实情况下却存在着生命周期，中小企业的平均寿命在3年左右一直都是市场现实。据统计，全国各行业共有老字号商家一万多家，到今天仍在经营的却不到千家，如稻香村、狗不理、韩复兴等。现在的百年老字号，都是一些保持创新精神的企业，它们基于传统，不断改良，适应时代的发展，符合消费者口味与需求的变化。创新求变才是企业保持鲜活生命力的源泉。

请思考：企业生产和发展的关键是什么？

（一）期后事项的含义和种类

1.期后事项的含义

期后事项是指财务报表日至审计报告日之间发生的事项，以及注册会计师在审计报告日后知悉的事实。

财务报表可能受到财务报表日后发生的事项的影响。适用的财务报告编制基础通常专门提及期后事项，将其区分为下列两类：一是对财务报表日已经存在的情况提供证据的事项，即对财务报表日已经存在的情况提供了新的或进一步证据的事项，这类事项影响财务报表金额，需提请被审计单位管理层调整财务报表及与之相关的披露信息，称为“财务报表日后调整事项”；二是对财务报表日后发生的情况提供证据的事项，即表明财务报表日后发生的情况的事项，这类事项虽不影响财务报表金额，但可能影响对财务报表的正确理解，需提请被审计单位管理层在财务报表附注中作适当披露，称为“财务报表日后非调整事项”。审计报告的日期向财务报表使用者表明，注册会计师已考虑其知悉的、截至审计报告日发生的事项和交易的影响。

【做中学5-1】（单选题）注册会计师对期后事项的专门审计，一般应安排在（　　）进行。

A.审计的计划阶段　　B.审计的实施阶段

C.临近审计工作结束日　　D.签约时

答案：C。

（1）财务报表日后调整事项

这类事项既为被审计单位管理层确定财务报表日账户余额提供信息，也为注册会计师核实这些余额提供补充证据。如果这类期后事项的金额重大，应提请被审计单位对本期财务报表及相关的账户金额进行调整。诸如：

①财务报表日后诉讼案件结案，法院判决证实了企业在财务报表日已经存在现时义务，需要调整原先确认的与该诉讼案件相关的预计负债，或确认一项新负债。例如，被审计单位由于某种原因在财务报表日前被起诉，法院于财务报表日后判决被审计单位应赔偿对方损失。因这一负债实际上在财务报表日之前就已存在，所以，如果赔偿数额比较大，注册会计师应考虑提请被审计单位调整或增加财务报表有关负债项目的金额，并加以说明。

②财务报表日后取得确凿证据，表明某项资产在财务报表日发生了减值或者需要调整该项资产原先确认的减值金额。例如，财务报表日被审计单位认为可以收回的大额应收款项，因财务报表日后债务人突然破产而无法收回。在这种情况下，债务人财务状况显然早已恶化，所以注册会计师应考虑提请被审计单位计提坏账准备或增加计提坏账准备，调整财务报表有关项目的金额。

③财务报表日后进一步确定了财务报表日前购入资产的成本或售出资产的收入。例如，被审计单位在财务报表日前购入一项固定资产，并投入使用。由于购入时尚未确定准确的购买价款，故先以估计的价格考虑其达到预定可使用状态前所发生的可归属于该项固定资产的运输费、装卸费、安装费和专业人员服务费等因素暂估入账，并按规定计提固定资产折旧。如果在财务报表日后商定了购买价款，取得了采购发票，被审计单位就应该据此调整该固定资产原值。

④财务报表日后发现了财务报表舞弊或差错。例如，在财务报表日以前，被审计单位根据合同规定所销售的商品已经发出，当时认为与该项商品所有权相关的风险和报酬已经转移，货款能够收回，按照收入确认原则确认了收入并结转了相关成本，即在财务报表日被审计单位确认为销售实现，并在财务报表上反映。但在财务报表日后至审计报告日之间所取得的证据证明该批已确认为销售实现的商品确实已经退回。如果金额较大，注册会计师应考虑提请被审计单位调整财务报表有关项目的金额。利用期后事项审计以确认被审计单位财务报表所列金额时，应对财务报表日已经存在的事项和财务报表日后出现的事项严加区分，不能混淆。如果确认发生变化的事项直到财务报表日后才发生，就不应将财务报表日后的信息并入财务报表。

（2）财务报表日后非调整事项

这类事项因不影响财务报表日的财务状况，故不需要调整被审计单位的本期财务报表。但如果被审计单位的财务报表因此可能受到误解，就应在财务报表中以附注的形式予以适当披露。

微课

期后事项1

被审计单位在财务报表日后发生的，需要在财务报表中披露而非调整的事项通常包括：

①财务报表日后发生重大诉讼、仲裁、承诺。

②财务报表日后资产价格、税收政策、外汇汇率发生重大变化。

③财务报表日后因自然灾害导致资产发生重大损失。

④财务报表日后发行股票和债券以及其他巨额举债。

⑤财务报表日后以资本公积转增资本。

⑥财务报表日后发生巨额亏损。

⑦财务报表日后发生企业合并或处置子公司。

⑧财务报表日后企业利润分配方案中拟分配的以及经审议批准宣告发放的股利或利润。

2.期后事项的种类

如图5-3所示，根据期后事项的上述定义，期后事项可以划分为三个时段：第一个时段是财务报表日后至审计报告日，我们可以把在这一期间发生的事项称为“第一时段期后事项”；第二个时段是审计报告日后至财务报表报出日，我们可以把这一期间发现的事实称为“第二时段期后事项”；第三个时段是财务报表报出日后，我们可以把这一期间发现的事实称为“第三时段期后事项”。

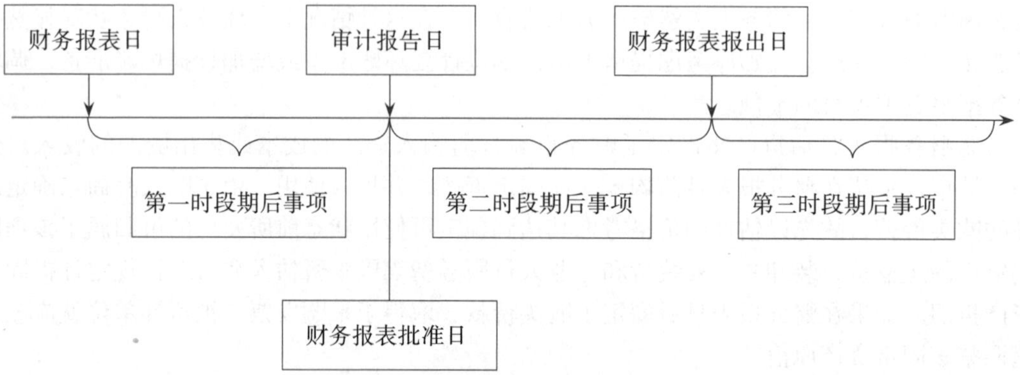

图5-3 期后事项分段示意图

在图5-3中，财务报表日是指财务报表涵盖的最近期间的截止日期；财务报表批准日是指构成整套财务报表的所有报表（包括相关附注）都已编制完成，并且被审计单位的董事会、管理层或类似机构已经认可其对财务报表负责的日期；财务报表报出日是指将审计报告和已审计财务报表提供给第三方的日期。按照《中国注册会计师审计准则第1501号——对财务报表形成审计意见和出具审计报告》的规定，审计报告日不应早于注册会计师获取充分、适当的审计证据（包括管理层认可对财务报表的责任且已批准财务报表的证据），并在此基础上对财务报表形成审计意见的日期。因此，在实务中审计报告日与财务报表批准日通常是相同的日期。

（二）财务报表日至审计报告日之间发生的事项

1.主动识别第一时段期后事项

注册会计师应当设计和实施审计程序，获取充分、适当的审计证据，以确定所有在财务报表日至审计报告日之间发生的、需要在财务报表中调整或披露的事项均已得到识别。但是，注册会计师并不需要对之前已实施审计程序并已得出满意结论的事项执行追加的审计程序。财务报表日至审计报告日之间发生的期后事项属于第一时段期后事项。对于这一时段的期后事项，注册会计师负有主动识别的义务，应当设计专门的审计程序来识别这些期后事项，并根据这些事项的性质判断其对财务报表的影响，进而确定是进行调整还是披露。

2.用以识别期后事项的审计程序

（1）注册会计师应当按照审计准则的规定实施审计程序，以使审计程序能够涵盖财务报表日至审计报告日（或尽可能接近审计报告日）之间的期间。通常情况下，针对期后事项的专门审计程序，其实施时间越接近审计报告日越好。越接近审计报告日，也就意味着离财务报表日越远，被审计单位这段时间内累积的对财务报表日已经存在的情况提供的进一步证据也就越多；越接近审计报告日，注册会计师遗漏期后事项的可能性也就越小。在确定审计程序的性质和范围时，注册会计师应当考虑风险评估的结果。用以识别第一时段期后事项的审计程序通常包括：

①了解管理层为确保识别期后事项而建立的程序。

②询问管理层和治理层（如适用），确定是否已发生可能影响财务报表的期后事项。注册会计师可以询问根据初步或尚无定论的数据作出会计处理的项目的现状，以及是否已发生新的承诺、借款或担保，是否计划出售或购置资产等。

③查阅被审计单位的所有者、管理层和治理层在财务报表日后举行会议的纪要，在不能获取会议纪要的情况下，询问此类会议讨论的事项。

④查阅被审计单位最近的中期财务报表（如有）。

（2）除这些审计程序外，注册会计师可能认为实施下列一项或多项审计程序是必要和适当的：

①查阅被审计单位在财务报表日后最近期间的预算、现金流量预测和其他相关的管理报告。

②就诉讼和索赔事项询问被审计单位的法律顾问，或扩大之前口头或书面查询的范围。

③考虑是否有必要获取涵盖特定期后事项的书面声明以支持其他审计证据，从而获取充分、适当的审计证据。

3.知悉对财务报表有重大影响的期后事项时的考虑

在实施上述审计程序后，如果注册会计师识别出对财务报表有重大影响的期后事项，应当确定这些事项是否按照适用的财务报告编制基础的规定在财务报表中得到恰当反映。如果所知悉的期后事项属于调整事项，注册会计师应当考虑被审计单位是否已对财务报表作出适当的调整。如果所知悉的期后事项属于非调整事项，注册会计师应当考虑被审计单位是否在财务报表附注中予以充分披露。

（三）注册会计师在审计报告日后至财务报表报出日前知悉的事实

1.被动识别第二时段期后事项

微课

期后事项2

在审计报告日后，注册会计师没有义务针对财务报表实施任何审计程序。审计报告日后至财务报表报出日前发现的事实属于“第二时段期后事项”，注册会计师针对被审计单位的审计业务已经结束，要识别可能存在的期后事项比较困难，因而无法承担主动识别第二时段期后事项的审计责任。但是，在这一阶段，被审计单位的财务报表并未报出，管理层有责任将发现的可能影响财务报表的事实告知注册会计师。当然，注册会计师还可能从媒体报道、举报信或者证券监管部门告知等途径获悉影响财务报表的期后事项。

2.知悉第二时段期后事项时的考虑

在审计报告日后至财务报表报出日前，如果知悉了某事实，且若在审计报告日知悉可能导致修改审计报告，注册会计师应当与管理层和治理层（如适用）讨论该事项；确定财务报表是否需要修改；如果需要修改，询问管理层将如何在财务报表中处理该事项。

（1）管理层修改财务报表时的处理。

如果管理层修改财务报表，注册会计师应当根据具体情况对有关修改实施必要的审计程序；同时，除非下文述及的特定情形适用，注册会计师应当将用以识别期后事项的上述审计程序延伸至新的审计报告日，并针对修改后的财务报表出具新的审计报告。新的审计报告日不应早于修改后的财务报表被批准的日期。

此时，注册会计师需要获取充分、适当的审计证据，以验证管理层根据期后事项所作出的财务报表调整或披露是否符合适用的财务报告编制基础的规定。

在有关法律法规或适用的财务报告编制基础未禁止的情况下，如果管理层对财务报表的修改仅限于反映导致修改的期后事项的影响，被审计单位的董事会、管理层或类似机构也仅对有关修改进行批准，注册会计师可以仅针对有关修改将用以识别期后事项的上述审计程序延伸至新的审计报告日（以下简称特定情形）。在这种情况下，注册会计师应当选用下列处理方式之一：

①修改审计报告，针对财务报表修改部分增加补充报告日期，从而表明注册会计师对期后事项实施的审计程序仅限于财务报表相关附注所述的修改。

在这种处理方式下，注册会计师修改审计报告，针对财务报表修改部分增加补充报告日期，而对管理层作出修改前的财务报表出具的原审计报告日期保持不变。之所以这样处理是因为，原审计报告日期告知财务报表使用者针对该财务报表的审计工作何时完成；补充报告日期告知财务报表使用者自原审计报告日之后实施的审计程序仅针对财务报表的后续修改。有关补充报告日期的示例如下："除附注×所述事项的日期为［仅针对附注×所述修改的审计程序完成日期］之外，为［原审计报告日］。"

②出具新的或经修改的审计报告，在强调事项段或其他事项段中说明注册会计师对期后事项实施的审计程序仅限于财务报表相关附注所述的修改。

（2）管理层不修改财务报表且审计报告未提交时的处理。

如果认为管理层应当修改财务报表而没有修改，并且审计报告尚未提交给被审计单位，注册会计师应当按照《中国注册会计师审计准则第1502号——在审计报告中发表非无保留意见》的规定发表非无保留意见，然后提交审计报告。

（3）管理层不修改财务报表且审计报告已提交时的处理。

如果认为管理层应当修改财务报表而没有修改，并且审计报告已经提交给被审计单位，注册会计师应当通知管理层和治理层（除非治理层全部成员参与管理被审计单位）在财务报表作出必要修改前不要向第三方报出。如果财务报表在未经必要修改的情况下仍被报出，注册会计师应当采取适当措施，以设法防止财务报表使用者信赖该审计报告。例如，针对上市公司，注册会计师可以利用证券传媒等刊登必要的声明，防止使用者信赖审计报告。注册会计师采取的措施取决于自身的权利和义务以及所征询的法律意见。

（四）注册会计师在财务报表报出日后知悉的事实

1.没有义务识别第三时段的期后事项

财务报表报出日后知悉的事实属于第三时段期后事项，注册会计师没有义务针对财务报表实施任何审计程序。但是，并不排除注册会计师通过媒体等其他途径获悉可能对财务报表产生重大影响的期后事项的可能性。

2.知悉第三时段期后事项时的考虑

在财务报表报出后，如果知悉了某事实，且若在审计报告日知悉可能导致修改审计报告，注册会计师应当：①与管理层和治理层（如适用）讨论该事项；②确定财务报表是否需要修改；③如果需要修改，询问管理层将如何在财务报表中处理该事项。

应当指出的是，需要注册会计师在知悉后采取行动的第三时段期后事项是有严格限制的：①这类期后事项应当是在审计报告日已经存在的事实；②该事实如果被注册会计师在审计报告日前获知，可能影响审计报告。只有同时满足这两个条件，注册会计师才需要采取行动。

（1）管理层修改财务报表时的处理

如果管理层修改了财务报表，注册会计师应当采取如下必要的措施：

①根据具体情况对有关修改实施必要的审计程序。例如，查阅法院判决文件、复核会计处理或披露事项，确定管理层对财务报表的修改是否恰当。

②复核管理层采取的措施能否确保所有收到原财务报表和审计报告的人士了解这一情况。在修改了财务报表的情况下，管理层应当采取恰当措施（如上市公司可以在证券类报刊、网站刊登公告，重新公布财务报表和审计报告），让所有收到原财务报表和审计报告的人士了解这一情况。注册会计师需要对这些措施进行复核，判断它们是否能达到这样的目标。例如，上市公司管理层刊登公告的媒体是不是中国证券监督管理委员会指定的媒体，若仅刊登在其注册地的媒体上，则异地的使用者可能无法了解这一情况。

③延伸实施审计程序，并针对修改后的财务报表出具新的审计报告。除非上文所述的特定情形适用，将用以识别期后事项的上述审计程序延伸至新的审计报告日，并针对修改后的财务报表出具新的审计报告，新的审计报告日不应早于修改后的财务报表被批准的日期。

④在特殊情况下，修改审计报告或提供新的审计报告。需要提醒的是，注册会计师应当在新的或经修改的审计报告中增加强调事项段或其他事项段，提醒财务报表使用者关注财务报表附注中有关修改原财务报表的详细原因和注册会计师提供的原审计报告。

课程思政园地

廉颇的“负荆请罪”与审计工作

西汉的司马迁在《史记·廉颇蔺相如列传》中记载：“廉颇闻之，肉袒负荆，因宾客至蔺相如门谢罪。”事情是这样的：战国时期，蔺相如因为“完璧归赵”与渑池会盟有功而被封为上卿，位在廉颇之上，廉颇很不服气，扬言要当面羞辱蔺相如。蔺相如得知后，尽量回避、忍让，不与廉颇发生冲突。蔺相如的门客以为他畏惧廉颇，然而蔺相如说：“秦国不敢侵略我们赵国，是因为有我和廉将军。我对廉将军容忍、退让，是把国家的危难放在前面，把个人的私仇放在后面啊！”这话被廉颇听到，就有了廉颇“负荆请罪”的故事。审计人员在审计工作中可能获取一些矛盾的审计证据，不同审计人员的理解不同可能影响和气，审计人员应该本着职业怀疑态度，谨慎处理这些矛盾的信息，确保审计工作的顺利开展。

请思考：如果在工作中犯错了，你该如何处理？

（2）管理层未采取任何行动时的处理

如果管理层没有采取必要措施确保所有收到原财务报表的人士了解这一情况，也没有在注册会计师认为需要修改的情况下修改财务报表，注册会计师应当通知管理层和治理层（除非治理层全部成员参与管理被审计单位），注册会计师将设法防止财务报表使用者信赖该审计报告。

如果注册会计师已经通知管理层或治理层，而管理层或治理层没有采取必要措施，注册会计师应当采取适当措施，以设法防止财务报表使用者信赖该审计报告。注册会计师采取的措施取决于自身的权利和义务。因此，注册会计师可能认为寻求法律意见是适当的。

期后时段和责任划分见表5-2。

表5-2 期后时段和责任划分

起止日期	所在区间	注册会计师的责任
财务报表日——审计报告日	第一时段	主动识别
审计报告日——财务报表报出日	第二时段	被动识别
财务报表报出日后	第三时段	没有义务识别

【做中学5-2】（多选题）注册会计师有可能针对期后事项实施的审计程序有（　　）。

A.检查财务报表日后发生企业合并的情况

B.重新计算财务报表日后售出固定资产的处置损益

C.检查财务报表日后诉讼案件的结案情况

D.检查财务报表日后以资本公积转增资本的情况

答案：ACD。

【做中学5-3】（案例题）注册会计师冯海霞负责审计清丰公司2023年度财务报表。冯海霞于2024年3月1日发现：

（1）清丰公司于2023年11月30日遭到大海公司的起诉，由于清丰公司违反双方签订的合同，大海公司要求清丰公司赔偿其经济损失600万元（假设重要性水平为100万元，清丰公司的利润总额为1 000万元）。清丰公司在2023年12月31日财务报表中未对该事项进行会计确认和会计估计，该事项也未在财务报表附注中披露。

（2）注册会计师冯海霞对该诉讼案件继续追查，发现该案件已经于2024年2月10日判决结案，法院判决结果是清丰公司赔偿大海公司经济损失580万元。

（3）假设注册会计师冯海霞拟出具审计报告的日期为2024年3月5日，董事会批准的财务报表对外公布日是2024年3月15日。

要求：根据以上事项回答：

（1）诉讼案件属于哪一时段的期后事项？

（2）注册会计师冯海霞对该事项的审计调整建议是什么？

（3）如果清丰公司拒绝接受注册会计师冯海霞的审计调整建议，冯海霞应当如何考虑该事项对审计报告的影响。

答案：

（1）该事项属于第一时段期后事项。

（2）冯海霞应建议清丰公司调整2023年度财务报表，审计调整分录如下：

借：营业外支出　　5 800 000

　贷：其他应付款——大海公司　　5 800 000

（3）由于580万元的错报超过了重要性水平，属于重大错报，注册会计师在不考虑其他事项的审计调整，仅考虑该事项的情况下，应出具保留意见审计报告。期后事项审计程序表见表5-3。

表5-3　期后事项审计程序表

<table>
<tr><td>被审计单位名称：清丰公司</td><td colspan="2">编制人：冯海霞　日期：2024-02-20</td><td>索引号：SI-0</td></tr>
<tr><td>项目：或有事项</td><td colspan="2">复核人：　日期：</td><td>页次：</td></tr>
<tr><td colspan="4">会计期间或截止日：2023-12-31</td></tr>
<tr><td colspan="2">审计程序</td><td colspan="2">工作底稿索引</td></tr>
<tr><td colspan="2">（1）取得期后事项有关资料，复核管理层建立的用于确保识别期后事项的程序</td><td colspan="2"></td></tr>
<tr><td colspan="2">（2）查阅股东会、董事会及其专门委员会在财务报表日后举行的会议的纪要，并在不能获取会议纪要时询问会议讨论的事项</td><td colspan="2"></td></tr>
<tr><td colspan="2">（3）查阅最近的中期财务报表；如认为必要和适当，还应当查阅预算、现金流量预测及其他相关管理报告</td><td colspan="2"></td></tr>
<tr><td colspan="2">（4）向被审计单位律师或法律顾问询问有关诉讼和索赔事项、向管理层询问是否发生可能影响财务报表的期后事项</td><td colspan="2"></td></tr>
<tr><td colspan="2">（5）与管理层讨论审计报告日后至财务报表报出日前或者财务报表报出日后发现的事实，根据具体情况采取适当措施</td><td colspan="2"></td></tr>
<tr><td colspan="2">（6）取得管理层有关期后事项的声明书</td><td colspan="2"></td></tr>
<tr><td colspan="2">（7）验明期后事项在财务报表上的披露是否恰当</td><td colspan="2"></td></tr>
</table>

三、书面声明

（一）书面声明的含义和作用

微课

书面声明

书面声明，是指管理层向注册会计师提供的书面陈述，用以确认某些事项或支持其他审计证据。书面声明不包括财务报表及其认定，以及支持性账簿和相关记录。管理层负责按照适用的财务报告编制基础编制财务报表并使其实现公允反映。

书面声明是注册会计师在财务报表审计中需要获取的必要信息，是审计证据的重要来源。如果管理层修改书面声明的内容或不提供注册会计师要求的书面声明，可能使注册会计师警觉存在重大问题的可能性。而且，在很多情况下，要求管理层提供书面声明而非口头声明，可以促使管理层更加认真地考虑声明所涉及的事项，从而提高声明的质量。

尽管书面声明提供了必要的审计证据，但其本身并不为所涉及的任何事项提供充分、适当的审计证据。而且，管理层已提供可靠书面声明的事实，并不影响注册会计师就管理层责任履行情况或具体认定获取的其他审计证据的性质和范围。

（二）针对管理层责任的书面声明

针对财务报表的编制，注册会计师应当要求管理层提供书面声明，确认其根据审计业务约定条款，履行了按照适用的财务报告编制基础编制财务报表并使其实现公允反映（如适用）的责任。

针对提供的信息和交易的完整性，注册会计师应当要求管理层就下列事项提供书面声明：（1）按照审计业务约定条款，已向注册会计师提供所有相关信息，并允许注册会计师不受限制地接触所有相关信息以及被审计单位内部人员和其他相关人员；（2）所有交易均已记录并反映在财务报表中。

如果未从管理层获取其确认已履行责任的书面声明，注册会计师在审计过程中获取的有关管理层已履行这些责任的其他审计证据是不充分的。这是因为，仅凭其他审计证据不能判断管理层是否在认可并理解其责任的基础上，编制和列报财务报表并向注册会计师提供了相关信息。例如，未向管理层询问其是否提供了审计业务约定条款中要求提供的所有相关信息，也没有获得管理层的确认，注册会计师就不能认为管理层已提供了这些信息。

基于管理层认可并理解在审计业务约定条款中提及的管理层的责任，注册会计师可能还要求管理层在书面声明中再次确认其对自身责任的认可与理解。当存在下列情况时，这种确认尤为适当：

（1）代表被审计单位签订审计业务约定条款的人员不再承担相关责任；

（2）审计业务约定是在以前年度签订的；

（3）有迹象表明管理层误解了其责任；

（4）情况的改变需要管理层再次确认其责任。

当然，再次确认管理层对自身责任的认可与理解，并不限于管理层已知的全部事项。

（三）其他书面声明

除《中国注册会计师审计准则第1341号——书面声明》和其他审计准则要求的书面声明外，如果注册会计师认为有必要获取一项或多项其他书面声明，以支持与财务报表或者一项或多项具体认定相关的其他审计证据，注册会计师应当要求管理层提供这些书面声明。

1.关于财务报表的额外书面声明

除了针对财务报表的编制，注册会计师应当要求管理层提供基本书面声明以确认其履行了责任外，注册会计师可能认为有必要获取有关财务报表的其他书面声明。其他书面声明可能是对基本书面声明的补充，但不构成其组成部分。其他书面声明可能包括针对下列事项作出的声明：

（1）会计政策的选择和运用是否适当。

（2）是否按照适用的财务报告编制基础对下列事项（如相关）进行了确认、计量、列报或披露：

①可能影响资产和负债账面价值或分类的计划或意图；

②负债（包括实际负债和或有负债）；

③资产的所有权或控制权，资产的留置权或其他物权，用于担保的抵押资产；

④可能影响财务报表的法律法规及合同（包括违反法律法规及合同的行为）。

2.与向注册会计师提供信息有关的额外书面声明

除了针对管理层提供的信息和交易的完整性的书面声明外，注册会计师可能认为有必要要求管理层提供书面声明，确认其已将注意到的所有内部控制缺陷向注册会计师通报。

3.关于特定认定的书面声明

在获取有关管理层的判断和意图的证据时，或在对判断和意图进行评价时，注册会计师可能考虑下列一个或多个事项：

①被审计单位以前对声明的意图的实际实施情况；

②被审计单位选取特定措施的理由；

③被审计单位实施特定措施的能力；

④是否存在审计过程中已获取的、可能与管理层判断或意图不一致的任何其他信息。

此外，注册会计师可能认为有必要要求管理层提供有关财务报表特定认定的书面声明，尤其是支持注册会计师就管理层的判断或意图或者完整性认定从其他审计证据中获取的了解。例如，管理层的意图对投资的计价基础非常重要，但若不能从管理层获取有关该项投资意图的书面声明，注册会计师就不可能获取充分、适当的审计证据。尽管这些书面声明能够提供必要的审计证据，但其本身并不能为财务报表特定认定提供充分、适当的审计证据。

（四）书面声明的日期和涵盖的期间

由于书面声明是必要的审计证据，在管理层签署书面声明前，注册会计师不能发表审计意见，也不能签署审计报告。而且，由于注册会计师关注截至审计报告日发生的、可能需要在财务报表中作出相应调整或披露的事项，书面声明的日期应当尽量接近对财务报表出具审计报告的日期，但不得在其之后。书面声明应当涵盖审计报告针对的所有财务报表和期间。

在某些情况下，注册会计师在审计过程中获取有关财务报表特定认定的书面声明可能是适当的。此时，可能有必要要求管理层更新书面声明。管理层有时需要再次确认以前期间作出的书面声明是否依然适当，因此，书面声明需要涵盖审计报告中提及的所有期间。注册会计师和管理层可能认可某种形式的书面声明，以更新以前期间所作的书面声明。更新后的书面声明需要表明，以前期间所作的声明是否发生了变化，以及发生了什么变化（如有）。

在实务中可能会出现这样的情况，即在审计报告中提及的所有期间内，现任管理层均尚未就任。他们可能由此声称无法就上述期间提供部分或全部书面声明。然而，这一事实并不能减轻现任管理层对财务报表整体的责任。相应地，注册会计师仍然需要向现任管理层获取涵盖整个相关期间的书面声明。

课程思政园地

口头证据与审计工作

一诺千金，出自《史记·季布栾布列传》，“得黄金百斤，不如得季布一诺”。意指许下的一个诺言有千金的价值，比喻说话算数，极有信用。审计人员在审计工作中，可能获得口头证据，但是这些证据的证明力非常低，作出口头证据的人员甚至可能反口，为此，审计人员要尽可能取得书面证据。

请思考：我们为什么要讲求诚信？

（五）书面声明的形式

书面声明应当以声明书的形式致送注册会计师。

参考格式1列示了一种声明书的范例。有必要先介绍一下与该声明书相关的几点背景信息：(1) 被审计单位采用企业会计准则编制财务报表；(2)《中国注册会计师审计准则第1324号——持续经营》中有关就被审计单位持续经营能力获取书面声明的要求不相关；(3) 所要求的书面声明不存在例外情况，如果存在例外情况，则需要对本参考格式列示的书面声明的内容予以调整，以反映这些例外情况。

参考格式1：

声明书

(致注册会计师)：

本声明书是针对你们审计ABC公司截至2023年12月31日的年度财务报表而提供的。审计的目的是对财务报表发表意见，以确定财务报表是否在所有重大方面已按照企业会计准则的规定编制，并实现公允反映。

尽我们所知，并在作出了必要的查询和了解后，我们确认：

一、财务报表

1.我们已履行［插入日期］签署的审计业务约定书中提及的责任，即根据企业会计准则的规定编制财务报表，并对财务报表进行公允反映。

2.在作出会计估计时使用的重大假设（包括与公允价值计量相关的假设）是合理的。

3.已按照企业会计准则的规定对关联方关系及其交易作出了恰当的会计处理和披露。

4.根据企业会计准则的规定，所有需要调整或披露的资产负债表日后事项都已得到调整或披露。

5.未更正错报，无论是单独还是汇总起来，对财务报表整体的影响均不重大。未更正错报汇总表附在本声明书后。

6.［插入注册会计师可能认为适当的其他任何事项］。

二、提供的信息

7.我们已向你们提供下列工作条件：

(1) 允许接触我们注意到的、与财务报表编制相关的所有信息（如记录、文件和其他事项）。

(2) 提供你们基于审计目的要求我们提供的其他信息。

(3) 允许在获取审计证据时不受限制地接触你们认为必要的本公司内部人员和其他相关人员。

8.所有交易均已记录并反映在财务报表中。

9.我们已向你们披露了由于舞弊可能导致的财务报表重大错报风险的评估结果。

10.我们已向你们披露了我们注意到的、可能影响本公司的与舞弊或舞弊嫌疑相关的所有信息，这些信息涉及本公司的：

(1) 管理层；

(2) 在内部控制中承担重要职责的员工；

(3) 其他人员（在舞弊行为导致财务报表重大错报的情况下）。

11.我们已向你们披露了从现任和前任员工、分析师、监管机构等方面获知的、影响财务报表的舞弊指控或舞弊嫌疑的所有信息。

12.我们已向你们披露了所有已知的、在编制财务报表时应当考虑其影响的违反或涉嫌违反法律法规的行为。

13.我们已向你们披露了我们注意到的关联方的名称和特征、所有关联方关系及其交易。

14.［插入注册会计师可能认为必要的其他任何事项］。

附：未更正错报汇总表

ABC公司　　　　　　　　　　ABC公司管理层

(盖章)　　　　　　　　　　(盖章)

中国××市　　　　　　　　　　二〇二三年×月×日

（六）对书面声明可靠性的疑虑以及管理层不提供要求的书面声明

1.对书面声明可靠性的疑虑

（1）对管理层的胜任能力、诚信、道德价值观或勤勉尽责存在疑虑。

如果对管理层的胜任能力、诚信、道德价值观或勤勉尽责存在疑虑，或者对管理层在这些方面的承诺或贯彻执行存在疑虑，注册会计师应当确定这些疑虑对书面或口头声明和审计证据总体的可靠性可能产生的影响。注册会计师可能认为，管理层在财务报表中作出不实陈述的风险很大，以至于审计工作无法进行。在这种情况下，除非治理层采取适当的纠正措施，否则注册会计师可能需要考虑解除业务约定（如果法律法规允许）。很多时候，治理层采取的纠正措施可能并不足以使注册会计师发表无保留意见。

（2）书面声明与其他审计证据不一致。

如果书面声明与其他审计证据不一致，注册会计师应当实施审计程序以设法解决这些问题。注册会计师可能需要考虑风险评估结果是否仍然适当。如果认为不适当，注册会计师需要修正风险评估结果，并确定进一步审计程序的性质、时间安排和范围，以应对评估的风险。如果问题仍未解决，注册会计师应当重新考虑对管理层的胜任能力、诚信、道德价值观或勤勉尽责的评估，或者重新考虑对管理层在这些方面的承诺或贯彻执行的评估，并确定书面声明与其他审计证据的不一致对书面或口头声明和审计证据总体的可靠性可能产生的影响。

如果认为书面声明不可靠，注册会计师应当采取适当措施，包括确定其对审计意见可能产生的影响。

2.管理层不提供要求的书面声明

如果管理层不提供要求的一项或多项书面声明，注册会计师应当：

（1）与管理层讨论该事项。

（2）重新评价管理层的诚信，并评价该事项对书面或口头声明和审计证据总体的可靠性可能产生的影响。

（3）采取适当措施，包括确定该事项对审计意见可能产生的影响。

如果存在下列情形之一，注册会计师应当对财务报表发表无法表示意见：

①注册会计师对管理层的诚信产生重大疑虑，以至于认为其作出的书面声明不可靠。

②管理层不提供下列书面声明：

（a）针对财务报表的编制，管理层确认其根据审计业务约定条款，履行了按照适用的财务报告编制基础编制财务报表并使其实现公允反映（如适用）的责任。

（b）针对提供的信息和交易的完整性，管理层就下列事项提供书面声明：

Ⅰ.按照审计业务约定条款，已向注册会计师提供所有相关信息，并允许注册会计师不受限制地接触所有相关信息以及被审计单位内部人员和其他相关人员。

Ⅱ.所有交易均已记录并反映在财务报表中。

这是因为，仅凭其他审计证据，注册会计师不能判断管理层是否履行了上述两方面的责任。因此，如果注册会计师认为有关这些事项的书面声明不可靠，或者管理层不提供有关这些事项的书面声明，则注册会计师无法获取充分、适当的审计证据，这对财务报表的影响可能是广泛的，并不局限于财务报表的特定要素、账户或项目。在这种情况下，注册会计师需要按照《中国注册会计师审计准则第1502号——在审计报告中发表非无保留意见》的规定，对财务报表发表无法表示意见。

任务二 编写审计报告

一、审计意见

（一）审计意见的含义和分类

审计意见是指审计人员在完成审计工作后，对于鉴证对象是否符合鉴证标准而发表的意见。对于财务报表审计而言，则是对财务报表是否已按照适用的财务报告编制基础编制，以及财务报表是否在所有重大方面公允反映了被审计单位的财务状况、经营成果和现金流量发表意见。

审计意见分为无保留意见和非无保留意见，非无保留意见包括保留意见、否定意见和无法表示意见。

（二）无保留意见

注册会计师的目标是在评价根据审计证据得出的结论的基础上，对财务报表形成审计意见，并通过书面报告的形式清楚地表达审计意见。

如果认为财务报表在所有重大方面按照适用的财务报告编制基础编制并实现公允反映，注册会计师应当发表无保留意见。

无保留意见，是指当注册会计师认为财务报表在所有重大方面按照适用的财务报告编制基础编制并实现公允反映时发表的审计意见。

【做中学5-4】（单选题）清丰公司原采用直线法计提固定资产折旧，但自2023年1月1日起，对新购入的、技术更新快的固定资产采用加速折旧法。如果该公司在2023年度的财务报表附注中披露了采用加速折旧法的理由及影响，则注册会计师应当发表（　　）。

A.无保留意见　　B.保留意见　　C.否定意见　　D.拒绝表示意见

答案：A。

（三）非无保留意见

1.非无保留意见的含义

非无保留意见，是指对财务报表发表的保留意见、否定意见或无法表示意见。

当存在下列情形之一时，注册会计师应当在审计报告中发表非无保留意见：

（1）根据获取的审计证据，得出财务报表整体存在重大错报的结论。

为了形成审计意见，针对财务报表整体是否不存在由于舞弊或错误导致的重大错报，注册会计师应当得出结论，确定是否已就此获取合理保证。在得出结论时，注册会计师需要评价未更正错报对财务报表的影响。

错报是指某一财务报表项目的金额、分类、列报或披露，与按照适用的财务报告编制基础应当列示的金额、分类、列报或披露之间存在的差异。财务报表的重大错报可能源于：

①选择的会计政策的恰当性。

微课

审计意见1

在选择的会计政策的恰当性方面，当出现下列情形时，财务报表可能存在重大错报：

（a）选择的会计政策与适用的财务报告编制基础不一致；

（b）财务报表（包括相关附注）没有按照公允列报的方式反映交易和事项。

财务报告编制基础通常包括对会计处理、披露和会计政策变更的要求。如果被审计单位变更了重大会计政策，且没有遵守这些要求，那么财务报表可能存在重大错报。

②对所选择的会计政策的运用。

在对所选择的会计政策的运用方面，当出现下列情形时，财务报表可能存在重大错报：

（a）管理层没有按照适用的财务报告编制基础的要求一贯运用所选择的会计政策，包括管理层未在不同会计期间或对相似的交易和事项一贯运用所选择的会计政策（运用的一致性）；

（b）不当运用所选择的会计政策（如运用中的无意错误）。

③财务报表披露的恰当性或充分性。

在财务报表披露的恰当性或充分性方面，当出现下列情形时，财务报表可能存在重大错报：

（a）财务报表没有包括适用的财务报告编制基础要求的所有披露；

（b）财务报表的披露没有按照适用的财务报告编制基础列报；

（c）财务报表没有作出必要的披露以实现公允反映。

（2）无法获取充分、适当的审计证据，不能得出财务报表整体不存在重大错报的结论。

如果注册会计师能够通过实施替代程序获取充分、适当的审计证据，则无法实施特定的程序并不构成对审计范围的限制。

下列情形可能导致注册会计师无法获取充分、适当的审计证据（也称审计范围受到限制）：

①超出被审计单位控制的情形。

超出被审计单位控制的情形包括：a.被审计单位的会计记录已被毁坏；b.重要组成部分的会计记录已被政府有关机构无限期地查封。

②与注册会计师工作的性质或时间安排相关的情形。

与注册会计师工作的性质或时间安排相关的情形包括：a.被审计单位需要使用权益法对联营企业进行核算，注册会计师无法获取有关联营企业财务信息的充分、适当的审计证据以评价是否恰当运用了权益法；b.注册会计师接受审计委托的时间安排，使注册会计师无法实施存货监盘；c.注册会计师确定仅实施实质性程序是不充分的，但被审计单位的控制是无效的。

③管理层施加限制的情形。

管理层对审计范围施加的限制致使注册会计师无法获取充分、适当的审计证据的情形包括：a.管理层阻止注册会计师实施存货监盘；b.管理层阻止注册会计师对特定账户余额实施函证。

管理层施加的限制可能对审计产生其他影响，如注册会计师对舞弊风险的评估和对业务保持的考虑。

2. 非无保留意见的类型及其确定

注册会计师确定恰当的非无保留意见类型，取决于下列事项：(1) 导致非无保留意见的事项的性质，是财务报表存在重大错报，还是在无法获取充分、适当的审计证据的情况下，财务报表可能存在重大错报；(2) 注册会计师就导致非无保留意见的事项对财务报表产生或可能产生影响的广泛性作出的判断。

广泛性是描述错报影响的术语，用以说明错报对财务报表的影响，或者由于无法获取充分、适当的审计证据而未发现的错报（如存在）对财务报表可能产生的影响。根据注册会计师的判断，对财务报表的影响具有广泛性的情形包括：(1) 不限于对财务报表的特定要素、账户或项目产生影响；(2) 虽然仅对财务报表的特定要素、账户或项目产生影响，但这些要素、账户或项目是或可能是财务报表的主要组成部分；(3) 当与披露相关时，产生的影响对财务报表使用者理解财务报表至关重要。

表5-4列示了注册会计师对导致发表非无保留意见的事项的性质和这些事项对财务报表产生或可能产生影响的广泛性作出的判断，以及注册会计师的判断对审计意见类型的影响。

表5-4　　发表非无保留意见的审计报告的情况

导致发表非无保留意见的事项的性质	这些事项对财务报表产生或可能产生影响的广泛性	
	重大但不具有广泛性	重大且具有广泛性
财务报表存在重大错报	保留意见	否定意见
无法获取充分、适当的审计证据	保留意见	无法表示意见

(1) 发表保留意见。

当存在下列情形之一时，注册会计师应当发表保留意见：

①在获取充分、适当的审计证据后，注册会计师认为错报单独或汇总起来对财务报表影响重大，但不具有广泛性。

注册会计师在获取充分、适当的审计证据后，只有当认为财务报表就整体而言是公允的，但还存在对财务报表产生重大影响的错报时，才能发表保留意见。如果注册会计师认为错报对财务报表产生的影响极为严重且具有广泛性，则应发表否定意见。因此，保留意见被视为注册会计师在不能发表无保留意见情况下最不严厉的审计意见。

②注册会计师无法获取充分、适当的审计证据以作为形成审计意见的基础，但认为未发现的错报（如存在）对财务报表可能产生的影响重大，但不具有广泛性。

注册会计师因审计范围受到限制而发表保留意见还是无法表示意见，取决于无法获取的审计证据对形成审计意见的重要性。注册会计师在判断重要性时，应当考虑有关事项潜在影响的性质和范围以及在财务报表中的重要程度。只有当未发现的错报（如存在）对财务报表可能产生的影响重大但不具有广泛性时，才能发表保留意见。

（2）发表否定意见。

在获取充分、适当的审计证据后，如果认为错报单独或汇总起来对财务报表的影响重大且具有广泛性，注册会计师应当发表否定意见。

【做中学5-5】（单选题）当审计范围受到局部限制时，注册会计师应出具（　　）的审计报告。

A.无保留意见　　B.保留意见　　C.否定意见　　D.无法表示意见

答案：B。

（3）发表无法表示意见。

微课

审计意见2

如果无法获取充分、适当的审计证据以作为形成审计意见的基础，但认为未发现的错报（如存在）对财务报表可能产生的影响重大且具有广泛性，注册会计师应当发表无法表示意见。

在极其特殊的情况下，可能存在多个不确定事项。即使注册会计师对每个单独的不确定事项都获取了充分、适当的审计证据，但由于不确定事项之间可能存在相互影响，以及可能对财务报表产生累积影响，注册会计师不可能对财务报表形成审计意见。在这种情况下，注册会计师应当发表无法表示意见。

在确定非无保留意见的类型时还需注意以下两点：

一是在承接审计业务后，如果注意到管理层对审计范围施加了限制，且认为这些限制可能导致对财务报表发表保留意见或无法表示意见，注册会计师应当要求管理层消除这些限制。如果管理层拒绝消除限制，除非治理层全部成员参与管理被审计单位，注册会计师应当就此事项与治理层沟通，并确定能否实施替代程序以获取充分、适当的审计证据。如果无法获取充分、适当的审计证据，注册会计师应当通过下列方式确定其影响：①如果未发现的错报（如存在）可能对财务报表产生的影响重大，但不具有广泛性，应当发表保留意见；②如果未发现的错报（如存在）可能对财务报表产生的影响重大且具有广泛性，以至于发表保留意见不足以反映情况的严重性，应当在可行时解除业务约定（除非法律法规禁止）。当然，注册会计师应当在解除业务约定前，与治理层沟通在审计过程中发现的、将会导致发表非无保留意见的所有错报事项；如果在出具审计报告之前解除业务约定被禁止或不可行，应当发表无法表示意见。

在某些情况下，如果法律法规要求注册会计师继续执行审计业务，则注册会计师可能无法解除审计业务约定。这种情况可能包括：①注册会计师接受委托审计公共部门实体的财务报表；②注册会计师接受委托审计涵盖特定期间的财务报表，或者接受一定期间的委托，在完成财务报表审计前或在受托期间结束前，不允许解除审计业务约定。在这些情况下，注册会计师可能认为需要在审计报告中增加其他事项段。

二是如果认为有必要对财务报表整体发表否定意见或无法表示意见，注册会计师不应在同一审计报告中对按照相同财务报告编制基础编制的单一财务报表或者财务报表特定要素、账户或项目发表无保留意见。在同一审计报告中包含无保留意见，将会与对财务报表整体发表的否定意见或无法表示意见相矛盾。

当然，对经营成果、现金流量（如相关）发表无法表示意见，而对财务状况发表无保留意见，这种情况可能是被允许的。因为在这种情况下，注册会计师并没有对财务报表整体发表无法表示意见。

【做中学5-6】（单选题）当对多数重要事项无法取得审计证据时，注册会计师应出具（　　）。

A.无保留意见的审计报告　　B.保留意见的审计报告

C.否定意见的审计报告　　D.无法表示意见的审计报告

答案：D。

3.非无保留意见的审计报告的格式和内容

（1）导致非无保留意见的事项段

①审计报告格式和内容的一致性。如果对财务报表发表非无保留意见，除在审计报告中包含《中国注册会计师审计准则第1501号——对财务报表形成审计意见和出具审计报告》规定的审计报告要素外，注册会计师还应当直接在审计意见段之后增加一个部分，并使用恰当的标题，如“形成保留意见的基础”、“形成否定意见的基础”或“形成无法表示意见的基础”，说明导致发表非无保留意见的事项。审计报告格式和内容的一致性有助于提高使用者的理解和识别存在的异常情况。因此，尽管不可能统一非无保留意见的措辞和对导致非无保留意见的事项的说明，但仍有必要保持审计报告格式和内容的一致性。

②量化财务影响。如果财务报表中存在与具体金额（包括定量披露）相关的重大错报，注册会计师应当在导致非无保留意见的事项段中说明并量化该错报的财务影响。举例来说，如果存货被高估，注册会计师就可以在审计报告中形成保留/否定/无法表示意见的基础部分说明该重大错报的财务影响，即量化其对所得税、税前利润、净利润和所有者权益的影响。如果无法量化财务影响，注册会计师应当在审计报告中形成保留/否定/无法表示意见的基础部分说明这一情况。

③存在与叙述性披露相关的重大错报。如果财务报表中存在与叙述性披露相关的重大错报，注册会计师应当在形成非无保留意见的基础部分解释该错报错在何处。

④存在与应披露而未披露信息相关的重大错报。如果财务报表中存在与应披露而未披露信息相关的重大错报，注册会计师应当：a.与治理层讨论未披露信息的情况；b.在形成非无保留意见的基础部分描述未披露信息的性质；c.如果可行并且已针对未披露信息获取了充分、适当的审计证据，在形成非无保留意见的基础部分应包含对未披露信息的披露，除非法律法规禁止。

如果存在下列情形之一，则在形成非无保留意见的基础部分披露遗漏的信息是不可行的：a.管理层还没有作出这些披露，或管理层已作出但注册会计师不易获取这些披露；b.根据注册会计师的判断，在审计报告中披露该事项过于庞杂。

⑤无法获取充分、适当的审计证据。如果因无法获取充分、适当的审计证据而导致发表非无保留意见，注册会计师应当在形成非无保留意见的基础部分说明无法获取审计证据的原因。

⑥披露其他事项。即使发表了否定意见或无法表示意见，注册会计师也应当在形成非无保留意见的基础部分说明注意到的、将导致发表非无保留意见的所有其他事项及其影响。这是因为，对注册会计师注意到的其他事项的披露可能与财务报表使用者的信息需求相关。

（2）审计意见段

①标题。在发表非无保留意见时，注册会计师应当对审计意见段使用恰当的标题，如“保留意见”、“否定意见”或“无法表示意见”。审计意见段的标题能够使财务报表使用者

清楚注册会计师发表了非无保留意见，并能够表明非无保留意见的类型。

②发表保留意见。当由于财务报表存在重大错报而发表保留意见时，注册会计师应当在审计意见段中说明：注册会计师认为，除了形成保留意见的基础部分所述事项产生的影响外，财务报表在所有重大方面按照适用的财务报告编制基础编制，并实现公允反映。

当无法获取充分、适当的审计证据而导致发表保留意见时，注册会计师应当在审计意见段中使用“除……可能产生的影响外”等措辞。

当注册会计师发表保留意见时，在审计意见段中使用“由于上述解释”或“受……影响”等措辞是不恰当的，因为这些措辞不够清晰或没有足够的说服力。

③发表否定意见。当发表否定意见时，注册会计师应当在审计意见段中说明：注册会计师认为，由于形成否定意见的基础部分所述事项的重要性，财务报表没有在所有重大方面按照适用的财务报告编制基础编制，未能实现公允反映。

④发表无法表示意见。当由于无法获取充分、适当的审计证据而发表无法表示意见时，注册会计师应当在审计意见段中说明：由于形成无法表示意见的基础部分所述事项的重要性，注册会计师无法获取充分、适当的审计证据以为发表审计意见提供基础，因此，注册会计师不对这些财务报表发表审计意见。

(3) 非无保留意见对审计报告要素内容的修改

当发表保留意见或否定意见时，注册会计师应当修改形成无保留意见的基础部分的描述，以说明：注册会计师相信，注册会计师已获取的审计证据是充分、适当的，为发表非无保留意见提供了基础。

当由于无法获取充分、适当的审计证据而发表无法表示意见时，注册会计师应当修改审计报告的意见段，说明：注册会计师接受委托审计财务报表；注册会计师不对后附的财务报表发表审计意见；由于形成无法表示意见的基础部分所述事项的重要性，注册会计师无法获取充分、适当的审计证据以作为对财务报表发表审计意见的基础。

当注册会计师对财务报表发表无法表示意见时，注册会计师应当修改无保留意见审计报告中形成审计意见的基础部分，不应提及审计报告中用于描述注册会计师责任的部分，也不应说明注册会计师是否已获取充分、适当的审计证据以作为形成审计意见的基础。

当注册会计师对财务报表发表无法表示意见时，注册会计师应当修改无保留意见审计报告中注册会计师对财务报表审计的责任部分，使之仅包含下列内容：

①注册会计师的责任是按照中国注册会计师审计准则的规定，对被审计单位财务报表执行审计工作，以出具审计报告；

②但由于形成无法表示意见的基础部分所述的事项，注册会计师无法获取充分、适当的审计证据以作为发表审计意见的基础；

③声明注册会计师在独立性和职业道德方面的其他责任。

二、审计报告

(一) 审计报告的含义和作用

1. 审计报告的含义

审计报告是指注册会计师根据审计准则的规定，在执行审计工作的基础上，对财务报表发表审计意见的书面文件。

审计报告是注册会计师在完成审计工作后向委托人提交的最终产品，具有以下特征：

（1）注册会计师应当按照审计准则的规定执行审计工作。

（2）注册会计师在实施审计工作的基础上才能出具审计报告。

（3）注册会计师通过对财务报表发表意见履行业务约定书约定的责任。

（4）注册会计师应当以书面形式出具审计报告。

注册会计师应当根据由审计证据得出的结论，清楚表达对财务报表的意见。注册会计师一旦在审计报告上签名并盖章，就表明对其出具的审计报告负责。

审计报告是注册会计师对财务报表是否在所有重大方面按照财务报告编制基础编制并实现公允反映发表审计意见的书面文件，因此，注册会计师应当将已审计的财务报表附于审计报告之后，以便于财务报表使用者正确理解和使用审计报告，并防止被审计单位替换、更改已审计的财务报表。

2.审计报告的作用

注册会计师签发的审计报告，主要具有鉴证、保护和证明三方面的作用。

（1）鉴证作用。注册会计师签发的审计报告，不同于政府审计和内部审计的审计报告。注册会计师是以超然独立的第三者身份，对被审计单位财务报表的合法性、公允性发表意见。这种意见，具有鉴证作用，得到了政府、投资者和其他利益相关者的普遍认可。政府有关部门判断财务报表是否合法、公允，主要依据的就是注册会计师的审计报告。企业的投资者，主要依据注册会计师的审计报告来判断被投资企业的财务报表是否公允地反映了财务状况和经营成果，以进行投资决策等。

（2）保护作用。注册会计师通过审计，可以对被审计单位财务报表出具不同类型审计意见的审计报告，以提高或降低财务报表使用者对财务报表的信赖程度，能够在一定程度上对被审计单位的债权人和股东以及其他利害关系人的利益起到保护作用。如投资者为了减少投资风险，在进行投资之前，需要查阅被投资企业的财务报表和注册会计师的审计报告，了解被投资企业的经营情况和财务状况。

微课

审计报告1

（3）证明作用。审计报告是对注册会计师审计任务完成情况及其结果所做的总结，它可以表明审计工作的质量并明确注册会计师的审计责任。因此，审计报告可以对审计工作质量和注册会计师的审计责任起证明作用。例如，是否以审计工作底稿为依据发表审计意见，发表的审计意见是否与被审计单位的实际情况相一致，审计工作的质量是否符合要求。

（二）审计报告的基本内容

无保留意见审计报告应当包括下列要素：（1）标题；（2）收件人；（3）审计意见；（4）形成审计意见的基础；（5）管理层对财务报表的责任；（6）注册会计师对财务报表审计的责任；（7）按照相关法律法规的要求报告的事项（如适用）；（8）注册会计师的签名和盖章；（9）会计师事务所的名称、地址和盖章；（10）报告日期。

在适用的情况下，注册会计师还应当按照《中国注册会计师审计准则第1324号——持续经营》《中国注册会计师审计准则第1504号——在审计报告中沟通关键审计事项》《中国注册会计师审计准则第1521号——注册会计师对其他信息的责任》的相关规定，在审计报告中对与持续经营相关的重大不确定性、关键审计事项、被审计单位年度报告中包含的除财务报表和审计报告之外的其他信息进行报告。

1.标题

审计报告应当具有标题，统一规范为“审计报告”。

2.收件人

审计报告的收件人是指注册会计师按照业务约定书的要求致送审计报告的对象，一般是指审计业务的委托人。审计报告应当按照审计业务的约定载明收件人的全称。

注册会计师应当与委托人在业务约定书中约定致送审计报告的对象，以防止在此问题上发生分歧或审计报告被委托人滥用。针对整套通用目的财务报表出具的审计报告的致送对象通常为被审计单位的股东或治理层。

3.审计意见

审计意见部分由两部分构成。

第一部分指出已审计财务报表，应当包括下列方面：

（1）指出被审计单位的名称；

（2）说明财务报表已经审计；

（3）指出构成整套财务报表的每一财务报表的名称；

（4）提及财务报表附注；

（5）指明构成整套财务报表的每一财务报表的日期或涵盖的期间。

为体现上述要求，审计报告可说明：“我们审计了被审计单位的财务报表，包括［指明适用的财务报告编制基础规定的构成整套财务报表的每一财务报表的名称、日期或涵盖的期间］以及财务报表附注，包括重大会计政策和会计估计。”审计意见涵盖由适用的财务报告编制基础所确定的整套财务报表。例如，在许多通用目的编制基础中，财务报表包括资产负债表、利润表、现金流量表、所有者权益变动表和相关附注（通常包括重大会计政策和会计估计以及其他解释性信息）。

第二部分应当说明注册会计师发表的审计意见。如果对财务报表发表无保留意见，除非法律法规另有规定，审计意见应当使用“我们认为，财务报表在所有重大方面按照［适用的财务报告编制基础（如企业会计准则等）］编制，公允反映了［……］”的措辞。审计意见说明财务报表在所有重大方面按照适用的财务报告编制基础编制，公允反映了财务报表旨在反映的事项。例如，对于按照企业会计准则编制的财务报表，这些事项是“被审计单位期末的财务状况、截至期末某一期间的经营成果和现金流量”。

4.形成审计意见的基础

审计报告应当包含标题为“形成审计意见的基础”的部分。该部分提供关于审计意见的重要背景，应当紧接在审计意见部分之后，并包括下列方面：

（1）说明注册会计师按照审计准则的规定执行了审计工作。

（2）提及审计报告中用于描述审计准则规定的注册会计师责任的部分。

（3）声明注册会计师按照与审计相关的职业道德要求对被审计单位保持了独立性，并履行了职业道德方面的其他责任。声明中应当指明适用的职业道德要求，如中国注册会计师职业道德守则。

（4）说明注册会计师是否相信获取的审计证据是充分、适当的，为发表审计意见提供了基础。

5.管理层对财务报表的责任

审计报告应当包含标题为“管理层对财务报表的责任”的部分，其中应当说明管理层负责下列方面：

（1）按照适用的财务报告编制基础编制财务报表，使其实现公允反映，并设计、执行和维护必要的内部控制，以使财务报表不存在由于舞弊或错误导致的重大错报。

（2）评估被审计单位的持续经营能力和使用持续经营假设是否适当，并披露与持续经营相关的事项（如适用）。对管理层评估责任的说明应当包括描述在何种情况下使用持续经营假设是适当的。

6.注册会计师对财务报表审计的责任

（1）审计报告应当包含标题为“注册会计师对财务报表审计的责任”的部分，其中应当包括下列内容：

①说明注册会计师的目标是对财务报表整体是否不存在由于舞弊或错误导致的重大错报获取合理保证，并出具包含审计意见的审计报告。

②说明合理保证是高水平的保证，但按照审计准则执行的审计并不能保证一定会发现存在的重大错报。

③说明错报可能由于舞弊或错误导致。在说明错报可能由于舞弊或错误导致时，注册会计师应当从下列两种做法中选取一种：a.描述如果合理预期错报单独或汇总起来可能影响财务报表使用者依据财务报表作出的经济决策，则通常认为错报是重大的；b.根据适用的财务报告编制基础，提供关于重要性的定义或描述。

（2）注册会计师对财务报表审计的责任部分还应当包括下列内容：

①说明在按照审计准则执行审计工作的过程中，注册会计师运用职业判断，并保持职业怀疑。

②通过说明注册会计师的责任，对审计工作进行描述。这些责任包括：

（a）识别和评估由于舞弊或错误导致的财务报表重大错报风险，设计和实施审计程序以应对这些风险，并获取充分、适当的审计证据，作为发表审计意见的基础。由于舞弊可能涉及串通、伪造、故意遗漏、虚假陈述或凌驾于内部控制之上，未能发现由于舞弊导致的重大错报的风险高于未能发现由于错误导致的重大错报的风险。

（b）了解与审计相关的内部控制，以设计恰当的审计程序，但目的并非对内部控制的有效性发表意见。当注册会计师有责任在财务报表审计的同时对内部控制的有效性发表意见时，应当略去上述“目的并非对内部控制的有效性发表意见”的表述。

（c）评价管理层选用会计政策的恰当性和作出会计估计及相关披露的合理性。

（d）对管理层使用持续经营假设的恰当性得出结论。同时，根据获取的审计证据，就可能导致对被审计单位持续经营能力产生重大疑虑的事项或情况是否存在重大不确定性得出结论。如果注册会计师得出结论认为存在重大不确定性，审计准则要求注册会计师在审计报告中提请报表使用者关注财务报表中的相关披露；如果披露不充分，注册会计师应当发表非无保留意见。注册会计师的结论基于截至审计报告日可获得的信息。然而，未来的事项或情况可能导致被审计单位不能持续经营。

(e) 评价财务报表的总体列报、结构和内容(包括披露)，并评价财务报表是否公允反映相关交易和事项。

(3) 注册会计师对财务报表审计的责任部分还应当包括下列内容：

①说明注册会计师与治理层就计划的审计范围、时间安排和重大审计发现等事项进行沟通，包括沟通注册会计师在审计中识别的值得关注的内部控制缺陷。

②对于上市实体财务报表审计，指出注册会计师就已遵守与独立性相关的职业道德要求向治理层提供声明，并与治理层沟通可能被合理认为影响注册会计师独立性的所有关系和其他事项，以及相关的防范措施(如适用)。

③对于上市实体财务报表审计，以及决定按照《中国注册会计师审计准则第1504号——在审计报告中沟通关键审计事项》的规定沟通关键审计事项的其他情况，说明注册会计师从已与治理层沟通的事项中确定哪些事项对本期财务报表审计最为重要，因而构成关键审计事项。注册会计师应当在审计报告中描述这些事项，除非法律法规禁止公开披露这些事项，或在极少数情形下，注册会计师合理预期在审计报告中沟通某事项造成的负面后果超过在公众利益方面产生的益处，因而决定不应在审计报告中沟通该事项。

7.按照相关法律法规的要求报告的事项(如适用)

除审计准则规定的注册会计师对财务报表出具审计报告的责任外，相关法律法规可能对注册会计师设定了其他报告责任。例如，注册会计师在财务报表审计中注意到某些事项，可能被要求对这些事项予以报告。此外，注册会计师可能被要求实施额外的规定的程序并予以报告，或对特定事项(如会计账簿和记录的适当性)发表意见。

在某些情况下，相关法律法规可能要求或允许注册会计师将对这些其他责任的报告作为对财务报表出具的审计报告的一部分。在另外一些情况下，相关法律法规可能要求或允许注册会计师在单独出具的报告中进行报告。

这些责任是注册会计师按照审计准则对财务报表出具审计报告的责任的补充。如果注册会计师在对财务报表出具的审计报告中履行其他报告责任，应当在审计报告中将其单独作为一部分，并以“按照相关法律法规的要求报告的事项”为标题。此时，审计报告应当区分为“对财务报表出具的审计报告”和“按照相关法律法规的要求报告的事项”两部分，以便将其同注册会计师的财务报表报告责任明确区分。

8.注册会计师的签名和盖章

审计报告应当由项目合伙人和另一名负责该项目的注册会计师签名和盖章。在审计报告中指明项目合伙人有助于进一步增强对审计报告使用者的透明度，有利于增强项目合伙人的个人责任感。因此，对上市实体整套通用目的财务报表出具的审计报告应当注明项目合伙人。

9.会计师事务所的名称、地址和盖章

审计报告应当载明会计师事务所的名称和地址，并加盖会计师事务所公章。

根据《中华人民共和国注册会计师法》的规定，注册会计师承办业务，由其所在的会计师事务所统一受理并与委托人签订委托合同。因此，审计报告除了应由注册会计师签名和盖章外，还应载明会计师事务所的名称和地址，并加盖会计师事务所公章。

注册会计师在审计报告中载明会计师事务所地址时，标明会计师事务所所在的城市即可。在实务中，审计报告通常载于会计师事务所统一印刷的、标有该所详细通信地址的信笺上，因此，无须在审计报告中注明详细地址。

10.报告日期

审计报告应当注明报告日期。审计报告日不应早于注册会计师获取充分、适当的审计证据（包括管理层认可对财务报表的责任且已批准财务报表的证据），并在此基础上对财务报表形成审计意见的日期。在确定审计报告日时，注册会计师应当确信已获取下列两方面的审计证据：（1）构成整套财务报表的所有报表（包括相关附注）已编制完成；（2）被审计单位的董事会、管理层或类似机构已经认可其对财务报表负责。

审计报告的日期向审计报告使用者表明，注册会计师已考虑其知悉的、截至审计报告日发生的事项和交易的影响。注册会计师对审计报告日后发生的事项和交易的责任，在《中国注册会计师审计准则第1332号——期后事项》中作出了规定。审计报告的日期非常重要。注册会计师对不同时段的财务报表日后事项有着不同的责任，而审计报告的日期是划分时段的关键时点。由于审计意见是针对财务报表发表的，并且编制财务报表是管理层的责任，所以，只有在注册会计师获取证据证明构成整套财务报表的所有报表（包括相关附注）已经编制完成，并且管理层已认可其对财务报表的责任的情况下，注册会计师才能得出已经获取充分、适当的审计证据的结论。在实务中，注册会计师在正式签署审计报告前，通常把审计报告草稿（随附管理层已按审计调整建议修改后的财务报表）提交给管理层。如果管理层批准并签署已按审计调整建议修改后的财务报表，注册会计师即可签署审计报告。注册会计师签署审计报告的日期通常与管理层签署已审计财务报表的日期为同一天，或晚于管理层签署已审计财务报表的日期。

在审计实务中，可能发现被审计单位根据法律法规的要求或出于自愿选择，将适用的财务报告编制基础没有要求的补充信息与已审计财务报表一同列报。例如，被审计单位列报补充信息以增强财务报表使用者对适用的财务报告编制基础的理解，或者对财务报表的特定项目提供进一步解释。这种补充信息通常在补充报表中进行列示或作为额外的附注。注册会计师应当评价被审计单位是否清楚地将这些补充信息与已审计财务报表予以区分。如果被审计单位未能予以清楚区分，注册会计师应当要求管理层改变未审计补充信息的列报方式。如果管理层拒绝改变，注册会计师应当在审计报告中说明补充信息未审计。

对适用的财务报告编制基础没有要求的补充信息，如果由于其性质和列报方式导致不能使其清楚地与已审计财务报表予以区分，从而构成财务报表必要的组成部分，这些补充信息应当涵盖在审计意见中。例如，财务报表附注中关于该财务报表符合另一财务报告编制基础的程度的解释，属于这种补充信息，审计意见也涵盖与财务报表进行交叉索引的附注或补充报表。

微课

审计报告2

（三）审计报告的参考格式

1.无保留意见的审计报告的参考格式

参考格式2为上市公司财务报表无保留意见的审计报告格式。

参考格式2：

背景信息：

1.对上市公司整套财务报表进行审计。该审计不属于集团审计（即不适用《中国注册会计师审计准则第1401号——对集团财务报表审计的特殊考虑》）。

2.管理层按照企业会计准则编制财务报表。

3.审计业务约定条款体现了《中国注册会计师审计准则第1111号——就审计业务约定条款达成一致意见》关于管理层对财务报表责任的描述。

4.基于获取的审计证据，注册会计师认为发表无保留意见是恰当的。

5.适用的相关职业道德要求为中国注册会计师职业道德守则。

6.基于获取的审计证据，根据《中国注册会计师审计准则第1324号——持续经营》，注册会计师认为可能导致对被审计单位持续经营能力产生重大疑虑的相关事项或情况不存在重大不确定性。

7.已按照《中国注册会计师审计准则第1504号——在审计报告中沟通关键审计事项》的规定沟通了关键审计事项。

8.负责监督财务报表的人员与负责编制财务报表的人员不同。

9.除财务报表审计外，按照法律法规的要求，注册会计师负有其他报告责任，且注册会计师决定在审计报告中履行其他报告责任。

审计报告

ABC股份有限公司全体股东：

一、对财务报表出具的审计报告

（一）审计意见

我们审计了ABC股份有限公司（以下简称ABC公司）财务报表，包括2023年12月31日的资产负债表，2023年度的利润表、现金流量表、股东权益变动表以及相关财务报表附注。

我们认为，后附的财务报表在所有重大方面按照企业会计准则的规定编制，公允反映了ABC公司2023年12月31日的财务状况以及2023年度的经营成果和现金流量。

（二）形成审计意见的基础

我们按照中国注册会计师审计准则的规定执行了审计工作。审计报告的“注册会计师对财务报表审计的责任”部分进一步阐述了我们在这些准则下的责任。按照中国注册会计师职业道德守则，我们独立于ABC公司，并履行了职业道德方面的其他责任。我们相信，我们获取的审计证据是充分、适当的，为发表审计意见提供了基础。

（三）关键审计事项

关键审计事项是根据我们的职业判断，认为对本期财务报表审计最为重要的事项。这些事项是在对财务报表整体进行审计并形成意见的背景下进行处理的，我们不对这些事项提供单独的意见。

[按照《中国注册会计师审计准则第1504号——在审计报告中沟通关键审计事项》的规定描述每一关键审计事项。]

（四）管理层和治理层对财务报表的责任

管理层负责按照企业会计准则的规定编制财务报表，使其实现公允反映，并设计、执行和维护必要的内部控制，以使财务报表不存在由于舞弊或错误导致的重大错报。

在编制财务报表时，管理层负责评估ABC公司的持续经营能力，披露与持续经营相关的事项（如适用），并运用持续经营假设，除非计划清算ABC公司、停止营运或别无其他现实的选择。

治理层负责监督ABC公司的财务报告过程。

（五）注册会计师对财务报表审计的责任

我们的目标是对财务报表整体是否不存在由于舞弊或错误导致的重大错报获取合理保证，并出具包含审计意见的审计报告。合理保证是高水平的保证，但并不能保证按照审计准则执行的审计在某一重大错报存在时总能发现。错报可能由于舞弊或错误导致，如果合理预期错报单独或汇总起来可能影响财务报表使用者依据财务报表作出的经济决策，则通常认为错报是重大的。

在按照审计准则执行审计的过程中，我们运用了职业判断，保持了职业怀疑。我们同时：

（1）识别和评估由于舞弊或错误导致的财务报表重大错报风险；对这些风险有针对性地设计和实施审计程序；获取充分、适当的审计证据，作为发表审计意见的基础。由于舞弊可能涉及串通、伪造、故意遗漏、虚假陈述或凌驾于内部控制之上，未能发现由于舞弊导致的重大错报的风险高于未能发现由于错误导致的重大错报的风险。

（2）了解与审计相关的内部控制，以设计恰当的审计程序，但目的并非对内部控制的有效性发表意见。

（3）评价管理层选用会计政策的恰当性和作出会计估计及相关披露的合理性。

（4）对管理层使用持续经营假设的恰当性得出结论。同时，根据获取的审计证据，就可能导致对ABC公司持续经营能力产生重大疑虑的事项或情况是否存在重大不确定性得出结论。如果我们得出结论认为存在重大不确定性，审计准则要求我们在审计报告中提请报表使用者注意财务报表中的相关披露；如果披露不充分，我们应当发表非无保留意见。我们的结论基于审计报告日获得的信息。然而，未来的事项或情况可能导致ABC公司不能持续经营。

（5）评价财务报表的总体列报、结构和内容（包括披露），并评价财务报表是否公允反映相关交易和事项。

我们与治理层就计划的审计范围、时间安排和重大审计发现（包括我们在审计中识别的值得关注的内部控制缺陷）等事项进行沟通。

我们还就遵守关于独立性的相关职业道德要求向治理层提供声明，并就可能被合理认为影响我们独立性的所有关系和其他事项，以及相关的防范措施（如适用）与治理层进行沟通。

从与治理层沟通的事项中，我们确定哪些事项对本期财务报表审计最为重要，因而构成关键审计事项。我们在审计报告中描述这些事项，除非法律法规禁止公开披露这些事项，或在极其罕见的情形下，如果合理预期在审计报告中沟通某事项造成的负面后果超过在公众利益方面产生的益处，我们确定不应在审计报告中沟通该事项。

二、按照相关法律法规的要求报告的事项

[本部分的格式和内容，取决于法律法规对其他报告责任的性质的规定。法律法规规范的事项（其他报告责任）应当在本部分处理，除非其他报告责任与审计准则所要求的报告责任涉及相同的主题。如果涉及相同的主题，其他报告责任可以在审计准则所要求的同一报告要素部分中列示。当其他报告责任和审计准则规定的报告责任涉及同一主题，并且审计报告中的措辞能够将其他报告责任与审计准则规定的责任予以清楚地区分（如差异存在）时，允许将两者合并列示（即包含在“对财务报表出具的审计报告”部分中，并使用适当的副标题）。]

××会计师事务所　　　　中国注册会计师：×××（项目合伙人）

（盖章）　　　　（签名并盖章）

中国注册会计师：×××

（签名并盖章）

中国××市　　　　二〇二四年×月×日

2.非无保留意见的审计报告的参考格式

参考格式3列示了由于财务报表存在重大错报而发表保留意见的审计报告。

参考格式3：

背景信息：

1.对上市实体整套财务报表进行审计。该审计不属于集团审计（即不适用《中国注册会计师审计准则第1401号——对集团财务报表审计的特殊考虑》）。

2.管理层按照企业会计准则编制财务报表。

3.审计业务约定条款体现了《中国注册会计师审计准则第1111号——就审计业务约定条款达成一致意见》关于管理层对财务报表责任的描述。

4.存货存在错报，该错报对财务报表影响重大但不具有广泛性（即保留意见是恰当的）。

5.适用的相关职业道德要求为中国注册会计师职业道德守则。

6.基于获取的审计证据，根据《中国注册会计师审计准则第1324号——持续经营》，注册会计师认为可能导致对被审计单位持续经营能力产生重大疑虑的相关事项或情况不存在重大不确定性。

7.已按照《中国注册会计师审计准则第1504号——在审计报告中沟通关键审计事项》的规定沟通了关键审计事项。

8.负责监督财务报表的人员与负责编制财务报表的人员不同。

9.除财务报表审计外，按照法律法规的要求，注册会计师还承担法律法规要求的其他报告责任，且注册会计师决定在审计报告中履行其他报告责任。

审计报告

ABC股份有限公司全体股东：

一、对财务报表出具的审计报告

（一）保留意见

我们审计了ABC股份有限公司（以下简称ABC公司）财务报表，包括2023年12月31日的资产负债表，2023年度的利润表、现金流量表、股东权益变动表以及相关财务报表附注。

我们认为，除“形成保留意见的基础”部分所述事项产生的影响外，后附的财务报表在所有重大方面按照企业会计准则的规定编制，公允反映了ABC公司2023年12月31日的财务状况以及2023年度的经营成果和现金流量。

（二）形成保留意见的基础

ABC公司2023年12月31日资产负债表中存货的列示金额为×元。管理层根据成本对存货进行计量，而没有根据成本与可变现净值孰低的原则进行计量，这不符合企业会计准则的规定。ABC公司的会计记录显示，如果管理层以成本与可变现净值孰低来计量存货，存货列示金额将减少×元。相应地，资产减值损失将增加×元，所得税、净利润和股东权益将分别减少×元、×元和×元。

我们按照中国注册会计师审计准则的规定执行了审计工作。审计报告的“注册会计师对财务报表审计的责任”部分进一步阐述了我们在这些准则下的责任。按照中国注册会计师职业道德守则，我们独立于ABC公司，并履行了职业道德方面的其他责任。我们相信，我们获取的审计证据是充分、适当的，为发表保留意见提供了基础。

（三）关键审计事项

关键审计事项是根据我们的职业判断，认为对本期财务报表审计最为重要的事项。这些事项是在对财务报表整体进行审计并形成意见的背景下进行处理的，我们不对这些事项提供单独的意见。除“形成保留意见的基础”部分所述事项外，我们确定下列事项是需要在审计报告中沟通的关键审计事项。

[按照《中国注册会计师审计准则第1504号——在审计报告中沟通关键审计事项》的规定描述每一关键审计事项。]

（四）管理层和治理层对财务报表的责任

[按照《中国注册会计师审计准则第1501号——对财务报表形成审计意见和出具审计报告》的规定报告，参见参考格式2。]

（五）注册会计师对财务报表审计的责任

［按照《中国注册会计师审计准则第1501号——对财务报表形成审计意见和出具审计报告》的规定报告，参见参考格式2。］

二、按照相关法律法规的要求报告的事项

［按照《中国注册会计师审计准则第1501号——对财务报表形成审计意见和出具审计报告》的规定报告，参见参考格式2。］

××会计师事务所　　中国注册会计师：×××（项目合伙人）

（盖章）　　（签名并盖章）

中国注册会计师：×××

（签名并盖章）

中国××市　　二〇二四年×月×日

参考格式4列示了由于注册会计师无法针对财务报表多个要素获取充分、适当的审计证据而发表无法表示意见的审计报告。

参考格式4：

背景信息：

1.对非上市实体整套财务报表进行审计。该审计不属于集团审计（即不适用《中国注册会计师审计准则第1401号——对集团财务报表审计的特殊考虑》）。

2.管理层按照企业会计准则编制财务报表。

3.审计业务约定条款体现了《中国注册会计师审计准则第1111号——就审计业务约定条款达成一致意见》关于管理层对财务报表责任的描述。

4.对财务报表的多个要素，注册会计师无法获取充分、适当的审计证据。例如，对被审计单位的存货和应收账款，注册会计师无法获取审计证据，这一事项对财务报表可能产生的影响重大且具有广泛性。

5.适用的相关职业道德要求为中国注册会计师职业道德守则。

6.负责监督财务报表的人员与负责编制财务报表的人员不同。

7.按照审计准则的要求在注册会计师的责任部分作出更有限的表述。

8.除财务报表审计外，按照法律法规的要求，注册会计师负有其他报告责任，且注册会计师决定在审计报告中履行其他报告责任。

审计报告

ABC股份有限公司全体股东：

一、对财务报表出具的审计报告

（一）无法表示意见

我们接受委托，审计ABC股份有限公司（以下简称ABC公司）财务报表，包括2023年12月31日的资产负债表，2023年度的利润表、现金流量表、股东权益变动表以及相关财务报表附注。

我们不对后附的ABC公司财务报表发表审计意见。由于“形成无法表示意见的基础”部分所述事项的重要性，我们无法获取充分、适当的审计证据以作为对财务报表发表审计意见的基础。

（二）形成无法表示意见的基础

我们于2024年1月接受ABC公司的审计委托，因而未能对ABC公司2023年年初金额为×元的存货和年末金额为×元的存货实施监盘程序。此外，我们也无法实施替代审计程序获取充分、适当的审计证据。并且，ABC公司于2023年9月采用新的应收账款电算化系统，由于存在系统缺陷导致应收账款出现大量错误。截至报告日，管理层仍在纠正系统缺陷并更正错误，我们也无法实施替代审计程序，以对截至2023年12月31日的应收账款总额×元获取充分、适当的审计证据。因此，我们无法确定是否有必要对存货、应收账款以及财务报表其他项目作出调整，也无法确定应调整的金额。

（三）管理层和治理层对财务报表的责任

［按照《中国注册会计师审计准则第1501号——对财务报表形成审计意见和出具审计报告》的规定报告，参见参考格式2。］

（四）注册会计师对财务报表审计的责任

我们的责任是按照中国注册会计师审计准则的规定，对ABC公司的财务报表执行审计工作，以出具审计报告。但由于“形成无法表示意见的基础”部分所述的事项，我们无法获取充分、适当的审计证据以作为发表审计意见的基础。

按照中国注册会计师职业道德守则，我们独立于ABC公司，并履行了职业道德方面的其他责任。

二、对其他法律法规的要求报告的事项

［按照《中国注册会计师审计准则第1501号——对财务报表形成审计意见和出具审计报告》的规定报告，参见参考格式2。］

××会计师事务所　　　　　　　　　　中国注册会计师：×××（项目合伙人）
（盖章）　　　　　　　　　　　　　　（签名并盖章）
　　　　　　　　　　　　　　　　　　中国注册会计师：×××
　　　　　　　　　　　　　　　　　　（签名并盖章）
中国××市　　　　　　　　　　　　　二〇二四年×月×日

【做中学5-7】（案例题）注册会计师冯海霞在对以下被审计单位的2023年度财务报表进行审计时，遇到以下情况：

（1）红旗公司在被审计期间的一笔金额500万元的重大销售在审计报告日之后至会计报表公布日之前被退回，冯海霞提请红旗公司调整会计报表，红旗公司予以拒绝。

（2）凯拓公司因涉嫌侵权于2023年2月1日被起诉，且原告要求赔偿3亿元，至2023年12月31日法院尚未宣判，凯拓公司2023年12月31日审计后的净资产为2亿元。注册会计师向凯拓公司的律师进行了函证，但其律师回函表示基于对委托人负责不能对该案的结果作出任何评价。

（3）中盛公司2023年度向其子公司以市场价格销售产品5000万元，成本为3800万元，中盛公司当年向其关联方的销售金额占全部收入的35%，中盛公司已在会计报表附注中进行了适当披露。

要求：请根据上述情况，假定所有事项均重大，说明注册会计师冯海霞应出具何种审计意见，并简要说明理由。

答案：（1）应出具保留意见或否定意见的审计报告。红旗公司的销售在审计报告日之后至会计报表公布日之前被退回，属于能为财务报表日已存在情况提供补充证据的重大期后事项，冯海霞应提请红旗公司调整会计报表，红旗公司拒绝调整，则视为审计差异，应发表保留意见或否定意见。

（2）应出具无法表示意见的审计报告。凯拓公司的律师拒绝提供关于诉讼的有关信息，冯海霞应认为审计范围受到了严重限制，且一旦败诉对凯拓公司影响巨大，则冯海霞应出具无法表示意见的审计报告。

（3）应出具标准无保留意见的审计报告。中盛公司与关联方的交易价格公允，关联方关系及交易披露适当，符合企业会计准则和相关制度的规定。

（四）在审计报告中增加强调事项段和其他事项段

1. 强调事项段

（1）强调事项段的含义。

审计报告的强调事项段是指审计报告中含有的一个段落，该段落提及已在财务报表中恰当列报或披露的事项，根据注册会计师的职业判断，该事项对财务报表使用者理解财务报表至关重要。

（2）增加强调事项段的情形。

如果认为有必要提醒财务报表使用者关注已在财务报表中列报或披露，且根据职业判断认为对财务报表使用者理解财务报表至关重要的事项，在同时满足下列条件时，注册会计师应当在审计报告中增加强调事项段：

①按照《中国注册会计师审计准则第1502号——在审计报告中发表非无保留意见》的规定，该事项不会导致注册会计师发表非无保留意见。

②当《中国注册会计师审计准则第1504号——在审计报告中沟通关键审计事项》适用时，该事项未被确定为在审计报告中沟通的关键审计事项。

按照《中国注册会计师审计准则第1504号——在审计报告中沟通关键审计事项》被确定为关键审计事项的事项，根据注册会计师的职业判断，也可能对财务报表使用者理解财务报表至关重要。在这些情况下，按照《中国注册会计师审计准则第1504号——在审计报告中沟通关键审计事项》的规定将该事项作为关键审计事项沟通时，注册会计师可能希望突出或提请进一步关注其相对重要程度。在关键审计事项部分，注册会计师可以使该事项的列报更为突出（如作为第一个事项），或在关键审计事项的描述中增加额外信息，以指明该事项对财务报表使用者理解财务报表的重要程度。

某一事项可能不符合《中国注册会计师审计准则第1504号——在审计报告中沟通关键审计事项》的规定，因而未被确定为关键审计事项（即该事项未被重点关注过），但根据注册会计师的判断，其对财务报表使用者理解财务报表至关重要（例如期后事项）。如果注册会计师认为有必要提请财务报表使用者关注该事项，根据审计准则的规定，该事项将包含在审计报告的强调事项段中。

某些审计准则对特定情况下在审计报告中增加强调事项段提出具体要求。这些情形包括：

①法律法规规定的财务报告编制基础不可接受，但其是由法律或法规作出的规定。

②提醒财务报表使用者注意财务报表按照特殊目的编制基础编制。

③注册会计师在审计报告日后知悉了某些事实（即期后事项），并且出具了新的审计报告或修改了审计报告。

除上述审计准则要求增加强调事项的情形外，注册会计师可能认为需要增加强调事项段的情形举例如下：

①异常诉讼或监管行动的未来结果存在不确定性。

②提前应用（在允许的情况下）对财务报表有广泛影响的新会计准则。

③存在已经或持续对被审计单位财务状况产生重大影响的特大灾难。

强调事项段的过多使用会降低注册会计师沟通所强调事项的有效性。此外，与财务报表中的列报或披露相比，在强调事项段中包括过多的信息，可能隐含着这些事项未被恰当列报或披露。因此，强调事项段应当仅提及已在财务报表中列报或披露的信息。

【做中学5-8】（单选题）下列事项中，不会导致注册会计师在审计报告中增加强调事项段的是（　　）。

A.在允许的情况下，提前应用对财务报表有广泛影响的新会计准则

B.所审计财务报表采用特殊编制基础编制

C.含有已审计财务报表的文件中的其他信息与财务报表存在重大不一致，并且需要对其他信息作出修改，但管理层拒绝修改

D.存在已经或持续对被审计单位财务状况产生重大影响的特大灾难

答案：C。

（3）在审计报告中增加强调事项段时注册会计师应采取的措施。

①如果在审计报告中增加强调事项段，注册会计师应当采取下列措施：

A.将强调事项段作为单独的一部分置于审计报告中，并使用包含“强调事项”这一术语的适当标题。

B.明确提及被强调事项以及相关披露的位置，以便能够在财务报表中找到对该事项的详细描述。强调事项段应当仅提及已在财务报表中列报或披露的信息。

C.指出审计意见没有因该强调事项而改变。

②在审计报告中包含强调事项段不影响审计意见。包含强调事项段不能代替下列情形：

A.根据审计业务的具体情况，按照《中国注册会计师审计准则第1502号——在审计报告中发表非无保留意见》的规定发表非无保留意见。

B.适用的财务报告编制基础要求管理层在财务报表中作出的披露，或为实现公允列报所需的其他披露。

C.按照《中国注册会计师审计准则第1324号——持续经营》的规定，当可能导致对被审计单位持续经营能力产生重大疑虑的事项或情况存在重大不确定性时作出的报告。

参考格式5列示了由于偏离适用的财务报告编制基础的规定导致的带强调事项段的保留意见审计报告。

参考格式5：

背景信息：

1.对非上市实体整套财务报表进行审计。该审计不属于集团审计（即不适用《中国注册会计师审计准则第1401号——对集团财务报表审计的特殊考虑》）。

2.管理层按照企业会计准则编制财务报表。

3.审计业务约定条款体现了《中国注册会计师审计准则第1111号——就审计业务约定条款达成一致意见》关于管理层对财务报表责任的描述。

4.由于偏离企业会计准则的规定导致发表保留意见。

5.适用的相关职业道德要求为中国注册会计师职业道德守则。

6.基于获取的审计证据，根据《中国注册会计师审计准则第1324号——持续经营》，注册会计师认为可能导致对被审计单位持续经营能力产生重大疑虑的相关事项或情况不存在重大不确定性。

7.在财务报表日至审计报告日之间，被审计单位的生产设备发生了火灾，被审计单位已将其作为期后事项披露。根据注册会计师的判断，该事项对财务报表使用者理解财务报表至关重要，但在本期财务报表审计中不是重点关注过的事项。

8.注册会计师未被要求，并且也决定不沟通关键审计事项。

9.负责监督财务报表的人员与负责编制财务报表的人员不同。

10.除财务报表审计外，按照法律法规的要求，注册会计师负有其他报告责任，且注册会计师决定在审计报告中履行其他报告责任。

审计报告

ABC股份有限公司全体股东：

一、对财务报表出具的审计报告

（一）保留意见

我们审计了ABC股份有限公司（以下简称ABC公司）财务报表，包括2023年12月31日的资产负债表，2023年度的利润表、现金流量表、股东权益变动表以及相关财务报表附注。

我们认为，除“形成保留意见的基础”部分所述事项产生的影响外，后附的财务报表在所有重大方面按照企业会计准则的规定编制，公允反映了ABC公司2023年12月31日的财务状况以及2023年度的经营成果和现金流量。

（二）形成保留意见的基础

ABC公司2023年12月31日资产负债表中列示的以公允价值计量且其变动计入当期损益的金融资产为×元，管理层对这些金融资产未按照公允价值进行后续计量，而是按照其历史成本进行计量，这不符合企业会计准则的规定。如果按照公允价值进行后续计量，ABC公司2023年度利润表中公允价值变动收益将减少×元，2023年12月31日资产负债表中交易性金融资产将减少×元。相应地，所得税、净利润和股东权益将分别减少×元、×元和×元。

我们按照中国注册会计师审计准则的规定执行了审计工作。审计报告的“注册会计师对财务报表审计的责任”部分进一步阐述了我们在这些准则下的责任。按照中国注册会计师职业道德守则，我们独立于ABC公司，并履行了职业道德方面的其他责任。我们相信，我们获取的审计证据是充分、适当的，为发表保留意见提供了基础。

（三）强调事项——火灾的影响

我们提醒财务报表使用者关注，财务报表附注×描述了火灾对ABC公司的生产设备造成的影响。本段内容不影响已发表的审计意见。

（四）管理层和治理层对财务报表的责任

[按照《中国注册会计师审计准则第1501号——对财务报表形成审计意见和出具审计报告》的规定报告，参见参考格式2。]

（五）注册会计师对财务报表审计的责任

[按照《中国注册会计师审计准则第1501号——对财务报表形成审计意见和出具审计报告》的规定报告，参见参考格式2。]

二、按照相关法律法规的要求报告的事项

[按照《中国注册会计师审计准则第1501号——对财务报表形成审计意见和出具审计报告》的规定报告，参见参考格式2。]

××会计师事务所　　　　中国注册会计师：×××（项目合伙人）

（盖章）　　　　（签名并盖章）

中国注册会计师：×××

（签名并盖章）

中国××市　　　　二〇二四年×月×日

2.其他事项段

（1）其他事项段的含义

其他事项段是指审计报告中含有的一个段落，该段落提及未在财务报表中列报或披露的事项，根据注册会计师的职业判断，该事项与财务报表使用者理解审计工作、注册会计师的责任或审计报告相关。

（2）需要增加其他事项段的情形

如果认为有必要沟通虽然未在财务报表中列报或披露，但根据职业判断认为与财务报表使用者理解审计工作、注册会计师的责任或审计报告相关的事项，在同时满足下列条件时，注册会计师应当在审计报告中增加其他事项段：未被法律法规禁止；当《中国注册会计师审计准则第1504号——在审计报告中沟通关键审计事项》适用时，该事项未被确定为在审计报告中沟通的关键审计事项。

具体讲，需要在审计报告中增加其他事项段的情形包括：

①与使用者理解审计工作相关的情形。

《中国注册会计师审计准则第1151号——与治理层的沟通》要求注册会计师就计划的审计范围和时间安排与治理层进行沟通，包括注册会计师识别的特别风险。尽管与特别风险相关的事项可能被确定为关键审计事项，根据《中国注册会计师审计准则第1504号——在审计报告中沟通关键审计事项》对关键审计事项的定义，其他与计划及范围相关的事项（比如计划的审计范围或审计时对重要性的运用）不太可能成为关键审计事项。然而，法律法规可能要求注册会计师在审计报告中沟通与计划及范围相关的事项，或者注册会计师可能认为有必要在其他事项段中沟通这些事项。

在极其特殊的情况下，即使由于管理层对审计范围施加的限制导致无法获取充分、适当的审计证据可能产生的影响具有广泛性，注册会计师也不能解除业务约定。在这种情况下，注册会计师可能认为有必要在审计报告中增加其他事项段，解释为何不能解除业务约定。

②与使用者理解注册会计师的责任或审计报告相关的情形。

法律法规或得到广泛认可的惯例可能要求或允许注册会计师详细说明某些事项，以进一步解释注册会计师在财务报表审计中的责任或审计报告。在这种情况下，注册会计师可以使用一个或多个子标题来描述其他事项段的内容。

但增加其他事项段不涉及以下两种情形：a.除根据审计准则的规定有责任对财务报表出具审计报告外，注册会计师还有其他报告责任；b.注册会计师可能被要求实施额外的规定的程序并予以报告，或对特定事项发表意见。

③对两套以上财务报表出具审计报告的情形。

被审计单位可能按照通用目的编制基础（如×国财务报告编制基础）编制一套财务报表，且按照另一个通用目的编制基础（如国际财务报告准则）编制另一套财务报表，并委托注册会计师同时对两套财务报表出具审计报告。如果注册会计师已确定两个财务报告编制基础在各自情形下是可接受的，可以在审计报告中增加其他事项段，说明该被审计单位根据另一个通用目的编制基础（如国际财务报告准则）编制了另一套财务报表以及注册会计师对这些财务报表出具了审计报告。

④限制审计报告分发和使用的情形。

为特定目的编制的财务报表可能按照通用目的编制基础编制，因为财务报表预期使用者已确定这种通用目的的财务报表能够满足他们对财务信息的需求。由于审计报告旨在提供给特定使用者，注册会计师可能认为在这种情况下需要增加其他事项段，说明审计报告只是提供给财务报表预期使用者，不应被分发给其他机构或人员或者被其他机构或人员使用。

需要注意的是，其他事项段的内容明确反映了未被要求在财务报表中列报或披露的其他事项。其他事项段不包括法律法规或其他职业准则（如中国注册会计师职业道德守则中与信息保密相关的规定）禁止注册会计师提供的信息。其他事项段也不包括要求管理层提供的信息。

如果在审计报告中包含其他事项段，注册会计师应当将该段落作为单独的一部分，并使用“其他事项”或其他适当标题。

项目小结

本项目主要知识点归纳总结见表5-5。

表5-5 主要知识点归纳总结

主要知识点	内容
完成审计工作	注册会计师按业务循环完成各财务报表项目的审计测试和一些特殊项目的审计工作后，在审计完成阶段汇总审计测试结果，进行更具综合性的审计工作，如评价审计中的重大发现，评价审计过程中发现的错报，关注期后事项对财务报表的影响，复核审计工作底稿和财务报表等。期后事项是指财务报表日至审计报告日之间发生的事项，以及注册会计师在审计报告日后知悉的事实。财务报表可能受到财务报表日后发生的事项的影响。适用的财务报告编制基础通常专门提及期后事项，将其区分为下列两类：一是对财务报表日已经存在的情况提供证据的事项；二是对财务报表日后发生的情况提供证据的事项，即表明财务报表日后发生的情况的事项。书面声明是注册会计师在财务报表审计中需要获取的必要信息，是审计证据的重要来源，包括针对管理层责任的书面声明和其他书面声明
编写审计报告	审计报告是注册会计师根据中国注册会计师准则的规定，在实施审计工作的基础上对被审计单位财务报表发表审计意见的书面文件。按审计意见类型不同分为无保留意见的审计报告、保留意见的审计报告、否定意见的审计报告和无法表示意见的审计报告。当注册会计师出具的无保留意见的审计报告不附加说明段、强调事项段或任何修饰性用语时，该报告称为标准审计报告。非标准审计报告，是指标准审计报告以外的其他审计报告，包括带强调事项段的无保留意见的审计报告和非无保留意见的审计报告。非无保留意见的审计报告包括保留意见的审计报告、否定意见的审计报告和无法表示意见的审计报告。当存在下列情形之一时，如果认为对财务报表的影响是重大的或可能是重大的，注册会计师应当出具非无保留意见的审计报告：①注册会计师与管理层在被审计单位会计政策的选用、会计估计的作出或财务报表的披露方面存在分歧；②审计范围受到限制

阅读篇目

《中国注册会计师审计准则第1323号——关联方》

《中国注册会计师审计准则第1324号——持续经营》

《中国注册会计师审计准则第1331号——首次审计业务涉及的期初余额》

《中国注册会计师审计准则第1332号——期后事项》

《中国注册会计师审计准则第1501号——对财务报表形成审计意见和出具审计报告》

《中国注册会计师审计准则第1502号——在审计报告中发表非无保留意见》

《中国注册会计师审计准则第1503号——在审计报告中增加强调事项段和其他事项段》

参考文献

[1] 全国人大常委会办公厅. 中华人民共和国注册会计师法 [M]. 北京：中国法制出版社，2014.

[2] 审计署考试中心. 审计理论与实务 [M]. 北京：中国时代经济出版社，2018.

[3] 中国注册会计师协会. 审计 [M]. 北京：经济科学出版社，2023.

[4] 陈汉文. 审计理论与实务 [M]. 北京：中国人民大学出版社，2019.

[5] 李凤. 审计基础与实务 [M]. 北京：高等教育出版社，2019.

[6] 马春静. 审计：原理与实务 [M]. 北京：中国人民大学出版社，2019.

[7] 韩晓梅. 审计学——原理与实务 [M]. 北京：北京交通大学出版社，2019.

[8] 蔡维灿，林克明. 审计实务 [M]. 北京：北京理工大学出版社，2019.

微课索引

为了帮助读者更好地学习和掌握审计实务，编者针对本教材的重点难点内容制作了53个微课。微课的具体位置见括号内标注的页码，扫描对应的二维码即可直接观看。

[1] 注册会计师审计（p.3）
[2] 会计师事务所（p.8）
[3] 注册会计师的职业道德（p.14）
[4] 注册会计师的审计责任（p.21）
[5] 管理层认定（p.25）
[6] 注册会计师的审计目标（p.28）
[7] 审计模式和审计过程（p.33）
[8] 审计方法1（p.36）
[9] 审计方法2（p.39）
[10] 审计方法3（p.44）
[11] 审计证据1（p.49）
[12] 审计证据2（p.54）
[13] 审计工作底稿（p.65）
[14] 初步了解审计业务环境和拟承接业务应具备的条件（p.75）
[15] 会计师事务所和注册会计师的审计资格（p.79）
[16] 初步业务活动和审计的前提条件（p.100）
[17] 审计业务约定书（p.102）
[18] 审计项目组（p.110）
[19] 初步分析程序（p.117）
[20] 审计重要性1（p.122）
[21] 审计重要性2（p.124）
[22] 审计风险（p.127）
[23] 审计风险模型及其应用（p.130）
[24] 总体审计策略（p.132）
[25] 具体审计计划（p.136）
[26] 风险评估（p.144）
[27] 风险应对（p.174）
[28] 销售与收款循环的审计1（p.186）
[29] 销售与收款循环的审计2（p.201）

[30] 销售与收款循环的审计3（p.209）
[31] 采购与付款循环的审计1（p.226）
[32] 采购与付款循环的审计2（p.234）
[33] 采购与付款循环的审计3（p.238）
[34] 采购与付款循环的审计4（p.245）
[35] 采购与付款循环的审计5（p.246）
[36] 生产与存货循环的审计1（p.251）
[37] 生产与存货循环的审计2（p.257）
[38] 生产与存货循环的审计3（p.262）
[39] 生产与存货循环的审计4（p.267）
[40] 生产与存货循环的审计5（p.268）
[41] 货币资金循环的审计1（p.279）
[42] 货币资金循环的审计2（p.283）
[43] 货币资金循环的审计3（p.289）
[44] 完成审计工作1（p.306）
[45] 完成审计工作2（p.307）
[46] 完成审计工作3（p.309）
[47] 期后事项1（p.313）
[48] 期后事项2（p.315）
[49] 书面声明（p.319）
[50] 审计意见1（p.325）
[51] 审计意见2（p.327）
[52] 审计报告1（p.330）
[53] 审计报告2（p.334）